U0901791

| 新闻宣传丛书 |

委员风采 上

WEIYUAN FENGCAI

北京市政协宣传中心◎编

中国文史出版社

目录

万建中的民俗情缘

张 涛

“在文学院诸师中，个人比较怀念‘中哥哥’，老万人很好，从来不摆架子，同学们都觉得老万很平易也挺可爱的，就是不知道‘中哥哥’现在做菜水平有提高否？”

这是我在采访万建中之前，在评师网上找到的一段学生对他的评价。虽然觉得“老万”“中哥哥”这样称呼不免有些欠妥，但是读起来还是令人觉得甚是可爱。说实话，当时我就想认识认识这个“中哥哥”了。

放牛郎的美好时光

万建中是北京市政协委员，北京师范大学民俗学与文化人类学研究所所长、教授、博士生导师，说来也算是个大学者了，但是谁能想到这样一位大学者曾是一位放牛郎呢。

万建中1961年生于江西南昌，后来随父母下放，迁至江西的一个小村。在那里他经历了五年的放牛生涯。

在那五年的放牛生涯里，万建中一直处于半工半读的状态，每天一早就去放牛，然后再去课堂上学。由于牛要吃有露水的草才会长膘，所以他一般都起得很早。尤其到了春耕的时候，大人们每天还要牵着牛去耕田，因此等到太阳出来才去放牛，是一定会被大人骂的。

“记得我当时放牛是计算工分的，所以也有收入，虽然挣得不多，但是光靠放牛的收入我就能养活自己了。那时候的牛都是生产队的，不能有任何闪失，我一直都觉得，牛比我自己还值钱呢。”万建中打趣说。

在这段每天与牛朝夕相处的日子，万建中与牛也建立了深厚的感情，以至于时至此时回忆起来，仍能感受到他双眸闪动着的欢愉之色。也许是这段经历有太多美好的回忆，说话间，他不自禁地便为我描述那段美好时光：“我到过许多山清水秀的地方，但我觉得没有一个地方能够与我幼时放牛的那个村子相提并论。记得当时的村子旁边有一条小河，河水清澈见底，我们几个小伙子每天把牛赶进山里面，然后开始砍树盖房子，每到太阳快要落山的时候，再跑去山里找牛回家。有好几次我的牛都没有找到，眼看着别的孩子都赶着牛回家了，我没办法，只能跑回家叫来父母，打着灯笼继续找，当时为这事还挨了好几回骂，但现在想想还是挺有意思的。”

就这样，万建中在农村边放牛边读书，直到读完了小学，转到人民公社读初中。而此时万建中的父母也由于工作变动离开了农村，将他也转至县城上学。于是万建中这段放牛郎的美好生活，也就这样宣告结束了。

民俗情缘

“我小时候就对戴眼镜的人特别崇拜，总觉得戴眼镜的人特别有知识。对，就是钟先生这样的。”万建中顺手一指在旁边挂着的一幅老先生的画像，我到此时才知，原来那个画像上的老先生就是中国民俗学的鼻祖钟敬文先生，而钟敬文先生也正是万建中的老师。

因为钟先生的言传身教，最终使万建中走入了民俗学的殿堂。而万建中也时时不忘钟先生的教导，即使钟先生已经过世多年，他还是把老师的画像挂在办公室中最显眼的位置。

然而人们或许不会想到，民俗学并不是万建中最初的理想。在万建中读大学的年代，还没有什么法律、经济之类的专业可供选择。受那个年代许多知名学者的影响，人们大多是将中文或历史作为自己的研究方向，而成为一名作家，也成为无数人共同的理想，万建中也不例外。为了作家的梦想他果断去了北大学习文学。他本以为他的理想会顺利实现，然而没想到大学第一堂课老师就给他泼了冷水。老师对他说：“你要想当作家不要来中文系，中文系教给你的条条框框太多，这很容易限制住你的想象能力，不利于你的发挥。”虽然我不知道是不是由于老师的这一席话最终没能使万建中当上作家，但是毫无疑问的是，这对万建中的作家梦确实是一个不小的打击。

有人说上帝为你关上一扇门，就一定会为你打开一扇窗。万建中虽然没能成为一名作家，但是他却有幸得到了钟敬文先生的赏识，并最终成为一个民俗学者。时至如今，他也并不为没有成为一名作家而感到惋惜，相反为能够成为一名民俗学的学者而感到骄傲。

“我的老师钟敬文先生曾说过：‘民俗学是一门带有情感的学问。’我也这样认为，我觉得我现在的专业特别好，我们专业的师生对生活的理解，对生活的爱，对生活的执着都是其他专业所不具有的，我们去过很多地方，感受到了许多不同人的生活方式、生活观念，以及他们对生活的理解，这些都使我看问题更加全面。由于我们接触的人大都处于社会底层，所以这也使我们能够更亲近百姓，更能站在百姓的立场上来考虑问题。这就是民俗专业带给我的好处。”万建中解释说。

万建中不仅能够站在百姓角度看问题，对待学生也是十分宽仁和蔼的。据学生讲，万建中很少站在讲台上讲课，也很少向学生强加自己的观点，总是在学生中间倾听学生的看法，并与学生交流自己的观点。因此他在学生中也总是好评如潮。

如今万建中从事民俗学方面研究十余载，在中国民间叙事文学、中国民俗史、民俗学理论等领域都取得了相当丰硕的成果，曾获北京市高等教育教学成果一等奖、国家级高等教育教学成果一等奖、北京市哲学社会科学优秀成果二等奖，还入选北京市“新世纪百人工程”。虽然获得了如此之多的荣誉，但他也承认做好这一行并不容易。民俗文化由于是社会的底层文化，做好这样的学问一定要有广泛的社会实践。于是万建中经常带着学生去很多偏远穷苦之地，与当地普通百姓同吃同住，一住往往就是几个月。这其中的苦头，恐怕只有他们自己知道。

据万建中讲，有一次在老乡家中吃饭，老乡递给他的筷子不太干净，万建中看后有些作难，对主人说：“这双筷子好像没有洗，能不能给我换一双啊？”谁知主人听罢，拿过筷子，只在腋窝下蹭了两下，就又重新递回他手中，弄得万建中很是尴尬。

“我们生活在大城市，对生活条件都比较讲究，如果去饭店吃饭，有一只苍蝇都要跟服务员理论半天，要把菜饭换一下，但是到了那些偏远的地方，苍蝇蚊子到处都是，穷讲究只会增加与当地百姓的距离感，成为一个不受欢迎的人，所以我们想讲究也讲究不起来了。大家都说不干不净，吃了没病，我想也是这样，你看我们的祖师爷钟敬文先生不是活了一百岁吗？”万建中半认真半开玩笑地说。

我知道万建中不是不爱卫生，只不过是与卫生相比，他更爱他的工作而已。

建言文化保护

万建中在担任北京市政协委员期间，一直积极履行政协委员“政治协商、民主监督、参政议政”的职责，积极参加政协组织的活动，积极撰写提案。

也许由于专业方向的缘故，在万建中担任政协委员的这些年中，他一直视文化遗产保护为己任，但凡是文化传承与保护方面的调研，他从不缺席。从“北京历史文化名城保护”到“北京名人故居的保护”，从“北京中轴线的保护”到“北京世界文化遗产的保护”，在这许多已经完成的调研成果中，无不凝结着万建中的心血与智慧。

万建中介绍，最近他最关注的课题主要集中在传统文化遗产的保护方面，尤其是古村落的保护方面。他认为，如今古村落的保护已经是传统文化遗产保护的最后一道防线了，北京城中的四合院所剩无几，推土机已经推向农村，而新农村建设仍被很多人理解为拆旧房盖新房，古村落几乎已经被逼至绝境。

“古民居大部分都是民国以前的，而中国的传统民居又基本都是土木结构，时隔这么多年，木头基本上已经都腐烂了，所以现在几乎所有古民居都是危房。这些危房的维修花费巨大，住户宁可花钱盖一座新房也不愿意维修旧房，但政府方面又认为这些古民居的保护没有回报，所以对其保护的投入力度也不大，我觉得政府应该在文化遗产的保护上目光放长远一点，对古民居保护再重视一些。”万建中不无忧虑地说。

抬起头是一种境界，低下头是一种信念。与万建中交流的过程中，相信任何人都能轻易地感受到他的亲和力和感染力，感受到他的谦谦君子之风。他待人接物舒展大方，热情而不啰唆，克制而不冷漠，既不蓄意炫耀，又不刻意藏巧。在与人的交流中，他更愿意把倾诉换作倾听与冥想，用善待与谦和去排斥难堪与伤害。

记得还在上学的时候，曾读过金庸先生的《书剑恩仇录》，书中金庸借一块玉佩的刻字，表达了自己对“谦谦君子，温润如玉”这样人生境界的推崇。我没有想过这样人生境界的人会是怎样的雍容自若和豁达潇洒，但我想，他应该是如万建中这样的人物，才不至令人失望吧。

王真　与时间赛跑

崔 晨

面对工作，她敢于较真，在急诊科默默坚守近30年，24小时不关机，365天无休假，曾创造一人一夜接诊120余名病人的奇迹；

面对科研，她始终求真，勇攀急诊医学科研高峰，曾作为唯一的中国医生在代表危重症医学和急诊医学世界最高水平的国际会议上作大会发言；

面对履职，她严谨认真，积极承担政协委员的责任与使命，围绕医疗卫生领域相关问题提出一系列重要意见建议。

她就是北京市政协委员，北京世纪坛医院急诊科主任王真。

每一次急救都是一场考试

走进世纪坛医院急诊科，紧张的节奏和氛围如影相随。而见到王真，没有想象中的风风火火、雷厉风行，她的平和、冷静与温柔，中和了这种氛围。“急诊干的时间越久，就越冷静，因为见的多了。”王真坦言。

1990年，从北医三院急诊科组建起，大学毕业不久的王真就扎根于此。当时急诊科只有3名医生，还要一天24小时运转起来，王真一天要工作16小时。这样365天全年无休的日子，王真一干就是好几年。都说急诊科留不住人，但王真始终没有调换过科室。2009年，她被作为重点人才引进到世纪坛医院做急诊科主任。

在王真眼中，每一次急救都是一场考试，在这里，她经历了无数次大考、小考。一次，全国“两会”期间，呼啸而来的急救车送来一位处于濒死状态的全国政协委员。他在就餐时突然倒地，驻地医生诊断为急性左心衰，可是用药后不见好转反而加重，就紧急将其送到医院。由于病人级别较高，院领导建议先将其送到高干病房。但王真决定争分夺秒，及时抢救，她凭借丰富的临床经验，冷静判断病人为异物窒息，仅用1分钟便将病人气管中的异物取出，病人呼吸通畅了，立即苏醒过来。事后，有人说王真胆子大，“院领导说送病房不就没你的事了吗，要是没抢救过来，你的责任就大了”。“可我根本没有考虑过这些，就是从他的病情出发，完全没有想过他是不是高级领导，和生命比起来这些都是次要的。”

不仅没有考虑过利益得失，在急救的过程中，面对生死，王真也毫无畏惧退缩。2003年，王真发现并诊断了北医三院第一例“非典”病例。当时，急诊科收治了一名发热病人，经询问，几天前他曾与香港商人洽谈业务，仔细分析他的症状后，王真果断决定对其采取隔离。但病人并不理解甚至反抗。在等待检测结果的过程中，王真照看病人一天一宿。看到她疲惫的样子，院领导找人来替换她，王真拒绝了，她对领导说：“我已经接触病人了，不要再让其他人接触了，要感染就感染我一个人吧。”“这就像你在洗碗，家人要来替你，你手已经湿了，不想让他们再沾手是一样的道理。”如今谈起此事，王真依旧没有一点迟疑与后怕。最终，这位病人被确诊为“非典”患者，王真的行为保全了其他医务工作者与就诊患者免遭感染。由于只有她诊断过“非典”患者，王真就成了北医三院“非典”主检医师，一天24小时坚守在医院，筛查“非典”病例，历时2个多月，直到“非典”疫情结束。2014年，非洲埃博拉病毒肆虐。当时有一位赞比亚来的客人，在飞机上就出现发烧、咯血、呼吸困难的症状，飞机一降落就被怀疑感染埃博拉病毒而直接送到了世纪坛医院急诊科。正在医院管理局挂职锻炼的王真被紧急叫回医院，经过对病人的详细查体与病史询问，王真排除了其感染埃博拉病毒的可能而诊断为急性左心衰。但是，现在想来，如果病人确实为埃博拉病毒感染者，在当时防护措施滞后的条件下，王真也将被感染。

王真虽然没有后悔过自己的选择，但是这一次，让她内疚至今。2004年盛夏，一名体重200多斤的心性猝死综合征患者被送到急诊科，王真和她的同事进行了3个多小时不间断的心外按压，才使病人心跳恢复，治疗一周后患者仍未脱离危险。就在这时，王真接到了家里的电话，父亲病危。王真心急如焚，处于两难境地。她安排好病人后，当晚飞回老家，在重症监护室守护了父亲一宿。这期间，医院电话不断，说病人病情反复。虽然父母挽留，王真还是决定返回医院。一个月后，病人在王真细心的照料下苏醒过来，还不能说话的他向王真含泪作揖。“虽然父亲也痊愈了，但我永远觉得对不起他们。自己的女儿就是医生，却帮不了他们。”说到动情处，王真的泪水已不能自已。这件事是她心中不敢触碰的伤疤。

勇攀急诊医学科研高峰

急诊的治疗往往决定了病人的生命走向，因此，急诊科医生需具备广博的医学知识与高超的医术。面对每天高强度、超负荷的工作，王真并没有停下科研的脚步，她要不断丰富自己。谈到科研，王真念念不忘两位恩师，一位是我国著名的内分泌专家黄大友教授，可以说是他带领王真走进了科研的殿堂；另一位是美国重症医学会主席Dellinger教授，而他让王真的科研站到了世界最前沿。

在北医三院急诊科工作的第二年，王真遇到一位昏迷伴休克的急诊病人，经她判断，病人为低血糖导致昏迷。可糖尿病人高血糖也可以导致昏迷，判断高血糖或低血糖的准确办法是看患者的血糖化验结果，但当时血糖监测结果要等待2个小时。病情不允许等待，可治疗又面临两个完全相反的方法选择，如果患者是低血糖不及时输注葡萄糖，病人很快会死亡；但如果是高血糖，输注葡萄糖后反而会加快患者死亡。当时连上级大夫也难以抉择，于是医院请来德高望重的内分泌专家黄大友教授会诊，他的诊断印证了王真的判断。王真扎实的医学功底、敏锐的洞察力与冷静的分析判断，给黄大友教授留下了深刻的印象，他向这位初生牛犊不怕虎的小姑娘抛出了橄榄枝，让她考自己的研究生。而急诊科实在离不开人，王真又不想放弃这么难得的学习机会，就在下夜班后跟随黄大友教授出诊、查房，在实践中学习。黄大友教授还为王真设计了科研课题。“我每天工作16小时后，再去北医生理实验室做老鼠实验。整宿夜班后只睡三四个小时，就去做实验；下白班就晚上去做实验，偌大的实验室就我一个人。”王真从没有觉得科研是负担，反而越做越有兴趣、越做越深入。第二年，王真的科研论文就被全国内科大会收录了，并邀请她作大会发言。

2005年，王真考取了当年国家教委唯一的急诊公派留学资格，在美国危重症医学举世闻名的库柏医院，王真接触到第二位对她产生重要影响的导师Dellinger教授。

像大部分留学生一样，王真首先要过的就是语言关，应对听、说、读、写各方面的挑战。因为医学英语被学英语出身的人称作另一个“小语种”，几乎全是专业术语。而在病历中这些专业术语又被缩写成缩略语，加之全部都是手写体，很难辨认。王真就一个字母一个字母地反复辨认，不懂的挨个儿请教，把这些缩略语归纳出来，密密麻麻打了35页纸，花了几个月的时间全部背下来。

在美国的两年半时间，王真主要从事两项重要实验和研究，一项是“呼吸音影像技术研究”，另一项是关于脓毒性休克的临床治疗。过去呼吸系统疾病，除听诊外，最常见的是X光检查，再进一步是CT检查，但都不能像B超或心电图一样留下动态的影像。呼吸音影像技术研究就是将声音与影像结合，对呼吸音做数字化分析，据此诊断呼吸系统疾病或从事呼吸生理方面的研究。起初Dellinger教授在重症监护室做这项实验，可是效果并不理想。性格内向的王真平时不爱说话，但在外国人眼中，你不说就代表你不懂。她主动提出在急诊进行这项实验，Dellinger教授半信半疑。因为这项实验是世界首例实验，没有资料借鉴，也没有专家可供咨询。王真仔细筛选大量病历，进行实验与数据分析，在世界上首次发现了当哮喘病发作时，左右两肺的呼吸音峰能量是不同步的，同时也在世界上首次定量分析了呼吸音能量的大小，从数据方面证明了阻塞性肺病患者呼气相能量大于吸气相能量。这些发现在过去任何资料中都从未有过记载或论述。王真的实验结果让Dellinger教授刮目相看，“你取得的成绩是我没有想到的”，Dellinger教授为他唯一的中国学生感到骄傲。

脓毒性休克也称感染性休克，是王真研究的另一个课题。这类疾病是由细菌或病毒感染脏器所致，发病早期没有明显症状，也没有一定的实验指标，但很容易造成脏器衰竭，病人死亡率很高。王真在美国曾多次发表有关论文，回国后她把美国有关此类病的急诊治疗规范、流程在科室里推广，仅一年的时间，王真所在的急诊科感染性休克的死亡率就降低了9.5%。由于卓越的成就，王真成为2009年欧洲危重症大会和2010年美国急诊大会唯一被邀请发言的中国医生。这两个大会是世界危重症及急诊专业规格最高、最具权威的大会。其中，2009年在维也纳举行的欧洲危重症大会让王真终生难忘。因为此前在美国多次发表论文或出席学术会议，都冠以美国库柏医院之名，而这次是代表中国，以《感染性休克的早期治疗及与预后的影响》为题目发言。由于大会的重视，她被安排在第一天第一个发言，当她第一次走向最高规格的国际讲坛时，她心里默念着，“我是代表我的国家来的，是向全世界展示我们的水平的”。

通过不断的科研、进修、培训，王真精通内分泌、心血管、呼吸、感染、重症及院前急救等众多急诊医学范畴。她的行为让人感受到，比你优秀的人，比你还努力!

履职全方位

王真是民革党员，还是市政协委员和海淀区政协委员，最高法院特约监督员。她始终牢记自身民主党派成员和政协委员的身份，在做好本职工作的同时，积极承担社会责任，履行参政议政职责，为促进医疗卫生事业发展建言献策。早在2004年，“非典”风波刚刚过去，王真就开始反思这场灾难给急诊科的经验教训。她走访了十几家医院，发现一个共性问题：急诊科地域狭小，通风环境差，就诊病人多，在这种环境里谁又能保证不发生交叉感染呢？如果将来再有什么突发事件，又该如何应对呢？于是她写了一份《急诊科建设应与时俱进》的提案，提交给民革北京市委。这件提案引起领导的高度重视，并做了重要批示。

2013年，担任北京市政协委员后，王真更加注重立足和发挥自己的专业优势，在充分调查研究的基础上，就医疗等领域重要问题，提出一系列提案。在北京市医院管理局挂职期间，王真建议提高急诊管理水平和应对突发灾害的能力。为此，她对全市医院急诊情况进行调研，通过调研掌握了大量第一手的详细数据，调研报告对急诊专业目前发展过程中的问题、困难、现状以及对未来公立医院改革的方向等进行了深入分析，并就一些问题提出了具体建议，对一些目前不能解决的问题就写成提案进行呼吁。这项调研，不仅为相关单位出台规范性管理文件提供了科学依据，更为此后急诊专项工作的开展奠定了基础。

作为最高法院特约监督员，她提出了《严惩医闹，构建和谐医患关系有利于医患双方利益》《医学立法及法院判决医疗纠纷案件时应考虑到医学专业的特殊性》等建议，得到了最高法院有关领导的重视。

2016年“两会”，王真还带来了《完善医疗卫生服务体系，加快科学养老机制建设》《自闭症儿童教育及家庭支撑的改进》《严重污染天气中小学校停课决定》等提案，履职视角逐渐从急救、医疗扩展到民生保障和社会生活的方方面面。

在王真眼中，政协委员履职是全方位的。“政协委员来自各个界别，是各行业中的代表，把本职工作做好是当好政协委员的应有之义，就是在履职；把群众的呼声反映上去，把政府的想法传递下去，发挥桥梁纽带作用，并注意抓住群众关注、政府关心的重要问题参政议政、献计献策，就是履职。”

在履职过程中，王真觉得个人收获也是满满的。在政协的大家庭里，接触到众多精英人物，能帮助自己以更加开阔的视野去认识、看待和做好自己的专业工作。“我觉得，没当政协委员之前，我只有专业一条腿，是‘一条腿’走路，现在政协大家庭帮我又长出了专业以外的另‘一条腿’，让我走得更稳、更远。”

苏号朋　师者的坚守

张 涛

“性恬淡好古，弗趋荣利。”这句话用在苏号朋的身上再贴切不过了。的确，青灯苦读、南山怅卧、竹林谈玄、河畔问天，那些中国传统士大夫最宁静、最渴望的归宿，苏号朋无一例外地都憧憬过。在他的眼里，人生不需要多么壮怀激烈、独步一时，只要有一间安静的小屋，一张平整的书桌，能够让他静静地读书就已经足够了。

我的世外桃源

“我是山东济宁人，1988年到中国政法大学法律系上学，从本科读到硕士，又从硕士读到博士，一共在那里上了十年，毕业之后就到了对外经济贸易大学法学院工作，可以说一直就没离开过学校。”苏号朋这样为我介绍说。

苏号朋是北京市政协委员，对外经济贸易大学法学院副院长、教授、博士生导师，同时还是中国消费者权益保护法研究会常务理事、北京市法学会旅游法研究会副会长、北京市房地产法学会常务理事、中国国际经济贸易仲裁委员会仲裁员、北京市仲裁委员会仲裁员、朝阳区青联委员。如此之多的头衔，我万料不到他的经历竟是如此简单，既没有上山下乡，挥汗如雨的艰辛，也没有求学还是下海，何去何从的彷徨。从学校到学校，从学生到老师，一切都简单得不能再简单，平静得不能再平静了。

“我记得在我读完硕士将要考博士的时候，曾经想要离开中国政法大学，并非因为那里不好，只是在一个地方待得久了想要换一个环境，多积累一些人生的阅历。我当时报了中国社会科学院的法学研究所，虽然我也考上了，但最终仍然留在了中国政法大学。”苏号朋的这段回忆，大概可以算作他许多年中最大的波澜了，虽然我知道他也为了积累更丰富的人生阅历努力寻求过改变，可是平静的命运天然选择了他，他也天然地选择了这种命运。

其实，苏号朋的人生原本可以有许多选择的。早在他读博士的时候，博士还是凤毛麟角，整个中国政法大学的博士加在一起，也不过十余人而已。当时年轻的他前景广阔，进入国家机关部委、高级法院，让事业得到更高更快的发展完全不是什么问题，但是他选择了学校。苏号朋是民主党派成员，参加工作之后也接到过许多邀他去政府机关和司法机构任职的邀请，他也都婉言谢绝，依然选择留在了学校。

“相对于机关中诸多的应酬，我还是更喜欢学校这种安静的环境，我觉得学校就是我想追求的那种清净、简单的世外桃源，在这里，我能够真正地潜下心来去读书、做学问，思考问题，而这些正是我想要的。我还有什么不知足的呢？”苏号朋平和地说道。

最严苛的老师

我初见苏号朋的时候，恰逢他在给学生指导论文。起初，我并没太在意，直到那位同学离开之后，苏号朋提起这事时才说到，他已经让那位同学把论文改了四遍了。

“都四遍了，您对学生论文都这么严格吗？您的学生一定都非常恨您吧。”我半是认真半是开玩笑地说。

苏号朋略显尴尬地说道：“估计是吧，我对学生的确是比较严厉的。现在大学招生比较多，学生的整体素质一直呈下降趋势，学校里厌学风气日盛，有的学生恨不得今天上学来，明天就想上班挣钱去。这样的风气让他们很难沉下心来学习，我要是再不对他们严厉一点，他们就更一无所得了，也就失去了上大学的意义。”

苏号朋对学生的严格是一贯的。以毕业论文为例，不管在别的老师那里是什么情况，也不管学生认为他如何迂腐、不知变通。只要是他带的学生，论文不合格就必须修改，一遍不行两遍，两遍不行三遍，直到把论文修改到他认为合格了为止。他曾在回复一位学生的邮件中写道：“做事是做人的表现。”

从他的这句话中，我们不难看出他的良苦用心，他并非想为学生的学业设置无端的障碍，而是想通过他的严苛，将认认真真做事、踏踏实实做人的人生观念传达给每一位学生，让他们真正成为认真、负责的人。

“我在读书的时候，老师对我的言传身教让我终生受用不尽，他们严谨认真的态度和求真务实的作风深深地影响了我，我也希望通过我延伸他们的影响，让我的学生也都成为做事认真负责任的人。我之所以让他们总是修改论文，是想让他们明白，成功不是那么容易得到的，他们应该对自己负责，对自己的人生负责。当然，或许有的学生不会理解，认为社会大环境如此，这样的老师太不跟形势了，但我想总会有人理解的。”苏号朋不无失意地说。

其实对待学生苏号朋也不是一味的严苛，他所展现出慈和的一面同样让人感佩不已。曾经有位东北的学生，大学毕业之后失业在家，仅靠媳妇卖菜的微薄收入维持生计，在他无路可走的时候，苏号朋给予了他极大的鼓励与指导，支持他考上了研究生，改变了家庭的窘境。类似的事情还有很多，只不过苏号朋不愿多谈而已。

“我可能天性比较喜欢帮助人，就拿政协委员来说吧，委员参政议政是很耗精力的，但是委员们依然有热情去参政议政，其实这也是在帮助别人，只不过一个是帮助个人，一个在帮助整个社会而已。”苏号朋这样解释说。

感言政协

在担任政协委员期间，苏号朋一直积极建言履职，发挥自己参政议政的作用，曾多次就法律、民生问题提出自己的意见。在参政议政多年之后，苏号朋也积累了丰富的履职经验。对于如何做一名合格的政协委员，如何提出高质量的提案，也有了许多独到的见解。

苏号朋认为：参政议政首先要有深度。不能像新闻一样跟风，出现了某个热点，所有人就一窝蜂地都去关注，致使忽略了许多其他问题，造成更多的弊病。只有比别人看得更远一点，想得更高一点，参政议政的质量才能得到保障。其次，参政议政需要与自己的专业相结合。政协每年的调研课题很多，包罗了北京城市发展的方方面面，为委员们参政议政提供了广阔的空间和素材，但兴趣和参政议政是两回事，委员的专业领域有限，不能因为自己对哪一方面有热情就去讨论和建言自己所不懂的领域，这样参政议政的效果就大打折扣了，只有把参政议政与自己的专业领域相结合，才能提出更高水平、更具建设性的意见和建议。

苏号朋还对他所关注的房屋租赁市场提出了自己的看法。他指出，北京市一直比较关注房屋市场的买卖问题，但是对于租赁市场则关注不够。房屋的买卖市场与使用市场是一体的，房屋买卖市场的调控必然会影响到房屋租赁市场。北京对外来人口实行限购政策，对于许多不符合购房标准的外来人口来说，只能选择租赁房屋。而当大量的外来人口选择租房的时候，必然会致使房屋的租金上涨，进而形成一种无序的状态。所以在房屋租赁市场方面也需要加强监管。

“有些刚毕业的学生，留在北京工作，本身收入很低，租不起大的房子，于是就有许多房屋中介公司把房屋随意隔断，甚至将一个好好的两居室隔断成七八间，造成了极大的安全隐患，一旦发生了火灾逃都逃不掉。这些问题都急需得到重视。”苏号朋举例说。

中国的传统文人往往有一种嗜好，他们不领官俸，不入庙堂，却甘愿为乡里或来自四方的学子们教授经史百家、人伦物理，他们甘守清贫以立身，言传身教以立德，或许他们不能大名播于海内，但其德操却足以为万世所仰。不知怎的，我乍见苏号朋时，便觉得在他的身上颇有这种先贤遗风，那种高雅幽逸、超然物外的理想化人格在他的身上尤为明显。在喧嚣的现代社会，能够不改初衷，矢志不渝地坚守自己的信念，珍视自我人格本已属难得，更何况他还有教化学生，感染他人的素志，有为国家保留一股清新之气的宏愿，如此心性，怎不让人感佩。

心乱是因为身在尘世，心静是因为身在道中。在喧嚣的世间，只有坚守最本真的自我，才能够宁静怡然地安于所处之境。只是“一般清意味，料得少人知”，至于别人如何看待他，他原也计较不了许多，不过我想对于苏号朋而言，倘若学生们都能明白他的良苦用心，他才会真正地欢喜不尽吧。

郭耕委员的激情与梦想

刘 杨

郭耕是北京市政协委员、民革党员，北京市劳模，五一劳动奖章获得者，他还是北京市十大杰出青年、北京市新长征突击手，他曾荣获“地球奖”，并被中国科协命名为有突出贡献的科普作家。8月7日，当人们在电视荧屏上看到满面幸福笑容的郭耕时，他正高擎祥云火炬，原来他还是一名光荣的2008年北京奥运会火炬手。

第一时间的激情告白

“早也盼，晚也盼，今天上午我终于参加了奥林匹克圣火传递，而且恰恰作为第100号火炬手。百年奥运，百感交集，能亲身参与这样隆重热烈的活动，实践奥林匹克精神，是我个人一生中莫大的荣誉。” 8月7日上午11时30分，郭耕在密云水库大坝上接传火炬，虽然从开跑至结束，给予他的仅有短短的几十秒钟，几十步路，却使郭耕兴奋不已。他高扬圣火，边歌边舞，扭起了民间大秧歌，并忘情地张开臂膀，做飞翔状，肆意率性地以肢体语言表达着北京奥运会的绿色、科技、人文三大理念——扬臂做飞鸟，是在表达动物保护、还自然以自在，还生灵以生机的意念；扭起大秧歌，是对民俗、对人文传统、对非物质文化遗产的传承和张扬。而集多项高科技于一身的祥云火炬，以丙烷为燃料，以异型铝合金为材质，既抗风又防雨，作为奥运圣火的载体，高雅华丽，圣洁亮丽，是工艺与艺术的完美融合，是科技奥运的最完美展现，他把火炬视为人类智慧的象征。

与奥运的一次擦肩而过

“我参与、我奉献、我快乐！”早在2004年，郭耕像千万北京人一样，积极投身到迎接奥运的筹备工作中，他积极推荐麋鹿为北京奥运吉祥物。郭耕说：“应该选一个与北京有着密切关系的动物作为北京奥运会的吉祥物。1865年，人们在北京发现了麋鹿这个新物种，北京是它的科学发现之地，后来麋鹿曾一度在中国灭绝，到了1985年，北京又成为麋鹿的首个成功回归之地，所以我力推麋鹿为北京奥运吉祥物。”为了与其他奥运吉祥物的候选者进行角逐，扩大麋鹿的知名度，那两年，郭耕不遗余力地奔走呼吁，著文投书，利用各种渠道宣扬麋鹿作为北京奥运吉祥物的道理。他以北京麋鹿生态实验中心的名义给奥组委寄出了“奥运吉祥物，我们选麋鹿”的申述理由，制作了以“北京奥运吉祥物，十大理由选麋鹿”为题目的十块展板，分别从国际合作的角度、北京特色的体现、濒危物种的拯救等十个方面向人们介绍麋鹿吉祥物，他还邀请麋鹿苑附近社区的南郊农场德茂幼儿园的小朋友及社区居民共同参加大型推荐横幅的签字活动，充分体现了这一活动的社会性。并以麋鹿中心的名义分别给湖北石首、江苏大丰、河南原阳等麋鹿较集中的地方发出推荐麋鹿作为奥运吉祥物的倡议书，均得到积极的响应。后来，麋鹿苑将麋鹿吉祥物的设计，具体委托到几位艺术家和专业院校，得到包括全国政协委员、国画家李延声先生的鼎力支持。2005年11月11日晚，北京奥组委举办奥运会吉祥物发布暨倒计时1000天的活动晚会，郭耕就在电视台的直播室现场。谜底揭晓前的紧张刺激和答案公布后的些许失落都让郭耕终生难忘。谈及这次与奥运会的擦肩而过，郭耕平静地说：“相对于其他候选者，麋鹿在开始的角逐中还是略胜一筹的。尽管没有最终入选，但重在参与，无论胜负。我们毕竟无憾地走过了向奥委会推荐吉祥物的每一步。”

参政建言与“绿色巡讲”

近年来，作为一名政协委员，郭耕结合自己本职工作的特点，认真履行参政议政职能，积极建言献策，传播奥运理念。当2001年7月13日中国申奥成功之后，郭耕就建议在713路公共汽车车牌上用中英文标上“奥运成功申办日”的字样；4月22日，是“世界地球日”，6月5日是“世界环境日”，应该在422路和65路公交车上注上相应的文字标志，使公共汽车变成一个流动的环保宣传栏。结合宣传“人文奥运”理念。他提出，在北京的博物馆、展览馆，科技馆和动物园所在路口设置明显的双语路牌，既能有效提升北京的文化氛围，又彰显北京浓厚的文化底蕴；当得知北京某饭店还有吃娃娃鱼的现象时，郭耕在北京市政协的全体会议上提交了《奥运期间禁食野生动物》的提案。他感慨地说：“娃娃鱼是世界上现存体形最大的两栖动物，是恐龙时代就生存在地球上的活化石，是人类的朋友。我们的嘴太馋了，非要把自己的朋友视为美食，我不知道人类的嘴还想吃什么！”由他提议并撰写的《加强绿色奥运宣传，推广绿色生活理念》的建议，作为民革北京市委在北京市政协全体会议上的大会发言。

2006年，奥组委、首都精神文明办、市环保局与北京市科委共同成立了“绿色奥运，绿色行动宣讲团”，郭耕被聘为讲师，他成为绿色奥运的传播者，也是奥组委任命的奥运会前期的签约志愿者。三年时间，郭耕完成了不下100场讲座，仅去年就志愿服务721小时。今年他还与前奥运冠军娄云、陈静、杨凌等参加了在北京奥运会主办城市和协办城市举办的“绿色课堂”巡回演讲。每次宣讲都是一次个性的张扬，是环保信仰的一种传播。每一讲，郭耕都非常珍惜，他结合中国的传统文化，以诗歌、独角剧等多种形式讲述人与动物的关系，人与自然的关系，宣扬着中国天人合一的思想，饱含人文底蕴，尽显自然之美。几年下来，郭耕的足迹遍及城市、农村、社区、学校、军营，各年龄段的听众达数十万人。经常有听过他讲座的学生由教师带着来他工作的麋鹿苑参观学习，郭耕笑着说，他有很多“粉丝”。一次社区演讲结束后，一位老人对略显疲惫的郭耕说：“我84岁了，这是我一生中听到的最好的讲座。”朴实的话语深深感动了他，郭耕说：“人再累，路再远，也值得！”

心系奥运 情牵自然

作为著名的环保人士，郭耕对2008年北京奥运会有自己独到的理解。用他的话说：“绿色奥运是北京奥运会三大理念之一，它为北京人生活环境的改善，为绿色生活理念在世界的传播，为重新定义人与动物、人与自然的关系都起到了积极的作用。2008年北京奥运会为中国，乃至整个世界留下一份珍贵的绿色奥运遗产，所以它是一个功在当代，利在千秋的伟大善举。作为奥运火炬手，我感到无限光荣。”

奥运火炬手的“点燃激情，传递梦想”被郭耕诠释为“点燃绿色奥运的激情，传递人与自然和谐的梦想”。他描述自己的梦想时说：“地球是动物眷恋的绿色家园，希望地球变得更加和谐，没有杀戮和战争，没有对自然的破坏、对森林的砍伐，没有对江河的随意的污染，人与自然能够真正和谐相处。”

奥运只是个新的起点，人类追逐绿色文明的脚步将永远前行。

（本文刊载于《北京观察》2008年第9期）

傅惠民　尽职勤勉　开拓奋进

京　文

今年7月，傅惠民以全票再次当选第十四届民革北京市委主委，这是对他五年来主委工作的最好肯定。作为全国政协常委、民革中央副主席、北京市政协副主席、民革北京市委主委、北京航空航天大学教授，他始终牢记自己肩负的历史使命，尽心尽职，踏实进取，在政协、党派、科研等工作中都做出了突出成绩。

党派工作：坚持、继承、创新

傅惠民担任主委五年来，民革北京市委积极适应新形势下多党合作事业发展的需要，着力加强思想建设、组织建设和制度建设，不断提高自身建设水平。尤其是在领导班子建设方面，进一步建立和完善了民革市委全委会议事规则、常委会议事规则、主委会议事规则等一系列规章制度。作为主委，傅惠民带头认真贯彻落实民主集中制，虚心听取同志们的意见，充分发挥领导班子的集体作用，营造了良好的民主、团结氛围。他还主持完善了理论中心组学习制度、领导班子谈心会制度、领导班子成员联系基层制度等，促进了领导班子的全面建设。为了更好地发挥参政党职能，在上任之初，他就对民革市委工作提出了“坚持、继承、创新”的六字方针，并在实际工作中认真落实。

“坚持”就是要求民革市委各级组织必须始终不渝地坚持中国共产党的领导。五年来，民革市委通过开展“坚持走中国特色社会主义政治发展道路，搞好政治交接”“树立和践行社会主义核心价值体系”等主题教育活动，举办各种读书班、培训班、研讨班等，带领广大民革党员认真学习、准确把握党和国家、市委市政府的最新精神，努力提高广大民革党员特别是中青年骨干的政治思想水平，始终与中国共产党在思想上同心同德、目标上同心同向、行动上同心同行，坚持中国共产党领导的多党合作和政治协商制度，坚定不移地走中国特色社会主义政治发展道路。

“继承”是指广大民革党员必须继承和发扬民革与中国共产党亲密合作的优良传统。民革市委通过庆祝新中国成立60周年与中国共产党成立90周年、纪念辛亥革命100周年、纪念“五一口号”发布60周年、庆祝民革北京市委成立60周年以及纪念七七事变、古北口战役、滦州起义等重大历史事件的活动，激发广大民革党员的爱国热情，使他们更加自觉地继承和发扬民革老一辈长期与中国共产党团结合作形成的政治信念、优良传统和高尚风范，进一步增强接受中国共产党领导的自觉性和坚定性，始终与中国共产党风雨同舟、荣辱与共。

“创新”就是要紧密结合北京市发展的新形势、新任务，与时俱进，努力开拓北京市民革工作的新局面。五年来，民革市委带领各级组织和广大民革党员团结奋斗、不断创新，加强自身建设，提高参政能力，围绕市委市政府的中心工作，大力开展参政议政和社会服务工作，有效地履行参政党职能，为全面实施“人文北京、科技北京、绿色北京”战略，为推动首都科学发展、促进社会和谐，为促进祖国和平统一大业做出了新的贡献。

政协工作：积极参政、睿智议政

在北京市政协，经常能见到傅惠民副主席忙碌的身影，聆听到他在各种会议上的精彩发言。作为市政协副主席，他认真做好分管的市政协科技委员会工作，为推动首都科学发展积极贡献力量；作为民革市委主委，他组织带领广大民革党员，在政协这个多党派合作和政治协商的平台上充分发挥党派作用。

五年来，他团结带领科技委员会广大委员，围绕成功举办北京奥运会、应对国际金融危机冲击、制定北京市“十二五”规划、加快转变首都经济发展方式以及中关村国家自主创新示范区建设等市委市政府的中心工作，完成市政协大调研子课题5项、调研课题6项，并形成常委会或主席会建议案，供市委市政府决策参考。特别是2008年上半年，科技委员会对奥运期间水供应安全和主要地下管线安全进行了风险防范评估。他先后组织调研活动17次，参加的委员304人次。针对水供应和地下管网安全风险防范提出了29条建议，一些意见建议得到市领导的高度重视，并通过政府有关部门加强了各项应急防范的改进工作。风险评估调研取得了委员与政府、政府与政协“双满意、双收获”的效果。

傅惠民十分重视党派提案和政协大会发言工作。五年中，组织广大民革党员开展调研共完成70余篇调研报告，有40篇参加全市统战系统优秀调研成果评比，其中30篇获奖，从中又精选出12篇调研报告，作为市政协大会的党派提案，这些党派提案均得到市委市政府高度重视和市领导的批示，其中《关于进一步发展我市特色旅游产业的建议》的党派提案，刘淇书记批示指出“综合民革等各方意见，制定世界一流旅游城市规划”。每年市政协的大会发言最受广大市民关注，民革市委在市政协会议上的党派发言《加强绿色奥运宣传，推广绿色生活理念》《加快建筑垃圾资源化进程，推进北京市两型社会建设》等均产生了良好的社会反响，获得了广泛认同。此外，民革市委还积极与市政协相关专委会开展联合调研，组织民革党员中的专家学者参加了市政协的“进一步做好古都风貌和文物保护工作”等25项专题调研。五年来，民革市委有5篇党派提案被市政协评为优秀提案，另有数十篇由市政协委员中的民革党员作为第一提案人的提案获得优秀提案奖。在2010年市政协开展的“最具影响力提案”的评选活动中，按照选题重大、成效显著、影响力大的标准，从2003年至2009年7年间的9498件提案中选出30件提案，最后由市民通过网上投票评选出十大“最具影响力提案”，其中民革有3项提案获奖。

民革组织的历史渊源和人员构成，决定了民革在促进祖国和平统一大业中具有特殊的地位与作用。民革有丰富的对台资源，市政协有很好的对台工作平台。2008年，傅惠民参与商定，民革市委与市政协港澳台侨委员会联合开展对台工作。2010年，以北京中山文化交流协会（民革市委对境外交流的平台）的名义，组织赴台参访活动，与台湾孙中山纪念馆联合举办了“孙中山与辛亥革命纪念珍邮展”，台湾主流媒体进行了广泛报道，在岛内产生了很好反响。

集体调研，傅惠民倾心投入，个人参政议政，他也尽心竭力。在政协常委会、主席会等各种座谈会议中，傅惠民都会积极发言，他的发言热情、幽默，又不乏睿智、理性。在全国政协会议上，他还先后提出并与其他委员联合提出有关科教、国防、体制改革、反腐败、社会治安、民生等方面的提案60多项，积极为国家的发展建言献策。

科研工作：勇于探索、不断创新

1986年，傅惠民在北京航空航天大学取得博士学位后，主动放弃了去美国做博士后研究的机会，留校从事飞行器设计、疲劳断裂和可靠性的教学与研究工作，1990年被破格晋升为教授，1993年被批准为博士生导师，并担任小样本技术研究中心主任。

20多年来，他始终将自己的研究工作与国家的发展需要紧密相结合，与解决工程实际中的重大问题相结合。先后主持了国家和有关部委下达的30多项科研课题，经总装备部、航空航天等部门组织鉴定，其中15项课题的研究成果达到国际领先或国际先进水平，5项填补了国内空白。在国内外有关刊物上发表160余篇学术论文，他的博士论文解决了国内外长期悬而未决的疲劳强度分布问题，为疲劳可靠性理论奠定了基础，对结构寿命估算和安全性评定做出重要贡献。经过近20年的努力，他又创立百分统计学，与传统数理统计相比，百分统计学具有所需试样少和统计推断精度高的特点。在此基础上，还进一步建立高精度小样本的可靠性设计和分析方法，满足了卫星、火箭和飞机等飞行器对质量和可靠性越来越高的要求，从而可将航空航天产品发生故障的可能性减小到最低程度。此外，他还发现并开辟寿命控制研究的新领域，改变了过去只能对寿命进行预测的状况，使寿命研究由被动变为主动。以上成果已为北约AGARD和美国NASA等国际有影响的组织所采用，并被广泛用于解决我国新型歼击机、卫星和导弹的研制、宇航员太空行走、登月工程、靶场鉴定、可靠性分析、质量控制、抽样检验、试验设计、材料性能测试等领域的工程实际问题，取得显著的社会效益和经济效益。

傅惠民的努力与付出得到了国家和社会的高度认可。他曾获得国家自然科学奖1项、部级科技进步奖4项以及霍英东青年教师、光华科技奖等其他奖励19项。并先后被授予全国五一劳动奖章和全国优秀教育工作者称号，被评为国家级做出突出贡献的中国博士学位获得者，被授予国家级有突出贡献的中青年专家称号，享受国务院政府特殊津贴，并被教育部批准为“长江学者”特聘教授。面对这些荣誉，傅惠民总是很谦逊地说："历史记住的是一个人的创新，一个人对社会的贡献，而不是他得过什么奖，有过什么荣耀。"

熟悉傅惠民的人都觉得他平易普通，但在平和的外表之下，是坚定、执着、炽热的内心。有什么样的目标，就有什么样的人生。也许，他的奋斗，他的拼搏，他的成就都源于他所肩负的那份社会责任、所拥有的那颗"惠民"之心。

（本文刊载于《北京观察》2012年第11期）

陈晓明　守望文学

徐　飞

北大朗润园的采薇阁——中国诗歌研究院，这是北京市政协委员、北京大学中文系主任陈晓明办公的地方。陈晓明曾出版有《无边的挑战》《不死的纯文学》《德里达的底线》《中国当代文学主潮》等三十多部著作，发表论文评论三百多篇。曾获首届“华语传媒文学大奖”年度评论家、鲁迅文学奖理论评论奖等奖项，教育部长江学者。在中国现当代文学研究领域是为数不多的兼文艺理论研究与中国当代文学研究于一身的学者。见到陈晓明之前内心很忐忑，本以为这样一位大学者会高傲、自矜。但见到他本人就完全打消了这个顾虑，身穿休闲外套、戴副黑框眼镜的陈晓明右手拎着笔记本电脑，左手拿着水杯微笑着朝我走来，“等挺长时间了吧？我刚给学生们上完课”。几句寒暄过后，让人感觉亲切、温和，一下子放松下来。

“阅读为我打开通往世界的大门”

陈晓明在福建出生长大，少时曾随父母下放到非常偏僻的山区，也有过上山下乡的知青经历。地处偏僻的山区，家庭出身又不好，当时的陈晓明看不到任何出路。“对我个人而言，阅读文学作品改变了这一切，它打开了通往外部世界的大门，让我对历史、对大千世界、对人生都充满了希望和向往。”在陈晓明看来，文学作品其实可以清除我们人生中的很多苦恼和忧伤，学到很多做人的道理。陈晓明动情地回忆道：“我15岁的时候读到一首诗，‘在我少年的时候，朝思暮想去航海’。成年后，有一次经过河姆渡，看到河水流淌，阳光照射在河面上，突然回想起少年时候读的这首诗。可见文学对生命影响之深远。”

陈晓明的小学教育和中学教育都不完整，但他从小对理论有种天然的喜好。11岁时，他读到父亲作为下放干部的政治读物《反杜林论》，“那时根本看不懂，但端着那本书就觉得有一种欣慰。我读了第一页，什么也没有读懂，很长时间就是读那一页”。在缺乏教育的偏僻山区，阅读报纸是陈晓明的最大收获。“我11岁开始一直读《参考消息》，那上面的所有文章，我都从头读到尾。因为父亲是下放干部，能享受阅读《参考消息》的待遇，这构成我当时崇拜父亲的全部理由，这真的帮了我的忙。如果要论我的启蒙老师，《参考消息》的影响可能是最深远的。”

1977年10月，教育部恢复了高等学校招生统一考试的制度。陈晓明当时正在乡下插队，他从来不敢对高考抱有任何想法。当得知自己也有资格参加高考时，陈晓明欣喜若狂。那时离高考只剩一个月左右的时间，他投入全部的精力和热情备考，最终高考成绩优异，平时热爱阅读的他作文分数几乎满分。然而因为家庭出身的原因，被某重点大学退回档案，最后被福建省南平师专录取。

大学期间，在图书馆里陈晓明无意中发现一套商务印书馆编的汉译学术名著，其中有黑格尔、康德、费希特、马克思、斯宾格勒、罗素等人的著作，激动不已。“说真的，那时的感受就像后来武侠小说里说的，在山洞里捡到一本破旧的剑谱，当下就会想到，对着这剑谱练，就能成就一身功夫。那时我就这样，啃这套书，房间门上贴着一张纸条：闲谈请勿超过十分钟。这就是20世纪80年代，我们的阅读，我们的知识追求。西学构成了我们的学术背景，最好的批评家是哲学家，最好的批评家也必须懂哲学，哲学成为我的学术基础。”

他说，当今社会最可怕的就是每一个人都为贪欲所支配而无止境地接近疯狂，但阅读文学能让我们沉下心来，减少浮躁和贪欲。由此看来，没有什么东西能比文学更有用了。从艰苦的地方，一路读书下来，陈晓明的同路人越来越少，能有现在的成就，他认为意志力是最重要的。阅读引领着陈晓明走进更广阔的世界，也带领着他走入了文学批评的学术殿堂。

做研究是手艺活儿

哲人说几乎每个人都可以成为匠人，因为匠心——把事情做好的欲望，是根植于每个人内心深处的人性冲动。但现实中，工匠精神却始终是一种稀缺的品质。“写文章、做研究的人，都算是工匠、手艺人，没有认真求实、踏实肯干、精益求精的精神是不行的。”

在20世纪80年代中期，能够接受陈晓明论文的人寥寥无几。中国文化与文学研究所所长孟繁华曾用“出场后的孤军深入”来形容陈晓明，他曾说：“至今我们仍不难发现，在批评界就其观念层面而言，陈晓明可以引为‘同道’者仍是寥寥无几，与一个阵容庞大的批评群体相比，他几乎是孤军奋战。”当时正处在文艺观念形成的初期，整个社会的文化氛围和陈晓明的反叛气质，形成了他善于怀疑和挑战的性格。“那时有的是青春激情，更重要的是那个时代有着充沛的信念——思想的变革可以引领社会向着理想的方向行进。”

陈晓明长期致力于德里达及解构主义研究，如今，他在这方面的建树得到国内外同行的首肯。德里达的哲学及其解构主义是公认的具有相当学术难度的领域，陈晓明穷尽20多年工夫，始终在这一领域耕耘。

还记得1987年，陈晓明听时任中国作协书记处书记鲍昌的学术报告，报告中提到国际哲学年会以德里达哲学思想研究为主题，邀请中国学者参加，但举国无人对德里达有较为专门的研究，中国学者缺席。陈晓明颇不服气，开始有意识地去查找阅读有关德里达的著作。2009年，《德里达的底线——解构的要义与新人文学的到来》出版，全书57万余字，写作耗时近十年，书中内容陈晓明在课堂上给学生反复讲授过，经过反复讨论修改而成。该书在全面、综合的框架里来解读德里达，给出了一个解读德里达思想的较为完备的图谱。陈晓明说：“写一部较为全面地论述德里达及解构理论的书是我多年的夙愿。既是对当代论文写作缺憾的一次弥补和偿还，也是对自我的一次挑战和激励，更是对大师的一种追思和致敬。”

有一次，在北京三联书店与德里达相遇，陈晓明将自己的专著《解构的踪迹》一书赠予德里达，上面用英文写上了给他的献词：“您的思想对中国青年一代学人有着至关重要的影响！”并与德里达做了短暂的交谈。德里达看到十多年前竟然有用中文写的关于自己的著作，甚为惊讶，用英语表示，他的著作能被中国学者重视并发挥作用，这是他最大的欣慰！

凿井者，起于三寸之坎，以就万仞之深。能取得如今的成就，陈晓明说："始终不知疲倦的阅读、严谨治学、加强自己的学术想象力是我写文章和做研究非常重要的经验。"

加强人文教育

"当了两届政协委员，荣誉感和组织上的信任是对自己很大的鼓励和鞭策，但也让我感觉肩负着更大的责任为文化做一些力所能及的事情。我更关心教育方面的问题，尤其是人文教育要从中小学抓起。"

在有过多年教学经验的陈晓明看来，整个人文学科的教育，缺乏一种深刻的个性化思想。深刻的个性化思想对整个民族的创造力和自信心是非常重要的。这种要求不是仅仅针对大学生、研究生，应该成为每一个人的追求。通过陈晓明不断地调研、教学过程中与学生的交谈以及考察国外的中小学教育，他多次提出关于加强中小学人文教育的提案。一方面，陈晓明认为，教育改革只有降低当前中学的数理化难度，才能让中学生有时间阅读、思考和交流，人文素质教育才能有必要时间和空间来进行。"现在中学生负担重，主要是由数理化的难度造成的，不降低数理化的难度，学生的减负只是一句空话，人文素质教育也是一句空话。只有中学的人文教育基础打好了，大学的人文教育和社会人文素质提高才有保障。建设'人文北京'是一项长期艰巨的任务，我们不可能指望在短期内就迅速提升北京的人文品质，使之具有世界城市应有的风范，根本还在于要有优良的教育为基础。"

另一方面，陈晓明一直倡议将"政治课"改成"人文社科基础"。经历过多次教改，现有的政治课内容十分多样，有关政治思想品德教育的内容只是其中的一部分，政治课实际上包括马克思主义哲学、经济学、中共党史，还包括大量的普通哲学、法律常识、伦理学、社会学、心理学、逻辑学、美学、时事政治等内容。"严格地说，政治课的内容并不是'政治'这个概念可以完全涵盖的。准确地说，这门课程称作'人文社科基础'可能更为恰当。如果我们把社会科学基础生硬地命名为政治，把那些理应伴随青年成长的社会科学知识，硬讲成概念化的说教般的政治，显然是违背教育的基本精神的。"

人文教育可能不会为就业提供直接的帮助，但是，人文教育一定可以为青少年寻找人生的兴趣所在和未来奋斗的目标提供强有力的支持与帮助，一定可以为其未来的发展，甚至在人生道路上做出成就打下良好的基础。这恰恰就是人文教育的魅力，是人文教育永恒价值之所在，也是陈晓明一直以来所关心和提倡的。

季加孚　让绝望的人看到希望

崔　晨

2017年4月20日至23日，第十二届国际胃癌大会首次在中国举行，来自全球48个国家的近4000名学者来到北京参会。在会上，北京市政协委员、北京大学肿瘤医院院长季加孚作为大会主席，代表中国，作了“关于胃癌防治在中国的进步与挑战”的主旨发言。这个被称为世界胃癌领域的奥林匹克盛会能够在中国召开，倾注了季加孚的多年心血，他的努力也向世界证明了我国已成为世界胃癌防治的核心力量之一。

抗癌初心终不改

季加孚的母亲就是医生，从小在医院长大的他，早已习惯了有些刺鼻但不难闻的来苏水味道，注射针头、听诊器、血压仪是他童年时光最好的“玩具”。面对穿着白衣大褂步履匆忙的叔叔阿姨，季加孚有种莫名的亲近与向往。加之年少时，他的父亲因病早逝，更加坚定了他学医的志向。带着这股倔强，1977年恢复高考的第一年，季加孚如愿考入内蒙古医学院医学系，一头扎进浩瀚的医海里。

毕业时，他听从师长建议，选择了新成立的肿瘤外科，成为一名外科医生。在医院里，季加孚虽然初出茅庐，但获得了大量的手术机会。他肯吃苦，三年住医院几乎没有回过家，就这样他的手术能力得到了极大的锻炼。1987年，他报考北京医科大学临床肿瘤学院的研究生，复试的题目是乳腺癌改良根治手术，这对28岁的季加孚来说早已是驾轻就熟。

2000年，季加孚选择出国深造，在美国斯坦福大学医学院完成了胃癌特异基因表达谱的研究，并在同一年回国。回国后，季加孚进入中国抗癌协会胃癌专业委员会，致力于推动国内胃癌防治事业。

科学研究逐渐证明，胃癌细胞的转移途径是通过淋巴结，因此，胃癌手术的难点就由切除胃部癌肿扩大到了对淋巴结的清扫当中。“对进展期胃癌患者来说，如果手术不规范，将对患者带来致命危害。淋巴结清扫范围过小，会造成胃癌的复发率增高，而清扫范围过大，会对患者的身体造成严重损伤，围手术期死亡率就会增加。”

由于胃部的淋巴结和淋巴管紧紧地依附在胃周的血管上，胃癌患者的血管常常会发生各种特殊变异，淋巴结会和变异的血管交织纠缠在一起。在清扫过程中，如果伤及血管，就会造成术中大出血，不能把淋巴结完整地取下来，可能造成癌细胞的残留和进一步的扩散。同时，淋巴结的外形和脂肪组织完全一样，用肉眼难以分辨，这就要求外科医生对胃周淋巴结的走行和分布极其清晰。

当时，我国胃癌外科治疗尚缺乏统一规范和培训机制。季加孚率先制定以关键血管为解剖标志的胃癌D2标准手术规范，创新性提出手术模块化教学方式，牵头在全国范围内开展胃癌标准手术巡讲，一做就是十几年。截至目前，该项目覆盖全国27个城市，已培训专科医师一万余人次，规范胃癌手术培养机制，使胃癌根治切除率提高了25%，显著延长了胃癌患者的生存时间。更重要的是，季加孚为中国的胃癌防治打造了一个共享、交流、提高的平台，在此平台上，中国胃癌临床和研究逐步得到国际同行的认可。

经过30多年的历练，当年那个上手术台还略感紧张的年轻医生，如今已经成为胃肠肿瘤外科的行业翘楚。在临床上，他技艺超群；在专业领域，他是学科带头人；在科研方面，他承担了许多重要项目，发表了不少有影响力的SCI论文……但这些在季加孚眼中都不是好医生的唯一标准：“我认为，好医生的标准只有一个，就是真正替病人考虑，能被病人认可。”

季加孚对患者的好，医院上下都知道。不上手术的日子，常有慕名而来的患者到办公室门口找他，希望能给看看片子，帮忙提出治疗建议，只要时间允许，他从不会拒绝；微博上，常有人来问诊，他会在微博上给出建议，甚至还会亲自给博友回电话；遇到从外地来的家庭困难的患者，季加孚还会让科里医生开车拉着病人及家属到医院附近找最便宜的旅馆。在癌症治疗，尤其是在晚期癌症的治疗过程中，季加孚力求做到这样几点：不给病人增加痛苦，不让病人背负难以承受的经济负担，不给病人增加恐惧。

季加孚始终认为，癌症治疗是一门关于生活的艺术。“治疗不是简单地去除机体上的肿瘤，而是要综合考虑到各方面的情况对患者疾病的影响。不但要治病、延长生存期，更要让患者能够在生活中维持一个较好的生存质量，感受到生命的尊严。”

履职建言15载

在北京市政协，季加孚可以算是三届元老。履职建言15载，他始终关注与医疗改革和抗癌治疗相关的问题，他还练就了将本职工作与履职建言有机结合的本领，打出了一套工作加履职相辅相成的“组合拳”。

2012年，季加孚及他的团队耗时36年绘制的北京癌症图谱终于大功告成。“1978年，北京城区仅6000多人被诊断为癌症，而到2010年，猛增到3.7万人，每天约有104个新癌症患者。”这一组组数据一直冲击着季加孚，他也逐渐认识到重视癌症发病增长趋势，提高恶性肿瘤发病检测工作的重要性。“科学研究是一方面，但及时发现疾病还需加强呼吁，引起政府及全社会的重视。”季加孚决定把它拿到政协说一说。2013年，他通过提案，建议完善癌症发病登记系统，并建立恶性肿瘤筛查的长效机制。同时，他还针对北京市发病率与死亡率最高的肺癌问题，呼吁颁布控烟条例。值得欣慰的是，这一条例在2016年正式颁布实施。

早诊早治是降低癌症死亡率和提高生存质量的有效方式。针对这一问题，2014年，季加孚继续书写履职“连续剧”，提出完善癌症早诊体制的提案。“本市胃癌和大肠癌患者生存率远远低于日本等国家，究其原因，主要是本市患者诊断时以晚期居多，而日本患者诊断时多数为早期，故预后好。因此，在北京市癌症发病率日益增长的情况下，早诊早治是最快速有效的预防措施。”季加孚语重心长地说。提案提出后，他并没有坐等办理单位答复，而是积极身体力行，从我做起，推动相关问题的解决。就在当年，由他亲自主持的“胃癌早诊、规范化治疗及疗效评估研究”项目正式启动。季加孚表示，该研究的结果将在胃癌筛查、早期胃癌和进展期胃癌治疗方面提供适合我国患者的规范化方案，并有望在全国推广，更好地为我国胃癌患者进行治疗。

如果说没有早诊早治是延误癌症治疗的一个重要原因，那另一个拖后腿的原因就是昂贵的治疗费用。每次出诊，面对因癌致贫，想要放弃治疗的患者，季加孚都无比心痛。他默默地算了一笔账：肺癌、乳腺癌等常见肿瘤单次住院费用占当年人均可支配收入的50%以上，而上消化道癌症、大肠癌和肝癌的次均住院医疗费用更是完全超出普通癌症患者的支付能力。此外，京籍肿瘤患者交通费、额外餐费等非直接医疗费用占总医疗费用的9%，外地赴京就医的肿瘤患者经济负担要高达19%。“与此相较，基本医疗保险对于癌症患者的保障水平有限。癌症治疗的花费高、周期长，且很多癌症治疗的先进诊疗技术、新型药品产生的医疗费用，通常不在基本医疗保险报销范围之内，需要患者自费支出。”为了能够给癌症患者提供持续的医疗费用来源，2014年，季加孚所在的北京大学肿瘤医院与专业健康保险公司合作，推出国内首个防癌保险。“通过第三方保险支付，基本医保之外的部分可以得到保障，患者生病的时候，能得到更多补偿。中国除了完善基本医疗保障外，还应该让商业保险积极参与进来。”季加孚积极为此鼓与呼。防癌险推出的几年间收到了良好的效果，被挽救的因癌致贫的家庭，成为季加孚最大的动力。2016年，他进一步总结经验，撰写提案，建议大力推动以癌症保险为代表的医疗金融解决方案，作为基本医疗保险的补充，而惠及更多的百姓。

在许多癌症患者心中，季加孚被视为最后的希望。他以自己丰富的医学知识、高超的诊疗技术、高尚的医师道德和以人为本的为民情怀，给广大患者带来了温暖、光明和福音。季加孚用自己的实际行动，演绎了一曲曲生命之歌，诠释了白衣天使的真谛和价值。

葛剑平　在每一个生态位上尽心尽力

牟晓春

2004年8月，一份建议静静地放到中南海国家领导人的案头。此份名为《关于把发展生物技术产业作为国家战略的建议》，以高瞻远瞩的世纪眼光，忧国忧民的赤诚情怀，严谨细致的科学态度，呼吁尽快启动“生物技术强国”战略，解决困扰我国经济可持续发展和社会长治久安的粮食、人民健康、能源、生态与环境等重大问题。胡锦涛总书记和温家宝总理亲笔批示：“生物技术是我国科技和经济发展的一个战略问题。落实生物技术，实现产业化，不仅关系国家的可持续发展，而且关系人民的生活和健康，应该作为国家经济、社会发展和科技进步的重点，列入中长期规划，在制定国家中长期科技发展规划时将做重点研究。”从此，我国的生物技术产业发展揭开了崭新的一页。

此份党派建议的策划人和主提人就是北京市政协副主席、民盟北京市委主委、北京师范大学副校长、生态学专家葛剑平。

“兵团二代”的难忘童年

“我是在新疆建设兵团长大的。父母都是屯垦戍边的战士。”1962年6月，葛剑平出生于新疆石河子。回忆起童年时光，葛剑平眼神中充满温情与追忆，似乎又回到了那个艰苦但又无忧无虑的年代。

提起小时候，葛剑平记忆里印象最深的就是参加劳动。成长于特殊年代的兵团，从记事起，葛剑平就和小伙伴们一起，拾麦穗、摘棉花、割黄豆、挖“地老虎”、掰玉米棒子……从播种到秋收，几乎什么农活都做过。四五年级开始割麦子，新疆的麦田是一眼望不到头的大条田，将近一公里长。十一二岁的孩子，在炽热的太阳底下干到中途，又饿又累，麦芒混着汗水扎得身上又疼又痒，看看前面，金灿灿的麦穗似乎无边无垠，真有“叫天天不应，叫地地不灵”的感觉，但是自己的任务，不咬牙坚持下来是不行的。这不仅是因为小伙伴们都彼此竞赛，谁也不肯落后，更因为作为团领导的孩子，家里对他的要求更严格，他要事事率先，吃苦在前，不能给家里抹黑。劳动虽然很苦很累，但干完之后欣赏自己的劳动成果，可着劲儿吃平时吃不到的白馒头，又很高兴很幸福。

从记事到高中，日复一日，年复一年，葛剑平和小伙伴们的很多时光都是在大条田里伴随着汗水、泪水和满足、幸福中度过的。大家都说，那一代兵团出来的孩子，吃苦耐劳、韧性强。葛剑平说，那都是艰苦劳动“熬”出来的。作为“兵团二代”，小时候这段艰苦劳动的经历，对葛剑平的性格和人生影响都非常大，磨炼了他的意志，塑造了他“很难认输”的性格，“再困难的任务也总想着我一定要完成”，“遇到什么事，我总想着要靠自己的努力去完成，而不是想着去依赖别人”。

“理想是走出来的”

考大学纯属偶然。1979年夏天，葛剑平高中毕业。此时的他压根儿没想到读大学，一心想着毕业后就下连队劳动，一辈子扎根新疆。那年暑假，上大学的三哥回家，讲起了大学的生活，激起了他心中对大学的憧憬和向往。至于选择生态学作为自己的专业，更是偶然。也许因为生活环境恶劣，大西北的人对自然和人的生存非常关注，班主任听说新疆八一农学院新设了生态学专业，就建议他去报考。谁也没想到，此举会成就日后中国的一位著名生态学专家。

1980年9月，18岁的葛剑平如愿以偿成为新疆八一农学院（现新疆农业大学）“生态学师资班”的新生。这个班是“空前绝后”的一个班，按重点大学录取分数线录取，为全国生态学师资队伍建设服务，教师从全国聘请，而且只办了这么一期，48人。班主任张新时，现为中国科学院院士。入学之初，葛剑平不了解生态，也谈不上喜欢，更没想过要成为生态学家，但就像老一辈人“先结婚，后恋爱”一样，在刻苦攻读中他逐渐认识并喜欢上了这个学科。

就好比割麦子必须割完眼前的才能割更远的，葛剑平一直秉持着这样一个理念，“首先要把眼前的事情做好”。将来要做什么，葛剑平很懵懂；但今天要做什么，葛剑平很明确。当时这个专业的课程要比其他专业整整多出三分之一的学时，白天晚上都要上课、做实验，很苦很累。但葛剑平觉得很充实，他似乎有用不完的劲，如饥似渴地学习各种知识，除了吃饭睡觉就是读书，四年下来，成绩名列全班第一。

到后来读硕士，读博士，做教授，教学生，葛剑平都是秉承这个理念，不空谈什么高远理想，只尽心尽力把眼前的事情做好，把今天的事情做好，把该做的事情做好。正因为这种务实劲儿、这种认真劲儿、这种韧劲儿，葛剑平不断地收获人生的一个又一个荣誉：1994年获林业部科技进步二等奖，1996年获国务院政府津贴、国家科技进步三等奖、霍英东青年教师三等奖，1998年获中国青年科技奖、全国优秀教师奖，1999年获黑龙江省优秀中青年专家，2003年入选教育部“跨世纪优秀人才计划”……

回顾自己求学时的勤奋务实，对比现在一些大学生刚入学就规划将来如何成名、如何赚钱，而不学好眼前学业的现象，葛剑平由衷感慨，“人生规划，光规划是规划不出来的；所谓理想，不是光靠脑袋想出来的，而是一步一步走出来的”。

生命学院的“三驾马车”

从北京师范大学的科技处处长，到生命科学学院院长，到学校副校长，学校师生对葛剑平的评价众口一词，“学者型的领导”，“很有管理能力”。谈及此，葛剑平却说：“我从来没有想到当官，念书时连个小组长都没当过，走上管理岗位是很偶然的。”“偶然”走上管理岗位，却能得到大家的一致认可，秘诀也许源自葛剑平一贯的真诚，也许源自他做任何事情的求真务实和尽心尽力。

葛剑平做管理很有独到之处。他在生命学院建立了三套机制，“党政联席会”“教授委员会”“咨询委员会”。他有一个形象的比喻，戏称党政联席会相当于党委政府，教授委员会相当于人大，咨询委员会相当于政协，共同构成生命学院的“三驾马车”。“党政联席会”制度使党政能够一条心。“教授委员会”制度为葛剑平首创，教授评审不再由院领导决定，而是由20多人组成的教授委员会决定。这个制度执行得非常严格。曾经葛剑平有个关系很好的师弟，留德归来想到生命学院任职，最终被否，葛剑平对此也是爱莫能助，因为他也只有一票。咨询委员会，则聘请了校内外的专家学者，为学院的各项发展出谋划策。“三驾马车”机制的建立和实施，为学院的跨越式发展保驾护航，得到了大家的广泛好评，也充分体现了葛剑平的政治智慧和勇气。

“坏的体制使好人变坏，好的体制使坏人变好。”葛剑平非常重视体制的作用。他认为，无论是一个学院、一个学校还是一个国家，一定要下功夫把体制和机制做好，体制机制最关键。好的体制机制是凝聚人的，它能够有效约束个人欲望的膨胀，但又不会妨碍个人能力的发挥；能够形成良性竞争的环境，使大家在不同的生态位上找到自己的位置。

葛剑平认为，竞争不是个坏词。单赢的竞争环境，是两个人对同一个环境有共同需求，只有“你死我活”。良性共赢的竞争环境，是在这个地方产生矛盾后，大家慢慢地调整，找到适合自己的位置（生态学称为生态位）。就好比在一个生物多样的群落里面，不一定每一个都要作钻天的乔木，有的比较耐阴，长在树下，也自得其乐。管理者的任务就是营造一个良性竞争的环境，使人尽其才，各自找到合适的位置。到德国访问，看到完成基础教育后，有的人选择到大学深造，有的人则选择搞加工、搞技术，大家都能根据自己的特质来安排自己的未来，都能在各自的位置上找到成就感。葛剑平认为这是社会比较成熟的一种状态。成功其实是多样的，不管在哪个领域，能够做得尽善尽美就是成功，适合自己就是你发展最好的状态。

“我的孩子们都很优秀”

从1987年从教至今，葛剑平已是“桃李满天下”。他就像爱自己的孩子一样爱着自己的每一个学生，并称他们为“我的孩子们”。他特别善于发现学生的优点并注意因材施教。有人说现在的学生浮躁，葛剑平说，他们其实都很优秀，很聪明，跑野外，上山取样，都很吃苦耐劳。每一代人都有每一代人的特色和优势，我们教育工作者，就是要善于抓住他们的特点，给他们提供锻炼和成长的机会，让他们静下心来，让他们找到成就感。

每年新生入学，葛剑平都要给他们提四点希望。这四点看似朴实无华的话语，既饱含着葛剑平对下一代的殷殷期望，也是他几十年宝贵人生经验的总结。

第一点，做一个老实人，诚实人。这是最重要的一点。葛剑平告诉孩子们，不要投机取巧，不要撒谎，因为你撒一个谎得用十个谎来圆，那撒十个谎得用多少谎来圆？尤其是做科研，更是如此。

第二点，做好每一天的事，就是你最大的理想。葛剑平套用温家宝总理的话要求孩子们：把今天的事情做好，想好明天要做的事，看看第三天要做的事，做好这三天的事再规划未来的事。

第三点，生活要有规律，要锻炼好身体。葛剑平认为只有锻炼好身体，才能更好地做学问。他自己就是个热爱运动的人，现在依然能够连续打几个小时的羽毛球。这里有个小故事，葛剑平儿子2岁的时候，奶奶搬出了一大摞葛剑平小时候得到的奖状，教育他：你看，你爸爸小时候多爱学习啊，得了这么多的奖状。后来葛剑平一看，说：妈，这一摞奖状全是体育方面的，什么跑步、铅球、铁饼……一项学习也没有。这个小故事说明了葛剑平从小就热爱运动，也正是运动带来的良好体魄，使他上山取样比学生跑得还快。

第四点，保持个人的独立思维，不要靠别人。葛剑平发现，有的孩子在校跟老师做课题很出成绩，但毕业之后就不成了，主要因为他习惯依靠老师，老师做什么，自己跟着做什么。这也是中国教育面临的一个问题。葛剑平告诫孩子们，要想在科研上取得成就，一定要学会自己想问题，学会自己分析问题，并锻炼自己解决问题的能力。

“委员三态”

自1998年担任黑龙江省政协委员以来，葛剑平就与政协结了缘。儿时西北边疆的艰苦环境和生活，使葛剑平一直就关注民生疾苦；读大学以来不断地跑野外、跑基层，又使他较多地了解到社会的各个层面。2008年全国政协全会上有记者采访初任委员的葛剑平，他表示，“我会认真履行参政议政的职责，对教育、文化、科技等熟悉的领域提出积极的建议”。他是这么说的，更是这么做的。十几年的履职历程，他在深入调研和认真思考的基础上，对高校科研和人才培养、教育公平、自主创新、生态服务型经济发展等提出了多条有决策参考价值的意见建议。

回顾自己这些年来的履职道路，葛剑平认为，不论做政协委员，还是人大代表，要想履行好职责，都要抓好四个重要环节——关注、了解、认识、认同。关注社会是第一步，了解社会是第二步，认识是一种升华，认同是一种力量。对任何社会现象，如果只是简单地关注后就写意见，那就有可能得出很偏激的结论。只有关注了、了解了、认识了、认同了，才能提出真正有见解的、有作用的想法。他主张做好政协委员须有三“态”：

“心态”。正确的心态是成为合格委员的前提。当好政协委员，一定要在任职期间摆正心态，时刻告诫自己，担任政协委员不是为个人谋利益，而是为社会发展和大众权益服务。

“状态”。状态表现为个人的行为、动作、语言和做的事情。要明晰作为委员，应该做什么，不应该做什么，应该做到什么程度。政协委员不是官员，不应追求什么名利地位；做事不能浮于表面，要有深度；不要光抓大事，还要多抓实事。

“生态”。作为一名生态学专家，葛剑平习惯用生态学的理念来分析社会现象。就好比每个生命体都不是独立存在的，都跟别的生命体、跟环境息息相关一样，政协委员也不是独立存在于这个社会上的，建言献策，要考虑国情、市情，要在大的环境、背景和格局下，调查研究，建言献策，履行职责。

回顾葛剑平走过的路，从学生，到教授，到学校管理者，到党派市委主委，到市政协副主席……不管是割麦子还是学知识，不管是做学问还是教学生，不管是做管理还是参政议政，葛剑平在每一个生态位上都尽心尽力，也在每一个生态位上都成就斐然。不知怎么，葛剑平总让我联想起新疆一种特有的树种——胡杨，“一千年不死，一千年不倒，一千年不朽”，在荒凉贫瘠的沙漠撑起生命的绿荫。也许，外表温润平和的他，内心正有着胡杨的品格，坚忍不拔，永不退缩，支持着他从人生的一座高峰攀越到又一座高峰。

（本文刊载于《北京观察》2011年第7期）

王永庆　一位传统知识分子的无私天地

牟晓春

“我的自我定位是比较传统的知识分子。”王永庆如是说。他的成长轨迹带着鲜明的时代特色：随着历史浪潮做过农民当过工人；大学报考中文最终却跟财务管理结下不解之缘；参加民主党派“众望所归”成为党派负责人……丰富多彩的人生画卷，随着他的讲述缓缓展开，平平淡淡的口吻，阐述着这位温润如玉却又耿介刚正的知识分子的理想和追求。

农田里的“半拉子”劳力

王永庆，1954年6月出生于吉林省吉林市。当他就读小学五年级时，“文化大革命”开始了。1968年，因父亲的“历史”问题，全家被下放到农村。那是一个偏远的山村，吉林省桦甸县金沙公社金沙小队，没有电，晚上仅靠微弱的煤油灯照明。一家人住在低矮的土房子里，在生产队政治队长的监管下接受劳动改造。

每天清早，随着生产队长敲击铁轨的“咣咣”声和“出工啦”的吆喝声，大家按照分工开始一天的劳作，一个整劳力每天挣10个工分，合1毛5分钱。刚刚14岁的王永庆，每天也要下田挣工分，他属于“半拉子”劳力，每天挣8个工分。

在村里，王永庆把四季的农活干了一个遍：冬天打柴，春天插秧，夏天锄草，秋天收割。他印象中最累的是插秧。清明节的时候，稻田里的水冰冷冰冷的，早上还带着冰碴儿，脚踏进去很快就冻僵了。为了御寒，插秧之前，不分男女老少，一人一点白酒“咕咚咕咚”下去，等全身的血液循环起来了，马上下地插秧，几公里长的地基本上不停歇地“腾腾腾”插到头，之后感觉腰都直不起来了。

从繁华的城市来到这偏远的山村，日子的艰苦、农活的繁重、众人的歧视都能忍受，最让王永庆不能忍受的是生活的枯燥，没有报纸，没有广播，更没有书。这段日子不光铸就了他不怕吃苦的品格，更让他体验到书本的重要，文化的重要，在之后有机会读书学习的岁月里，对书本和知识倍加珍惜。

从工人“小师傅”到研究生

王永庆家里的读书氛围很浓。父母都接受过系统的教育，喜欢读书，耳濡目染，他也从小就喜爱读书。

1970年，16岁的王永庆中学毕业，被分配到吉林省机械厂当工人。就因为个子高，被分到大件班组，先当了3年学徒，之后成了“小师傅”，开始带徒弟。那时候工厂机械化程度不高，工人每天“三班倒”，大件班组因为要手工搬运很多钢铁部件，更苦更累，每天下班累得动都不想动了。

即使这样，对读书和知识的渴望，还是激励着王永庆利用工余时间博览群书，探索真知，充实自己。当时鼓励学马列毛主席的著作，那段时间里，王永庆系统自学了马列主义的系列著作。对这些科学理论，王永庆越读越有兴趣，越读越觉得有道理，逐渐形成了对马列主义的坚定信仰，成为自觉的马克思主义者。

1978年恢复高考后，王永庆第一志愿填报中文，最终被吉林财贸学院会计系录取。王永庆戏称自己当时只有小学五年级的文化基础，其后的中学生活都被“文革”荒废了。高考成功，很大程度上得益于平时喜欢读书，尤其是在工厂对马列主义系列著作的研读。

重新有机会进入课堂学习，王永庆如饥似渴地投入到知识的海洋中，他兴趣广泛，除了本专业，还经常跑到别的班、别的系甚至别的学校去听课学习。吉林大学中国史、世界史的课堂上经常能见到他专心倾听的身影，图书馆成为他课堂外的另一大学习营地。

1982年，王永庆大学毕业，到辽宁财经学院攻读会计专业研究生。因为有过工厂和农村的经历，他深觉读书机会的宝贵，觉得应该趁自己还年轻多学点知识，多长点本领，将来为社会多做点贡献。

财务管理领域的学者型官员

1985年，王永庆研究生毕业，被分配到财政部会计司，从此，就一直在国家机关从事与财务管理有关的工作。1986年调到审计署，1998年调到国务院稽察特派员总署，2000年，稽查特派员总署改名为中央企业工委，2003年中央企业工委与其他部门整合为国务院国资委。

在国资委工作的几年里，王永庆所在的部门负责监管部分国有重点大型企业。年底会就这些企业经营业绩和领导班子经营管理能力向国务院报告，如这一年企业经营得是好还是不好，是客观原因还是主观原因，企业问题和管理薄弱环节有哪些，领导班子德、能、勤、绩、廉各方面表现怎么样等。他们递交的报告每年都得到国务院领导的批示，有力促进了被监管企业的守法经营和经济效益的提高。

王永庆工作态度特别严谨。他常说，经济没有可验证性，如果判断错了，损失无法弥补，所以一定要做科学周密的研究，了解真实情况，用数据说话。为了做出更科学的评价和进行更有效的监管，王永庆要求部下，要一只眼盯着被监管企业，一只眼盯着外面，这个外面是指国内外同行业的各类企业，做到对自己监管的行业有透彻的了解。

本着对工作高度负责的精神，尽管繁多的社会活动占用了大量时间，王永庆一直没有停止业务研究的步伐。多年来，他在会计、审计、企业监管方面颇有心得，先后发表论文30余篇，编著书籍10余部。同时，他还在清华大学、国家会计学院、中央党校国资委分校授课。业内人士评价他：文如其人，严谨、平实，数据翔实，富有创见。

“宽严相济”的党派负责人

1991年，王永庆加入中国民主建国会。王永庆说，他加入民主党派主要受到两个人的影响。一个是研究生时的导师沈琪煜，无党派人士，为人正派，全心全意做学问教学生。另一个是刚参加工作时的财政部会计司司长杨纪琬，民革党员，是我国会计界泰斗，为人很好，工作要求很严，特别注重培养年轻人。

在党派活动中，王永庆的参政议政能力和组织协调能力得到大家的认可。2003年任民建朝阳区委主委，2007年任民建北京市委主委，2010年12月起任民建中央副主席。王永庆对新时期民主党派工作有着自己的想法。他认为，改革开放之后，民主党派得到迅猛发展，作用也越来越凸显。民主党派成员如何跟中共同心同德，应该是摆在民主党派包括中共统一战线工作者面前最严峻的任务。民主党派作为参政党，靠的是自我约束、自我教育、自我管理，尤其需要凝聚力和管理能力。王永庆认为，新时期的民主党派领导人，必须具备抓班子带队伍的能力，把党派的成员团结起来，管理好、约束好，跟中共同心同德，使多党合作制度更加完善。

王永庆认为，做官要先做人，做人要正派、公道，严于律己，宽以待人。他在民建市委的一个管理原则是，对机关工作人员的要求要严，对会员的要求要宽；因为机关工作人员是专职的公务员，而会员是兼职的。就在这“宽严”之间，王永庆探索出了一条党派机关建设的新路，提升了整个机关的服务管理效能。

“活学活用”的马克思主义者

1991年加入民主党派，2003年成为政协委员，党派、政协等活动占用王永庆的很多时间和精力，王永庆形容说是“星期六一定不休息，星期天不一定休息”。利用业余时间，王永庆满怀为国为民的热忱，提出了不胜枚举的提案、建议案、信息，参政议政硕果累累。

长期从事经济财务工作，王永庆对这些方面的很多情况比较了解，他充分利用自己的专业积累和眼光，敏锐地发现问题，准确找出问题症结所在，提出很多前瞻性、宏观性的真知灼见。

这方面的例子不胜枚举。比如说监管大型煤矿企业的时候，王永庆经常去山西实地查看，注意到煤矿旁边就是小煤窑，而小煤窑的存在带来诸多问题，如安全问题及煤炭利用率的问题等。他在2008年的全国“两会”提出了提案《关于加快整合改造小煤矿，转变煤炭工作发展方式的建议》，建议对山西的小煤窑进行整合，由大企业并购重组。此建议得到当时的全国政协主席贾庆林和副总理张德江的批示，其后山西等地煤矿兼并重组整合改造轰轰烈烈地开展起来，已取得良好效果。

再比如，早在2008年初，国际金融危机大潮来袭之前，王永庆就通过市政协向党政部门报送了有关应对危机的信息。那年2月，王永庆去广东考察企业，发现很多企业订单不足、开工不足，新一轮经济危机的苗头已经有所体现，但大家的注意力还放在防止经济过热、防止通货膨胀方面。王永庆实地考察基层情况之后，经过汇总分析，迅速通过政协信息刊物《诤友》反映了一篇《应在宏观经济政策方面做好反周期调控应急准备》的政策性、预警性信息。在信息中王永庆认为，“全球经济一体化的结果，已经使我们无法置身于全球经济可能的衰退之外，我们必须对可能出现的最坏局面做好打算，宏观政策做好反周期准备，并同时对挽救全球经济增长做出自己的贡献。否则，如果外部环境恶化，而我们几项坚持加大宏观调控的政策，无疑将对我国经济雪上加霜”。并提出了“加快内需启动步伐，保护好针对消费和服务内在的投资需求；汇率政策要保持既定的升值幅度和速度，反对加速或大幅升值；财政政策要随时做好启动的准备，应对全球经济衰退可能对我国经济的负面影响”等建议。后来的经济发展表明，他在信息中反映的担忧、做出的判断和提出的建议都是非常具有前瞻性的。

这方面的例子还有很多：关于核电安全、关于国家宏观经济政策调整的意见建议等。这些前瞻性建议都得到了有关领导和部门的重视，有力地推动了相关工作的开展和相关问题的解决。

王永庆认为，这种发现问题、分析问题、解决问题的能力，一方面得益于研究生时老师对逻辑思维方面的培养；同时，实质上也是在自觉不自觉地运用马克思主义的辩证的哲学思想，是在实践中“活学活用”马克思主义。

比较传统的知识分子

王永庆说，自己的价值观很简单，都是一些做人的基本道理。从小接受中华传统文化熏陶，受爱国主义和民族精神影响比较大，算是一个比较传统的知识分子。

王永庆认为，一个传统知识分子，首先做人要堂堂正正，做事要光明磊落，要爱惜名声和气节甚至超过生命。作为参政党的一员也好，作为知识分子也好，把自己的见解说出来，让大家了解，被决策层采纳，切实为国家社会做点事，人生才更有价值。

王永庆对个人得失看得很淡。他说，提意见、讲真话虽然有时不受人待见，但“苟利国家生死以，岂因祸福避趋之”，只要对国家、对人民有利的事情就应该去做。他为人低调，很少接受采访，媒体上对他个人情况的介绍也都非常简单。采访中，当被问及这些年得过的荣誉都有哪些时，他略做思索，然后微笑着说，都记不得了。

“回首平生无憾事，心底无私天地宽。”王永庆特别欣赏这两句诗。他时刻以一名传统知识分子的标准来要求自己：恪守优秀传统道德，堂堂正正做人，踏踏实实做事；无私无畏，为国为民，看个人的成败得失云淡风轻，看国家和人民的利益重于泰山。细细想来，他的经历，他的为人，他的追求，不正是这两句诗的真实写照吗?

（本文刊载于《北京观察》2012年第5期）

杨志刚　茫茫商海争一流

朱生志

商海弄潮，如逆水行舟，不进则退。作为北京市家喻户晓的著名品牌，金五星从1993年创建至今，历经20多年风云变幻，在市场经济的大潮中几经沉浮，从一个小微商贸公司，一举成长为集商业贸易、房地产开发、酒店物业管理服务为一体的由多经营领域十余家企业组成的规模型集团企业。茫茫商海，金五星之所以能够一直平稳向前，发展壮大，离不开集团董事长兼总裁杨志刚的高水平掌舵。作为2010年中国经济贡献百名杰出人物、第八届全国商业优秀创业企业家、第十届全国青联委员、北京市政协委员、北京市工商联常委，杨志刚凭借着“实实在在想干一番事儿”的理想，在茫茫商海中争当弄潮儿，勇争一流。

梦想与创业

生于清河，长于清河，杨志刚总梦想着“家乡清河变得热闹起来，有一座像城里那样的星级堂皇大商厦”。当杨志刚在街道干了几年，又在一家不大的商贸公司当了两年经理后，这个童年的梦想变得越发清晰、越发具体。

实现梦想不能无凭无据，没有现实根基的梦想只能是空中楼阁，虚无缥缈，但是杨志刚幸运地在改革开放的新时代，梦想的脚步一步步清晰，梦想的框架愈发具体。

1994年，在海淀区委、区政府和清河街道领导的大力支持下，当时年仅28岁的杨志刚担起筹建金五星商业大厦工作的重担。跑手续、找贷款、签协议……不知熬过多少个日日夜夜，破土动工的日子终于来到。这一天，杨志刚清楚地记得："1994年5月26日，晚8点。"之所以选择晚上，是因为杨志刚早已迫不及待！挖掘机轰隆隆响起来，工地旁围着的几百男女老幼，自发地拍起手来。杨志刚扯着他那早已沙哑的嗓子，向乡亲们喊道："这里要建的是金五星商业大厦，五星是五星红旗的五星，五星是五星级服务的五星！"

工程质量、资金短缺、邻里纠纷……各种各样的矛盾，常使杨志刚感到力不从心。出乎意料的是，他硬是"长"在工地上，一路盯下来。当部分资金迟迟不到位，有人提出原设计的自动滚梯能不能省掉时，杨志刚说，"砍哪儿也别动那四部滚梯，那是金五星的'一星'啊！这200万投资一定要保。不仅要把四部自动滚梯高质量地安装好，还要预留出安装自动下梯的地方"。

功夫不负有心人。1995年12月，商厦试营业和开业的头十几天里，成百上千的人排列在徐徐上升的电梯上，从一楼到五楼，浩浩荡荡，蔚为壮观。一传十、十传百，方圆十几里的人都知道：京北地区最大的商厦——金五星商业大厦开业啦!

杨志刚深深懂得，金五星商厦的立足和发展，离不开清河及周边地区的十几万群众。于是，杨志刚提出了"精品与人品共纯，盈利与赢心同在"的企业精神。为了做到"精品与人品共纯"，杨志刚严格要求商场严把进货渠道，保证上千类几万种商品不出现假冒伪劣，绝不把一尺一寸的柜台交给侵害消费者利益的人去经营。为了实现"盈利与赢心同在"，杨志刚在实践中闯出了一套"金五星模式"。他认为，作为一个商业企业，不讲经济效益，不尽可能地争取更高的利润，还不如不干。但把追求利润单纯地看作就是从老百姓兜里多掏票子，就大错特错。盈利难，首先难在赢得消费者的心。盈利与赢心并重，才可能真正地盈利、长久地盈利。

金五星星级服务

服务好坏，是企业的口碑问题，也是关系企业生死存亡的关键问题，长期得不到优质服务的消费者必然会转身他顾，选择用脚投票。

从激烈竞争的市场中，杨志刚感悟到，"现在的时代已进入服务竞争时代，只有坚持'以顾客为至高无上'，才能迎接服务竞争时代的挑战。真正优秀的公司，不论身处哪一个行业，都应该认为自己实际上是从事服务的。顾客至高无上，他们应该得到周到、优质的服务”。

正是基于对企业发展问题的本质性理解和把握，深谙经商“服务”之道的杨志刚大胆提出了“星级服务”概念。“星级服务的内涵就是通过真诚的服务，不断满足用户对服务方面的一个又一个新的期望，使消费者在得到物质享受的同时，还得到精神上的满足。”

以前，普通消费者购买冰箱、洗衣机，安装空调、煤气灶、热水器之类的器具，都当作家庭大事来办，得自己想办法运回家，或是备好烟酒，好好“伺候”安装人员。这就是当时中国的现实——商品短缺的年代，消费者反过来为工商企业服务。

杨志刚敏锐地发现市场中的宝贵机会，“敢为天下先”，有意识地开始打造“星级服务”。1995年12月9日，金五星商业大厦开业当天，他就实行了在北部地区大件电器免费送货，在此之前，北部商场还没有一家实行送货上门，为顾客提供如此便利的服务。金五星人为这个送货队起了一个响亮的名字——“金五星星级送货队”。

金五星开业不久，一位顾客选中了一台长岭牌电冰箱，由商场的送货车送到家，抬上了楼。谁知，家里的女主人又要换扬子牌的。送货队员们二话不说，把冰箱抬下来又拉回了商场。当顾客挑选好了扬子冰箱后，不好意思开口让商场再送，想自己解决。杨志刚说：“那就不是我们金五星了。”结果，送货队员们没顾上吃饭，又把冰箱给顾客送到家。像这样动人的小故事，每个楼层、各个销售部门几乎都有，商场收到的一封封表扬信就是“星级服务”的明证。

近年来，国内的零售市场环境变化巨大，由卖方市场转变为买方市场。一方面，消费者购买行为和观念都发生变化；另一方面，零售业态呈现出多样化态势。面对众多商品和服务，消费者更加乐于接受质量好的服务。

面对市场发展的新情况、新变化、新特点，杨志刚领导金五星集团再次升华了“以顾客为中心”的新经济营销思想，提出“顾客永远是对的”服务理念，“我们就是要把顾客资源视为企业最宝贵的资源，把满足顾客需求视为企业的生存命脉。从进车场、入店门，选购商品到付款，我们始终视顾客为亲人，以微笑的面孔、百倍的热情欢迎来金五星的每一位顾客，并想顾客之所想，体察顾客心理，当好顾客参谋，解决好顾客购物中的各种难题”。

创新是现代企业的灵魂

现代社会瞬息万变，作为市场的弄潮儿，如果不能跟随时代的脉搏起舞，不能及时把握消费理念的多样变化，不能勇于创新、善于创新，终会被市场的大潮无情淹没。

“兵无常势，水无常形，世上万事万物不是一成不变的，应根据主客观变化及时调整战略，及时创新，才能提高应变能力，立于不败之地。”经过多年的商海摸爬滚打，杨志刚对于创新的重要作用了然于胸。“包括高科技行业在内的各行各业，一旦创新停滞，裹足不前，即使是业界翘楚、行业龙头，也一样逃脱不了被淘汰的命运。”

当今社会，网上购物如火如荼，发展迅猛，对相关传统行业造成巨大冲击。对此，杨志刚有着自己的独到见解，“我们应该跟上时代发展的脚步，跟上人的理念、思想的变化，而且想法一定要追求超越，必须要创新。信息时代，顾客选择上门消费，就是奔着商家特色而来。只要你的环境、你的特色是别人代替不了、取代不了的，你就能永远立于不败之地”。

在集团不断发展的历程中，杨志刚并不满足于按部就班遵循已有模式经营，而是时刻把“创新”作为其文化的灵魂，作为保持企业永续发展的动力。通过实践积累与沉淀，杨志刚创造性提出“傻子工作法、模拟工作法、剖析工作法、对比工作法”，作为集团开展各项工作的有力法宝，四种工作法的理论和实践又一次充分证明了它的真理性与实用性，也因此间接为企业带来了巨大收益。

“我们有的企业家，决定的时候拍脑门，在干的当中拍胸脯，没干好之后拍屁股。对于一个企业来说，虽然一直干得都很顺，但是只要一个大决定错了，就可能把整个企业带入万劫不复的深渊，甚至倒闭。”杨志刚对此深有感触，“所以我们在决定一个事情、一个项目的时候，一定要来好好地剖析一下，我们要把可能发生的预案都要考虑出来”。

时令代序，斗转星移。转眼的春风杨柳，转眼的绿肥红瘦，极不平凡而又收获颇丰的20多年，20多年弹指一挥间，揩去额上的汗水回望来路，杨志刚几多自豪，几多感慨。在新的茫茫商海征程路上，杨志刚必会继续“实实在在干一番事儿”，让金五星更加光芒四射，熠熠生辉。

陈柳　静水流深　大爱无疆

刘海梅

陈柳，人如其名，婉约柔美却又不失坚韧大气。在形色各异的企业家中，似一朵静静绽放的莲花，清新雅致，成为一道独特的风景。

这是一位让很多人瞩目的年轻女企业家——北京粤海湘天海鲜大酒店董事长、当代投资节能置业集团副总裁。媒体对她不吝溢美之词："极具现代企业管理理念的清华大学首届EMBA毕业生，名门之后，深受传统文化蕴藉，将多种身份、多个角色和谐地糅合于一体的女老总。"听到这样的评价，陈柳乐了："我只是一个普通的但一直在努力追求梦想的人，真没大家说的那么好。"她将自己的成绩，归结于心底的梦想和榜样的力量。

梦想+奋斗 串起她的绚烂人生

因为一直怀有创业的梦想与冲动。1999年，年仅28岁的她，凭着个人喜好书画的兴趣创办了柳雅轩文化传播有限责任公司，并经营珠海市最大的私人画廊——柳雅轩画廊，这是陈柳的第一份事业，同时也成就了她心中的文化梦。在经营画廊之余，她长期为书画家提供聚会、交流、学习的场地，并定期举办各种艺术沙龙活动，在文化艺术界小有名气。由于出众的组织能力和策划能力，陈柳还被中国美协《中国美术家》报特聘为副总编。

2003年，为了圆自己儿时的清华梦，经营着"柳雅轩"的陈柳舍弃了蒸蒸日上的画廊事业，考取了清华大学经济管理学院首届EMBA，并加盟在地产界专做节能环保地产的领军企业——当代投资集团担任副总裁。在清华两年的求学生涯，她甘之若饴："世上最幸福的事情就是读书。选择在清华读

EMBA是我平生最有价值的一次投资。”陈柳谈到在清华的学习，“在汇集着来自国企、外企、民营企业的学员们共同组成的学习平台上进行思想碰撞，聆听清华园里著名学者的精彩讲学，通过这种方式发现自身的差异，也学习了别人的长处。EMBA给了我理念的更新，拓展了思考的角度，让我领会了多种不同心态下看问题的方式；清华EMBA不仅使我学会了最新的经营理念和管理方法，更重要的是让我的思想得到前所未有的升华并且让我结识了使我终生受益的同学”。

对这份友谊的珍重，陈柳萌生了又一个梦想：为同学们建构一个心灵驿站，使之成为一个永久的校外交流平台，提供交流友情的空间，能够经常坐到一块儿沟通思想、交流经验、共享资源、共创商机。每个人在这里都能够充分整合自己的优势资源，与其他人寻求互补互助，共同发展、共同进步。这个梦想，成就了陈柳人生中的另一段辉煌，也是她自己的第二份事业，投资创办了位于金融街的粤海湘天大酒店。

从28岁到34岁，短短6年间追随着梦想的脚步，陈柳经历了从创业到职业经理人再到创业的曲折前进历程。她每天工作排得满满，却并没有看出倦意，“我骨子里干任何工作都有种激情，只要认定目标我都会坚定不移地走下去”。

陈柳心中有一个美丽的终极梦想：建一座自己的私人博物馆会所，为那些才华横溢却无处展示的艺术家们提供一个自由广阔的文化家园。

文化+餐饮 成就她的经营之道

极度推崇中国传统文化的陈柳堪称名门之后，祖辈中出过两位湖广总督、湖广巡抚，近一点的有著名收藏家、金石家陈介祺。在陈柳母亲的家乡山东潍坊的老宅子里，至今保留着乾隆皇帝敕封的“四进士第”牌匾。陈柳的姨外公是曾主持设计人民大会堂、北京饭店、民族饭店、友谊饭店、民族文化宫的建筑大师张镈。受家庭背景的影响，陈柳自幼深受古典文化和艺术的熏陶，自己闲时爱写写书法，目前也开始学画。

在餐厅经营中，陈柳充分发挥自己的文化艺术禀赋，在整个餐厅的布局、格调方面，不落俗套。小到一束灯光照射的角度、餐碟餐盘的挑选，大到整个大堂、包间、SPA休闲间的设计，不仅听取来自专业人士的意见，更结合自身的艺术感受，亲力亲为。粤海湘天匠心独运的就餐环境设计、布局，营造出随意而不散漫、内敛但不拘谨的古色古香。用陈柳的话说就是“我们提出超五星级豪华会所式的经营理念。不但要舒适，更要求高雅、温馨。要最大限度满足客人的身份和心理需求。”

随后的几年时间，她用敏锐的商业眼光，先后在北京金融街黄金地段和上海徐家汇商业中心地段投资了两家颇具规模的会所式餐饮企业，解决了农村劳动工和应届大学毕业生400多人就业，为政府纳税1000多万元，成为两地餐饮行业的标志性品牌。从2006年开始至今，企业多次被评为“城市影响力餐饮品牌”“全国最优粤菜餐厅”“爱国卫生先进单位”“北京市旅游局五A级奥运指定餐饮机构”。2009年开始企业连续三年被法国蓝带马爹利评为“BEST50中国最佳餐厅”，陈柳被授予“城市影响力餐饮优秀经理人”的称号，2009年底被北京市妇联评为“巾帼优秀创业女青年”，北京粤海湘天海鲜大酒楼还被北京市妇联任命为“北京女大学生实习实践基地”“北京市妇女就业示范基地”。对这些荣誉，陈柳珍而视之，她找到了被社会认可和被他人需要的自豪和幸福。

感恩+榜样 书写她的善与美

“回首过去的五年，几个关键词萦绕心间：感恩、憧憬、创造价值、回馈社会……”这是陈柳写在粤海湘天季刊董事长寄语中的一段话。这不仅是她对粤海湘天五年的总结，更是自己一路走来的点滴沉淀。

陈柳在朋友眼里，“像个男孩子，有股说干就干的利落”，这种性格特质让她从小就爱“张罗”事。2007年加入中国民主建国会后，爱张罗事的陈柳感觉内心的能量有了更广阔的天地去发挥。她被推选为民建中央妇委会委员、民建北京市妇委会副主任、民建西城区妇委会主任。

“民建不仅给我提供了参政议政的平台，还为我搭建了一座回馈社会的桥梁。”陈柳对民建有着深厚的感情。她积极参与了民建中央妇委会关于“新劳动法形势下企业面临的问题及建议”“女性创业问题研究”“企业养老保险体制建设问题”的专题调研。这些调研报告，为民建中央的提案提供了大量深入翔实的资讯，为政府有关部门的决策提供了科学的依据。作为民建西城区妇委会主任，她连续三年带领民建西城区的妇委会委员们捐款捐物，慰问平安医院的医务工作者，大量购买残联企业的产品，支持残疾人就业，还参与北京市和西城区对口城市的扶贫帮困活动。

作为西城区卫生局特邀监督员，陈柳积极履行职责，主动参与西城区卫生系统“廉政建设，拒收红包”的社会调查，不仅社会反响强烈，还对卫生局系统反腐倡廉起到了很好的监督促进作用。

2008年汶川大地震发生后，她在震后第一时间赶到重灾区擂鼓镇，慰问当地受灾最严重的小学，并当场认养一名在地震中失去母亲的13岁单亲小男孩。与此同时，她通过全国青联、民建中央、红十字会、西城区残联等社会团体，捐款捐物达50多万元。由于陈柳在慈善公益事业中做出的突出贡献，西城区政府推举她为西城区慈善协会副会长。陈柳每年都组织企业员工积极参加以帮扶北京市特殊贫困群体和对口支援江西、内蒙古、重庆灾区、贫困地区为重点的“送温暖、献爱心”的捐赠活动。

陈柳还将她的爱心带进公司的管理，员工们视她如长姐，她待员工如家人，闲暇时会组织员工们亲近大自然并请各类专业人士为员工做综合素质培训；粤海湘天季刊每期定时寄给员工的家人，她希望员工们用快乐的心安安静静地做好手边的事，她还鼓励员工去创业，去寻找他们的成就感。陈柳还计划未来在企业内部发行期权，让优秀员工有更多发展空间，成为企业的主人。

不断追求完美的她对成功的人生有更高的憧憬：“创造财富只是一段旅程，而不是目的，成功的人生还应包括追求精神境界的不断提升，身体的健康，幸福的感觉，情绪和心理的稳定，面对生活的经历永远保持乐观、热情以及平静如水的心态。”

这一切，除了时时怀有一颗感恩的心，还源于陈柳的三个榜样——她的外婆、比尔·盖茨和智慧长者叶曼女士。

外婆的言传身教让陈柳从小就笃行“老吾老以及人之老，幼吾幼以及人之幼”的传统美德；还在稚嫩的心里种下了浓浓的传统文化情结。长大后的她不仅在经营事业时不忘注入文化符号的传递，在平时的着装和兴趣中也贯穿了这份情愫。陈柳对中式服装有着近乎偏执的热爱，她认为我们的中式服装这么美，应该大力推广，甚至可以指定为国服。闲暇时喜欢练书法的她，有想法要提交一份建议恢复小学书法课的提案。骨子里传统的陈柳认为女性应该自尊、自强、自立，但却不能失去温柔善良的特性，自称做得一手好菜，是上得厅堂、入得厨房的标准贤妻。

比尔·盖茨在慈善业和企业中获得的巨大成就一直都是陈柳现实的学习典范。幸运的是，2010年通过粤海湘天这个平台，陈柳近距离接触了自己的偶像并向他请教，如何才能更好地去做慈善事业。比尔·盖茨告诉陈柳："世界是一家，人人都去做一些好事，就是慈善。"简单的几句话让陈柳坚定了慈善之路。

而与叶曼亦师亦友的心灵沟通，让陈柳能在纷杂俗事中看到自己的本心，在事业中不断追求人生的更高标准，在做好企业的同时不断修炼自己，追求真实，去帮助困难人群，以正念去生活工作，见贤思齐，从善如流；在喧嚣的环境中让心永远保持在轻安喜乐的境界。

静水流深，大爱无疆。为梦想执着拼搏的陈柳用自己的聪慧与爱心，诠释着别样完美的人生。

吴文彦的十年养老情结

朱琳妍 边 健

2010年6月10日下午，在市政协机关第一会议室召开的与北京市领导的协商议政会上，一位发言人手举一张前两天的《北京晚报》，声情并茂地阐述北京市养老问题的现状与困难。当谈到一位年过八旬的北京老人因节节上涨的费用陷入进退两难，两位六十多岁的老人为自己年过八旬的母亲因中风而被几家医院轰来赶去不断迁移的困境时，她充满磁性的声音略带颤抖："高龄老人的养老问题在我们这个已经步入老龄化社会的城市中，已成为无数家庭挥之不去的痛……"

这声音似诉说，似呐喊，却绝非一时感慨或空穴来风，而是来自于她深入的调研，来源于她的工作经历，更凝聚着她十年来不断关注养老问题的情结。她，就是市政协"十二五"规划的重点调研课题——"关于促进本市养老机构建设调研"的牵头人、连续两届关注养老问题的政协委员、原北京市民政局副局长、现任民进北京市委常务副主委吴文彦。

多年来对养老问题的关注有增无减

早在2006年，她就曾参与市政协关于北京市社会化养老服务的调研，以社会化养老服务为切入点，针对北京市人口老龄化特点和社会化养老服务方式的协调发展提出建议意见。

多年来对养老问题的持续关注让吴文彦意识到，人口结构不仅仅涉及就业层次，还有产业层次、学历层次等，更应包括年龄问题。一个城市的人口老龄化，劳动生产力自然下降，城市的活力就会降低。因此，要保持城市旺盛的生命力，就应把人口老龄化问题纳入人口资源环境协调发展的统筹考虑中。

她说，5年来，北京市的养老状况变化很大。一是人们的养老愿望发生。相对于2006年12.7%的老年人愿意进养老院，如今24.5%的以中年人为主的群体希望将来进入养老院养老。二是在京的外地老年人口有了大幅增加，自上一次人口普查的6万人经近10年时间增至40万人，尤其是随着高层次人才不断聚集北京，他们的父母也越来越多地被接到北京来养老。三是非政府办养老机构从27%增至36%（截至2009年底统计），说明社会参与程度在逐步提高。

吴文彦认为，这些年北京市的养老状况在很多方面得到了改善，但依然存在着许多亟待解决的问题。“四难”是挂在她嘴边的口头语，即“城里养老条件好，难在没床位；农村养老空气好，难在条件差；身有病残不自理，难在无处收；退休工资收入低，难在价位高。”

积极为“十二五”养老问题建言

在今年政协围绕“十二五”规划协商议政活动中，在所有调研课题之外加入“促进养老机构建设”的课题，并责成社会建设小组立即开展调研。历史使命又一次落到了吴文彦的头上，她义不容辞。

在时间紧迫的情况下，她带领课题组采取了“四结合”的调研形式，即与2006年政协常委会建议案的落实情况相结合；与网上社情民意调查相结合；与“9064”和“九养”政策实施情况相结合；与人口与环境资源协调发展的调研相结合，历时29天高效率地完成了调研活动并撰写了高质量的调研报告。

吴文彦把今年的调研看作是对2006年养老调研报告的一次督促和检查。她认为，十一五期间北京市在完善社会化养老服务政策、鼓励社会力量投资兴办养老服务机构方面有了一些改观；但对于为养老院划拨建设用地，水电气改为民用价格的优惠政策仍没有落实，小区规划也非硬性，缺乏监督；百人床位数依然较低；在整合社会资源，利用闲置设施满足养老需求方面有待进一步落实；政府办养老服务机构的定位不明确；在提高养老服务工作人员素质方面开展专业化、职业化培训不足……

她认为，首先要把老龄问题纳入北京市人口发展战略总框架，在本市“十二五”规划编制和实施过程中，养老服务机构建设应遵循“政府主导、社会助老、广覆盖、分层次、保基本”的原则。进一步完善“9064”养老服务体系，落实“九养”政策，使其可持续发展；切实达到90%居家养老可享受基本服务、6%社区托老和4%机构养老的建设目标，到2015年有能容纳20万老人的托老机构，14万张养老床位，且使用率不低于75%，并为今后本市老龄事业预留发展空间。

其次，要提升人口老龄化问题的战略地位，结合本市人口中长期发展战略和人口结构变动趋势开展应对人口老龄化战略研究；在城乡改扩建过程中将养老服务设施及养老机构纳入规划并由政府部门监督落实，同时引导社会力量建设租赁型老年社区；将城区特别是政府办的养老机构向主要收住“三无”、重残、精神残疾、生活不能自理、低收入困难老年人过度；落实对社会办养老机构制度的各种优惠政策，引导和鼓励社会资金在郊区开办、改建、合建养老机构，以吸引经济条件较好、生活能自理的老年人入住社会办养老机构。

第三，要将涉及老龄工作的职能部门进行整合，成立专门的老龄工作管理部门，改变以往养老政策“碎片化”、政府职能部门“支离化”的现象；免费对养老服务从业人员进行专业化、职业化培训，提高服务水平。

第四，要加大各种扶持力度，积极整合各种资源，盘活现有养老机构存量。明确“十二五”期间政府对养老设施建设的基本投资，保障养老设施规划落实、资金到位，并通过吸引民间资本，探索专业化、市场化和社会化的社区养老经济发展新模式。

骨子里的女人味让她在工作中找到方向

吴文彦说，是在民政局的工作经历改变了她很多，使她不得不关注养老问题。

在工作中她总是一丝不苟，身为法学博士的她思维敏捷，沟通和协调能力极强，且做事很有韧性，认准的道理坚持到底，常给人留下干练、果敢的印象。而熟悉她的人知道，生活中的她幽默诙谐，极富同情心，尤其关注弱势群体，女人味十足。

早在2000年，她初到北京市民政局时就分管社会救助和老龄工作，使她时常接触老年人，了解到他们的生活境况、精神状态和心理需求。老年人生活中的一些困境，使她原本就敏感的内心不断地受到震颤和冲击。

一次，她到平谷农村视察贫困老人的生活救助情况，为了得到真实的一手情况，她在不通知任何人的情况下让司机把车开到了曾视察过的一个老人家，当她发现前一次视察时还光鲜的枕套和床单已不见，取而代之的是早已看不出原来颜色的、散发着难闻味道的枕头和被子时，她的心情顿时变得沉重。面对老人无助的眼神，她下定决心一定要为老年人做些真真正正、实实在在的事情。自此，她始终不断关注老年人话题。

当她发现，很多6层的老旧楼房里，当年住进去时还处于中年阶段的人，20多年后已经变成了老年人。他们中的一些人因各种疾病或自然衰老而行动不便，没有电梯的楼房使他们几乎与外界隔绝，家里的几扇窗户成为他们观察世界的唯一窗口，他们的精神世界逐渐变得匮乏甚至荒芜。于是她提出在老旧楼房的外侧加挂电梯，让行动不变的老年人能够有机会走出家门，真正呼吸外面的新鲜空气。她的这一提案与一个人大代表的建议不谋而合，得到了有关部门的重视和落实，自去年以来一些老旧楼房的小区已作为试点进行改造，并有望得到进一步推广。

吴文彦多年以来一直跟踪“老饭桌”问题。“做老年人工作与做孩子工作其实是一样的，凡是小孩子需要的，老年人都需要。对老年人而言，子女们都上班了，中午没人帮他们做饭，不管他行动方便与否”，在多次做客北京电视台《北京议事厅》栏目时她曾这样说。当看到很多老年人身处窘境却要求得很少时，心里难过得令她哽咽。

她多次走访街道办事处、社区居委会进行座谈。她认为，北京已经进入老龄化社会，日间照料的需求增加了，最明显的是需要老饭桌。而这么大的市场需求，需要政府从各个方面及时去提供一些政策帮助。当她看到社区“老饭桌”普遍面临着资金来源和政策扶持等难题时并没有退缩，而是进一步呼吁，北京老龄化程度已经到了由市级政府出面研究共性问题的时候，制度设计是当务之急。老人需求千差万别，为老服务也应分出层次，有纯公益的、有半福利的、有市场的，政府应用有限的投资撬动社会资源。

对吴文彦来说，民政局的工作不仅丰富了人生阅历，增长了才干，最重要的是令她从严谨缜密的法律事务中跳出来，用她内心最柔弱的东西直面社会上的弱势群体，再以法律人的思维，理性的规划制定社会政策；将她心底无限的热情迸发出来，为她忧国忧民的社会责任感找到了用武之地；使她善良的心灵在工作中不断得到净化和升华，以她感性的一面来焕发和显现出更加充满温情的人性的光辉。

2008年，她离开民政局来到民主党派机关工作，政协委员的社会责任感和多年不变的情结驱使着她一如既往地关注老年问题。无论是参与调研还是撰写社情民意信息和提案，都体现着她的那股子韧劲和执着。吴文彦说，为老年人的问题呼吁，不仅是因为他们曾经对社会付出了很多而如今却要求得太少，更是因为老年问题是一个关系社会和谐与民生的重要课题，是我们每个人都将面临的问题。今天，我为他们呼吁，其实也就是在为自己的明天而呼吁。

“让天下的老人有尊严地走完人生的旅途！”

议政会上，吴文彦平复了手中的报纸，却难以平复激动的心情，面对市领导她诚恳地建言：北京市的“九养”政策很好，关键是要坚持，要有政策作为持续发展的保障，逐步向法制化迈进。要明确政府承担什么责任，而并非要百分之百地包起来。政府只需保障那些低收入、生活困难、生活不能自理的、没人管的老年人，保障他们的基本生活和基本人权。

最后，她用一句祝福结束了发言：“希望在座的各位今后的生活不要陷入困境，生命不要陷入困境。让天下的老人幸福安康，有尊严地走完人生的旅途！”

这不仅是吴文彦委员的心声，相信也是天下所有儿女、所有晚辈的心声。人人都会老，家家有老人，善待今天的老人，就是善待明天的自己！

（本文刊载于《北京观察》2010年第7期）

萧鸣政　真学者大情怀

任万霞

历经曲折、勇往直前、甘于寂寞、挑战自我、知难而进、奋力开拓……他见证了人力资源专业及其研究在我国的发展历程，成为人才品德测评问题研究、工作分析方法研究与人力资源开发学等方面的开拓者和奠基人。

不仅如此，拥有学者与委员双重身份的他，以出世之心行入世之事，在担任三届市政协委员的15年中，以文参政、以人参政、以科研参政，160多件提案和建议为国家和北京市发展献计献策。

这样的真学者，这样的大情怀，北京市政协委员、北京大学政府管理学院行政管理学系主任、北京大学人力资源开发与管理研究中心主任萧鸣政，是怎样做到的呢？

困境磨砺

萧鸣政出生在困难时期，小学和中学又赶上“文革”十年动乱，上得断断续续，没能接受正规系统的基础教育。1975年7月高中毕业后，他当过挑粪工、公路养护工，铺过柏油路，修过水库，上山砍柴、下地插秧、赶牛犁地的农活样样干过，还当过小学民办教师。

1977年国家恢复高考给萧鸣政带来了转机。在小学、初中、高中每次都拿作文比赛第一名的萧鸣政，一心想考取新闻专业，将来做一名记者。但考取新闻专业先要经过乡、县、地区三级的数理化考试，到省里再进行文科考试。只有一个多月的时间，没有知识积累，一下要考那么多东西，萧鸣政只能放弃文科，改报理工科。想着要改变农村的落后面貌，萧鸣政打算报水利工程或生物专业，却也没能成行，最后报了数学专业。

找不到复习资料，也没有老师辅导，在异常困难的情况下，萧鸣政考上了大学，开始攻读数学专业。大学期间萧鸣政如饥似渴地学习。“那时候晚上熄灯之后还打着手电筒在被窝里看书，10年没有书读，突然上了大学有书读了，大家都十分珍惜，就想着把失去的时间，把没学过的知识都弥补回来。”

在学习数学的过程中，萧鸣政逐渐喜欢上这个专业，因此想考数学专业的研究生。但由于他当时是高校行政干部培养对象，管理部门不让报考数学专业，只能临时改报教育学专业。为了发挥自己的数学特长，萧鸣政将数学应用在教育学中，搞教育统计和教育测量。想不到学科交叉的优势迅速显现。1986年，萧鸣政成为国内用计算机测评高考作文第一人，深度参与到高考作文评分改革这一国家重大课题研究中。

读博士时，萧鸣政大胆地将品德测评作为自己的博士论文研究方向。这个选题对萧鸣政来说相当冒险，有可能通不过答辩，毕不了业。可萧鸣政却较上真儿：“研究失败本身也是一种研究。如果不能测评，就一定要证明为什么不能测评；如果能测评，就一定要拿出一套测评方法出来。”

经过三年的研究，萧鸣政完成了他的博士论文，不但证明了品德可以测评，还拿出了两套测评方法。后来，他在这篇论文基础上整理的专著《品德测评的理论与方法》于1998年获得了国家教育部颁发的“全国普通高校人文社科管理学二等奖”（一等奖空缺）。其中的品德测评量化方法研究成果于1999年获得教育部颁发的“全国第二届教育科学优秀研究成果一等奖”。萧鸣政以实验与量化方法研究人才品德测评问题至今30多年不间断，实验对象从小学生到公务员和党政领导干部，获得了突破性的进展。

淡泊学者

1993年我国开始批准招收人力资源专业的本科生，当时萧鸣政刚刚博士毕业，面对多个炫目的职位和丰厚的薪资福利，他都淡然放弃，受聘为中国人民大学劳动人事学院教师，从而见证了人力资源专业及其研究在我国的发展历程。

在那个下海经商热闹非凡的年代，萧鸣政天天泡在图书馆看书，潜心做研究。数学、教育学、心理学、劳动经济、行政管理……多学科经历尽管曲折艰辛，但萧鸣政将多学科整合起来，成为其优势所在，连续发表了《现代人员素质测评》《国家公务员考评》等多部人力资源方面的重要著作。那段淡泊的日子带给他丰硕的成果，奠定了他在国内人力资源研究领域的地位。

2003年，萧鸣政来到北京大学政府管理学院，创建了北京大学人力资源开发与管理研究中心，研究方向从服务企业转到了服务政府。在萧鸣政的专业精神和带动下，北京大学人力资源学科建设迅速发展壮大，成为影响整个学科领域发展、行业发展甚至国家人才战略发展的一支重要力量。

著名大学教授、学科带头人、中心主任，中央组织部、国家人力资源保障部与中央统战部三部委的专家顾问，中华人民共和国最高法院第一批特约监察员，国家“2010-2020年中长期人才规划”人才评价战略专题研究课题组组长……面对这些头衔，萧鸣政却仅仅把自己定位为“人力资源学科第一代从业者”。

“一路走来非常艰辛，发展却很幸运。这些得益于国家的政策，组织的帮助，家人的支持。”当被问及“怎么不提您自己呢？”“当然也有自己的努力。”萧鸣政略带羞涩地微笑起来。

萧鸣政羞于谈自己，但谈起他的专业，却是滔滔不绝：“企业管理，人才为先；行政管理，人事为本。人力资源已成为社会经济发展的第一资源”，“在产业自动化的背景下，对人力的需求越来越少，解决就业的难题，要依靠人才经济，靠人创造新的产业，通过产业带动就业……”

160件提案建议

发表论著、编写教材、课题研究、课程教学、学生培养……萧鸣政的时间表排得满满的。可但凡有空，他都会积极参加政协组织的各项会议和调研活动。

“政协的平台特别宝贵，可以有机会把研究成果、教学成果转化为促进政府管理的建议与提案，通过提案转化为政策。”萧鸣政很珍视政协委员的身份。2003年，萧鸣政担任北京市政协委员的第一年，把人力资源管理中的工作分析写成提案，后被市委组织部采用，在市政府各委办局试点，为科学化行政管理提供了很好的参考。“所学能改造社会”，这让萧鸣政很是兴奋。

萧鸣政已连续担任三届市政协委员，15年的委员生涯，他却从未感到厌倦。

在2017年1月市政协十二届五次会议期间，他一口气提交了10件提案，并在《疏功能转方式　深入推进供给侧结构性改革》专题座谈会上发言。“我非常珍惜每一次在政协会议上的发言，不管大会小会，我都会事先做好准备，写好文字材料。”萧鸣政以学者的严谨与执着参政议政，彰显出一位老委员的履职热情和责任担当。

在市政协网上提案系统中，萧鸣政的提案足足有5页，60多件。发展首都现代家政服务业、做好住宅专项维修资金管理、加强协商民主建设、京津冀一体化战略中建立高层次人才共享机制、科学调控首都人口规模与缓解交通、建立基于服务评价的社区治理体系与治理能力建设机制……可以看出，萧鸣政的提案涉猎范围很广，但这些提案件件都不是“水货”，他像对待课题研究那样，经过认真调查研究提出提案，让提案表现出“学者”水平。比如他在2017年提出的《关于重视与着力解决好社区停车难问题的提案》是他随课题组调查北京市40多个社区后提出的一项民生提案。

“我是市政协委员，也是民进北京市委员会委员，2003年至今，我平均每年为国家人力资源社会保障部、中央统战部、北京市政府等部门提出不少于10项建议和提案，15年来共计不下160项建议和提案，大部分转化为相关部委与政府的政策建议。”萧鸣政认为自己“15年来基本履行了政协委员的职责”。

此外，萧鸣政发现，围绕一个问题持续不断地提案，从不同角度对同一问题进行深化研究探讨，往往能获得不错的效果。从2008年至今，萧鸣政持续提出的关于积分落户、提升人口素质、优化结构、促进区域合理分布等9个相关提案，都是围绕北京市人力资源开发与战略促进的“连续剧”提案。

结合专业、科研、学术交流，结合身边群众生活问题和老大难问题；针对国家政策，如京津冀一体化和供给侧改革；就北京市重大任务，如人口疏解、交通、房价、人才问题，以文参政、以人参政、以科研参政。这就是萧鸣政委员履职的方法论。

经世致用，为国分忧。15年委员生涯，萧鸣政笔耕不辍、提案不断，热情不减，将所学倾情奉献，诠释出一名学者委员的专业精神与家国情怀。

王成祥　继承与探索的中医人

郭　隆

“松下问童子，言师采药去。只在此山中，云深不知处。”唐朝诗人贾岛在《寻隐者不遇》中，表达了对济世活人的医者的钦慕之情。

医者仁心，扶危济困。北京市政协委员、北京中医药大学第四临床医学院院长、主任医师、博士生导师王成祥是新一代中医人的代表，中医科研的探索者和中医文化的继承人。从医30余年来，他一直孜孜以求地追求中医文化，坚持不懈开展临床医学攻关，更以忘我的工作热情投入到祖国边疆地区的中医药事业发展之中。

研习民间偏方

“与中医药结缘，最早是受到了父亲的熏陶。”王成祥出生在山东省五莲县的一个山村，他的父亲在解放战争时期曾在部队里当过护理员，后来还以战地医生的身份随军奔赴抗美援朝前线。早在孩提时代，王成祥便受到父亲的熏陶，上山采药，练习针灸，逐渐对传统中医萌生兴趣。回想起40多年前的经历，王成祥说有一幅画面一直萦绕在他的脑海中：夏日正午，骄阳似火，家中院内的大枣树下却有一片凉爽的树荫，父亲与几位白须长者边品茶边高谈阔论中医养生之道，惬意、专注且颇具悠然之意。“这个场景真正感染了我，淡泊无争，悬壶济世，是一种性格也是一种态度。”1981年，王成祥在高考填报志愿时未加思考就选择了中医院校，进入山东中医药大学学习。读书期间，立志于传承岐黄精髓的王成祥，在《黄帝内经》《伤寒论》《金匮要略》等中华医药典籍中探索着医者仁心的术与道。

姜汤驱寒、芹菜降压。千百年来，人们经过长期生活和临床实践中总结出来的验方、偏方，对某些病证每每收到意想不到的神奇效果。

大学毕业后，王成祥回到家乡五莲县人民医院中医科成为一名临床大夫。在父亲的引荐和帮助下，他利用周末休息时间遍访当地的名老中医，逐一向他们虚心请教诊疗和用药经验，了解到很多民间单方、验方，这进一步激发了王成祥继承与创新的动力。

当时，家乡地区流行性腮腺炎患病严重且传染性强，王成祥了解到，当地的老中医用一种叫白头翁的毛茛科植物，将其放入沸水中与鸡蛋一同熬煮，治疗和预防效果非常好。在攻读研究生期间，他与导师杜怀棠教授的课题组成员利用此单方，辅以科技手段研制了白头翁注射液，充分发挥其清热解毒、凉血止痢之功效，用于治疗病毒性疾病和肺部感染且非常有效。

“中医讲究药食同源，民间的单方验方都是长期实践积累所得，对于它的研究可以帮助我们掌握不同药材的疗效。”谈及当时学习和总结老先生们的诊疗经验，王成祥深感受益匪浅。“只要单味药有效，必然有发挥作用的内在基础，便可以从现代药理学的角度，辅以科技手段对‘基础因素’进行开发。所以我一直主张两条腿走路，一是研究其内部成分的有效性，如果含量较高可直接提取形成新药；如果含量低可研究其成分，通过合成方式加以利用。另外针对现代病源微生物不断出现的情况，遵循中医辨证施治理论，取得一定治疗效果。”

学习、继承、探索、创新，王成祥的中医之路沿着这样的轨迹不断前行。

攻坚耐药菌株

一分耕耘一分收获，王成祥作为北京中医药大学东直门医院第一届“临床技能型”硕士研究生，三年临床后又于1994年考取博士研究生，毕业后留在北京中医药大学东直门医院工作。他将老年性肺炎和病毒性肺炎作为自己的研究方向，先后申请并主持国家自然基金两项，国家“十一五”支撑项目一项。

老年人身体弱，一旦出现肺部感染，易发老年慢性支气管炎、支气管扩张等原发性疾病。对于反复感染的患者，刚开始治疗用抗菌素有效，但一段时间后病人身体产生耐药菌株，延续用药的治疗效果就很差了。加之近年来基层过度使用抗生素等，使得耐药问题成为后续治疗必须攻克的难关。

针对老年肺炎的耐药性治疗课题，王成祥主持了国家“十一五”支撑项目，课题组在全国选取了400多例中重度老年肺炎患者进行分组治疗，采用公认的随机对照多中心双盲临床试验。到了第二周中药组的疗效就明显显现，说明中药对抗生素不敏感或产生耐药性的老年肺炎病人是有明显疗效的。这为产生抗生素耐药性的肺炎治疗打开了一扇窗。此后多年，对于老年人肺炎的诊治研究成为王成祥重点研究领域之一，他根据病症特点，提出老年肺炎的核心病机为正虚痰热淤毒内结，在此基础上组方扶正解毒化淤颗粒，并获国家发明专利。

看到了中医药在针对耐药性方面的治疗前景，王成祥加快了科研和创新的脚步。他反复试验，从多种类的耐药菌中选出了最具代表性的绿脓假单胞菌，研究中医药对它的作用效果和作用机理，为下一步提高治疗效果打下了坚实基础。

凭借多年来的优异成绩，王成祥于2008年考取了全国“第二批中医优秀临床人才”研修班，该班被看作是国家培养中医名医的“黄埔军校”，毕业后获全国中医优秀临床人才。2011年当选中华中医药学会肺病分会副主任委员；2013年当选北京中西医结合学会呼吸病专业委员会副主任委员。2014年当选北京市中医学会肺系病专业委员会副主任委员，后任主任委员。2014年9月被评为首届中医药科技推广工作先进个人。

随着国家有关部门对中西部地区及少数民族地区医疗水平改善的重视及政策倾斜，王成祥响应国家号召，多次组织和参加了帮扶少数民族地区及边远地区的医疗帮扶活动。2011年，农工党中央和农工党北京市委员会支援毕节地区中医院建设期间，王成祥协助毕节市中医院与北京东直门医院签订全面对口帮扶协议，经过两年多的帮扶，毕节市中医院晋升为三甲中医院。2012年，王成祥带领北京中医药大学东直门医院帮扶团队赴甘肃甘南藏族自治州进行支援活动，先后为当地培养了10余名中医专家。2013年王成祥率医疗队赴西藏日喀则地区支援活动，两次率医疗队赴内蒙古赤峰市中医院进行义诊和设备捐赠。2014年他多次赴贵州黔西南、陕西丹凤、湖北黄陂少数民族地区和革命老区医疗支援，并参加了赴河南最美乡村医帮扶活动。“与先辈们相比，我遇上了更好的时代，尽量多地帮助别人，让我觉得快乐而有成就感。”王成祥说。

建言中医药产业发展

冬季如何驱寒保暖？怎样温补肾阳？随着人们健康意识的提高和中医养生热度升温，养生类的电视节目越发受到追捧。作为中医药专家，王成祥把中医科普、养生宣传看作自己的分内事。他参加北京电视台《养生堂》等栏目，作为嘉宾向观众普及中医健康养生知识。

“对于病人来说，吃上降脂、降糖的药并不表示万事大吉，而是一定要养成科学的饮食和生活习惯，注重锻炼身体，通过提高身体素质来防病。不少中青年人体检时身体指标不正常，只要通过科学锻炼把体重降低到合理范围内，不需要额外的药物治疗身体指标就恢复健康水平。”王成祥说，作为医生看病只是工作的一个方面，还要让人少得病。中医早就讲未病先防、治未病不治已病的道理，所以要做科普宣传，告诉大家中医养生的道理，这对人的一生都是有益的。

作为农工党中央委员和北京市政协委员，王成祥结合自身专业所长积极建言履职。老百姓对医疗卫生事业的需求以及新形势下中医药事业的进步与创新都牵动着他的心。

针对百姓关注的看病难问题，王成祥认为当下群众对医疗健康需求趋向于多层次和多样化，这些需求完全靠政府投入是不够的。在《关于公立医院引进社会资本尽快改善医疗条件的建议》中，他指出在目前公立医院为主体的情况下，引导社会资金采用多种形式进入公立医院，弥补政府投入的不足显得非常必要。“可鼓励社会资金通过重组改制、股份制、或合作购置大型医疗设备等多种模式进入公立医院的高端服务模块，并对其盈利状况进行规范，防止成为暴利行业以加重看病负担。”

在京津冀协同发展大背景下，王成祥将眼光投放到整个京津冀区域的中医药产业发展上。“整个京津冀区域的中医药产业发展大有可为，从整个产业链的角度看，可带动制药、高端医疗、养生文化等相关产业的发展，同时为区域功能疏解和产业布局起到助推作用。”为此，王成祥对东城区“国家中医药发展综合改革试验区”进行了有针对性的调研，提交了《关于优先推动中医健康文化产业发展的建议》，提出中医健康文化产业能把城市风貌保护、产业发展与民生改善有机结合到一起。他建议：一是政府有关部门应制定中医药健康文化产业发展的政策、措施细则，从政策、机制、投入、项目、税收等方面加大产业扶持力度。二是进一步推进中医药健康服务行业标准规范化建设与从业人员技能培训业发展。建设一批从事中医药及其相关的学历教育、职称教育、职业教育等培训机构，进行中医保健、推拿、按摩等实用技能培训。三是进一步发展健康服务相关支撑产业，通过引进中医药相关产业如药品、医疗器械、康复辅助器具、保健用品、健身产品等公司总部，促进中医药相关产业自主知识产权的药品、医疗器械和其他相关健康产品的研发、应用与交易市场的发展。四是进一步推进中医药文化与文化创意产业、旅游业、餐饮业、出版业的融合促进发展。

张培彤　医者仁心

张 涛

中国中医科学院广安门医院肿瘤科副主任、主任医师张培彤大约是我遇见过最繁忙的政协委员了。从我一大早进入他的办公室，就看见里面挤了满满一屋子病人，他只简单地向我招呼了一下，便低头继续替一个正在诊治的病人写药方。我见状便坐在一旁的椅子上，一面百无聊赖地望望窗外的风景，一面观察着这位忙碌的医生给病人诊病的样子。

从我的资料上看，张培彤的年纪应该还不算太大，但看上去却比实际年龄要老很多，他的头发几近全白，一眼望去使人觉得颇有些沧桑感。这种沧桑感配合着他说话时那不温不躁的语调，让人看上去就觉得踏实。

大约过了一个小时，张培彤才送走了最后一个病人（我此时还不知道这其实只是暂时现象）。也就在此时，他才刚刚有暇端起杯子，喝了过去一小时里的第一口水。

最忙碌的人

一般来说，每天医院里看病的人排成了长龙，喧闹声堪比菜市场，面对众多病患，医生再好的耐心也该被磨掉了。但是张培彤却是个例外，从医30年来，他真正做到了“医者父母心”，时时处处都站在病人的角度为他们考虑问题。

这个病人家里经济条件不好，他就尽量开便宜有效的药，那个病人对他的诊疗方案不理解，他就一遍一遍不厌其烦地耐心解释，直到对方满意放心。30年来，无论是对病人、同事，还是学生，他都是充满了爱心和善意。

曾经有一位山西的乳腺癌患者，在做完手术后，癌细胞向骨头、淋巴、皮下组织转移，整片整片的皮肤都已经溃烂。当时病人的经济条件不好，肿瘤科药物又一向昂贵，张培彤和同事们翻看了很多文献，才发现了又经济又实惠的雄激素。果然，用了没多长时间，病人的病情大为好转，皮也长上了，休养了一阵子竟然都能上班了。

“做医生这一行，最重要的就是责任心，治疗癌症的药品都很贵，不能说我为病人开了药，病人花不起钱，我们就甩手不管了。毕竟病人也不容易，人家一家人看完病回去也要生活啊，我们手勤快一点，可能就不光能挽救一条生命，还能挽救一个家庭。”从医30多年来，张培彤都是尽可能给病人想既能治得好病，又不用多花钱的办法。

曾经有国外的医生到广安门中医院来取经，问张培彤：“您一上午一般看几个病人啊？”“几个？我们都是几十个。”老外听完，瞪大了眼睛，一时竟说不出话来。

张培彤告诉我，他每次出诊半天，都要看50个病人左右，多的时候能达到70多人，这个时候基本都要延长工作时间，上午班的要看到下午1点以后，下午班则要看到晚上8点以后。

“其实医院规定每天只要看30个病人就行了，但是考虑到病人排队也不容易，有人排了一天一夜都排不到一个号，所以我就让医院每天给我挂40个号，再给那些实在排不上队的、危重的病人加加号，这样每天要看的病人就多了。”张培彤解释说。

张培彤也坦言，每天面对几十个病人，心理上的确感受到了不小的压力。他每次门诊因为怕上厕所都不敢喝水，以至于在近期查出了肾结石。大夫建议他平时多运动，多喝水。但是张培彤每天的工作就是坐着给人看病，又怎么能有机会运动呢，他能做到的也只能是尽可能在看病时喝一点水了。

最难忘的事

经验丰富，可以说是任何一位名医最重要的资本了。张培彤自1985年在中日友好医院肿瘤科参加工作，至在广安门医院的今天，已经30多年，如今的他早已成为了国内肿瘤学科顶级的专家学者。30多年来，他获得荣誉头衔无数，发表论文专著40余篇，培养了博士、硕士多人，至于救治了多少病人，恐怕连他自己也无法统计了。我问起他有什么难忘的故事，他没有回忆起那些成功的案例，反而为我讲起了一件令他颇为伤感的过往。

“我刚参加工作那年，曾经诊治过一个来自东北的女性肺癌患者，当年医疗条件不好，方法也不如现在多，虽然我们尽力了，但是最终那个病人还是去世了，病人去世后，她的老伴儿非常难过，回家之后给我写了一封长信，信中向我诉说了病人生前是如何的善良，他们是如何的恩爱，埋怨了老天的造化弄人和医生的愚笨无能。现在每当想起这件事来，还常常难受，医生的责任实在是太大了，一条生命的存亡，一个家庭的幸福可能就在我们的一念之间。”张培彤略带伤感地说。

那封信张培彤始终留着，虽然搬了两次家，也依然没有当作废弃物扔掉。受这件事的刺激，张培彤把提高医学水平作为义不容辞的责任。经过30余年的探索钻研，他终于成为了肿瘤领域顶级的专家。

张培彤觉得，医生确实需要不断地学习。现代医学、生命科学知识日新月异。新病理的发现，新病症的出现，仅仅靠学科知识储备是难以应对的，医生需要不断学习来满足工作的需要。对于他本人而言，不仅需要掌握中医医学的知识，对于现代医学领域的知识也要有所涉猎，这样才能不被时代抛下，为病人提供更好的服务。

张培彤认为，中西医结合是一个不错的方法，它比单纯的中医和单纯的西医都要有效得多。有人觉得，现代医学都治不了的病，草根、树皮更是无济于事。其实不然，两种医学方法各有各的理论体系，相互之间可以取长补短。比如放疗和化疗的毒副作用就可以用中药解决。

“我们经常听到有些已经被西医医院放弃的病人，过了一段时间又重新出现在医生面前，把医生吓一大跳，按照医生的观点，病人应该已经去世很久了，其实这些病人就是接受了中西医结合治疗的结果，所以说，中西医相互之间也应该有所了解才行。”张培彤这样说。

尽力而为

“曾经有一个乳腺癌的病人，基本进入临终关怀的阶段了，当时医生已经放弃，甚至连家人都觉得没有希望了。后来我们一位老主任说‘乳腺癌的治疗方法很多，也许还有什么方法吧’。于是大家就又经过研究，用其他办法试了一次，没想到这个办法大获成功，那个病人后来竟然又活了十多年。”张培彤回忆起年轻时候的一件往事。

大约是受了这件事的影响，此后每当张培彤诊治一个已经被人放弃的病人时，他都要问自己，是否真的尽了全力，把所有能想的办法都想到了？而不是以肿瘤科的诊治水平有限为托词。因此，他成为患者最为信得过的医生。

曾经有一位患者被查出胰腺癌晚期，被告知只有一至三个月的生命期，并且手术、化疗、放疗都已经没有意义了。大夫嘱托家属，让病人回家想吃什么就吃点什么吧。病人没有死心，他四下打听，找到了张培彤。事实证明，他的决定是正确的，张培彤没有放弃他。经过张培彤的悉心诊治，一个本来被西医告知最多活三个月的病人，至今不仅一直活着，而且生活质量还很好。病人每天都能散步一小时，每顿吃上一两多粮食，还可以吃些肉、鱼、水果和蔬菜。

病人此后感言：“今后无论发生什么情况，我已知足。感谢张大夫给我延长了生命、让我至今有良好的心态，树立坚强的信心，与病魔抗争到今天。”

这样的故事，在病人之间口口相传。当然，他并不是唯一一个。正是凭着对病人一丝不苟、高度负责的态度，凭着自己扎实的医疗技术，张培彤在挽救一个个生命的同时，也为自己赢得了声誉，为医学事业贡献了奇迹。

张培彤从业30多年来，在救死扶伤的同时，也看遍了生离死别和人情冷暖。他看到过有的老人病入膏肓被遗弃在医院无人问津；也看到过曾经富甲一时的富豪临终时的众叛亲离；更曾看到有人已经皮包骨头、奄奄一息，仍在同病魔进行着不屈不挠的抗争。

“许多人毕生追名逐利，把名利看得比性命还重，到头来才发现，原来那些东西也没那么重要。我常想，我的职业就是治病救人，但是终有一天，我自己也要走入这个轮回，也许我们本就不该在意那么多，每天做好自己该做的，问心无愧就足够了。”人生的通达、潇洒在张培彤此语中尽显无遗。

高彦彬　医乃仁术　无德不立

张　涛

从医30年，他还保持着最初的热情、温和与达观；担任委员十余年，他依然如初来乍到那样的勤勉、积极和执着。这个人就是北京市政协委员、首都医科大学中医药学院副院长高彦彬。

高彦彬有很多头衔，其中既有北京市重点学科——中医学学术带头人、国家中医药管理局重点学科——中医络病学学科带头人、中国糖尿病防治康复促进会执行会长这样对他专业技能的肯定，也有中国农工民主党北京市委员会青年工作委员会主任委员、医药卫生工作委员会主任委员等对他社会工作的认可。

将履职带入工作

在高彦彬众多的头衔中，北京市政协委员无疑是他最为珍视的一个。从2002年算起，他担任北京市政协委员已经有三届了。在这十多年的时间里，他每年至少都向政协提交五个以上的提案，在第十二届市政协刚刚过半之际，他的提案数量已达67个之多。如此之多的数量，不要说对于高彦彬这样一个在教育、科研、医疗三面奋战的一线工作者，就是对一名无业者而言，也是足以令人感到震惊的。

如果有人认为高彦彬的提案只是注重数量，而忽略了质量的话，就大错特错了。在高彦彬办公室的一个大书柜里，他获得优秀提案的证书竟然占据了书柜的整整一半，以至于当我问他究竟有多少个时，他竟然有些为难，必须要从书柜中取出来数一数才行。

“我每年都提，一提还就获奖，后来我想，可能因为我每年都提很多，提得多获奖概率就大吧。”高彦彬谦虚地说。

其实高彦彬的提案获奖率高，并不是因为多的缘故，而是与他平时的积累有着密不可分的关系。高彦彬给自己定下一条规矩，凡是新病人住院，一定第一时间去见面沟通，安抚他们的情绪，了解他们的病情。他的衣服兜里装着一个小本子，不同于其他大夫的是，这个本子中不仅包含了每位患者的病情、病史，还包括了每位患者的其他方面的生活困难。每隔一段时间，高彦彬就把小本子中记录的问题归类整理，然后把患者的诉求通过提案的形式提交给政协。需要加以说明的是，作为一名一线医务工作者和教育工作者，高彦彬的日常工作是非常繁忙的，因此他的归类整理工作大多都是挑灯夜战的成果。

“当政协委员，不能光占着地方不干活，要干就一定要将工作中的思考带进去，将患者的实际需求融进去。”高彦彬这样说。“政协委员”对于高彦彬而言不仅是一种荣誉，更是他联系社会，服务百姓的纽带。在担任政协委员的这些年，高彦彬始终坚持在多家医院出门诊，在诊治数以万计患者的同时，他也从患者们中间了解到了更多的社会问题，而这些问题都成为了他政协会议上、调研过程中、提案里反映的重要素材。

最值得信赖的人

“我有时候经常遇到这样的情况，还没等我开口，患者就主动问我‘您是政协委员吧？我有点事跟您说说，您帮我反映反映吧。’”高彦彬这样说。

就这样，高彦彬逐渐成了人民群众最信任的人，老百姓都乐意把他们遇到的困难告诉他，请他代为反映，而高彦彬更是将他们的困难看作自己的困难，不仅提提案呼吁，还切实参与帮忙解决，真正把老百姓的问题当回事。

一次调研中，有群众向高彦彬反映，自己居住地附近的社区卫生服务中心医疗水平不高，就医非常不方便。高彦彬考虑到，这大约不是个别现象，而是普遍情况。对此，他展开了深入调研。

在充分了解情况后，高彦彬行动了。他不仅将调研情况以提案形式反映给政协，还提出了“医学专家进社区”的口号，并切切实实参与了这一问题的解决。当时，高彦彬正兼任农工党丰台区工委主任，他利用这一工作平台，连续举办了十届“国际科学与和平周”，三届“中国环境与健康宣传周”活动，为2万余名群众进行专家义诊、健康咨询、科普讲座。并从2009年4月开始，把北京市丰台区大红门社区卫生服务中心作为定点帮扶对象，召集了多名医学专家，重点在糖尿病、脑血管病、冠心病等慢病防治与管理方面进行帮扶，帮助解决社区服务中心医疗技术难题，并协助筹建中医示范区。几年下来，共开展专家门诊180余人次，疑难病会诊600余人次，专题讲座18次，科普讲座18次，200余人次基层医护人员参加业务培训，上千名患者和居民受益。这种定点帮扶的模式，不仅稳步提高了基层医护人员的服务水平，还有效缓解了群众“看病难，看病贵”问题，深受居民欢迎。如今，大红门社区卫生服务中心慢病防治水平不断提高，就诊患者不断增加，日门诊量由过去的80余人次增至400余人次。而每次提起高彦彬，社区的居民无不交口称赞。高彦彬的这一举动也引起了社会各界的高度关注，《光明日报》《新京报》等多家媒体都进行了宣传报道。

除去市政协的提案外，在农工党北京市委，由高彦彬牵头调研的课题还有接近20个之多。2013年，他牵头并执笔完成的“关于北京市公立医院改革”的调研，就推进北京市医改提出了多项合理化建议，调研报告转化为农工党北京市委党派提案，并作为政协大会发言，获得广泛好评。作为农工党北京市委教育专委会主任，他组织农工党专家开展多项调研课题。他撰写的报告《关于加快推进康复护理体系建设工作的建议》《关于北京市中小学生体质健康现状及相关建议》，就推进北京市康复护理体系建设、促进北京市中小学生体质健康提出了合理化建议，受到政府相关部门的高度重视，调研成果已部分被采纳。

当代国医

高彦彬不仅在委员履职方面尽职尽责，他的学术造诣也十分精湛。他长期从事中医内科临床、教学、科研工作，尤其在糖尿病肾脏病研究方面更是权威。他先后承担国家科技部“973”“九五”“十五”“十一五”攻关项目及省部级课题30余项，获省部级科技成果奖6项，主编出版了《中国糖尿病文献索引》《古今糖尿病医论医案选》《古今糖尿病医方选》《糖尿病中西医综合治疗学》等专著15部，参加了《十部医经类编》《临床中医内科学》《今日中医内科》等15部专著的编写工作，先后发表科技论文200余篇；培养博士、硕士研究生70余名；应邀前往德国、法国、英国等20余个国家（地区）参加国际传统医学大会及讲学。

平心而论，高彦彬并不是那种口若悬河、能言善辩的人物，在采访过程中，谈及荣誉时，他显得有些局促不安，不知说什么好，一直拿各种本子为我读，但当我问起他的老本行来，他却像变了一个人，忽然变得健谈起来。

高彦彬是中医方面的名家，对中医文化有着很多自己独到的理解。他不同意时下一些尊中医贬西医或扬西医废中医的争论。而是认为只有中西结合，才是治病救人的正道。

“中医和西医就如同两个小孩看太阳，一个看到太阳是圆的，一个看到太阳是红的，他们都从各自看到的角度对太阳进行了描述，而不能说他们谁说的就是错的。”高彦彬这样解释说。

中西医各有各的理论基础，在治病救人方面，也是各擅胜场。高彦彬以治疗糖尿病为例：在糖尿病的降糖方面，中医的方法多不奏效，而西药在这方面则颇为灵验。但在治疗糖尿病的并发症方面，则是中医的天下，西医这方面没有药物，而中医则很好地填补了这方面的空白。

“其实我觉得，患者真正在意的并不是采用了什么医，而是在于病人是否能够更好地生活。西医的理论要求将病毒斩尽杀绝，有手术、化疗、消炎等各类方法，也的确取得了很多成果，但这种将病斩尽杀绝的方法在实践中是很难做到的，因为化疗致使人体器官逐渐衰竭而死的例子比比皆是。而中医则根据中国传统文化，提出人体器官和谐，带病生存的概念，这种理念不是把病毒杀死，而是对病毒进行抑制，改善病人的生活质量，让病人带病延年。我们其实医的不是病，而是人。”高彦彬解释说。

古语云：医乃仁术，无德不立。这是我国历代医务工作者共同的信念，无数中医前辈们通过行医施药来实现他们仁者爱人、济世救人的高尚理想。高彦彬的行医之道则无疑是对这种崇高理想在当代中国最为真切和具体的阐释。他的仁爱之心广博，他的济世标准宽泛，他不仅通过行医施药治疗患者的病痛，更通过议政建言的方式解决了很多百姓肌肤之痛之外的困难。

行医30多年来，高彦彬获得的荣誉很多，但他一个也没往外挂，所有的荣誉都压在他的箱子里。在他办公室的墙上，没有任何多余的装饰，唯有他书桌前抬眼便可看到的四个大字——厚德载物。

常纪文 “新农民”连续5年网征提案

郭 隆

早想找常纪文委员聊聊，一是曾有过微笑寒暄的初识，二是知道他作为政协委员的履职经历颇为独特、不同凡响。

在网上搜索“常纪文”便会得知，这位环境资源法学博士后曾参与了《中国法制建设》白皮书的起草，且在环保立法方面做出了不凡成绩；但相比“分内事”，北京市政协委员的身份，真正让常纪文做出了“彩”——他利用网络平台，把网络征求民意选取为政协委员创新参政议政模式的新手段，连续5年在回龙观社区网上征集民意、发布提案、“晾晒”回复，“挑刺儿”回龙观。

连续5年“问政于民”

2008年1月，北京市“两会”召开前，一个名为“回龙观的新农民”的网友在回龙观社区网发帖，让大家对回龙观社区的建设发表意见，向网民征集政协提案线索。这位网友就是市政协委员、国务院发展研究中心资源与环境政策研究所副所长常纪文。

回龙观是北京市超大规模的社区之一，聚居了30万人口，但交通、教育、环境等方面的硬件设施远远跟不上需求。作为回龙观的居民，常纪文在日常生活中亲身体验到很多不便，社区居民们也时常在网上抱怨小区内交通、教育、医疗等硬件建设的不足，大家苦于没有向上反映的渠道。“为什么不通过网络平台让老百姓提建议、向老百姓要提案呢？”本着这个初衷，常纪文开始在社区网上发帖征求提案线索。

“真能解决吗？作秀吧！”征集提案线索的帖子刚发出，网民们有点儿半信半疑，甚至个别网友对“新农民”冷嘲热讽、语出不敬。“非诚勿扰！”常纪文用这句当下的流行语进行了回复：“本人是以学者的本分为人民做事，请大家监督。”真诚的表态得到了网友们的认可，很快帖子点击量就过了千，居民发帖主要反映黑车多，交通秩序混乱，优质教育、医疗资源缺乏等问题。

“这些声音都是最民生的声音，都是来自网友们最真实的声音。”开始网征提案的第一年，常纪文的提案关注点多一半来自社区，且多数获得政府部门的积极反馈。每年政协全会前，常纪文都会上网征线索、晒提案。看到“新农民”果真办实事，社区网上的跟帖一年比一年热了起来。2010年，常纪文在社区网收获了1200多条提案建议。2011年，他与另一位委员所发征集帖，获上万点击率，近700条跟帖。2008年到2012年，居民的态度从怀疑、试探发展为信任、参与。

2012年1月10日早上，北京市政协十一届五次会议开幕的当天，刚一走进本届政协会议驻地，常纪文就打开电脑，进入回龙观社区网，查看凌晨所发征集提案线索帖子的反馈……这已是他连续第五年在社区论坛发帖征提案。“你看网友的关注度、参与度很高了，现在已经有8317次点击，跟帖也达到了678次。”这一次，常纪文就回龙观教育、养老等问题提了11个提案。就在政协全会期间，“新农民”还接到网民的来电诉说他们的反馈。

常纪文说，通过网络征集提案，扩大了政协委员了解民情民意的视野，是社会管理创新可以借助的途径，同时也给人民群众参政议政提供了一个新渠道。

节假日，他忙着实地调研

来自网络的声音可能很真实，甚至尖锐，但居民反映的问题是否客观，是否具有代表性，还有待调查研究。“把网上的意见、建议转化为政协委员提案，则必须有一个筛选的过程，整个过程必须科学、合理，必须做大量调研。”常纪文说。

2009年上半年，地铁8号线回龙观北站在规划图上取消，居民们发起签名要求恢复。常纪文翻地图、查资料，他说，作为委员要实地调研，要有真切感受才行。于是，节假日里，偌大的回龙观小区及其周边都留下了常纪文实地调研的身影。他发现，原规划中的回龙观北站，沿线有居民区、大型市场、医院、高校等，该地铁站的设立对回龙观居民的出行影响很大，便提出恢复设立回龙观北站的提案。但因周边涉及不少拆迁问题，需大量经费。北京市规划委第一次回复提案时表示不同意恢复该站。常纪文便开始与政府部门积极展开对话，后经多次协商，昌平区政府主动承担北站周围的拆迁补偿工作，使此事“峰回路转”，市规划委同意在该站设站。“赞！这是办实事！”“太感谢常委员了！”回龙观论坛里一片叫好声。

“桥太窄，只能容下一辆车通行”，“要上桥得逆行20米，逆行车辆与对向公交、私家车及货车对行，加剧拥堵”……论坛里，居民们对因回龙观桥设计问题引发的交通拥堵状况集中“开火”。他们多次向有关部门反映，但是几年来一直没有获得明确答复。

常纪文就此事做了一次现场调查。他发现，每天早上7时到9时，由回龙观地区驾车上京藏高速一般需要15到20分钟。严重拥堵时，需要30分钟甚至1个小时。于是，他结合调查结果写成了《改善回龙观北部交通的提案》，建议对回龙观桥等进行改造。不日，北京市规划委给常纪文发出书面回复称，回龙观桥改造方案已获市规划委批复，结合周边建设，将该桥改为互通式立交桥。得知消息，小区论坛上又热闹起来，网友“无情del键”说：这个桥一直是上下班高峰的瓶颈，谢谢常委员！辛苦了！

2010年5月，常纪文和其他几位政协委员，跟社区网友一起，前往被居民称为“最乱地铁站”的霍营、回龙观等站现场调研，并研究解决方案。最终，昌平区政府对这些站点进行整顿，拆除违建，秩序得以改善。

“新农民”的实践也极大激发了社区百姓建言政府的热情。常纪文印象最深的是，一居民把设计的用于缓解区域交通拥堵、方便居民出行的公交线路以及地图、现场照片发给了他。最终，这个意见被交通部门完全采纳。“这充分体现了老百姓的智慧。”常纪文说。

晒结果，三次打回办理部门

常纪文不光“晒”提案，还敢于“晒”结果。

2010年5月中旬，“新农民”又发了新帖——《北京市各部门对回龙观建设的政协提案回复总汇，请居民们参与督促落实》。常纪文把当年政府职能部门对18件提案的办理结果全部“晒”在了网上，其中，包括社区居民长期关注的北郊农场桥拥堵、东部地区公交线路少、城铁站外拥堵等70%的提案办理意见均答复为“同意”。

“委员您太棒了！”“好！一定要顶！”网友们对常纪文的帖子立即做出回复。几天时间，跟帖达2000多条，该帖子被置顶。

家住回龙观北店嘉园的唐泽鹏说，看到常委员发出的提案办理结果后，堵在他心里好几年的石头终于落地了，“北郊农场桥拥堵的问题，年年盼着解决，现在终于盼来了”。

“提案年年提，结果年年晒，为的是公之于众、请民监督。”经过富有成效的实践，常纪文总结出在社区网征集提案的一套程序：“征求线索——形成提案初稿——征求对提案初稿的评价——修改上报并贴出公示——逐步公布各部门办理结果。”这些程序当中，他认为至关重要的，就是最后一步“晒政府部门的办理结果”。“这些提案的办理结果被晒出来，政府部门如果没去做，那么老百姓就会看到。”“今年不做，明年还会晒出来。长此以往，政府部门便不敢对提案不重视。”常纪文说，他的提案能有70%的承诺落实率，“晒结果”功不可没。昌平区政府一位官员称，他们对常纪文“晒提案、晒结果”的方式很头疼，但没办法，即使很难解决，也要硬着头皮去做。

因为对一个部门的提案办理结果不满意，常纪文曾将回复打回去三次。“主要是因为居民不满意，批评声一片，回复很官僚、不到现场调研、大而空的话对付，我要求现场调研再次回复。”他讲述着。

五年来，通过上网征提案的方式，常纪文根据民意整理的提案就有90多件，70%的提案得到相关部门积极回应，如小区内每隔1000米修建厕所、通过安装栅栏缓解地铁龙泽站周边环境脏乱、优化社区内公交线路、设置地铁到社区的摆渡车等提案建议都得到了办复实施；另有积水潭医院分院建设、林萃路修通等工作在加速进行。而当居民对部分提案回复不满意时，常纪文还会在线进行解释。毕竟像交通拥堵、黑车问题等不是一时能够解决的。

“我在提案中反映的问题，实际都是政府准备要为市民办的实事，我只不过推动了它的实行。”常纪文说，委员履职，最快乐的事“就是听到社区居民说我是好人”。每次上会，常纪文说自己身后是三四十万“观里人”的支持。“读了圣贤书，就是要给老百姓做一点事；当了政协委员，装模作样地开个会我心里过不去！”对记者说这句话的时候，常纪文的神态里透着一股学者的“拧劲”，话语背后则是一份坚定的、沉甸甸的责任。

（本文刊载于《北京观察》2012年第2期）

马大龙　真味是淡　至人如常

吴 菁

“浓肥甘辛非真味，真味只是淡；神奇卓异非至人，至人只是常。”这是明代作家洪应明所著《菜根谭》中的一句格言。意思是说，真正的美味是清淡平和的，德行完美的人能够保持平常心，其行为举止与普通人没有什么两样。用古人的这句经典格言来诠释北京市政协副主席、九三学社北京市委主委、北京大学人类疾病基因研究中心主任、博士生导师马大龙，实在是恰如其分。在人生的道路上，马大龙实践着自己的理想，不断谱写出辉煌的篇章，与此同时又固守着其纯真的本性，给人的感觉永远是那么淡定、质朴甚至略带孩童般的羞涩。

人生历程：艰难困苦，玉汝于成

光荣的桂冠，从来都是用荆棘编成的。谁能想到，如今在学术界和政界拥有一系列耀眼光环的马大龙，曾是一名普通的煤矿运输工。他的人生经历了怎样的传奇？他又是如何在人生的大舞台上舞出了自己的精彩？

1952年，马大龙出生在天津市的一个知识分子家庭。17岁，在内蒙古的四子王旗，他开始了插队生涯，“当时的最大问题就是吃不饱饭”。一年后，他随家人参加医疗队下放落户来到了广西崇左县，在南宁平垌煤矿做了一名运输工。两年后，对工作高度负责的他被推举为煤矿的安全检查员。“当时吃了很多苦，也磨炼了坚强的意志。这对我是一笔宝贵的人生财富。”那段艰苦的特殊岁月在马大龙的心底留下了深深的烙印，也让他受益终生。

读书始终是马大龙的最大嗜好。不管环境多么恶劣，他都将书视为自己的良师益友，稍有空闲就会抱着书看。那个年代，想找本书看并不是容易的事情，于是他就找朋友通过各种途径去借阅，什么内容都涉猎。

机遇总是偏爱有准备的人。1973年，各方面表现优秀的马大龙被平垌煤矿推荐参加了“文革”期间唯一的一次大学入学招生考试。他不负众望，以优异的成绩考入广西医学院医疗系。在大学里，他对免疫学产生了浓厚的兴趣，从此踏上了免疫学研究之路。1977年1月，他大学毕业后到南宁矿务局医院做了一名医生，业余时间全部用来攻读免疫学书籍。1978年，正逢“文革”后的全国第一届研究生招生，26岁的马大龙毅然报考了北京医学院免疫学专业，攻读龙振洲教授的硕士研究生，从事基础医学的研究工作。“我特别珍惜那段时光。”马大龙说：“每天都分秒必争地学习到很晚，总想把原来失去的时间补回来。”

如果用“全力以赴”形容马大龙一心扑在科研事业上的执着，那么，“不断进取”则是他攀登科学高峰的“助推器”。硕士毕业后，马大龙留校任教，并于1983年被学校公派前往德国海德堡大学做访问学者。当时，马大龙的儿子刚刚一岁半，初为人父的他就怀揣着远大的科研梦想踏上了异国他乡。“德国的前沿科技为我打开了一个全新的领域。在改革开放后不久就能拥有这样的学习机会，我深感幸运。”两年十个月后，马大龙学成归国。回国后的第二年正值我国“863”计划提出并实施。马大龙抓住这个千载难逢的时机，积极组建分子免疫研究室并通过应用研究开发生物技术药物，把分子生物学的前沿技术引进了国内。

“研究室建立之初只有18平方米，3个人，实验设备也极其简陋。”即便如此，马大龙带领大家一起克服困难，完成了多项研究课题。他主持承担了多项国家“863”计划课题、国家自然科学基金课题、国家重点基础研究发展规划（973）子课题等，并完成了多种细胞因子的基因工程和蛋白质工程研究，参加指导了多个新型基因工程药物的研究与开发。“科研从来不会是一帆风顺的，必定要不断克服各种困难，特别是做开创性的研究更是如此。”在科研创新之路上，马大龙品尝了太多的酸甜苦辣。不经一番寒彻骨，哪得梅花扑鼻香？正是靠着骨子里的坚韧和执着，马大龙把当初的小小研究室发展成现在的60多人、600多平方米的研究中心。对研究中心的未来，他的心中已绘就了更为美好的蓝图：“我们将继续以人类功能基因组学和疾病基因组学为主线开展研究与开发，逐步集中于免疫组学领域，力争未来在国际上确立中心在免疫组学研究的地位。”

参政议政：“唱功”与“做功”共舞

尽管对科研工作情有独钟的马大龙从未想过要步入政坛，但上天似乎并不满足于让他仅仅做一个学者，而是要让他同时在政坛肩负起属于他的神圣使命，为社会进步作出更大贡献。

2007年6月，马大龙当选为九三学社北京市委主委。这对长期在大学校园和研究室坚守着一方清静学术阵地的马大龙，无疑是一个全新的工作领域。为此，他要求自己从“小学生”做起，努力实现着角色的转换。“做主委和做学问其实是相通的，最重要的是要有责任感。”马大龙对此有着独到的见解：“作为参政党的民主党派不但要有‘唱功’，更要有‘做功’，要通过有效的工作来贡献智慧和力量。”上任伊始，他就带领主委会一班人深入基层，跑遍九三学社北京市委所属的19个区委、区工委和直属基层组织。“只有对下级组织的实际工作状况、人员状况、思想状况和存在的问题心中有数，开展工作才会有的放矢。”马大龙用自己务实的作风感染着每一个社员，使学社形成了和谐融洽而又严肃有序的良好氛围。有为者必有位，随后，马大龙又先后当选为九三学社中央副主席和第十一届、第十二届北京市政协副主席，他以一颗拳拳赤子之心在更广阔的政治舞台上为国家和人民尽心尽力尽责任。

“多说真话、实话，少说空话、套话，不说大话、假话”是马大龙身体力行的一贯原则。作为全国政协委员，他珍视自己参政议政的神圣职责，每次建言献策前都要做大量调研，力求使所提建议“有分量、有价值”。

许多政协委员都对马大龙在全国政协十一届二次会议上所做的大会发言记忆犹新：“三鹿集团‘新一代婴幼儿配方奶粉研究及其配套技术的创新与集成项目’曾获得过2007年度国家科技进步奖，随后相关产品却被查出含有过量三聚氰胺，这一现象损害了国家科技奖励的尊严，暴露出当前科技奖励制度的某些弊端。”马大龙当时的这番直言让全场掌声雷动，经久不息。“由于我国科技奖励体系依附于行政体制，带有浓厚的行政色彩，难免受到行政干预和部门保护主义的影响，一些科研人员一方面不得不频繁地从事‘成果包装’、

‘人情公关’等事务，另一方面又在拼命追赶科研进度，长期处在这种状态下的科研人员身心疲惫，连专心从事科研活动都难以做到，更别说创造出一流的成果。”他的慷慨陈词，坦率而尖锐地剖析出科技奖励领域的现实弊病，让所有在场听众感受到一个知识分子的良苦用心和坦荡胸怀。

2010年，马大龙提出的《国家重大科技专项管理机制的问题和建议》的提案被确定为全国政协十一届三次会议重点提案。科技部会同财政部、国家发改委等单位对这一提案共同办理，组织专家到全国各地进行督察，有力推动了重大科技专项管理机制的完善。这样富有成效的真知灼见还有很多——加强大学和科研院所中青年专业技术队伍建设、重视基础研究在科技成果转化中的作用、尽快制定中国控制烟草战略规划、加强对医疗器械的监管……马大龙的这些建议受到相关部门的高度重视，成为推动社会进步的重要见解。“尽管出面提建议的是我，但在我背后有许多九三学社社员和专家学者做我的后盾，他们给我提供了很多有益的情况。”马大龙深感作为全国政协委员责任重大，他把建言献策视为自身义不容辞的责任和报效国家的方式。

学者本色：至善无迹，然惠存也

现在的马大龙有双重身份：一个身份是领导人，他说，这个身份是一时的；另一个身份是学者，他说，这个身份是一世的。“我最喜欢的事就是做学问、搞科研。”在成功履行领导人职责的同时，马大龙依然保持着学者的本色和朴实的自我。

作为老师的马大龙深受师生欢迎和爱戴。天性的质朴让他把自己的心和学生们的心紧紧连在一起，弟子们也因此有幸用心灵体味到中华学者的高洁情怀。“我们中心的老师和学生都是马老师的忠实粉丝。在做人做事做学问方面，马老师堪称完美。”北京大学人类疾病基因研究中心博士生导师陈英玉是马大龙的1998级博士生，她说：“如果你有机会与马老师面对面交流，他渊博的知识、严谨的学风、朴实无华的亲和力和毫不骄矜的人格魅力，一定会征服你的内心世界。”

“马老师对学生给予了充分尊重，他办公室的门永远对学生敞开着。”2003级博士生黄晶讲师说：“不仅在每周一的例会上，我们能与马老师充分交流，即使在其他任何时间，我们到他办公室请教问题，他总是放下手边的事情，耐心解答。而且，他把每个学生都装在心里，对每个学生的学习情况都了如指掌。”

“顶天立地”是马大龙在科研方面对学生们的一贯要求，“‘顶天’就是要创新，做别人没做过的；‘立地’就是注重开发应用，体现科研价值”。与此同时，马大龙对科研的执着精神和严谨态度也深深震撼着师生们的心灵。“只要没有其他社会活动安排，马老师周末都会待在实验室。如果有科研问题需要处理，大年三十那天马老师也会来实验室。”研究中心的赵红珊教授说：“他的这种责任感感染和激励着我们每一个人。”

马大龙不仅科研造诣深厚，讲课也非常生动，在他的课堂上总是座无虚席，经常连过道都挤得满满的。“听马老师的课是一种享受，课堂上的他总有一种热情散射到学生中。”2005级博士生许兰俊说：“他不光是教授知识，更多的是传授思路，他在课堂上特别喜欢讲历史，用人类医学史上的那些发现与发明叩击我们的心弦。”

“生活上非常简朴，现在每天上班骑的自行车已伴随他40多年”，“整个研究中心的灵魂人物”……提到马老师，他的弟子们有着讲不完的故事和感受。桃李不言，下自成蹊。从不高谈阔论的马大龙，就是这样用自己点点滴滴的实际行动把做人做事做学问的理念深深渗透和植根到每个学生的心中。他淡泊名利的品性、宁静致远的境界和甘为人梯的精神滋养着身边的每一个人，正所谓“至善无迹，然惠存也；至尊无威，然心慑耳”。

那么，究竟是什么秘诀让马大龙在学生心目中有这么巨大的人格魅力？“我今天的一切都得益于导师当年对我潜移默化的教育。”马大龙饱含深情地谈起他的研究生导师龙振洲教授和德国导师罗特教授：“从两位恩师那里，我不仅学到了知识，而且学到了做人做事做学问的真谛。我深深地感恩于此，所以也要这样感化我的学生们，进而影响身边更多的人。”

上善若水，厚德载物。正是以这样的情怀，马大龙书写出“至人如常”的本色人生。

（本文刊载于《北京观察》2011年第6期）

沈兴海　与放射化学的不解之缘

张　涛

“诗家总爱西昆好，独恨无人作郑笺。”这句话是讲文坛都爱学西昆体的深情绵邈、典丽精工，人人都争做那千载传唱的李商隐，却很少有人愿意像郑玄一样，做那费劲且吃力不讨好的注解功夫。很久之前便知道这句话，但领悟不深，直到见到沈兴海之后，我才真正领悟了话中真味。

沈兴海是北京市政协委员，北京大学先进技术研究院副院长、核科学与技术研究院副院长、放射化学与辐射化学国防重点学科实验室主任、化学与分子工程学院应用化学系主任。对于大多数人而言，核、放射性之类的字眼永远是神秘、恐惧和危险的。然而对于沈兴海而言，这些词语就像他的老朋友一样熟悉。

萧条异代不同时

“20世纪五六十年代中国核工业初创时期，是北京大学放射化学、核物理两个核专业的黄金期。早期毕业生大多成为了我国原子能事业发展的骨干力量，他们中间走出了很多院士和领军人物。这对于今天的我们而言，是不可想象的。”沈兴海如是说。

相对于早期原子能事业发展的黄金时代，1982年考入北京大学的沈兴海和他的同学们似乎一开始就时运不佳。自两弹爆炸成功尤其是进入20世纪七八十年代以后，我国原子能事业逐渐步入缓慢发展阶段。国际方面，1986年发生的苏联切尔诺贝利核事故使人们对核电的安全性产生了质疑，而1991年苏联的解体，核武器的威慑性战略作用迅速下降。这使工业界和学术界对于原子能科学技术该如何发展也出现了争论和犹豫。于是，在这样的背景下，经费越来越少，我国核工业和核学科发展均受到严重影响。沈兴海于1993年获北京大学放射化学专业博士学位后留校工作，2000年开始成为这个学科的学术带头人。他强烈地感到，想让北京大学放射化学专业发展壮大，首先要做的是如何在这个专业最艰难的时期，让它生存下去。

“造原子弹不如卖茶叶蛋”，这虽然是句玩笑话，但用来描述我国核工业和核学科那段最艰难的发展时期，其实一点也不为过。有的涉核研究院所和企业因迫于生计而不得不做起了啤酒和雪糕，这在业内是尽人皆知的。

行业的不景气同样也影响到了放射化学专业的学科设置。据沈兴海透露，南京大学、复旦大学等综合性高校都曾设置过放射化学专业，但最终都没能挨过行业的冬天，或解散或改变专业发展方向。北大也不能幸免，1997年放射化学硕士点和博士点不再出现在教育部学科目录中，放射化学二级学科的地位发生变化后，一批放射化学优秀人才被迫转行到了其他学科。

相对于放射化学的冷冷清清，化学领域的其他二级学科以及生命科学、材料科学等相关领域则普遍比较红火，经费多，出成果也相对容易。于是越来越多的人离开了这个专业，转而进入了其他的领域，原本就冷清的放射化学专业就更是雪上加霜了。

看着越来越多的同行离开，沈兴海的信念却丝毫没有动摇。他从1982年来到北大，迄今已30多年了，这里就像他的家一样。加之对于放射性化学专业钻研已深，许多前辈师长都对他寄予很高的期望，他又不忍辜负他们，受这许许多多感情的牵绊，他实在做不出离开的决定。他决心坚守到底，让北大放射化学重新振作起来。这些年来，在他的带领下，北京大学终于在原应用化学本科专业基础上申请设立了应用化学硕士点和博士点。放射化学依托于应用化学学科而得以维持并保留了东山再起的力量。

其实，沈兴海还是有许多机会离开的。1996到1997年近两年时间，沈兴海在加拿大蒙特利尔大学从事博士后研究，他的家人也曾陪在身边。如果要留下继续深造或是工作，在当时放射化学不景气的情况下或许也是一种不错的选择。但他期满后选择回国。之后在法国从事访问工作，更是机会难得，他的合作导师曾获诺贝尔化学奖，在他门下多工作一段时间，显然对今后的学术发展是十分有利的。当时不少北大放射化学专业的老师猜测，沈老师面对这样的机遇，也许不会再回来了。出乎他们意料的是，沈兴海又一次按期踏上了归途。对于这样的选择，沈老师认为到国外工作，开阔眼界后回来是最自然不过的事情。

“客观地讲，我们不能说别人离开这个专业是错的，他们在其他专业领域发展，也同样为国家做了许多贡献。我们甚至不能断定他们做的贡献就比留在这里小。但是对于我们这个专业而言，总还得有人做吧，我们要是都走了，那么多前辈的心血就完了。更何况国家对放射化学专业肯定是有需求的。”沈兴海动情地说。

申请重点学科实验室

2007年，原国家国防科工委（现科工局）决定首次设立30多个国防重点学科实验室，其中8个实验室设在教育部直属高校。科工局系统内的重点实验室通常少有在教育部直属高校设立的，因此这8个实验室对于各大高校而言，无疑是一块肥肉。北大是幸运的，在领导们的积极争取之下，终于为放射化学争取到了最后一个名额，只是北大最后获准申请的时间有些晚了。沈兴海接到通知的时候，距离提交申请材料的期限已经只剩下最后两天了。

“那天是一个周五，已经下班了，我正发着高烧躺在床上，北大职能部门主管领导忽然打电话告诉我这件事。我当时一下子兴奋起来，询问什么时候提交材料，领导告诉我说是周一早上。天啊，那是重点实验室的申请啊，两天时间，还是双休日，我当时头一下子就大了。”沈兴海回忆说。

准备材料吧，发着烧用两天时间准备一个重点实验室的申请材料，似乎太不现实了，不准备吧，这么好的机会转瞬即逝。沈兴海最终还是决定拼一把。第二天，他把自己裹得严严实实，然后带着病快速理出思路，制订工作方案。发电子邮件，向系里的其他老师分派准备事项，并限周日下午，所有资料必须到齐。一时间，只是可怜了系里的老师们，大家周末完全没有休息，拼着命地为申请实验室准备各种材料，到周日下午，终于汇集齐了所有所需材料。沈兴海连夜整理归类，准备出了一份40多页完整的申报材料。到周一早上，终于搭上了提交材料的最后一班车，他心里这块石头才算落了地。

事实证明，沈兴海的努力是值得的，他为放射化学专业争取到了一份十分宝贵的科研资源，如果没有当时的奋力一搏，这样的机会就再不会有了。

“后来我才知道，本来首批科工局重点学科实验室是没有北大名额的，是北大职能部门领导一再争取并得到教育部领导支持而后添加上去的。我们要是拿不下来，不是辜负了领导的信任和大家的共同努力吗？至于实验室最后经过严格的答辩程序从申请单位中脱颖而出，那只能说是‘天时地利人和’的结果。”沈兴海这样说。

“给放射化学多一些机会吧”

到20世纪末，我国的放射化学发展走到了低谷。这种状况的出现已严重危害到我国的国家安全、核能开发利用以及经济社会的发展。2004年，胡锦涛、江泽民、温家宝等中央领导同志对我国核事业作出了“亡羊补牢，犹未为晚”“要奋起直追地往前赶”“必须重视此问题，认真研究，作出部署”等重要指示，为我国放射化学在新时期新形势下的发展指明了方向。应该说自此后，经过几年的努力，我国放射化学正处于恢复性上升态势之中。

尽管我国放射化学学科发展已出现了转机，但沈兴海认为只有突破发展中的一些瓶颈，才能真正迎来放射化学的良性发展。放射化学学科比较小，但作用又很大，因此在全球范围内，不论是美国、日本，人才都是稀缺的。尤其在中国，人才的稀缺就更为突出。

沈兴海告诉我，一般的物理、化学等基础学科，基本不存在师资队伍人才缺乏的问题。无论从海外还是从国内相关单位，可选的优秀人才相对较多。但是放射化学则不然，由于行业的特殊性，较难从海外引进到需要的人才。因此，要想充实师资队伍，重点就只能着落在自己培养这一条路上。

“从避免学科近亲繁殖的角度考虑，目前学校自己培养的学生原则上是不能直接留用的。即便是我们看好的优秀人才，也必须要到外面转一圈后才有应聘资格。但问题是，他们大多转一圈就转丢了，转而进入其他领域，不再从事这个行业了，我们再选人就变得更难了。”沈兴海不无忧心地说。

从科研难度方面看，放射化学专业也有自己的特殊性。一般的化学专业实验室相对容易建立起来，而放射化学实验室，由于放射性管理的要求，扩建和新建都受到方方面面的限制。且由于核单位的敏感性，监测、检查程序十分严格甚至烦琐。这许许多多的特殊性，也成为了很多人不愿意选择放射化学专业的原因。

“中科院院士、长江学者、千人计划教授等荣誉和光环在现阶段学术界是十分吸引人的。但是，由于学科领域小，又受到评价体系的限制，在放射化学领域获得这样的学术头衔是很困难的。这可能也是很多年轻人不选我们这个专业的原因之一吧。希望国家能够给年轻人多一些机会，在我们的专业中多设置一些发展的台阶，同时评价体系也应该更科学合理。这不仅对于年轻人的发展有好处，对于原子能事业的可持续发展也是不无裨益的。”沈兴海感慨地说。

很长一段时间以来，我们的社会和媒体，到处都盛行着廉价且浮夸的褒奖。很多人都在为追求自己浅短的利益，而为自己报道对象虚构着一些莫须有的光环。在这个溢美之词盛行的时代，要用如何特别的言辞来形容沈兴海并不容易。我无法超越语言自身的极限，来致以最真诚的敬意，也没有资格为其颁发任何勋章，来证明他高尚的人格。当然，他所要的并非这些。30多年来，他亦步亦趋地探寻着科学桂冠上的明珠，小心翼翼地经营着先辈留下的专业，这是职责所在，更是生命的礼赞。

试想，以沈兴海的才华，在放射化学最艰难的时期转投别的专业，他也许会取得更为广阔的发展空间，甚至为国家做出更大的贡献。果真如此，人们或许会记住一个取得辉煌成就的沈兴海，却忘记了我国放射化学事业留下的某些遗憾。也许，在沈兴海的眼里，只有北大放射化学的旗帜不倒，才是他真正的心愿吧。

如“实”“道”来

王 卓

不论是对待建筑质量管理的态度，所秉持的建筑设计理念，还是履职方向选择、话题述说方式，郑实都在印证何谓“实”。“实”成为他的气质，也让他找到了自己的人生哲学，找到了融入世界之“道”。

如果说“人如其名”是很多父母对孩子的美好希望，那郑实委员就应该是充分达成这份期待的那类人。职业生涯贯穿始终的理念、履职主题的精心选择、打开话题的讲述方式，无不是一个“实”字。

2016年5月10日至11日，北京市政协十二届二十五次常委会，主题聚焦“加强城市管理优化提升首都核心功能”。会上，北京市政协委员郑实做了《优化设计管理机制保证建设工程质量》的发言。

2016年5月12日，汶川地震8周年。前一天，九三学社市委举办的城市规划建设管理研讨会上，郑实在谈及建设质量时拿出了他8年前的文章《应重视地震后建筑物评估鉴定工作》一文，这一天，他在微信朋友圈提到震害中的北川中学，回顾一段惨痛记忆，也警醒更多人，关注和正视建筑质量！

2016年5月13日，记者来北京市建筑设计研究院，见到郑实。没来得及客套，一个建筑专家就“不经意但迫切露出了真容”。穿过办公桌上几打“恣意摆放”的资料，边说且行，郑实关于建筑质量的一番逻辑严谨的专业普及，首先钻进记者耳朵……

概率论里，随机抽取的样本总会对总体有一定程度的反映。从时间线上，郑实接连4天的活动、行动、发言，大概也能窥到他日常的生活状态，且其中最让人确信的，是技术质量管理这个话题，与郑实牢不可破的关系。

这也正切合了认识郑实的人眼里给他的第一标识：一个建筑行业专家。不过，随着采访深入，一个“专家+”的形象也越来越丰富立体……

“求实”贯穿建筑行业生涯

作为一门横跨工程技术和人文艺术的学科，建筑学涉及建筑艺术和建筑技术，以及作为实用艺术的建筑艺术所包括的美学的一面和实用的一面。郑实职业生涯的两段，也恰恰分布在建筑学的两个层面上。“1984年开始工作，前十几年是做设计，后十几年专注技术质量管理。”

20世纪80年代初，北京土生土长的郑实迎来人生第一个大选择：考大学选专业。“我小时候喜欢画画，也会画画，也爱写文章，不过那个年代对大学生的需求和导向，更多是学理科。建筑学就算是一个居中调和的选项。”回忆起30多年前的经历，郑实说庆幸自己“选对了专业”。

选专业终究带点偶然，当时的郑实还不知道，建筑与绘画等可以完全自主的艺术不同，它不仅要承载使用者的要求，更要承载地区文化、传统风格，延续城市的肌理，是个有点“复杂”的学科。

不过郑实也在对“复杂”的不断学习历练和实践中，树立起自己的建筑设计观念，找到了精准的职业方向。

“在重庆建筑工程学院（现为重庆大学建筑城规学院）如饥似渴读书那几年，获得的不仅是建筑学启蒙，更是受益终生的思考方法。”他所言的思考方法，正是融合实用与审美，一种“求实”的态度。

这种态度也在他后来到北京市建筑设计研究院后的一系列设计项目中得到体现。

分布在北京市不同方位的方圆大厦、工商银行数据中心、浩鸿园、环岛小区等都是他主持设计的“得意之作”。“得意”并不来自“获了多少奖”，而是这些设计作品达成了他心中的“好”标准——具备对自然和环境的人性关怀，平和宜人，实用精致。

在做建筑设计时，郑实就不是锋芒毕露、气质凌人的风格。他给人的感觉，也跟他的设计风格一样平实，洗旧了的格子衬衫，大方框的眼镜下面的眼神略带疲惫，一丝没有想象中属于建筑师的凌厉，但说起话来又能专注地发光……他说在他眼里，“大多数建筑还是要甘于平凡”。

设计上关注功能性，在后来职业方向转到技术质量管理后，这种气质发挥得更加充分，因为“从某种意义上来说，质量保证是建筑的底线。”

说到这儿，郑实转身从电脑里打开了他细心收集的照片，电脑被他垫在一打纸上面，那是因为他身高太高，为了对齐视线“专门放置”的，“犯不着为这个再调整桌子换椅子吧”。

与“垫纸”的随意相反，他对待工作文件的归置却是相当精心。文件夹层层打开，里面是按照情况和年份等要素收集的建筑工程质量案例图片：2014年4月，浙江奉化锦屏街道居敬小区第29幢住宅楼突然坍塌，7人被埋废墟之下。2015年5月，贵州9层高楼瞬间坍塌……就像医生见到太多病患却依然为生死动容一样，眼前的郑实也依然为每一个因为建筑工程质量问题导致的悲剧感到伤心，“本可以避免的悲剧却实实在在发生了。而那些失去生命的个体，原本就来自我们身边每个鲜活美满的家庭。”

专注科技质量工作后，郑实负责和参加了国家体育场、国家体育馆、国家大剧院等多项工程的设计审查，从事多项国家和北京市的规范标准的评审工作。他说“做这些工作的时候心里一直有根弦——质量问题没有余地”。

他也参与主编了《北京市建筑设计技术细则》、北京市建筑设计研究院《建筑专业技术措施》和《设计深度规定》及《建筑设计深度图示》等院标准文件……为质量管理做“定准则”的工作，他说这种标准类的工作更是要“苛求”，“如果连标准都有问题，更别说具体工作了”。

在郑实看来，建筑本应是现代人最信任的实体。建筑物质量出现问题，那就像给生存埋下了一颗未知时间引爆的炸弹，或者天灾发生时最可怕的“帮凶”。他要做的工作，就是尽量降低建筑物的“负面力”。

“实诚”选择履职主题

技术质量管理是专业，也顺理成章成为郑实对履职、对更广泛社会事务施以热心的切入点。

与刚刚在北京市政协常委会上的发言主题一致，4月7日，全国政协围绕“建设工程质量问题与对策”，召开双周协商座谈会。郑实作为专家代表发言。发言中提到的五个方面，他在采访一开始，又事无巨细向记者解释了个遍。

“质量责任要个人、单位、政府并重，是说既要强调个人的责任感，也需要单位承担赔付等职责……”说起自己经历长时间实践和总结的结论，郑实没有重复多遍的厌倦，反倒依然有一种因专注而“生发”的兴奋。

“所以现在我们在建筑工程中，也强烈呼唤工匠精神。”郑实说，“大量建筑需要的是达到基本水平，满足基本功能，而不是把‘炫目’作为首要诉求。”

滔滔不绝连续讲了一个小时，郑实几乎没有停顿。也许建筑质量话题于他，已不仅是专业是关注是履职切入，更是如办公室窗外摇曳树叶的风一样日常和自然的事。

不过，在北京市政协机关工作人员眼里，郑实让人印象深刻的，其实不是他的建筑类建议，而是交通问题的各类提案建言。

“2008年当北京市政协委员以来，提案关注最多的就是交通问题。”翻看郑实的履职经历，绿色出行、城市慢行系统、停车收费权管理、市域铁路建设等相关提案建议，都与交通相关。

谈及为什么把交通作为履职重点，郑实觉得，履职内容不仅可以来自本职，更可以来自生活的观察和关注。且交通和建筑工程建设也同属城市规划的范畴，跟他的专业有“关联”，“更能从一个相对广的视野看待这个问题”。

今年他提交北京市政协的一件提案，建议“以违停执法为突破口，破解停车治理恶性循环”。提案本身很明确，就是要破解停车乱象这一“大城市病”，建议公安交通管理部门建立科学的治理违章停车理念，加大执法频率和力度，严格停车秩序管理。

不过，建议背后的考虑，却不是这么简单。他是试图通过一个切口，达到更大程度上合理配置资源的根本目的。

“我想的是，把更多的资源投入到鼓励大家绿色出行方面，建设更好的公共交通体系，而不是盲目扩建车位。”郑实也向记者发问，“如果地铁建设很完善，也不会挤得不行，又四通八达，你也不会想着要开车吧？”

说到这个问题，记者也忍不住问郑实。“那您本人是怎么践行绿色出行的？”“我开车，也坐公交，也骑自行车。”说罢，他笑起来，“好多记者都会问我，这么倡导绿色出行为什么自己没有完全‘公交化’，我觉得解决交通问题一定要实事求是，我们每个人的真实诉求都是生活最大程度便利化，而我的建议正是要让大家觉得公交、骑行最方便！”他接着说，如果公交、地铁比开车方便得多，如果整个城市对绿色出行特别友好，他“自然而然会做出最理性的选择，而不是‘被大力提倡’”。答案如此实诚理性，让记者既惊讶又认同。

郑实像解释他的建筑类专业建议一样，乐于并细细慢慢解释起他关于破解北京市交通发展的理念。而他的解释因为有系统、全面思考作基础，也像建筑专业解说一样，有说服力。

“平实”打开话题域

如果每个人都有一个最鲜明标签，那记者预设给郑实委员的，就是“技术派”专家。因为他的履历非常明确，而且采访初始，就径直讲解起他在政协平台上提出的关于保证建设工程质量的条条建议。

不过随着话题领域渐宽，他显示出了更丰富的思考空间和特点。

说起小时候爱写文章，他还顺手从办公桌上的资料堆里抽出一本杂志，给记者看他的一篇关于“办公建筑”的文章。脉络清晰，文字平实，就是出自老到的写作者。“我所有的提案、建议都是自己动笔自己写，写多了就讲究，成品里错别字和标点符号问题都不能有。”

回忆起大学生涯，他也提到一点对教育的想法，“希望我们现在的学校教育，从小学到大学，课程设置里能更多关注到审美教育。学社会科学的，要注重多学习自然科学知识，学理工科的要加强人文素养。涉猎面广，综合能力强，大众建筑审美能力就会相应提高。不要小看这种影响，这在某种程度上也会引导建筑设计水平、创作方向的理性。”

说到全国政协双周协商座谈会，郑实觉得“这种紧贴发展的或大或小的主题协商座谈，着实对解决问题有益，完全称得上是全国政协的一个品牌”。

去年6月18日，全国政协双周协商座谈会是以“建设工程消防审核验收”为主题。他的发言建议中，有一条是“解决消防设计审核与验收环节中的不协调现象”，这条建议也是他见过不少惨痛案例后得出的痛心领悟。“2000年河南省洛阳市老城区东都商厦发生的特大火灾事故，伤亡那么惨重，有个重要原因就是楼梯间门关闭，没有逃生通道和机会。”

建筑质量、消防设计，这些话题都事关人命，重要也沉重。大概觉察出这份沉重，郑实主动跟记者提起，“我还有个小提案，遗憾关注的人不多”。

提案确实很“小”，是让“无灯人行横道行人优先”的相关建议。“虽然道路交通安全法里有相关规定，但事实情况却是‘道理虽对但问题不大，公众等车流过去再走也是常态’，这看似是小事，不过在我看来，这不仅是不鼓励绿色出行，更是没有强调人的生命安全高于机动车道路通行效率。”

“我开车时有个习惯，到没有信号灯的斑马线前，停下来让行人先走，这时候行人反而不习惯了，后面的车也会催我。”郑实希望，通过增设“行人优先通过”字样标识，通过文明宣传等手段，“建立这个良好的小习惯”。

“是不是讲来讲去还是没有离开城市建设、交通规划这个‘大框框’啊。”郑实也笑起来了，他是打开了话题域，不过依然“跑不远”。

政协履职话题讲不完。郑实作为九三学社北京市委委员、西城区委副主委，在履职方面的工作精力一点也不少。翻开他这几年参加九三学社北京市委各级组织的活动和撰写的调研报告列表，也是密密麻麻，仅就今年，已经列出数十条，“2016年1月8日，2016年立项选题讨论会；2月3日，2015年总结；3月1日，2016年社务工作会……”

再加上采访期间不断有工作电话和同事过来交流工作事务，郑实看来根本就是“时间不够用”的样子。谈及怎么分配工作时间的“老问题”，他的答案相当朴实——加班。

“早上7点多到办公室，晚上一般也会7点以后才离开办公室。周末也基本当做工作日来用。”郑实说，不管是本职工作还是在政协、党派履职，他都要“亲力亲为”，每一个提案，每一个建议，每一份工作总结，也很少让别人

“代劳”。“不过我参加活动会有选择性，挑选自己关注的、熟悉的相关主题，这是我唯一一个‘节省精力’的办法。”

“这样的出行时间也不给北京早晚高峰‘添堵’。”说起来轻松，背后支撑的却一定是肯于付出的自我驱动。眼前的郑实，正是传说中那种“比你聪明还比你勤奋”的人。

从头到尾，郑实说的都是自己的专业、关注的话题、履职的经历，表达自己的东西其实挺少。不过细想，每一次行动每一份述说，表达时的每一种兴奋每一点遗憾，都在恰如其分构建当下一个实实在在“专业+”的他。而“实”也已成为郑实的精神气质，也让他找到了自己的人生哲学，找到了融入世界之“道”。

（本文刊载于2016年5月17日《人民政协报》第8版）

赵兰香　政策导向应瞄准“高效率”

《北京观察》报道组

科技是推动社会进步的真正力量。

“金融危机将加速科技创新与进步的步伐，在今后的10到20年，很有可能发生一场新的科技革命。这是对我们的巨大挑战，也是中华民族实现伟大复兴的历史机遇。”

谈及自己的专业工作，北京市政协委员、中国科学院科技政策与管理科学研究所研究员赵兰香说，未来的科技革命与中国的现代化息息相关，“作为科技政策研究人员，判断未来科学技术前沿，对国家科技发展战略做出前瞻性分析，是我的责任和使命”。

战略性研究

为“前瞻思考世界发展大势，统筹谋划我国科技发展战略，理清至2050年影响我国现代化进程的重点领域、重大科学问题、关键核心技术问题及其实现途径”，中国科学院组织成立了“创新2050：科学技术与中国的未来”战略研究组织，开展中国至2050年重要领域科技发展路线图研究。

长期致力于科技政策研究的赵兰香，是该项战略研究总报告起草组成员之一。

“做这样的国家战略研究，需要考虑科学自身的发展规律和社会需求对科技发展的推动”，赵兰香说，信息技术的蓬勃发展为我国的工业化进程带来契机，新技术特别是信息技术的发展催生出人们预想不到的经济社会变革和大发展，我国能有30年的持续快速发展，在很大程度上就是抓住了这样一次重要的新技术革命机遇。“我国未来更是要走创新驱动发展之路，这也赋予了科技界更高的使命和更大的责任。”赵兰香说。

“顶天”+“立地”

“北京建设科技创新中心，要在城市发展整体设计和激励人才方面有所突破，既要‘顶天’，又要‘立地’。”赵兰香解释说，所谓顶天，就是以科技创新中心为出发点，在经济社会发展总体目标和制度保障上，增加相关的具体工作任务和量化指标。“我们过去总是强调GDP，这固然重要，现在增加了科技创新中心的发展内涵，那么在经济社会发展的目标值上就应该有所体现。”赵兰香强调，在政府工作报告中就应加入具体的如政府科技经费的投入增长、投入比重、达成科技项目协议情况、吸引优秀人才和企业落地情况等能够统计的指标。这样，从各项工作的发展目标值上，能够看到北京科技创新中心的前行脚步。

科技创新最终依靠的是人才，各种创新要素发挥作用也一定要通过人来推动。赵兰香所说的“立地”，就是指要充分发挥科技人才的作用，为优秀人才营造良好的创新创业环境。

“大量的科技型人才多集中在跨国公司，要吸引他们加入科技创新的浪潮，就要通过灵活的政策提供保障和优质服务。”赵兰香认为，北京市的一些政策在灵活性上还有所欠缺，比如关于个人所得税的问题，是否可以对科技型人才进行适当抵扣，给创业者减轻负担。同时，一些审批方面的手续在顺序上可以增加灵活性，为创新创业提供更好的环境。“政策的导向应该以高效率和做得更好为目标。一系列政策要向科技创新人才倾斜，包括环境的营造和人才吸引力度方面。”

实际上，除了保障性的政策，人才和技术创新的激励政策无疑也是科技创新中心的巨大推动力。

不少发达国家都有针对产业技术创新的专门奖项。如美国在1985年便设立了总统技术奖（国家技术创新奖），用于表彰在技术创新、商业化做出突出贡献的个人、小组和公司；印度政府从1987年起设立“国家专项奖”，每年对在工业革新和技术开发方面做出贡献的机构和人员给予奖励。

“有什么样的政策工具，就会潜移默化地催化什么样的创新氛围，并演化为对科学传统和科学精神的挑战。”在赵兰香看来，从这个意义上说，科技人才的精神追求不是简单意义上的道德宣传，更重要的是政策的制定和实施。

对于科技创新中心的辐射作用，赵兰香建议，要建立起科技服务业的网络体系。“北京科技中心的定位应该是知识密集和知识扩散，在这个过程中要获得‘回馈’才能形成可持续的创新循环。所以‘中心’要与全国其他区域配合起来，建立起科技成果研发辐射的网络和机制。”

打造科研转化大产业

一项科研成果从实验室诞生，距离其走向市场实现效益只完成了全过程的5%至10%，这中间还需要企业工程技术人员做大量的技术转化工作。而现实的情况是，科研人员往往对企业的技术需求知之甚少。

赵兰香举例说，一项在象牙塔中沉睡了十多年的专利技术，偶然的机会，碰到了一位能预见到该技术市场潜力的企业家，高额购买下了该项技术，并通过科研人员和企业工程技术人员的共同努力，把一项技术转变为社会需要的产品。“这个结果和这个速度都是原技术发明人没有料到的。”

“如何实现技术研发和产品市场的有效对接，这个环节本身就可以变成一个产业，通过市场化道路来实现。”赵兰香指出，关键的问题还是缺少人才，科技成果转化需要既懂技术又了解市场，同时了解投资的综合人才。她建议，北京要着力培养这样的综合型人才，可以通过市场化把科技成果转化的中间环节建成一个大产业，以实现科技创新中心自我循环的可持续发展。

“对于研发服务业，解决真正的产品问题需要很多技术联通在一起，形成一个整体的解决方案，而我们的科技研发课题组大多是针对单项技术的。所以需要一个能够识别市场所需要技术的专业组织，能够把技术与市场串起来。”

蔡国雄　学者本色　家国情怀

吴 菁

儒雅，淡定，清醒，自信——优秀科学家的非凡素养，在他的身上叠映成辉；识大体，顾大局，有作为——民主党派领军人物的显著特性，在他的身上彰显无遗。

中国电力科学研究院副总工程师、北京市政协副主席、台盟北京市委主委——这三重身份让蔡国雄始终关注不同的群体与领域，也让他肩负着不一样的神圣职责。亦官亦学，他把学者的理想追求和官员的平民情结融为一身，用心怀天下的家国情怀和学者本色书写着自己的传奇人生。

青葱岁月逐梦行

历史是一条河，人生也是一条河。在人生的河流中，有波光和涟漪，也有逆流和险滩。蔡国雄的学者之路，看似水到渠成，其实在鲜花和掌声的背后，他经受了许多艰辛和挫折。

1959年，蔡国雄随父母从日本踏上回国的旅程，来到了北京。那是他第一次踏上祖国的土地。“回国后面临的最大问题是语言。”蔡国雄说：“一切都是那么的生疏。我没有朋友，因为我不懂中文，老师跟我谈话和补课，我也听不懂。”骨子里极为要强的他深知，学习是改变这一状况的唯一出路。于是，他拼命地学习。功夫不负有心人，在小学一年级的期末考试中，他的语文和算术均得了第一名。这大大增强了他的自信心。小学毕业时，他更是以各科满分的成绩夺取了1965年北京市小升初第一名的桂冠，考进了清华附中。谈起这段童年的经历，蔡国雄露出孩子般的笑容：“语言让我吃够了苦头，可能很少有人像我这样艰辛地学语言，而且是为了学习自己的母语。但这是值得的，因为这换来了祖国对我的认同，我也找到了自己心灵上的根。”

随后而来的“文革”，让蔡国雄的求学之路一度中断。他在陕西省延川县插队三年多，又在云南昆明普坪村发电厂当了一年学徒工。“即使在艰苦的环境中，我也从未放弃对知识的渴求，一有时间就用来看书和钻研业务。”

1973年，他考取了昆明工学院机械系。为了把失去的日子补回来，他的大学时光可谓“枕戈待旦、闻鸡起舞”，清晨5时就起床，晚上总是最后一个走出教室。大学毕业后，他到云南省电力局中心试验所工作，之后通过选拔考试，获得在武汉水利电力学院高电压专业进修一年的机会。1978年，在云南参加了出国留学考试，取得全省第一名的成绩。1980年，他参加了中日两国互派留学生考试，并以全国第二名的成绩获得奖学金，随后赴日本名古屋大学，开始了留学深造的崭新旅程。

一路走来，是一次次的考试成就了蔡国雄。他总是以出类拔萃的成绩把握住了上天赐予的机会，进而在学术之路上走出串串闪光的足迹，塑就了超凡脱俗的学者特质。“我不是天才，我很努力，在知识储备上我一直是有准备的。”蔡国雄深有感触地说，爱拼才会赢，如果自己不努力，老天爷也帮不上忙。

痴心只为报家国

“我认为人是要有一点精神的，要有所追求，我希望‘爱我中华’成为更多的中国人的追求。这样，我们中华民族才会见到真正的希望之光。”1993年，蔡国雄在人民政协报上发表文章《希望“爱我中华”成为更多中国人的追求》。他是这么说的，也一直是这么做的。

1987年，在日本攻读完硕士、博士又进行了一年博士后研究的蔡国雄回到了祖国。“我当然应该回国工作，报效自己的祖国。”他平静地述说着自己当年毅然回国的理由：“我虽然拿的是日本政府的奖学金，但在中日两国互派留学生的计划中，中国政府也为日本留学生提供奖学金，实际上自己相当于拿的是中国政府的钱。那个时候我们国家并不富裕，政府出钱让我到日本留学，是相信我能够回来为国出力。”这一切在他的心里，是理所应当的。

凭借留学期间打下的扎实基础以及不懈的努力，蔡国雄30多岁便当上了高级工程师，三年后又被评为教授级高级工程师，1993年开始享受国务院特殊津贴，1998年成为电科院高压所的总工程师，2006年任电科院副总工程师。

在国际上最先提出了复合绝缘材料的热刺激电流谱研究方法，并提出了复合高分子绝缘材料之间热刺激电流分析方法……在自己的科研领域，蔡国雄取得了骄人业绩，为国家科学进步做出积极贡献。而他还有一个角色却鲜有人知——“文革”之后全国法院系统第一位出庭的人民陪审员。

让我们把目光回溯到1999年5月18日的上午。一起合同纠纷案正在北京市第二中级人民法院知识产权庭开庭审理，一个不穿制服的普通公民与穿制服的法官一起头顶国徽，坐在庄严的审判席上，向原、被告发问，行使与职业法官平等的审判权力。这位普通公民，就是蔡国雄。“他的表现令我们很受鼓舞。”北京市第二中级人民法院原院长王永源评价说：“他一丝不苟，认真负责，积极与承办人交流工作经验，弥补了审判人员专业知识的不足，为办案提供了新的思路。”此后，蔡国雄接到的咨询电话越来越多，许多人就自己的事情是否能够打官司以及能否打赢征求他的意见，有时一个电话要说上两三个小时。虽然很费时间，蔡国雄总会在查阅资料或咨询相关部门之后，给当事人耐心作解释，给他们一个满意的答复。“作为一名人民陪审员，我感到了人民及司法部门对我的信任，也更感到责任的重大。”几年来，他利用自己的博学多才、专业技术功底，在知识产权纠纷、经济纠纷案件中，发挥了重要作用。

正是以对祖国和人民的挚爱为底蕴，蔡国雄的家国情怀，放射出炽烈的光和热。

乐为人民鼓与呼

“原本觉得最不可能搞政治的人搞了政治。”蔡国雄的同学这样评价他。多年来一直潜心科研工作的蔡国雄，自己也从未想到有一天会跻身政坛。2004年，蔡国雄当选台盟北京市委主委，他深入基层，广泛联系，务实高效的作风感染着每一位台盟盟员。2008年、2013年，他连续两届当选为北京市政协副主席后，更是深切地牵挂着百姓，“距北京市中心1公里范围内，有些地方还没能实现一家一个水龙头。我希望记者、媒体和其他人能关注这些群众，能代他们发出声音”，类似这样的关切有很多，其民生情怀令人动容。

蔡国雄坦言：“担任社会职务后，我的确可以做到研究人员做不到的一些事，能够更好地为大众特别是弱势群体服务，为社会做贡献，而且能够用我的知识和思想，提出各种建议和意见，促进国家的发展。这又何乐而不为呢？”在学者和官员的角色转换之间，是否有相通点呢？“如果说相通点，那就是办什么事都得认真，都要有一颗对祖国和人民负责的心。”

在北京市政协九届四次全会上，他提出的“二三环路间应建立快速高架通道”的建议，在2001年度得到了市委市政府的采纳，德外和马甸右转定向匝道、三元桥定向匝道等相继建成通车，大大缓解了北京二三环联络道之间的交通压力。这项提案被北京市政协评为“2001年度委员优秀提案”。

在电力方面和祖国统一方面，蔡国雄都提出了很有价值的提案。在全国政协十届一次会议上，他所交的提案就是开展大陆和台湾电力系统联网研究。“利用民间渠道开展大陆和台湾电力系统联网研究，有利于祖国的统一，有利于争取台湾人民的民心，增强台湾人民对祖国的归属感。”他相信：“工程的实施过程能带动台湾的工商界、金融界及两岸人民间的广泛交流，为早日实现祖国统一服务。如果两岸的电力系统实现联网，那么两岸的能源之间就能共享，增加了两岸人民的连带感。”2004年，在温家宝总理主持召开的座谈会上，他坦陈己见、直言不讳：“我国的疆界到台湾省，因此西电东送、西气东输的终点应该在台北或高雄。虽然目前不可实施，但是可以在提法上提及能源的输送终点是台湾省。这是做台湾人民工作的好机会。”在此后的政协会议上，他多次就此锲而不舍地呼吁。

此外，他提出了“政府在制定电价政策时，应采用‘阶梯电价+分时电价’相结合的模式”“维持后奥运北京发展，在王府井地下兴建地下商业街”等建议，并与其他几位来自电力领域的政协委员一起提出了修改《中华人民共和国电力法》的提案等。这些诤言良策，都得到广泛关注，产生了积极效果。

古人云，成大事者必经三种境界：“独上高楼，望尽天涯路”，“衣带渐宽终不悔，为伊消得人憔悴”，“蓦然回首，那人却在灯火阑珊处”。细细品味，这三种境界正是蔡国雄成长经历的真实写照。在对理想、信念的不懈追求和对祖国、人民的倾情奉献中，他的人生绽放出璀璨夺目的光彩。

（本文刊载于《北京观察》2012年第10期）

王红和她的提案

徐 飞

有这样一位委员，她曾连续5年获评市政协优秀提案奖。要知道，每年优秀提案不超过本次会议立案提案的6%。她就是连续担任十一届和十二届两届政协委员、北京市监察局副局长王红。

2012年12月18日，在国家大剧院召开的第十一届北京市政协五年总结大会上，王红因连续五年获得优秀提案而站上了提案突出贡献奖的领奖台。那刻起，我心中就一直好奇，这是怎样一个人？是怎样的执着和认真让她年年提出高质量的提案呢？

而后，从市政协提案委员会了解到，每年优秀提案不超过本次会议立案提案的6%，为60件左右，连续五年中6%的概率可想而知。优秀提案注重提案的内容本身，调研是否充分、内容是否针对经济社会发展中的新问题等。听了优秀提案的评选标准，你会发现王红连续五年获得优秀提案并不足为奇。作为市统计局原副局长的王红，从事统计工作30年，收集民生方面的信息资料，对相关数据做量化分析是她的专业优势。因此她的提案都有着可靠的数据支撑，建立在严谨的科学研究基础之上，并且针对的是人们关心的、社会经济发展中的热点、难点问题。

王红在五年总结大会中说："政协是委员们参政议政的平台，在这里我们能够畅所欲言，而政协的提案应该说是最直接、最实效的一个履职方式，很高兴能够充分利用我们的专业特长，通过政协提案为政府的科学决策出谋划策，为首都经济社会发展积极建言献策。同时，我们在政协的工作得到了各级领导和相关部门的重视，积极采纳我们的意见建议，使我们在政协的责任和使命得以实现。"

没有调研就没有发言权

翻看王红五年来的提案目录，19件提案历历在目，提案内容涉及面广，群体从残疾人到未成年人、中小学生，事件从宏观社会评价体系到微观的一个地下通道都是王红的关注点。

让王红印象最为深刻的还是她的第一件提案《关于改善中、小学生在校午餐的建议》。2008年，初当委员的王红对于提案还不甚了解，不知道该提出些什么。于是，她向周边的朋友们了解生活中关心的问题，其中不少同事提及孩子们在校午餐问题。于是，她利用北京市社情民意调查中心的计算机辅助电话调查系统成功访问了全市561位学生家长和613名中、小学生，被访学生从小学一年级至高中三年级的比例分布均匀，调查成功样本为956个，通过科学调研完成了一份《关于改善中、小学生在校午餐的建议》的提案，提出了学生年级越高越不爱吃学校午餐、不爱吃午餐的学生中近六成只能无奈地面对等问题和相关建议，引起了有关部门的高度重视。市教委在回复报告中指出：王红委员提供的调研报告科学完整，对于改善中、小学生餐饮工作有很大帮助。

王红说："利用科学的方法，科学的手段，特别是统计局的优势对民生问题进行科学调查，有助于政府宏观决策的时候能够利用我们的科学数据。"她在2009年提出的《关于建立社会发展监测评价指标体系的提案》、2010年提出的《关于建立北京建设世界城市监测评价指标体系的提案》、2011年提出的《关于改善我市垃圾分类现状的提案》以及2012年提出的《关于提高我市居民防灾减灾能力的提案》，这些优秀提案无一不是经过数据调查研究形成的提案。

王红的提案受关注度和影响力不仅限于市政协和相关承办单位，还吸引了不少"志同道合"的人员和部门。2009年下半年，王红通过对全市1580名8至17岁未成年人进行了"2009年北京市未成年人成长状况调查"，内容涉及未成年人的教育、生活、身体和心理等方面的问题，所形成的《关于关注未成年人成长状况的提案》，引起了北京市高级人民法院的重视。2010年，她提出的《关于减免残疾人个人所得税的提案》，得到了多地政协的关注，还专门找到王红了解相关情况。

现在的王红虽然调到了监察局工作，她说，今年在撰写提案的时候还是会向统计局要一些统计数据。有调研数据支撑让提案更有说服力已经成为王红的习惯。

把提案追踪到底

“能当上政协委员不容易，因此要格外珍惜政协委员这一身份。提案不能提出之后就像完成任务了一样，要一直追踪后续发展，当个合格的政协委员。”王红说。

在王红看来，提案可以分为三种情况：一是委员发现的问题确实存在、也能提出很好的建议给相关部门并获得采纳，从而促进问题的解决，这是所有委员希望通过履职能达到的效果；第二，由于委员们不可能了解委办局做的全部工作，导致委员们提出的问题是委办局已经完成的，这一点需要委办局在今后加强宣传；第三，委员提出的意见很好，但是确实不符合实际情况，或者由于客观条件限制不可能达到预想的结果。王红按照她自己划分的提案的三种情况，追踪自己提出的每个提案的答复和办理情况。

六里桥是王红每天上下班的必经之路，随着西南侧六里桥长途客运枢纽的建成使用和西北侧居民小区、商业设施的增多，其功能性缺陷所带来的环境及安全隐患的问题上升到需要迫切解决的程度。为此，王红提出了《关于解决六里桥立交桥西侧地下人行通道环境及安全问题的提案》。提案中提到了四条建议，分别交送四个部门办理。通过王红一次次不厌其烦地和委办局沟通。最终，重新整修地下通道、地面用方砖铺满、安装照明灯具的建议在相关部门的努力下得以落实。王红说：“一个微小建议的达成就会让我很有成就感，会觉得自己做的事情很有意义。”

提出的意见建议难以落实的，王红也会找到各相关部门，为他们搭建沟通的桥梁。有一次，她从知识产权局了解到，目前我国专利代理服务业税收较高的问题，经过深入调查研究提出了《关于给予我市专利代理服务业税收优惠政策支持的建议》，建议减少专利所得税。由于短期难以解决和实现，没有被采纳。但是，这件提案到此并没有结束。王红请来提案办理部门财政局、知识产权局以及相关企业进行座谈，促进彼此对疑问的解答并达成理解。

“通过写提案、追踪提案，我接触到很多委办局和从事各方面工作的委员和专家学者，不再单单从统计数据上考虑问题。写提案时，你可能只是发现一个点的问题，但是通过委员间的提案交流、相关部门的答复、提案办理整个过程追踪下来，你会系统、全面地了解到一个问题全貌乃至了解到一类问题。”

心目中的优秀提案

王红心目中有着自己的优秀提案标准：“从民生问题看，首先，就是前面提到的，必须是老百姓真正关注的热点问题；其次，提出的问题确实存在，像垃圾分类问题提倡了很多年，我每次在小区、到公园观察，发现在设施、流程和监管方面的问题仍存在缺失；最后，是政府没发现或者是还没有重视的前瞻性的问题。通过充分调研，提案提出的建议被相关部门采纳了，提出了政策或者进一步解决了，我认为这就是一件优秀提案。”

2012年“7·21”暴雨过后，有位委员问王红，你怎么知道北京今年会有灾？这位委员之所以这么问，是因为2012年年初，王红提出了一件《关于提高我市居民防灾减灾能力的提案》。王红说，不是我知道会发生“7·21”事件，而是在北京市社情民意调查中心对北京市1099位在京常住居民进行了“北京市居民防灾减灾意识调查”后，王红注意到老百姓对防灾减灾关注、重视不够，对有些发生灾难时应采取的措施不了解，平时媒体也缺少这方面的宣传，百姓的应急和反应能力都有欠缺。王红认为应当引起社会和政府部门的关注，让百姓能够做到科学地预防各种灾害，把灾害造成的危害控制到最小，由此才提出此提案。

通过王红的回答不难发现，她并不是比别人更神通广大，而是善于在日常的生活工作中发现具有预见性的问题。

2008年次贷危机爆发，回顾历史上1929年至1933年经济大萧条致使美国社会矛盾凸显，1997年亚洲经济危机导致失业人口增多。王红委员认为以史为鉴，次贷危机势必对中国经济有影响从而对社会产生影响，因此，她在2009年初提出了《关于建立社会发展监测评价指标体系的提案》。

“通过政协各专委会开展各种活动，我们更直接地了解北京的经济社会发展情况，最直接了解百姓的生活，为撰写提案提供了非常好的素材。委员之间的提案交流会碰撞出火花，针对同一个问题，大家相互补充、集思广益使提案反映出的问题更全面、提出的建议更具可操作性。”王红说：“在政协受益匪浅。”

提案是政协委员履行职责的重要手段，提案质量能体现委员的履职能力。提案突出贡献奖的获得无疑是对王红履职能力的充分肯定，王红说，希望自己能够继续创新、开拓，取得更大的进步。

王佳一　心念交通　服务社会

郭　隆

“您可以过马路，往东走一点坐126路，在北京站口东下。”

我跟王佳一委员在世贸天阶的一家书店里聊她的节目、媒体的责任和当下的交通文化。采访结束时，她建议我坐公交车返回，“这条线路很方便，尽量选择绿色出行啊”。

王佳一为人们所熟知，源于北京电台交通广播的《一路畅通》。大家喜欢她主持的节目，更喜欢她从头到尾制造的快乐与轻松气氛。从当初采、编、播合一主持《一路畅通》到研究广播发展，再到自组公司，从自驾车摸底早晚高峰的交通路况，到10余份提案建言北京交通发展，王佳一对“话匣子”有着昂扬的热情，对为听众提供信息服务情有独钟，对建言百姓的交通出行有着不曾褪色的执着与责任。

“要提供好的产品和服务”

《一路畅通》是一档集路况信息、新闻资讯、生活提示与沟通交流为一体的服务类节目，接手节目时，王佳一每天都在思索听众关心什么，想要听什么。“把自己当听众、当车主，体验一把不同路段车主的心态，就不难知道他们想听到什么了。”在王佳一看来，服务类的节目要贴近听众就要将心比心，深入实际。

2004年初，五环路停止收费。王佳一自己开车从北苑上五环看看路况，结果绕来绕去天黑了还没找到出口。那时候没有导航，无法辨知方向，车开进了村里，最后上了京承高速出京方向的第一个出口才掉头回京。她在节目里讲了自己的遭遇，跟听众们互动：“像我这样走错的人多吗？”大家给她的回复是：“每天都有几十个！”

“我的节目就是为每一个出行的人服务，必须把五环路的出入口、联络线搞清楚。”于是，王佳一绕着五环开了一圈，弄明白了整个五环每个出入口对应哪个桥区，怎么上去，怎么下来。王佳一回忆说，五环路修建之初是按照环城高速定位的，主要服务于过境大货车，不是每个桥都有出入口和掉头功能。现在为疏解城区车流五环全免费，设计上的“残缺”就显现出来了。回台后，她制作了一期《带你走五环》特别节目，这次亲身体验也成了她提案的第一手材料。

自己开车调查路况，把翔实的情况第一时间向听众发布。作为一个交通节目主持人，没有人要求王佳一这么做，但她认为，节目就是她为广大听众提供的产品和服务，这个产品和服务就应该是高质量的，“因为听众有需求，主持人就应该对你的节目、你的信息、你的服务负责任”，王佳一说，每个人每天都脱离不了交通和出行，而北京的机动车越来越多，交通建设和管理措施也陆续实行，老百姓对于日常生活服务类信息一是需求量大，二是要及时准确。“作为媒体人，我们的服务在专业化和高品质方面要加强。”

有段时间听众反映天通苑地段很堵，王佳一在节目中承诺第二天一早派记者实时连线，“主题研讨”天通苑为什么会成为“添堵苑”。不巧台里通知第二天早上她必须去开个会，时间不允许她节目结束后再去。但是答应了听众怎么办？她便让原来安排外出连线的记者坐到直播间主持，在前一天晚上“踩点儿”的前提下，王佳一自己一大早先在天通苑周边步行、坐普通公交车、快速公交车，再打车、后又乘地铁调查拥堵原因，发回实时报道。从早上7点半到9点连线结束后，再匆匆赶去开会。“答应了听众，就要言而有信。自己辛苦点没什么，要把听众放在心上，为大家提供好的服务。”

“这个节目实际上就是以交通为切入点，再跟大家一起体验这个社会，服务社会，也从中享受到快乐。”王佳一说，两个小时的节目，你用心去做，质量一定会不一样的。如果每个人都能尽心为别人提供更好的服务，那么大家都会感到温暖，也更愿意为社会为他人提供自己的优质服务，整个社会的运转就是良性的、积极的、向上的。

带回真实的声音和感动

广播是声音的艺术。

凭借着一贯的执着和创造力，王佳一的节目中总能传播出最真实的感动。

2008年北京残奥会期间，北京市盲人学校的孩子们要来节目中做客。怎样通过声音传递出真实的感染力，让听众们感受到特殊教育的艰辛？王佳一决定提前到学校采访，自己先获得最真切的感受。

空旷的大操场上，王佳一闭上眼睛与孩子们一起向前奔跑，耳边传来老师鼓励的声音："勇敢地一直向前，你能感受到阳光，不要怕。"孩子们跑得驾轻就熟，很快到达了终点线，但是生理和心理的不适让王佳一也就"勇敢"地跑了几小步，慢慢地变成往前走，最后只敢往前蹭，生怕撞到墙上，可睁开眼睛一看，操场的一半还没到呢。盲校孩子们来到电台直播间做节目的时候，王佳一把这段游戏中实时录下的老师的指导声、孩子们的奔跑声以及自己在闭着眼睛奔跑时的不安、胆怯的感受通过电波传递给听众，大家也跟着她感受到了盲童生活、学习、参与社会交通的不易，纷纷发来信息说今后出行路上再遇到盲人朋友一定会主动相让。"这种真实的体验与单凭感觉和想象去描述别人的生活是完全不一样的，现场真实的声音最具说服力。"王佳一说。

"你的审美和态度决定了你产品的质量。"谈到自己有很多的采访，王佳一说，广播是声音的艺术，音像资料越多就越好听，就越美，如果能把声音元素很巧妙地、艺术地呈现出来就很有美感。

采访来自不同国家的奥运会青年志愿者，王佳一到现场用汉语、英语与他们交流，请他们将自己的工作体会以及参加往届奥运会的不同经历告诉北京的听众。最美交警孟坤玉要来直播间直播，王佳一会提前一天去小孟执勤的路口采访，还会比约好的时间早到一小时，静静地坐在马路牙子上，远远地看着小孟指挥交通，悄悄地记录下他一分钟挥手多少下，一个岗下来要完成多少个动作，然后再与周围的群众聊聊……这样的采访工作并不是王佳一的"规定动作"，甚至一些人物事迹和报道在网上可以轻松搜索，但王佳一坚持亲自去现场，坚持把带有"王佳一标签"的声音带回来，坚持自己"我就在你身边"的声音认同和情感共鸣。"这也是对听众负责，更是对我自己负责。”王佳一说。

北京“7·21”暴雨，王佳一第一时间赶到现场，她亲历了丰台区王佐镇南岗洼村200多户居民为了抢救京港澳高速，自愿引水第二次倒灌入村，又被淹了一回；了解到了60多岁的村支书不顾自己生命危险，三天三夜坚守在现场，在抢险过程中突发心脏病，被与他并肩作战的村民买药相救。回想起当时的情景，王佳一说，只有你到了现场和村民聊过，你才能知道在那一刻，他们是在村干部的感召下，自觉自愿地让自己的家再次被淹，也才真正懂得在关键时刻，普通百姓也能在党的领导下，顾大局、识大体、不怕牺牲，小小的细节反映出的恰恰是民族大义。

“大众媒体作为党的喉舌，政府与百姓间的桥梁，一定要弘扬社会主流价值观。通过报道传递出正能量，让大家感受到社会是有爱的，是向前发展的。所以主持人不能闭门造车，必须要走出去，深入到社会和百姓生活中去，他说出来的话才能够被大众所接受。”王佳一说。

撰写提案为交通支招

自从戴上了委员证，王佳一便通过节目收集百姓的民生诉求，其中大多是关于交通出行的意见、建议，经过亲自体验、思考后，撰写并提交政协提案。多年来，她拿出了十多份关于北京交通问题的提案，说起当年第一次提案就解决了问题，那股兴奋劲和成就感还在脸上浮现。

“2008年第一次上政协会，我的一份提案是说宣武门附近有棵在路中间的古树被保护起来，但当时的‘保护’就是几块砖头砌了一下。这对于夜里行车的司机来说，就是灾难啊！不小心没看见，就直接撞在砖头上了。”王佳一建议在古树周围做一些交通防护措施，加上反光标志。提案上交后不久，古树周围果然加上了反光标志和隔离物。政府部门的反应速度和政协委员的影响力，让第一次当委员的王佳一感到喜出望外。

她的劲头就更大了。第二年政协全会上，王佳一根据听众的反映，提交了《关于调整车辆限行方法的提案》，建议将尾号限行时间从早6时开始推迟到早7时，取消对五环主路的限行。为了让这份提案更有分量，她专门趁大家吃饭的时候，请其他委员们签字附议。这份“饿着肚子”拿出的提案，附议率极高，并最终与其他委员的提案一起得到了采纳。

身为媒体人又是“交通人”，王佳一对生活中的交通问题特别敏感。去杭州讲课，她发现当地的社保卡还能乘公交、打出租、租自行车，刷卡还打八折，就琢磨着这法子对北京的交通有什么好处；去洛杉矶出差，她看见当地载客两人以上的车可以走“共享车道”，思绪立马跳回北京，把让班车、校车和出租车分享公交车道写进了这两年的提案。

“公交专用道的施划要连续、成网”，“建议运用经济手段调节小汽车拥有和使用，尽快研究推进中心区实施拥堵收费”，“价格是杠杆，如果早上7点以前的价格和7点到9点间的高峰价格是不一样的，就能刺激一部分人放弃高峰时段出行，减小交通压力”……王佳一的主意很多，总是想把其他城市、其他国家符合北京实际情况的交通管理经验借鉴过来，虽然这些让她自己兴奋的主意未必都能成为现实，不过，这一点儿也没打消她的积极性。

随着机动车数量越来越多，“路怒症”让驾驶员承受着不可名状的煎熬。王佳一认为，提高全体交通参与者的素质，共同营造一个良好的社会环境非常重要。

“我也经历过纽约、洛杉矶的早高峰，但是我心情为什么没有那么郁闷呢？一个是因为快速路上‘Tomorrow，I'll fly to work！’的大大的情绪疏导广告牌，更是因为每个人都依法而行，没有那种因为他人不文明的交通参与行为而产生太恶劣的情绪。您想，如果您正好排着队，突然有一个人野蛮地加塞儿到你前头，为了他自己方便侵占了你的路权，你会是什么心情？可我回头一想，唉，我也因为过于着急加过塞儿呀，人家没准也这么想呢。所以我们大家要达成共识，一般情况下，绝不犯‘自由主义、自私自利’的错误，特别关键的时候要给别人一个手势，用手势或汽车灯光语言沟通交流。”

“交通参与理应是一个在确保平安的基础上，平等、互利的快速到达目的地的过程”，王佳一说，交通文化有它自然形成的因素，同时也有主动引导的因素，一方面交通参与者个人增加责任意识，另一方面，相关部门或机构也要适时作出专业引导和推广。良好的交通环境是大家互相影响、共同营造的。

刘桓　学而优则教　教而优则进

徐　飞

20世纪70年代初的北京，忙着“闹革命”，大人无空理会小孩，加上学校停课无事可做，以军队大院男孩为突出代表的少年人便自找乐子，靠起哄、打架、闹事等方式挥霍过量的荷尔蒙，这是《阳光灿烂的日子》讲述的故事。“作者王朔把那个时候的北京描绘得活灵活现。”北京市政协委员、中央财经大学税务学院教授刘桓回忆，自己当初的生活也曾像电影里展现的那么无聊、寂寞、空虚。

苦难的经历就是财富

父亲是机关干部，母亲是医生，正是因为旧知识分子家庭出身，加上自己性格倔强与当时的社会风气格格不入，刘桓失去了继续上学的机会。用他的话说：“我不能改造社会，也不能让乌七八糟的社会改造了我。”

1971年底，他开始了第一份商店售货员的工作，卖过服装、鞋帽、化妆品。曾经在学校叱咤风云的佼佼者一下沦落到底层的环境不免使他绝望、空虚。刘桓的父母当时去了五七干校，只有他一个人在北京生活。“后来慢慢麻木了，在枯燥的工作中也能找到乐趣，乐趣就是我工作得比别人好。”进来一位顾客穿多大鞋、裤腰应该是多少、穿衬衫多大的领子，他练就得一眼就看出来。其间还曾被评为“北京市商业标兵”。他笑着说：“直到现在我觉得自己做商业还是有点儿天赋的，如果不是考学走了，估计现在也能做出个名头。”在商店一下子待了近五年，刘桓知道了底层社会百姓的生活，他感慨现在对北京市井生活、对百姓疾苦的了解很多是得益于那个时候的感受。“现在看来只要苦难能够过去，那么苦难的经历就是财富。”现在他正准备写一个小回顾，名字就叫《离开商店的日子》。“商店的日子还有很多值得回忆的东西，通过这本书可以看到我们售货员当时的心态，北京老的商业面貌，整个北京商业的变迁，随着当初一起工作的人现在一批批去世，觉得写这个回顾很有必要也很有意义。”1976年，情况得到了改善，刘桓被选调到朝阳区服装公司，在工会当干事，当时叫“以工代干”，做过文艺宣传、图书管理，也组织工人学习理论。“这段时间工作性质转变了，每天都接触一些新的人新的事情，做自己有兴趣的事情，这段经历还是很丰富多彩的。”

生命的变数总是在最不起眼的时刻悄悄降临。1977年恢复高考使千万人的命运一夜改变。刘桓却没有意识到他也将成为这其中的一员。当时只是初中毕业的他认为大学似乎很遥远，在父亲的鼓励下他参加了次年的考试，并顺利地考上了现在的中央财经大学。“读书这几年是我一生当中对我影响最大的事情，第一天跨进校门的时候恍如隔世，离开学校七年又重新踏进教室，这种感觉是用语言无法形容的。”他还清晰地记得当时全校只有两间教室，其余都是木板房，第一学期没有宿舍大家都是走读，晚上九十点钟下课回家。但越是这样越激起了刘桓读书的热情。他回忆，当时读大学像现在读博士，学生谈论的都是国家大事和书本上更深刻的知识，视天下为己任。“回想这段时间就一句话：知识改变命运。”当时财经类的院校还不是很热门，“学好数理化，走遍天下都不怕”还是普遍真理。但是他说自己赶上了好时期，“十一届三中全会以后实行以经济建设为中心，我们财经类院校开始吃香了，所以说机遇对一个人也很重要”。

当老师是一门艺术

“当老师和当演员一样是一门艺术。”在刘桓看来当老师有三关要过，第一要过学生关，当着学生讲课不发怵，敢开口说话；第二是讲课艺术关，光自己知道不行得给学生讲明白，形成自己的风格；第三个是科研关，要数量要质量，归根结底还是要思想。回想当时上一堂课需要两到三天备课，每堂课下来哪儿讲得好为什么好，哪儿讲得不好，哪些板书是不必要的，什么样的表情语气不对头，他都要进行反思，这样的情况持续了几年。“老师不是一个熟练工种，而是一个创新工种，创意来自于灵感，灵感来自于积累。”1990年第一届青年教师基本功观摩大赛唯一的一等奖、“七五”期间财政部的优秀教师，无疑是对他本职工作的肯定。

“老师，您不仅属于我们财政系，您属于我们中财八十年代学生”，刘恒在学生中的良好口碑和高度评价无疑是作为老师的骄傲。得到这样的评价还要从他上世纪八十年代开设的“第二课堂”说起。刘桓说：“当时没有网络，图书馆也不太发达，学生对知识的渴望比在课堂上要多，学生对学术有要求。”他的“第二课堂”讲授的是专业以外的知识，讲西方经济学流派、讲东欧改革经验得失，讲了几十堂。当时有人不理解当老师的不干正事和学生混什么，刘桓认为教师的天职就是教育学生，“学生是我们的产品，产品不好别的都是瞎说”。看到八十年代的学生和当初的自己一样求知若渴，“虽然自己当时也有很多不懂，但希望把所学倾囊相授”。很多学生记住他不是因为他教授专业课，反而是因为他讲这些学生真正感兴趣的东西。

虽然在经济学方面卓有建树，但他却说“我真正的兴趣在历史而不是经济”。小的时候就读过《中国通史》《欧洲文明史》《巴黎公社史》《马克思传记》等。在他看来以史为镜使人知兴衰，能从历史得失中总结出一些经验，现在读书、学术之所以浅薄是缺乏史的根基。除了历史，弹手风琴、滑冰、游泳、打乒乓球也是他的爱好。他笑着又颇显无奈地说：“那时候比现在活得快乐。现在事情很多顾不上了，过去做的是一些高雅的事情，现在很俗了。围着钱转，教人怎么挣钱，教人怎么省钱。”

学而优则进

“当大学老师到一定程度以后，要把知识奉献给社会。”除了是一名大学老师，他还是一名政协委员，是最年轻的国务院参事。

在北京市政协，他是经济委员会副主任、财政预算民主监督小组组长。每年他要写两次财政预算监督报告。“写报告是我的责任，写熟了会有套路但每年又都有创新点。”每次写之前小组成员都要去财政局走访，调查了解今年的相关情况，对于财政预算监督小组发现的问题与之坦诚交换意见。刘桓说：“报告只有不夸大、不遮掩、讲政治，才能起到政府参谋的作用。”

在他看来，财政预算民主监督小组起着上传下达的作用。委员们可以充分表达这一年来对政府工作财政税务的综合评价，政协也通过这种方式了解政府在这些专业方面工作做得如何。“用我们的经验、专业知识提醒政府哪些方面需要改进，同时让政府知道百姓的呼声。”所谓下达就是让百姓知道财政预算在我们社会生活中的重要性，引起百姓对问题的高度重视。民众参与财政预算监督很大程度上是看政府开支是否得当，政府拿这些税做了什么，政府这个钱花得是否合理。刘桓说：“这项工作有挑战性，表面看起来每年工作差不多，但每年又都有具体的问题，值得研究的东西还有很多。”此外，他还尽自己所能找本校专家向委员们普及财政预算、税收方面的知识，“我在政协的这几年，希望我们小组的委员们在这方面不敢说是专家，但至少是内行，一听就知道是怎么回事儿”。对于每年的提案，他说“讲自己熟悉的东西，基本每年就做一个提案，但一定是最专业的”。

作为目前最年轻的国务院参事，从总理手中接过聘书的那一刻，刘恒切身体会到了这份工作的神圣感和社会责任感。“没把握的绝对不说，说的话一定要经过调研，对于这项工作我还在不断地学习中。”

如何处理好大学老师、政协委员、国务院参事三种身份之间的关系？在他看来，处理得好相互促进，处理不好什么也做不好。当国务院参事参与国家最高决策的过程，对教学有促进，对开展政协工作有眼光。做老师和北京市政协委员，有一定的基层历练，使自己当国务院参事说话不空，三者之间相互融通。“一个人不在于什么都说，而在于在关键的时候说出有用的话，起到关键作用。”

问及最看重的是哪个角色？他坦言还是老师的这个本职岗位：“是它给了我说话的底气，给了我研究的阵地。学而优则仕，我这叫学而优则进，学不优的话进不去。”他明白无论是政协委员还是国务院参事，他最擅长的还是在专业方面提出见解。“我会一如既往地把本职工作做好。”

杨静茂 “在自己的小环境中做到尽善尽美”

徐 飞

见到北京市政协委员、国家大剧院副院长杨静茂时，他刚刚参加完北京市政协文史和学习委员会的“北京城中轴线历史文化遗产保护”专题调研研讨会。他给人的印象正如他对自己的评价，是一个不张扬、喜欢安静的人，愿意享受思考的快乐，常态的样子就是若有所思状。杨静茂坐在大剧院的咖啡厅中安静而温和，一个问题抛给他，他会低下头静静地思考理清思绪后再娓娓道来，其间时不时地与过往的演员、工作人员热情地打招呼，十分亲切。

“文化大革命”时期组建宣传队，老师亲点杨静茂学习乐器，因这位伯乐他便开始了他的音乐旅程，并与之一直相伴。“音乐贯穿了我的生活，一直在音乐的圈子里变化，却没跳出这个圈儿。”

回忆自己的音乐旅途，杨静茂说最大特点，就是每个学习阶段结束后都工作，学习——工作——再学习——再工作。“实践使学习更具有针对性，自己学习还是很认真的。”他笑着说：“前一段时间还冒出念头，工作了这么长时间又该去充充电了。”

留学德国

杨静茂在中国音乐学院攻读作曲系研究生期间曾师从著名的音乐大家黎英海先生，“黎先生对音乐的理解、对音乐教育的理解将影响我一生”。1988年杨静茂获得了文化部公派去德国学习的机会，一去就是11年。当时他的孩子只有两个月大，有人问他花这么长时间去拿个博士文凭值吗？在他看来上学和工作没什么太大区别，都是研究他关心、热爱的对象——音乐。

德国是哲学的天堂，有著名的哲学家康德、卡尔·马克思、弗里德里希·威廉·尼采、黑格尔、叔本华、莱布尼茨等。一直对哲学感兴趣的杨静茂在德国就读于科隆大学哲学院的音乐科学研究所，学习哲学、音乐学、汉学三个专业。“哲学在德国以理性为依归。与别的国家相比走向了一条逻辑、自律、严谨的思考之路。对我以后进一步研习音乐乃至工作、生活都大有裨益。”

在采访过程中，杨静茂提到最多的两个词就是：严谨、逻辑。这也许是在德国学习工作11年，无形中渗入脑髓中最根深蒂固的意识。无论是学术、教育还是工作中，杨静茂都将这两个词语运用其中。他留学德国的博士论文《论格里格的音乐风格与音乐思维》在国际格里格研究领域产生重大影响。

当时已经三十几岁的他结合自己多年的音乐经历和音乐知识积累，把精力都注入到这篇博士论文当中。两年间，他阅览了两三百本书才基本确定论文方向。1995年开始准备毕业论文，1998年才最终完成。他笑称，1996年这一年是非常重要的，这一年他把腿摔断了，当时躺在床上不能动，左脚整个都受伤，右膝盖手术后用角铁、钉子铆上后一躺就是六个月。“就是这六个月让论文速度进展得特别快，精力比较集中，把论文最开始的八九十页写完。不然坐在图书馆里诱惑太多，拿起一本书就不知道看到什么方向去了。”结稿后，杨静茂印了很多份分给同学让他们帮忙挑文字、注释以及逻辑上面的错误。“一个东西出版之后，翻看发现有错误的地方是让人非常难以忍受的，很幸运在我身上没有出现这种问题。”

对自己要求严格，对待自己的学生也是如此。身为中国音乐学院的博士生导师，他一直秉承着学术严谨的理念，对学生认真负责的态度，结合自身研究方向，选择了更具知识性的音乐史专业。他要求学生一个课题一旦做了就要立得住，经得起推敲。写文章合乎逻辑，明确观点，言之有理，言之有据，这是杨静茂与学生沟通过程中反复强调的事情。“要把学生引到严谨、逻辑这条道路上来，要花一两年的时间，在这一过程中很多东西要学生自己去领悟。”

正所谓名师出高徒，做他的学生无疑是幸运的。

热衷工作

“社会是由许多小环境组成的，我能做到的就是在自己的小环境中尽善尽美一些。”这是他对待工作的态度，无论是从事教育工作还是国家大剧院的工作都是如此。在国家大剧院开幕运营之前他来到大剧院工作，一说及此，杨静茂滔滔不绝起来，可以看出他对音乐的热爱，对大剧院工作的热爱。

在杨静茂看来，半个世纪的时间里，中国一直需要一座国际化的剧场来表达在文化和艺术上的软实力。他在德国留学期间去过许多欧洲的著名剧院、剧场，深知文化艺术背后所蕴藏的巨大意义。因此通过国际交流扩大国家大剧院的影响力以及美誉度就显得尤为重要。过去世界级的艺术大师会认为中国没有好的剧院，中国买不起好的节目，对来华演出望而却步，现在情况已大不相同。

杨静茂负责的正是国家大剧院国际交流方面的工作，他要求自己视野一定要开阔，立场要相对中立、客观。“西方国家对艺术的崇尚是有传统的，国家大剧院用世界共通的艺术语言传播中国文化，使之成为外国了解中国、了解中国文化艺术发展的一个平台。”

谈及人与人的交流，杨静茂有着自己的认知：“人与人沟通，最重要的是诚信。我会比较坦诚，先让对方了解我，认为我是一个值得崇敬的、可以信赖的人。”如今各国顶级艺术家在国家大剧院争先亮相，与国家大剧院这颗“水上明珠”相得益彰，无疑代表着对大剧院的高度认可。他笑称：“现在看来这种沟通方式效果还是不错的。”

国家大剧院作为提供公共文化服务的场所，每年邀请众多国内外优秀的艺术团体奉献1000余场高品质的演出，把观众的胃口吊了起来。为了让更多人走进大剧院、了解大剧院、享受大剧院，国家大剧院一直努力把演出票价控制在较低的水平。“但美的东西总是昂贵的，有些演出项目产生的庞大经费，仅凭有限的票房收入显然难以实现收支平衡，这就需要企业的赞助与支持。”与企业的沟通合作也是杨静茂工作的一部分，“我欣赏企业家有社会责任，当然一个企业社会责任最本质的事就是做好他自己的产品。与此同时，鼓励更多的企业家支持文化艺术的发展”。

目前，国家大剧院已先后与多家国内外著名企业建立了合作关系，共同开展涉及主题艺术节、艺术普及等方面的文化艺术活动。杨静茂称：“永远不要低估了艺术的力量，与大剧院的合作让更多的人有机会参与到优质的艺术和文化生活中来，对于彼此都是智慧的选择。国家大剧院已成为社会各界提升企业品牌价值、塑造良好社会形象的广阔平台。”

在政协，杨静茂可算得上是少有的“多栖”委员，教文卫体委员会、文史和学习委员会、港澳台侨委员会的活动只要他有时间都会参加。积累的东西都会派上用场，杨静茂把自己从事国际交流工作的体会运用到了政协工作当中。“我本人崇尚人与人之间的沟通，无论是政协工作还是统战工作都需要沟通与交流。政协应当让更多的外国友人了解自己，了解自己的性质、职能等，了解自己在历史进程中所发挥的作用。”

奥地利著名指挥家赫伯特·冯·卡拉扬曾这样说道：“任何能够与音乐相伴终身的人都已经得到了上帝所能给予的最大恩赐。生命只存在于使艺术成为可能或者创造艺术的过程中……”杨静茂无疑是上帝的宠儿，他一直在学习音乐、研究音乐，通过音乐传播中国文化，让世界了解中国。杨静茂的音乐之路还在继续。

张俊廷　生命禁区里的追求

刘墨非

张俊廷，北京市政协委员、北京天坛医院神经外科中心主任、主任医师、博士研究生导师。对张俊廷的采访略显仓促，原因是他实在太忙：采访的前一天，他还在外地进行学术交流，之后又有新的活动，采访当天竟然是那几天里他唯一在京的日子。不光是这一天，基本上张俊廷的时间安排永远是最紧密的。早上6点多开车出家门，7点到医院和同事们一起开始早间的学术交流、主任碰头会和查房。如果这一天有门诊，张俊廷通常会在查房后赶到诊室，一坐就是大半天。到中午11点半，门诊的病人看完后就是张俊廷的手术时间了。手术一做起来，时间往往过得飞快，用张俊廷自己的话说，那就不知道到什么时候了。但是张俊廷的同事们总结说，张主任的一天常常是到晚上八九点才算结束。要是碰到疑难病症，手术持续十几个小时也是常事。完成了这一切后，张俊廷才会拖着一身疲惫开车回家。一天下来，吃饭喝水竟然都是穿插在问诊和手术间歇进行的。

很多人尊称张俊廷为“亚洲第一刀”，赞他宛如技艺娴熟的舞者，而他的舞台就是安静有序的手术室，是一度被认为手术禁区的脑干。事实上，张俊廷的精湛技艺并非灵感所至，而是在他超人天赋的基础上长年累月专注于临床工作的结果。

1977年，张俊廷从学校毕业后开始随同我国神经外科泰斗王忠诚院士工作。在他近40年的从医生涯中，有幸见证了我国神经外科事业由小到大、由弱到强的发展历程。回忆自己初接触神经外科时的困惑之情，张俊廷说：“那时看到外伤性植物人比较多，总觉得神经损伤看不见，摸不着，心里暗暗产生了对神经外科工作的抵触心理。而当时王院士却是充满了对神经外科事业的执着，他无论手术做到多晚，都要查看完病人才回家，对病情较重的病人他经常是很早赶来看望。这一切深深地感染了我，于是我开始拼命地钻研神经外科手术技术，并逐渐领会了老师倡导的爱伤精神。”

当时神经外科的医疗条件和设备还很差，为了打牢基本功，张俊廷总是想尽办法克服困难。研究脊椎和脊髓的解剖时，没有尸体标本，他就到市场上买羊，在羊身上反复试验。训练深部显微操作时，找不到解剖标本，他就把易拉罐的盖子去掉，把手腕架在易拉罐口，把器械伸进易拉罐里，练习打结、缝合等显微操作。

脑干一直被认为是神经外科的手术“禁区”，如果说大脑是人体的中枢，脑干则是中枢的中枢，手术中任何微小的失误，轻则造成患者高位截瘫，重则导致患者失去生命。因此脑干手术被认为是世界神经外科领域最棘手的难题。20世纪80年代末期，我国神经外科医疗水平还无法开展这方面的手术，看着一个个脑干肿瘤的病人痛苦地离去，作为一名医生却无能为力，张俊廷的心情非常沉重。当时，王忠诚院士决定克服一切困难攻克脑干肿瘤手术，张俊廷有幸成为了王院士的第一助手，跟随他上每一台手术，一干就是十年。经过一次次漫长的手术，挽救了一个个原来在医学上被宣判为“死刑”的病人。“看着病人家属从愁容满面到喜出望外，我终于找到了作为一名医生的价值，进而发自内心地热爱在生命的禁区自由驰骋的感觉。”

“经常有人问我，你在神经外科干了这么多年，哪个病人给你留下的印象最深？其实对于一个医生来说，病人和病人都是一样的，有的只是病情的不同。”正是这种对所有病人一视同仁、精益求精，一切为病人着想的态度，让张俊廷成为了病人们最信赖的医生。

一位云南的小伙子患有脑干旁巨大血管网织细胞瘤，他的爷爷、父亲、伯伯、叔叔因为此病相继去世。肿瘤的压迫，使这个风华正茂的小伙子双耳失聪，无法讲话，目光呆滞，呼吸吞咽都很困难，一碗被调成糊糊的粥，要喝上一个多小时。因为极度营养不良，身高1米72的小伙子瘦得只剩下48公斤，还伴有严重的肺部感染和高热。在经历了两次手术失败后，母亲带着他从云南来到北京天坛医院。核磁片子显示，小伙子的肿瘤直径已经达到了6.5厘米，相当于一个小拳头大小，而且长在后脑深处的颅底部，紧贴着脑干和小脑之间，因为长时间的挤压，脑干只有原来的五分之一，手术的风险极大！可是，病人的母亲已经相继失去了多位亲人，如果唯一的儿子再离她而去，这对她将是致命的打击。

考虑到家属焦虑的心情，张俊廷决定冒险给孩子做手术。病人最终被推进了手术室，暴露在手术视野中的血管网织细胞瘤，像一块充满血水的海绵，手术刀稍稍偏一点儿，就会造成大出血。更麻烦的是，他曾经在当地做过两次手术，颅内的正常结构被破坏，严重的粘连和疤痕把肿瘤和脑干粘连在一起。这次手术非常的艰难，经过13个小时后，患者脑中的巨大肿瘤被完整地切了下来。手术后，当孩子能开口说话的时候，对着守候在身边的母亲叫了一声“妈妈”，这是他三年来第一次叫“妈妈”，母亲激动得放声大哭。

美籍华人周先生患罕见巨大颅底脑瘤，已经在美国花费了20万美元做过开颅手术。但由于脑瘤巨大，术中出血严重，肿瘤无法摘除。美国医生给他下了“死亡判决”，而且对他说，像他这种超高难度的手术，世界上没有任何医生可以做成功。周先生最后回到国内，来到了天坛医院，当时他的双眼已经完全失明。周先生的病例确属罕见，手术的难度也极大。经过11个小时的艰难手术，张俊廷和同事们终于成功摘除了周先生脑部的肿瘤。一个星期后，病人不仅能自己坐起来，还能下地走路，失明了4个月的视力也开始恢复。几个月后，当周先生精神抖擞地出现在那位给他下“死亡判决”的美国医生面前时，医生大吃一惊，不敢相信这样高难度的手术竟是中国医生完成的。

张俊廷所在的神经外科病区的年轻护士刘雷回忆说，曾有一位来自西藏的重症患者，考虑到高原病人和平原病人术后耐受值不一样，为确保手术质量，张俊廷事先请了全院会诊，并多次上网、反复查阅相关资料，结合患者的具体情况，制定切实可行的手术方案。鉴于病人的特殊情况，他还耐心听取病人和家属的意见，从手术风险到民族大义等各个角度，替患者和家属进行方方面面利弊的分析。“一位有无数手术等待他去亲自操作的‘大师’，百忙之中能够如此细致地为患者考虑、分析，着实令我们感动。”

让人意外的是，这名藏族患者在术前检查过程中突然发生呼吸心跳骤停，经过及时抢救患者保住了生命，但需要气管插管机械通气才能够维持生命，手术切除脑瘤的可能性又少了几分，家属急得彻夜难眠。通过和家属充分沟通，了解到患者家属一定要手术的坚定信念，况且一个40多岁上有老下有小的壮年病人不做手术就只有一死了，实在可惜，张俊廷毅然操刀上台。艺高人胆大，更堪称技艺超群，经过十几个小时的手术，干净漂亮地切除了肿瘤，一段时间的功能锻炼后，患者逐渐脱离呼吸机，甚至可以下床在家属的搀扶下走路了。现在这位病人已经回到雪域高原，经过一段时间的锻炼，生活基本可以自理，相信在他们的心目中张俊廷主任无异于保佑他一家的神灵，因为是张主任给了他第二次生命。

多年来，张俊廷的诊室内外总是围满了病人，而他也一如既往认真细心耐心地为每一个病人服务。同科室的大夫至今还记得，在刚开展脑干病变手术时，术后无论多晚，张俊廷都要回病房看望患者。有一次当他走进开足空调的隔离室，看到患者身上仅盖有薄薄的床单时，另找出一条被单给患者盖上，然后说到，我都感觉有点冷，病人难道就不冷吗？累了一天，学生拿着文章向他请教，他耐心讲解；正在吃饭，病人家属请他看病人，他会立即放下饭碗。同事们常常埋怨家属不懂事，可他说“我一天都在手术室，他们找到我不容易”。张俊廷常以恩师王忠诚院士的话来勉励自己和同事：“病人都是我们的老师，要知道，一个病人愿意在全身麻醉失去知觉的状态下，让医生在他的头颅上动刀，这是对医生寄予的信任！病人对医生的高度信任，理应赢得医生以亲人的态度对待病人。”

这么多年来，张俊廷已经习惯了这样的生活：每天清晨早早来到病房，查房、问诊、手术，从没有在晚上8点以前离开过医院，直到天黑才能踏上归途。最近几年，随着病人不断增多，他的工作量越来越大，每年的手术量都在500台以上，一直是医院神经外科中心的榜首，而全中心全年的手术量是8000多例。除了繁忙的临床工作，作为天坛医院神经外科中心主任，张俊廷还负责着中心的日常行政工作，管理着全中心100多位医生和近200名护士以及数百张病床的日常运作。

2007年，张俊廷被选为第十一届北京市政协委员，至今已连任两届。对他而言，参政议政又成为一项新课题。“我们一天到晚都待在医院里，面对的是病人，接触社会比较少，成为政协委员，给了我一个新的交流平台。”张俊廷因此视政协委员为自己的新责任，在日常生活中格外注重倾听百姓的呼声。几年来，张俊廷递交的提案内容涉及流动人口管理、公交一卡通使用、积雪清扫等诸多内容。

在他看来，这样全心全意地对待病人、投入社会工作并没有什么伟大，这些都是医生和一名政协委员的本职工作，但在他人眼中，这一切折射出的是一位神经外科手术大师身上“病人至上、全心全意的服务精神”和“医者，仁心”的一份大爱之情。

柴强　真学者的自信

张　涛

在见到柴强之前，我查阅了很多关于他的资料。他名气不小，但网络上却鲜有报道，我一直猜度着他应该是一个非常严肃且不好打交道的人。然而在相见之后，我的这种想法却大大改变了。的确，在工作上，他是一个严肃而又严谨的人，但在交流中，他却非常和蔼。虽然他并不幽默，但却可以轻易地从眼神中感受到他的真诚。

学者中的劳模

柴强是北京市政协委员，现任中国房地产估价师与房地产经纪人学会副会长兼秘书长。因为是专职副会长兼秘书长的缘故，该会大大小小的日常事务和运转也就理所当然地成了他责无旁贷的本职工作。

中国房地产估价师与房地产经纪人学会是一个全国性的行业组织。该会主要承担着两项职能：一项是房地产估价师和房地产经纪人两个国家职业资格的考试、继续教育等工作，另一项是起草和制定行业执业规则、标准，发挥行业自律管理的职能。

房地产估价师，顾名思义，就是评估房子、土地值多少钱的职业，虽然它的知名度尚不及律师、注册会计师那样令人耳熟能详，但这个行业所涉及的领域却十分广泛。既有向银行借贷时用房地产作抵押的估价，又有夫妻离异时对房子分割的估价，既有百姓最为关心的征地拆迁补偿、二手房买卖纳税和未来的房地产税估价问题，也有时下反腐对行贿受贿房地产的估价问题。如此之多的服务领域，如此五花八门的估价问题，使得原本看似简单的一个职业和行业变得复杂起来，而对于需要为这个职业、行业提供服务、考试及继续教育的柴强和他所在的单位而言，工作则无疑是十分繁重的。

“房地产具有独一无二性，每套房子、每块土地的价格都不一样，这就为房地产估价师提供了极大的用武之地。相应地，由于其涉及领域较多，还会衍生出许多房地产咨询服务等工作。另外，对于未来房地产税的征收问题，我们也承担了很多国家有关部门的课题研究工作，如果房地产税开征，那么对于房地产估价师的需求必将大增，相应地我们的工作量也必将大增。”柴强这样说。

除去房地产估价师的职业资格考试外，该会还承担着房地产经纪人的考试工作。那些大街小巷随处可见的从事房地产经纪活动的人员，凡是符合报考条件、有意愿进一步提高专业技能的，都可以选择来这里考试。这一职业资格考试同房地产估价师的考试一样，都是每年柴强工作中的重头戏。加上行业外部的交流，行业内的研讨会，柴强的活动表总是排得满满的。

“由于我一直以来都是从事房地产研究工作的，所以还会经常为政府提供一些服务，提一些意见建议，比如在北京市政协的提案、中央统战部的建言献策，为住房城乡建设部提供房地产市场形势分析等，这些也都是我日常工作的一部分。”柴强补充说。

从事房地产研究这些年来，柴强一直兢兢业业、任劳任怨。为此他也获得了很多荣誉，既有国务院特殊津贴这样对他专业能力的肯定，也有中央国家机关五一劳动奖章和全国先进工作者这样对他工作态度的认可。而在柴强看来，这些不仅仅是荣誉，更是对他的鼓励与鞭策，他表示只有今后更加努力和认真地工作，才能不辜负大家对他的认可与肯定。

房地产这些年

过去十多年来，中国的房地产市场在中国经济高速增长过程中屡次冲顶，政府不时调控，房价却屡创新高。在此过程中，柴强也一直在潜心总结房地产市场发展变化的规律，经过多年的分析和总结，柴强认为：制度政策的转变固然是促成房地产市场形成并发展的原因，然而却不是造成后来如此火爆场面的根源，他觉得有三大基本因素导致了过去一个时期房地产市场的快速发展，并将继续对之后的市场产生深远影响。

首先，改革开放之初城镇人均居住面积只有3.6平方米，折合成建筑面积只有7.6平方米，因此房地产市场是处于绝对短缺的状态，而如今城镇人均住房建筑居住面积已经达到35平方米，这无疑为房地产市场的快速发展释放出巨大的空间。

其次，城镇化的逐步推进吸引了大量农村人口进入城镇，在促进城市经济发展的同时，也为城市带来了大量的住房需求。

最后，过去房屋的使用寿命、居住环境、配套设施等方面都比较差。有些房屋的寿命甚至只有30来年，亟须进行更新淘汰，这些更新升级无疑进一步提升了房地产市场的需求。

2014年以来，我国房地产市场出现调整，房地产销售面积和销售额同比大幅下滑，很多地方政府也从2014年下半年开始纷纷取消限购，不断放松调控，甚至出台刺激政策措施。此时，柴强也敏锐地感觉到，影响房地产的三大基本因素正悄然发生着实质性变化，房地产市场新的时代即将到来。

“人均住房面积快要接近‘旧的不去新的不来’的平衡面积，城镇化速度也在逐步减缓，房屋新的更新高潮还远未到来。因此，我觉得房地产市场的新常态已开始到来了，如房价由单边快速上涨转向上下波动中上升趋势，由卖方市场为主转向买方市场为主，由新房市场为主转向二手房市场为主，房地产开发投资增速稳中下降趋势等。但我认为，这并不是房地产市场衰落的标志，而恰恰证明了房地产行业已经发展到了一个新的阶段，是房地产逐步走向成熟的标志。”柴强信心满满地说。

新常态下的思维转变

近些年来，新常态这个词逐渐为人所熟知。新常态下的中国经济，也逐渐呈现出了许多不同以往的新特征。人口红利消失，劳动力成本上升，城镇化速度减慢，人口老龄化加剧，面对种种变化，悲观者满心担忧：增长速度下来了，是不是意味着滑坡和退步？潜藏的风险会不会爆发，能应对得了吗？

不同于很多悲观主义者的看法，对于新常态，柴强始终信心十足，他觉得新常态的出现是好事而不是坏事。虽然新常态的外在表现是经济增长速度由高速转向中高速，但实质却是经济社会发展上升到一个新的更高阶段的必然过程。在这个过程中，无疑需要转型升级，需要提质增效，需要从粗放到精细。

“我女儿当年去日本旅游回来后告诉我，日本的大街上没有垃圾箱，人们都是自己将垃圾带回家或带回酒店分类投放。这些看似很小的细节，却可以节省大量的社会资源。我们随手扔掉垃圾容易，但是要将垃圾收集起来却要耗费极大的劳动，因此我觉得做任何事情都应有精益求精的精神，在新常态下最重要的就是人的现代化，只有人的行为方式发生了转变，才能逐步向更高层次发展，否则只能是低水平的重复建设而已。”柴强举例说。

在制度革新方面，柴强认为也应该重视细节的改革和创新。如目前的住房抵押贷款政策，抵押贷款理应随同住房买卖一起转让，而现在却要先解押后才能办理产权过户，如果在细节上稍加调整，就可以既节省了百姓的“过桥费”，也可以达到提高市场效率的目的。

“我所说的虽然都是很细小的事情，但是累加起来就是很大的问题。我常想在新常态下如果在许多细小的方面我们仍不能有很大的改进，许多工作仍然停留在‘高大上’层面上，那么新常态下的中国经济倒真是可以悲观了。”柴强不无忧心地说。

其实，如果从年轻人的角度观察柴强，他似乎应该算是一个很乏味的人。他说起专业和工作来，可以激昂慷慨、滔滔不绝，但当说到自己，则忽然变得缄口束手，无所表示。他除了读书，没有什么其他兴趣爱好，也没有什么奇幻的经历，他讲的故事也很难说有什么引人入胜之处。但是当你真的走近他，就会不由得被他的那种学者型文人的气质所吸引，你会看到，他的专业和他的学识其实只是他思考人生的一种方式。在他的言谈举止中，处处透露出一种文化的气息，宠万端于胸中，幻化出千种思绪，并以经世济民的形式外化展现在人们的面前。

柴强是那种绝对地服从真理，猛烈地牺牲成见的学者，为此，他被多次邀请参加政府主持召开的专家学者座谈会，有关分析得到了肯定，在业内也赢得了人们的尊敬。由于柴强朴实无华的个性，很难要求他亲口说些什么赞扬自己的话，但我想想只有爱因斯坦的一句话可以形容他吧：“对一个人来说，所期望的不是别的，而仅仅是他能全力以赴和献身于一种美好的事业。”

北京　我成长的摇篮

鲁哈达

蓝色的蒙古高原，这是养育了一代天骄成吉思汗的沃土。“天苍苍，野茫茫，风吹草低见牛羊”，尽显其苍凉之壮美；“蓝蓝的天上白云飘，白云下面马儿跑”，又为其增添流动之恬美。我的青少年时期就是在这片刚柔并济、广袤无垠的草原上度过的。

马背，是我人生的起点，
马背，是我智慧的源泉，
马背，给了我草原的胸怀，
马背，给了我牧人的勇敢，
马背，给了我劳动的欢欣，
马背，给了我青春的信念。

幼年时期马背上的竞逐，赋予了我成年时期律师事业蓬勃向上的激情，促使我从大草原的单一的文化背景，迅速地融入到首都与世界的多元文化背景之中。

圣祖的豪迈，蒙古文化精深的底蕴，给了我无限的智慧和创业的激情，成为我生命的原动力，使我逐步成长为永不疲倦的、充满激情的、富于创新的、具有社会责任感的当代中国律师中的佼佼者。

我是民族政策的受益人

无论在我的学生时代，还是在我步入社会之后，每时每刻都能感受到来自党政领导对我们少数民族青年的关爱、支持和培养。在高考加分、计划生育、干部选拔等方面，都体现着党和国家对少数民族学生和群众的特殊政策，这样的事情在世界上其他的国家都是罕见的。我十分热爱自己的民族，有深厚的民族感情，但是没有丝毫的民族情绪。我在二十几年的律师职业生涯中，做了大量有益于民族团结的事情，特别是把自己创办的律师事务所打造成了民族团结的大家庭。因此，中共北京市委和北京市人民政府给了我首都民族团结的最高荣誉，即“首都民族团结进步先进个人”的光荣称号。我认为，这是党和国家对我们少数民族律师最大的关怀、最好的鼓舞和极大的信任。

我是国家教育制度的最大受益人

我先后就读于内蒙古财经学院、北京大学和吉林大学，获经济学学士学位、法学硕士学位和法学博士学位。记得1981年考大学的时候，我是用蒙古语答的高考卷，当时的“外语卷”是汉语。刚刚考入大学的时候，我们来自牧区的学生既不会讲汉话，也听不懂汉语。在大学时期，在老师们热心、耐心的教授下，在各位汉族同学的无私帮助下，短暂的四年大学学习和生活，使我的汉语水平有了明显提高，基本达到了可以使用汉语工作的程度。能够过“语言关”，这对我们少数民族学生来讲已经是个很大的飞跃！流利地讲汉语，用汉语阅读大量的专业书籍、历史文献、中外名著，从书本中汲取今后发展事业、奋斗创业所需的营养，已成为我成功人生的重要一步。当然，语言也成为了结交汉族朋友，加深各民族感情，促进文化交流的重要途径。学校、老师、朋友、书本告诉了我这样一个千真万确的道理：一个国家、一个民族、一个团队、一个个体，只有实力才有尊严，只有真实才有力量。

为了寻找这个尊严，为了追寻这种力量，我选择了一条边求学、边创业、边发展的人生道路。在实现梦想和理想的道路上，我强烈地感受到各民族兄弟在法律和政策上的平等、自由和保障。我最终实现了法学博士梦，为国家增加了一名博士，为蒙古族填补了一个空白。

我是统战政策的最大受益人

2003年，是我终生难忘的一年。在这一年之初，我光荣地当选为政协北京市第十届委员会委员。于是我成为党和国家允许中国律师首次以执业律师身份参政议政的先行者之一。从那一天起，律师这一新社会阶层，在中国的政治舞台上有了自己的角色和地位。我感到光荣，引以自豪，但我更加清醒地认识到了自己的历史使命和社会责任。使命之神圣，责任之重大，迫使我把握生命中出现的每一个机会，激情创业，把自己的命运与国家和民族的命运休戚与共地联结在一起。特别值得一提的是，我补上了人生中最重要的一堂课——统战之课。我先后参加了由中共中央统战部和中央社会主义学院共同举办的“全国第四期无党派人士理论研究班”“香港市场经济研究班”“全国第二期新社会阶层代表人士理论研究班”和“第四十期党外领导干部赴澳大利亚研修班”；还参加了中共北京市委统战部和北京市委党校共同举办的“北京市非公有制经济代表人士高级理论与实践研究班”。通过上述系统的学习，我加深了对党的感情，增强了国家意识、民族意识和公民意识，培育了责任意识，还结识了来自全国29个省、市、自治区和直辖市的社会各阶层代表人士和精英，这成为我律师事业蓬勃发展的强大的社会基础和精神家园。昔日的一名自由职业者和无党派人士成为“有组织的人”，党的各级统战部门成了我们无党派人士之家。今天，当我们看到自己的成就和荣誉时，不应忘记党和国家的阳光雨露，不应忘记统一战线的关怀和培育。在我自身的参政议政、合作共事的经历当中深深地感受到，党在带领社会各个阶层扩大民主政治、追求公平正义、构建和谐社会的伟大实践中，做出了许多理论和实践方面的创新。我不应仅仅是党的统战政策的受益人，我还应成为党的统一战线战略思想的最坚定的拥护者和实践者。

我是国家律师制度的最大受益人

律师不仅是我的职业，更是我的事业。在20多年的执业律师生涯中，我为广大人民群众，为数百家国有企业和事业单位，提供了高效、优质和全方位的法律服务，及时化解了许许多多社会矛盾，公平地解决了纷繁复杂的利益纷争，成功地代理过成千上万的民事、刑事、行政和仲裁案件，赢得了社会的肯定、当事人的信赖。可以说20多年如一日地保持着执业激情，崇尚着职业信仰，尽自己的所能履行着社会责任，执着地为祖国的法治蓝天默默地耕耘着。因此我先后获得了“北京市司法行政系统先进个人”“全国优秀律师”和

"全国四五普法先进个人"等光荣称号。这些殊荣变成了我的动力，牵引着我向着更高的目标奔驰！律师这一职业，是比较忙、比较累、比较复杂的职业，更是具有挑战性的职业。我可以说是律师这一社会阶层里最忙的人之一。在承办大量的律师业务、参加名目繁多的社会活动之外，还承担着国家哲学社会科学"十五"重点规划项目——《中国少数民族法制通史·蒙古族卷》，潜心研究法理，梦想在法律职业共同体中，成为蒙汉法学文化交流和普及的桥梁与纽带。为了实现这一梦想，我刚刚与中国蒙古语新闻网合作开通蒙古语法律服务频道，面向全国八省、自治区、直辖市，尝试着为蒙古族农牧民和其他社会弱势群体提供无偿的法律服务。我认为，送法进农村和牧区，普法到草原和乡村，这是中国普法工作的重中之重，也是中国实现法治国家的必由之路。在社会大转型时期，广大农村和牧区群众最需要法律服务和法律援助，那里是我们法律人实现自我价值的天堂！

我的梦想实现之地

伟大祖国的心脏，不仅是我法律职业之梦开始的地方，更是我法律职业之梦实现的地方。在首都北京创业的13年中，我怀着蒙古人特有的执着、激情和梦想，张开双臂拥入了这多元文化的怀抱之中。在这里，我实现了"法学博士"之梦，实现了"全国优秀律师"之梦，实现了当选"政协委员"之梦，实现了创办"全国优秀律师事务所"之梦，实现了创办"全国最具规模律师事务所"之梦。

因为有了梦想，我经常思考首都经济社会发展中的一些问题，认真履职，提出了许多具有前瞻性的委员提案，并多次获得了个人优秀提案奖；因为有了梦想，我没有忘记自己作为首都公民的市民责任，在2003年"非典"肆虐时期，在全国率先成立了唯一的"抗'非典'律师顾问团"，为当时的19家定点医院和奋斗在抗"非典"第一线的医护人员提供无偿律师服务；因为有了梦想，在国难当头时，我没有忘记履行社会责任，资助在云南丽江民族孤儿学校生活学习的1996年丽江特大地震和2008年汶川特大地震的孤儿400多名；因为有了梦想，才没有忘记自己是专职的普法者，借助各种机会走进城市社区和广大农村牧区进行普法；因为有了梦想，才没有忘记，从理论到实践，再从实践到理论，撰写十几篇法律著作和文章；也因为有了梦想，凭借自己在国有资产法律实务方面的实力，参与了《中华人民共和国企业国有资产法》的起草工作，且是其中唯一的律师代表。

在中国共产党的领导下，中国正在奋发图强、竭力赶超，它持续而强劲的经济增长力，兼容并包而充满生机的文化活力，无不昭示着中国正在向经济大国和文化大国迈进。对中国来说，这种经济和社会的变革必须伴随着政治稳定、社会稳定。坚持“一个中国”的政策并不是民族霸权，而是一个关乎存在的问题，是关系到中国能否在现代化进程中以和平稳定的方式团结一心的大事。中国是一个统一的多民族国家，各个民族虽然语言文字、生活习惯、宗教信仰上各有差异，但是历史上早已形成了中华民族这一文化共同体，每个少数民族都是祖国大家庭的一员，他们都是勤劳勇敢而伟大的民族。中华五千年的灿烂文明史是中国56个民族共同缔造的，维护民族团结，反对和制止民族分裂是中国所有民族共同的责任。每个民族都热爱祖国、热爱生活，每个民族都是平等的，不应该因个别事件而用一种另类的眼光对待整个民族，那些以偏概全的看法是对这个民族的侮辱，是对祖国统一、安定团结的挑衅。

总之，中国经济社会的大变革已经不可逆转，中华民族重现自己昔日的辉煌指日可待，让我们万众一心、众志成城，去迎接祖国繁荣昌盛的美好明天。我们正赶上一个伟大的时代，我们每一个人都应该有所作为！

作者系北京市政协委员

北京市大成律师事务所高级合伙人、高级律师

（本文刊载于《北京观察》2009年第9期）

陈淑惠　变公益运动为公益习惯

郭　隆

拨打北京银行客服电话，或登录个人网上银行，点击网银“爱心行动——善薪计划”栏目，按页面提示选择捐款额和期限，最少为每月一块钱，即可为青少年弱势群体的健康成长奉献自己的一份爱心和力量。

这项名为“善薪计划”的便捷捐赠方式，已在包括北京银行在内的四家银行开通运行，它将引领人们慢慢树立起常态化公益理念，逐步进入到“习惯性公益”的生活之中。而这一理念和这一项目的发起者，就是被人们称为“一个充满激情的社会工作者”“一个充满力量的女人”的北京市政协委员、希望工程北京捐助中心原主任、北京青少年发展基金会原秘书长陈淑惠。

“1+1”式的亲身参与

课堂上，一个小女孩手握铅笔头，蓬乱的头发下面是一双充满求知渴望的大眼睛——在20世纪90年代的中国，这是一个家喻户晓的影像瞬间。由中国青基会发起并组织实施的“希望工程”成为那个年代最具影响力的公益品牌。而随着国家九年义务教育政策的实施，全社会教育环境大幅改善，希望工程在全国层面上面临着调整和嬗变。

“作为希望工程在北京的实施机构，我们以往的工作更多的是募捐善款，资助对象也多在外省，对于北京范围内的贫困学生情况并无详细了解，也没有自己的公益品牌项目。”当全国希望工程目标、任务处在彷徨的时候，陈淑惠接过了北京市“希望工程”的接力棒。她把视线转移到“做身边的公益项目”上，率领团队就北京地区家庭贫困孩子的成长环境进行了一次摸底调查。

结果发现，北京地区有6万名孩子因单亲、孤儿、家长重病等原因，面临家庭经济困难。在走访调研了北京市的40余所高校后，陈淑惠了解到当时高校贫困生比例达到30%，“那时还没有国家助学贷款，他们在接到大学录取通知书的一刻是满脸愁容的”。

现实的情况让陈淑惠更加坚定了对北京希望工程目标、任务进行战略调整的决心。“我们不能再单纯地‘传递爱心’，而是要拿出自己的公益项目，让爱心帮扶真正落到实处。”

在都市公益的探索之路上，陈淑惠从一开始就瞄准“精细化”目标，推出了“北京市希望之星1+1奖学金”项目。该项目于2000年开始实施，针对6万名家庭经济困难的青少年，建立起“1+1”资助模式，捐赠者可以与被捐助孩子建立一对一的联系，并通过网络渠道跟踪掌握孩子的生活、学习情况。

怀柔区第二中学高三学生王旭，全家的年收入只有2000元，且父母一直有病在身，十几年来孩子的学费一直困扰着全家。通过“希望之星1+1”项目的推广，72岁高龄的张振华老人得知了王旭的情况，并通过北京青基会与王旭取得了联系。从2002年开始，老人每年对孩子进行资助，直至2013年王旭大学毕业，共获得助学金14600元。

同样，专门针对贫困大学生的“学子阳光”项目也采取“1+1”结对方式，广渠门中学宏志班的同学们正是“学子阳光”项目最早的受益者。

“有了这样一对一的相互联系，公益的形式就不再是单纯地捐一笔钱，而是让捐赠方切实看到自己的公益善举，对孩子们的健康成长起到了多么重要的作用；使他们感受到自己的善心帮扶，有着切实的社会回馈。”在陈淑惠看来，传统观念中慈善就是扶弱的看法是很片面的。她举例说，国外的慈善机构很少有捐钱、传递钱款的形式，而是把资金用到一个具体的慈善项目中，且这个项目一定是捐助者能够亲身参与进去，对被捐助者的社会生存能力、认知能力、交往能力等有切实提升和帮助。“当下中国大都市的公益组织更应该向这方面去做探索，要对慈善的公益效果进行追踪。”陈淑惠说。

自此，北京青少年发展基金会的工作不再是单纯的“传递善款”，而是打造出品牌公益项目，切实帮扶北京地区的贫困生。在两个“1+1”项目获得社会认可后，陈淑惠致力于项目管理精细化的进一步提升：建立起公益项目网站支撑平台，对所有捐赠方都要有信息回馈，北京青基会也成为全国第一家开展网上结对、网上捐赠、网上跟踪的社会公益组织。

阳光照进心灵

随着京郊越来越多的青壮年农民进城打工，农村留守儿童问题也随之产生。

“留守儿童群体存在三个亟待解决的问题，首当其冲的便是亲子心灵沟通欠缺。”陈淑惠说，留守儿童长期与父母分居，极少享受到父母亲情的呵护，与父母间心与心的交流非常有限，他们更习惯于将自己的内心世界隐藏，容易呈现缺乏自信、消极悲观的情绪。

为了帮助“周末家庭子女”建立自信、快乐的成长氛围，陈淑惠率领团队与怀柔区团委合作筹办了“童心呵护”夏令营活动。夏令营为期三天，营员是来自怀柔区琉璃庙、喇叭沟门等四个镇乡的100名留守儿童。夏令营里，孩子们一起参与游戏活动、接受心理辅导，在天安门看完升旗仪式后，孩子们还与环卫工人一起清除广场上的垃圾。

“刚来的时候他们的眼睛不敢正视你，脸憋得通红说不出话来，慢慢地已经能够自信地表达、说笑了。”陈淑惠说，通过这样的活动，能够给孩子们的心灵以阳光温暖，帮助他们形成积极健康的心理状态，让孩子们充分体验和感受社会的关爱。

“现代公益尤其是都市公益，绝不是停留在把钱捐给你了事，甚至钱已经不是最重要的东西，更为关注的是人的精神层面、人格层面的健康成长，需要全社会营造正常的心理成长环境。”陈淑惠解释说，家庭经济困难的孩子读书少，尤其是课外读物少，接触社会的面少，容易产生对社会的认知缺项，再加上因贫困而导致的强烈自卑，很容易出现心理问题。“所以公益的帮扶不仅要从硬件上对孩子进行经济资助，更重要的是以下两个方面：一是对孩子心灵上的关怀，这种资助本身就对孩子心灵上是一种安慰，会促进孩子更好地成长；另外一点是通过捐助在社会上倡导一种风尚，一种人人关心孩子、关心青少年成长的风尚。”

实际上，“学子阳光”项目也是致力于解决贫困大学生的社会交往能力和强烈的自卑心理。经过大量的实地调研和分析，陈淑惠发现贫困大学生的心理现状存在两个极端：一种是特别要强，同时又强烈自卑，走向社会后在人际交往上出现融入障碍；另一种是破罐破摔，缺少应有的自信。这两种问题的成因都是由于贫困导致的心理自卑感。对此，北京青基会成立了阳光之家，不定期组织贫困大学生开展团体活动，如植树、到敬老院陪伴老人等，还聘请专业机构的专家为他们进行人际交往方面的专业辅导。“既然贫困导致了心理问题，公益帮扶也就要着眼于对心理问题的疏导。”陈淑惠说。

在《关于改善留守儿童成长环境建议》提案中，陈淑惠提出，应深入研究并准确把握留守儿童的教育发展、心理辅导、生活扶助等层面的客观规律与真实需求，并结合留守儿童共同的成长经历、生活环境和思想状况，科学规划针对他们的生活、学习和心理层面的教育。

“像交电话费一样成为习惯”

地震，洪水，雪灾，旱情……每有大灾来临，便会在社会上涌起一次爱心捐款潮。

当下，中国社会观念普遍还是把慈善和扶弱画等号，更多的群众认为捐赠的原因是因灾害而起。而对于大多数公益机构而言，往往是“灾难来了才有活干”。

早在10年前，当陈淑惠在加拿大学习考察时发现，那里的普通民众捐款数额要大于机构的捐款，在街头进行募捐的公益机构，也总是让愿意参与公益募捐的民众写下他们的银行卡号，实现了一种便捷参与公益的捐款方式。

“表面看这是一种捐款方式的创新，实质上正是现代公益理念的体现。”陈淑惠说，国内的公益捐赠基本上是一次性、冲动型、没有计划的；而国外公益组织发展了200多年，实行的是“约定性”捐款方式，捐赠者与公益机构之间签订一个相对长期的捐款协议。“这样一来，全社会的公益捐款有了一个‘蓄水池’，不用等到大灾大难来了再紧急呼吁，另一方面，也是最为重要的，向社会传递了一种公益理念——变公益运动为公益习惯。”

从这一理念出发，北京青基会自2010年5月启动了“善薪计划”项目，它以具有固定收入的个人为主要筹募对象，以银行业务平台为主要支持平台，在储户授权的情况下，银行每月从储户账户中划出一定数额的捐款，捐赠者可根据自身的经济状况确定捐赠额度和期限。据2014年初发布的《北京“善薪计划”知晓度状况调查报告》显示，76%的人认为“善薪计划”按照捐款人意愿自动扣款的方式很便捷，79%的人以工资和奖金作为参与公益活动资金来源。

“我们每个月从工资中减一部分出来，一块也行，十块也可，累加起来汇成大海就可以帮助更多的孩子。”陈淑惠说，推出“善薪计划”实际上也是基于对社会公益理念作引领，倡导人们像每月交电话费一样，通过小额捐赠，把参与公益事业作为自己日常生活的一部分。“同样地，对公益组织的评价决不能仅仅以一年筹到多少钱多少捐款额、资助了多少人来作衡量，而是你对社会公益理念的引领，你倡导社会公益所做的事情，这才是公益组织理应承担的职责。”陈淑惠说。

多年来，陈淑惠一直在对全民公益的理念进行思考和探索。在她看来，公益是一个全民的思维，是一项需要更多人参与的事业。谈及中国社会公益方式与西方现代公益理念的差距时，陈淑惠颇有感触：“很多国家不需要搞运动式捐款，因为他们的公益理念都是渗透在日常生活中的，人们认为长期约定性的捐赠是一种很自然的行为，已经是公益生活的一部分。而国内的公益还要变成某种运动，还需要广泛宣传，大家对这样的形式不时表现出反感。这是因为咱们公益事业发展的时间还很短，常态化的公益思维和公益习惯还远没有形成。”

“所以，我们应该帮助孩子们从小树立帮助别人的公益理念，教育孩子们哪怕你力量很微薄，你也可以拿出力量帮助别人。告诉他们：成千上万的蝴蝶只要轻轻扇动翅膀，遥远的地方就可能形成风暴。一个微小的善举，一份微薄力量的加入，经过一段时间的努力，就会引发公益热潮。”陈淑惠说。

如今，陈淑惠已走上了新的工作岗位，作为北京青年报社党委副书记、纪委书记，她在报社党建工作和纪律检查工作中，认真贯彻落实中央精神，注重加强基层党组织的纪律和作风建设，团结带领报社一班人，在党的新闻宣传战线上继续书写不懈奋斗的人生。

李桂珍　做百姓的“连心桥”

徐　飞

“敢于建真言、诤言，敢于为弱势群体、职工群体说话”，这是身为北京市政协委员、北京市石景山区总工会主席的李桂珍对自己的要求。履职期间，她的呼吁推动了职工福利的规范，她的提案让弱势群体得到了更多的关注。她架起了百姓与政府沟通的桥梁。

将职工心声带到领导案头

在李桂珍看来，要怀着对自己所代表群体的深厚感情去做工作，把政协委员身份与本职工作结合起来，就能取得事半功倍的效果。

中央政治局2012年12月4日召开会议，审议通过关于改进工作作风、密切联系群众的八项规定，下大决心改进工作作风，切实解决针对群众反映强烈的问题，展示了新一届中央领导集体的执政新姿态，是聚党心得民心之举。

八项规定的出台，得到了广大职工坚决拥护。然而，一线职工却发现，一些地方在借反腐之名把基层职工甚至是低收入群体的基本福利“名正言顺”反没了。李桂珍说：“反腐倡廉反的是不正当的公款挥霍，反的是借发放福利之名行贪污腐败之实，其本意是约束公权力，绝非挤兑职工的合理福利。”职工对福利减少甚至没有福利反映强烈。2013年12月，李桂珍先后两次在市政协两会前热点问题座谈会和政协与工会的联席会上为职工的权益疾呼，她说：“应妥善处理执行八项规定和保障职工福利的关系。八项规定特别好，但也应该兼顾职工福利。现在网上也出现了‘中纪委和贪官PK，把职工福利PK没了’的说法。很多基层单位的职工，很在意过年过节单位发的一桶油、一袋米，我认为一是可以贴补生活，二是体现了单位对职工的关怀。我们既要反腐败、反浪费，也要注重保障职工福利，特别是过年过节还要考虑中国传统。”

2014年初，北京市信访办宣传处（法规处）的吴永强告诉李桂珍，她在政协会议上的发言被新华社内参采用，《反腐败不能把职工福利反没了》在社会上引起了广泛反响。为解决各地基层工会对逢年过节如何发放员工福利存在的疑问，2014年12月，中华全国总工会出台了《关于加强基层工会经费收支管理的通知》的补充通知列出了“福利清单”。李桂珍没想到自己成为了该政策的幕后推手，最终推动了职工福利的规范。

“通过市政协这个平台能为弱势群体、职工群体多呼吁，同时，市政协也能把委员的心声反映给政府。当得知我所提出的意见建议真正落地了，着实很欣慰，证明我这名政协委员当得有意义、有价值。”李桂珍说。

心系百姓几十载

李桂珍多年从事群众工作，在石景山区妇联工作17年，在八角街道工作11年，在石景山区总工会也已经是第9个年头了。她说：“我做群众工作没别的，就是把群众的事儿当事儿。广大群众期盼的，就是我们要干的。”2002年，她曾光荣地当选为党的十六大代表，也成为当年北京市唯一“出身”街道的党代表。

从街道到工会，老旧小区的居民始终是她最牵挂的人。当了政协委员，她时刻不忘反映他们的问题、呼吁解决他们的困难。在采访李桂珍的过程中，她接到了北京市市政市容委的电话，说的是她今年提出的《关于逐步改造更新老旧小区市政管线的提案》办理情况，“办理结果我很满意”。这个提案源于她接听的“带着职工心声上两会”热线，“接听职工热线”是工会界别的一项特色活动。李桂珍作为工会界别小组副组长，连续几年负责该热线的组织工作。2014年11月27日上午，80多岁的退休职工王友文打来热线，反映其所在的老旧小区今年供暖不热，还存在管道崩裂的现象。李桂珍通过走访，发现在老旧小区这个问题很普遍。她建议对全市老旧小区上下水管道进行统一排查摸底，掌握需要更换、改造下水管道情况，做好应急预案和改造更新规划。此外，相关部门应提前谋划，制定具体工作方案，安排专项资金，有步骤地做好老旧小区市政上下水管道更新改造工作，为居民创造舒适宜居的生活环境。

对于老旧小区的关注，贯穿李桂珍履职的始终。翻看她多年来的提案，《关于加大北京市老旧小区改造力度的提案》《关于对本市老旧供热管线进行改造的提案》《关于将老旧小区荒废绿地改造成停车位的提案》逐一呈现在眼前。“住在老旧小区的很多是年龄大、经济状况不好的群众。我经常到老旧小区走访，关心他们的衣食住行，他们是社会和谐稳定的基础，各级工会也应该切实帮助职工解决困难。”

“在市场经济条件下，工会工作的内涵更广，任务更重。有‘为’才能有‘位’，对于工会组织来说更是如此。”李桂珍说。2006年9月，在市总工会和石景山区总工会的指导下，北京沃尔玛百货石景山山姆会员店工会顺利组建，成为了石景山区非公企业建会工作的一大突破。基于自己的基层工作实际，如何发挥好非公企业政协委员在工会组建中的作用，成为了她关心的问题。她在《关于在非公企业工会组建工作中发挥政协委员作用的提案》中提出，非公企业中的政协委员要带头推动工会组建工作，市政协应针对非公企业政协委员发挥作用问题出台指导意见。

办公室里醒目的“与时俱进、再创辉煌”8个大字，是李桂珍的座右铭。她说：“做好工会工作，需要有责任、有能力、有激情的工会干部，做好本职工作是做好一名政协委员的基础。在新常态下，我们肩负的责任更重，群众的期望更高。我们理应进一步履行好委员职责，做一名负责任的政协委员。”

（本文刊载于《北京观察》2015年第5期）

何宝宏　以反映职工群众心声为己任

郭　隆

“您好！我是政协委员何宝宏，请讲……”2013年岁末，北京职工服务中心12351热线大厅里又一次忙碌起来，20余位工会界别的北京市政协委员正在紧张地接听民生热线。

何宝宏戴着耳麦，坐在坐席前，专注地和打来电话的群众聊了起来。他一边倾听一边记录，并在关键位置打上记号。这已经是他第6次参加市政协举办的“带着职工心声上两会”热线活动了。作为二商集团工会主席和北京市政协委员，何宝宏既承担二商工会的全面工作，还在积极主动履行委员职责，身兼市政协社法委委员和提案委委员多项职责。多年来，他心中有一条不变准则：一定要把倾听职工心声、反映群众诉求作为突出职责，积极反映民声、建言民生。每年年底，他坚持接听“民生热线”，带着民声上“两会”；由市总工会与市政协社法委召开的联席会他一次不落，深入研究职工群众关心的社会热点难点问题和提案工作重点；连年参加了市政协社法委组织的提高一线职工收入、规范劳务派遣用工、工资集体协商、职工带薪休假等专题调研。此外，何宝宏每年都结合提案情况，有针对性地走访一些弱势群体和职工群众。“作为一名工会界委员，维护广大职工的合法权益，构建和谐稳定的劳动关系是我始终牢记的职责。”何宝宏说。

反映职工诉求

改善民生是建设小康社会、促进社会和谐题中应有之义。在关注在岗在职人员合法权益的同时，何宝宏注意到社会弱势群体特别是退休高龄老人的生活困难问题，在更多地接触他们之后，他深感有必要对高龄职工退休费偏低的问题进行研究。

2009年政协全会前，何宝宏通过整理、分析群众反映的情况，发现退休人员生活保障问题反映的比较集中，主要是高龄退休人员的退休金偏低，导致这一群体生活困难。他先后到退休人员托管中心调查了1万多名退休职工的收入、生活情况。结果发现，在本市退休职工中，年满75周岁以上的高龄人员约占20%左右，其中包括一部分劳模和专业技术人员，这些人大多是在20世纪50年代参加工作的，“退休早，年事高，身体差，吃药多，开销大”。“近几年市政府两次调整了职工退休费计算办法，与调高后的标准相比较，高龄职工退休费偏低的问题就更为明显。”针对这一问题，何宝宏提交了《关于制定高龄退休职工最低退休费标准的建议》。该提案着眼于对高龄老人退休费偏低的问题通过制度予以解决：建议制订和出台“北京市高龄退休职工最低退休费标准”，以缓解退休较早人员面临的实际困难。

该提案在《北京晚报》披露后，何宝宏的座机像职工热线一样忙了起来。很多退休职工给他打电话或写信，一方面支持这样的民生提案，同时进一步反映自己支出拮据和实际生活困难等有关情况。70多岁的老职工李维章在给何宝宏的信中，专门表达对市政协和政协委员反映退休职工实际情况的感谢之情：“感谢委员关注民生、关注退休老职工。”特别是之后的几年中，政府保持了退休费的连续增长，退休职工待遇有了很大提高，使大家真切体会到了党和政府对老职工的关怀。

“只有更广泛地倾听职工心声，才能更好地通过提案反映社情民意。”在何宝宏看来，“带着职工心声上两会”热线为委员们倾听百姓心声、了解民生搭建起了一座“连心桥”。担任市政协委员的7年间，何宝宏成了民生热线的常客。

2011年底的一个热线让何宝宏心里很不是滋味。“那是一位妈妈，她说自己的儿子在一家企业以劳务派遣的形式工作，不仅福利待遇和正式员工不同，还被视为‘二等公民’，在精神上承受了很大压力……”正是这个电话间接催生了何宝宏在次年政协会议上的提案：对新设劳务派遣机构进行前置审批。

“劳务派遣用工岗位界定模糊不清，同工不同酬情况普遍存在，甚至一些劳务派遣单位根本就没有劳务派遣资质，劳动者的合法权益无法得到保障。”2011年，在接听热线的基础上，何宝宏随市政协调研组一起专题走访了6家劳务派遣单位，调研了多种类型的用人单位，同时还与派遣人员本人进行了详细交流。了解情况后，何宝宏对劳务派遣用工实践中损害劳动者权益的种种环节以及不规范行为进行了分析梳理，指出劳务派遣用工法律制度方面存在的缺失，并在《劳务派遣用工法律法规亟须健全》提案中建议：一是修订和完善劳务派遣立法，对“临时性、辅助性或者替代性”“同工同酬”等统一规范制度标准。二是强化劳务派遣市场准入制度，规范准入门槛，对新设立劳务派遣机构进行前置审批。三是立法明晰劳务派遣单位和用人单位的责任。四是引导用工企业建设高素质职工队伍，建立与本单位员工同工同酬的制度和激励机制。

该提案在市政协《诤友》刊载，得到了《北京日报》等市属新闻媒体的广泛关注与报道，引起了较强的社会反响。提案承办单位对此高度重视，积极支持，迅速开展了规范劳务派遣专项行动，并加快细化劳务派遣行政许可制度的相关规定。

“接起电话，不是寻常的聊天，一边是信任和期盼，一边是责任与使命。”谈及对民生热线的感受，何宝宏说，接听热线让他真正了解了群众的实际诉求。“这条热线连着民声、连着民心、连着和谐。”

关注社会民生

身为市政协委员，何宝宏始终把维护一线职工群体的合法权益作为自己的重要任务，反映他们的心声，努力为他们排忧解难作为自己参政议政的切实体现。

十届、十一届市政协工会小组连续两次开展一线职工收入问题调研。作为专题调研组成员，何宝宏随市政协社法委一起，历时3个月对北京市部分行业一线职工收入状况进行调研。“最低工资应与消费指数联动，制订以提高低收入职工收入水平为目标的工资增长计划，列出明确时间表，将最低工资标准逐步提高到本市城镇单位职工平均工资的40%……”调研组提出的《关于提高企业一线职工收入水平的建议案》入选两届政协以来最具影响力的十大提案，这份涉及千万一线职工切身利益的建议案被送请北京市委、市政府研究参考。

提案上交了，何宝宏的走访与思考始终没有停歇。

一些行业职工收入偏低，其中是否包含深层次原因？企业方是否有难言之隐？相关产业的发展状况和前景如何？……在何宝宏看来，关于提高职工收入的调研既是一部“连续剧”，同时更应该不断深入和深化，与行业发展、产业发展相关联，既研究提高一线职工收入水平，也及时发现和解决行业发展面临的瓶颈问题。

豆制品生产加工企业的健康发展关乎百姓“菜篮子”，而豆制品行业职工收入偏低的情况却屡有反映。何宝宏抓住行业代表——全市著名品牌“白玉”豆制品开展调研。他专门到白玉公司听取意见，召开职工座谈会，听取各方代表关于企业经营情况、行业发展现状相关情况。他发现，目前豆制品行业税负偏高、“高征低扣”让企业多承受了4个百分点的税负，“税重”与“利微”相互叠加，使本就利润低、附加值低的农产品加工企业负担更重，发展受到束缚。“以白玉公司为例，2013年利润为377万元，缴税总额1729万元；企业人均税负达20384元，而职工人均收入只有38700元。”在《关于调整我市豆制品生产加工行业增值税税率》提案中，何宝宏分析说，企业增值税税负偏高，一方面使企业利润下滑，对正常经营和生产发展造成较大影响；另一方面也使得职工工资水平普遍偏低。对此，他提出建议：参照上海、浙江等地税收政策，实行征抵一致，解决“高征低扣”问题，切实减轻企业负担。该提案被市政协《诤友》编发，报市委、市政府领导研究参考。

衣食住行皆民生。何宝宏把政协委员代言民生的责任推及社会，利用一切机会，注重观察和思考新形势下的民生所需，以更宽广的视角倾听职工心声，传递群众诉求。

地铁10号线一、二期连通运行，是改善民生、改善交通的重大举措。自该线路运行以来，客流猛增，异常拥堵让广大乘客备受煎熬。何宝宏从企业职工和广大乘客的反映中了解到这一情况，他经过实地体验和走访，了解到造成拥堵的原因之一是10号线相应的配套设施——宋家庄停车场站没有及时完工，车辆周转、调度受到影响，设计运力没能充分发挥。何宝宏提交了《关于建设地铁10号线宋家庄停车场缓解地铁拥堵的提案》，建议加快宋家庄停车场站建设，更科学地安排地铁车辆的调运、周转。目前，市轨道交通建设管理公司正积极组织施工单位，全面推进工程建设工作。

“做好本职工作是基础，作为委员要把提案做好做实。”何宝宏把自己的岗位职责和政协委员的职责相结合，力争实现做好本职工作与承担委员职责和义务的相互统一和互相促进。把做好工会主席工作与自觉维护委员称号、与发挥委员作用有机结合。

在本职工作岗位，他始终实践着把职工需求和诉求与集团领导和上级要求的和谐统一，不论是在坚持以党政为主导的维权方面，还是在构建和谐劳动关系方面，职工满意率一直保持在95%以上。同时也得到上级的充分肯定，去年二商在和谐劳动关系与厂务公开民主管理方面又荣获北京市和全国的先进称号。

在政协委员岗位，10余年来，何宝宏参加了6次市政协全会，提交了15件个人提案，件件不离民生。在他看来，工会主席、政协委员已不仅仅是一种工作岗位和荣誉，更是一个旗帜鲜明、真心实意反映职工所思所想和维护广大职工合法权益的重要职责，一种责无旁贷的神圣使命。“只有设身处地为职工着想，才能把职工的事情放在心上；只有真诚地反映群众呼声，才能真正做好职工的知情人、贴心人、代言人。”何宝宏说。

当下，人民政协协商民主建设进一步规范化和程序化，这使得委员有更多渠道参与协商议政、建言民生诉求。何宝宏表示，作为职工和群众的一名代表，他要更为广泛地倾听民生，关注民生，不断提高参政议政能力和水平，为北京政协和谐发展，为北京首善之区建设尽一份力。

（本文刊载于《北京观察》2014年第9期）

宋春来　为职工权益鼓与呼

徐　飞

当人们放心地饮用三元牛奶时，牛奶中不仅凝聚着首农人的心血和汗水，同样也凝聚着集团工会为这和谐的企业氛围和环境所付出的努力。工会是企业与职工之间沟通的纽带与桥梁，说起北京首农集团有限公司（以下简称“首农集团”）的工会组织，不得不说他们的“当家人”——北京市政协委员，北京首农集团董事、工会主席宋春来。

一路与农场相伴

宋春来的父亲是农场的老职工，所谓父一辈子一辈，宋春来毕业以后正值“上山下乡”，他回到农场参加生产队劳动，一待就是12年。此间，他担任过会计、党支部副书记。“我们这代人都是在干中学，始终没有放弃过学习。”1976年，作为工农兵学员宋春来被送去北京大学学习政治经济学。“社来社去”，学成归来的宋春来又回到了公社。先后辗转在永乐店农场、农工商总公司、东郊农场工作，分别任过蔬菜处处长、农场场长、党委书记等职务。

宋春来总是能在平凡的岗位上做出不平凡的成绩。1995年宋春来被评选为北京市劳动模范。宋春来谦虚地说：“之所以能获得劳动奖章与当时的时代背景密不可分。”当时，宋春来在北京市农场局工作，农场局是当年北京市民的“米袋子”“菜篮子”“奶瓶子”，下辖37个乡，是北京的副食品基地。当时担任农场副厂长的宋春来主要抓的是“菜篮子”。随着城市的发展，当时蔬菜生产由近郊开始向远郊转移，宋春来负责开展蔬菜基地的建设。在他的带领下两年发展了15700亩菜地。当时北京市最主要的当家菜是白菜、萝卜，宋春来一个农场的白菜产量占北京市蔬菜供应的八分之一，对北京市的蔬菜供应、蔬菜基地建设做出了贡献，他的勤勤恳恳、任劳任怨体现了劳动人民的本色。

从永乐店农场——北京市农场局——北京市农工商总公司——三元集团——首农集团，宋春来的整个工作历程伴随首农集团的发展。长期的基层工作经历和丰富的经验使他当上了首农集团的工会主席。他经常与工会接触，因此对工会的性质、任务以及职责有所了解。在当了集团工会主席以后，宋春来对工会工作的认识就更加到位。2009年，新中国成立60周年之际，中华全国总工会评选一批全国优秀工会工作者，也是新中国成立以来第一次专门授予工会工作者五一劳动奖章，宋春来是唯一一个作为全国农林系统被授予劳动奖章的，这无疑是对他自身工作的肯定。

把职工心声写入提案

“为职工群众合法权益鼓与呼，这是一名工会界政协委员的职责。”宋春来说。他的提案都是与基层职工的权益紧密相关的。透过提案的字里行间，你看到的是一个政协委员对弱势群体的悲悯情怀，看到的是一个工会主席维护职工权益的切实行动。

“劳动关系的和谐是社会和谐的一个重要方面。工会是群众利益的第一知情人、第一反映人、第一报告人，真正接地气，在接触基层方面，工会有其得天独厚的优势。无论是作为一名政协委员还是作为一名工会干部，贴近基层贴近百姓职工都是职责所在。”

担任北京市政协委员以来，宋春来每年都参加两会前“带着职工声音上两会”的热线接听活动，从未间断。他说：“因为它架起了市民直接向市政协委员反映问题的桥梁，能收集群众普遍反映的热点难点问题，丰富并提高了提案的质量。”

2009年初接听“带着职工心声上两会”热线时，有市民反映农场系统职工住房条件差的事情，宋春来便到一些郊区农场系统、工矿企业进行实地调查，发现部分农场系统职工住房规模比较小，条件简陋，随后他提交了《关于北京郊区农场系统危旧房改造问题的提案》。说起这个提案，宋春来侃侃而谈起来。新中国成立初期，住房标准普遍较低，郊区国营农场职工的住房更差。基本上都是各农场职工在农田边上利用业余时间自己盖起来的简易平房，地基不牢，经过几十年的风吹雨淋，房屋多已出现裂缝，水电气等配套设施全无，属标准的“危房”。这样的“危房”仅南郊农场就有2000多户。

“提案提出后，北京市住建委的工作人员多次找到我通报情况，一起实地调研考察，提案办结后还来过多次，一起研究如何推进这批职工住房条件的改善。”宋春来说：“住建委当时提出了多条解决方案。而后，棚户区改造还被写入了政府工作报告。双桥定向安置房，准备拿出1000套优先满足符合条件的用户，现在正在登记。此外，在土地整理开发中结合列入开发范围解决一部分居民用房问题。看到自己的提案正在得到逐步解决，切实帮助到职工，我心里很欣慰。”

今年，宋春来通过接听职工热线提出了《关于完善独生子女家庭养老保障制度和发放护理费的提案》。“目前‘421’家庭负担很重，既要照顾四位老人，又要抚养子女，这已是一个重要的社会问题。”政府应当高度重视，从完善养老保障制度和提高护理费入手，解决好这个社会问题。他说：“只有多参加接听热线这样的活动，多倾听一线职工、退休职工的声音，才能切实帮助职工解决迫切需要解决的问题。”

北京市北郊农场是北京首都农业集团有限公司的下属企业，坐落在昌平区回龙观，由其负责管理的两片居民小区存在供电容量不足和供电线路老化的问题，用电紧张状况日益突出，小区居民的正常生活受到严重影响，居民多次反映无果。为此，宋春来提交了《关于老旧楼房增容和电网改造的提案》，没想到很快就得到了回复和解决。北郊农场职工家属院和华龙苑南里小区居民供电增容和电网改造等问题采取市区两级政府、用户和北京市电力公司三方投资共建的模式，列入老旧小区电网改造工程计划中，现已改造完成，满足了2512户居民的用电需求。

“加入到政协组织以后，涉及职工切身利益的问题得到了更多人的关注，问题解决起来更有效了。”宋春来笑着说。

职工利益无小事

“首农集团作为大型的企业集团，共有职工4万多人，随着企业的转型，经济多元化，各种矛盾凸显，工会作为群众利益的第一维护人、利益的第一知情人、表达人，维护职工的合法权益就显得尤为重要。”宋春来说。

说起工会的职责，宋春来说认为是双维护：“维护企业的发展、维护职工的合法权益。此外，双维护还包括维护职工的眼前利益和长远利益，不能只讲长远利益而不讲眼前利益，要把握好度。眼前利益就是工资等各方面的待遇，长远的利益指企业可持续发展，处理好职工和企业关系。”

社会和谐一个重要基础就是企业和谐。企业和谐的基础是劳动关系和谐，劳动关系和谐体现在职工经济精神等几个方面的和谐，工会从中发挥着重大的作用。“在职工看来，经济利益始终是第一位的”，这也是宋春来时时关注的问题，他组织发放2万多份调研问卷，通过谈话等方式了解职工的诉求，通过共决机制每年进行工资集体协商，利用各种办法、通过各种方式保障在企业增产增效的情况下，职工工资每年增长，制定每年的工资增长计划和五年规划。“我们现在的规划是每年工资增长7%，到‘十二五’末人均工资翻一番。每年我们都会回过头来检查是否达到目标。去年，人均工资增长19%。此外，待遇还会向一线职工、技术职工、老职工倾斜。”

就医问题也是职工关心的一个重要问题，宋春来说，工会在这方面也大有可为。2007年，宋春来提出《关于切实解决部分职工医疗费负担过重问题的建议》，“当时实行的是广覆盖低保障，现在就医状况得到了改善，但有些问题还需要继续推进”。为保障职工权益，首农集团在全员参加医疗保险外，又给职工上了住院保险、意外伤害险、女工特殊险、医疗补充保险等，此外，还建立了“首农关爱基金”，以帮助因患特殊重大疾病而造成家庭生活困难的职工。宋春来说，“首农关爱基金”是不断关注民生、改善民生的实际体现。

一位首农集团的老员工说，凝聚职工的凝聚力和向心力，工会发挥了不可代替的作用。职工所需、党政所想，工会所能方面做了大量的工作。

“工会是集团党政领导的好助手，是职工的贴心人，每位工会干部都应成为维权这条路上的一颗铺路石，为集团和职工之间铺出一条和谐之路，我也不例外。”宋春来意味深长地说。

（本文刊载于《北京观察》2013年第10期）

参政议政的“五觉”合一

顾九如

光阴荏苒，岁月如梭，转眼间又是第十二届北京市政协收官之年了。自从2003年当选北京市第十届政协委员；2008年、2013年当选北京市第十一届、第十二届政协常委，我已在三届政协履职15年。作为政协委员，就是要参政议政、履职建言、传递民意，我深感使命光荣，责任重大，竭尽所能地努力完成好这份沉甸甸的职责。在15年的政协工作实践中，我认为政协委员积极履行职能，要做到三个方面的到位。

一是发挥专长，职业相系，行业表率到位。能够成为政协委员，首先要做本职的模范。我现在是全聚德集团总厨师长，说起我的职业生涯，从17岁入厨至今，在全聚德工作了40余年，为企业、为行业发展做了一些工作，获得了北京市商业服务业首批“中华传统技艺技能大师”称号，享受国务院专家津贴。也正是由于在工作上的成绩，在行业内的影响，使我成为了一名政协委员，成为企业、行业、政协间沟通交流的纽带，获得了发挥专长，为国为民建言献策的机会。我来自基层企业，来自一线烹饪岗位，成为政协委员后，我脑海中浮现出一句名言：治大国如烹小鲜。我想，参政议政，如同做出一道好的菜肴，要达到“五觉”合一的境界：第一是视觉，掌握信息要丰富，要多读书看报，看政协各专委会的信息；第二是嗅觉，政治敏感性要强，要敏锐捕捉到党和政府的大政方针，改革方向；第三是听觉，多听党和政府的声音，找准方向，多听民意，了解百姓诉求；第四是味觉，要品味到用有效的方式方法向政府反映社会所存在的一些问题和解决的方案；第五是触觉，就是要写好提案。进入政协后，我得以了解到北京市、国家乃至国际层面对餐饮行业前沿新知、市场需求、发展趋势的大量信息，我所在的全聚德集团，也曾圆满完成了为北京奥运会、为APEC国际峰会特供全聚德烤鸭的任务，还为刚刚闭幕的“一带一路”高峰论坛提供了全流程的工作午宴服务，我的思路和视野更加开阔了，我们餐饮行业发展与把北京建设成国际一流的和谐宜居之都、与国家全面建成小康社会的战略目标是密不可分的。我作为餐饮行业的一名代表，不仅在本职工作中要做促进行业发展的先锋、提升技能水平的典范，更要履行好政协委员的职能，深入地了解国家和北京市政府对餐饮行业的要求，准确地掌握餐饮行业和行业员工的现状与诉求，为行业发展进言。习近平总书记在多次讲话中都提到“老字号”品牌发展问题，市委、市政府提出了老字号发展的要求，多位市领导到全聚德等多家老字号企业做了调研。我作为老字号品牌企业的一员，致力于把企业的发展、老字号的发展与北京和国家的要求做好有机的对接，在十二届市政协四次会议上提交了《关于疏解老字号困境提升文化传播打造特色商业街的提案》，从非物质文化遗产保护传承、老字号商业环境打造、老字号文化营销乃至品牌打假等方面提出了意见和建议，多项工作已经落地。在政协十二届履职中，我还结合自身从业经历，相继提交了《关于加强治理餐馆违法出租做早餐的提案》《关于挖掘整理振兴“京菜”饮食文化的提案》，得到了政府相关部门的高度重视，提案中所涉及的内容，已相继落实。15年的政协经历让我越来越深刻地认识到，从岗位实践出发，做好本职工作，是珍惜政协委员形象，发挥政协委员职能作用的基础。

二是不断学习，与时俱进，素质能力到位。我所在的市政协经济委员会在政协各专委会中是委员人数最多的，各行业的专家、学者、国企老总、民企老板荟萃一堂，许多人学识造诣深厚、知识广博、阅历丰富。在经济委员会组织的各类活动中，聆听委员发言耳濡目染，获益良多。正如我们政协委员常说的，政协是个大学校。我来自基层，通过在政协、在经济委的历练，长了很多的见识，学了很多的东西，对我自己在企业的工作也有很大的帮助，同时在政协提案中也吸取了许多信息，促进我提高提案质量。政协委员的提案建言应具有选题准、质量高、前瞻性和可操作性强等特点。在政协经济委员会这个平台上，我接触到大量各领域专家、领导、学者对首都建设各领域的专业建议，结合自身专业，我对首都经济社会发展中出现的一些问题，有了自己的思考。北京是一个特大型城市，在发展建设方面，必然会遇到诸多的问题，为此在第十二届市政协三次会议上我提交了《关于节水减排搭建“净菜”产业平台的提案》，提案提交后马上得到了政协提案委员会的高度重视，定为本年度北京市政协主席督办的七个重点调研提案之一。由闫仲秋副主席领队，经济委员会负责重点督办提案的落实，并同时展开调研座谈。当时市政府办公厅、市农委、市商务委在座谈会上听取了我对回复提案的办理意见。在沟通时，我强调提案内容看似是个“吃菜”的小事，但它牵扯到对于完善首都水资源的再利用、污水排放、垃圾分类、交通拥堵、汽车尾气排放、环境污染等诸多问题，都与“大城市病”有着一定内在联系。我用专业数据说话，得到了各方领导的一致认可，并把《关于节水减排搭建“净菜”产业平台的提案》建议纳入了北京市政府的“十三五”规划中。我深深感到，政协委员肩负传递民意的重任，要有理论的高度、思想的深度、调研的广度、专业的精度，才能履行好自己的职责。

三是关注民生，精准提案，参政议政到位。提案是政协委员履职的重要形式，我在重点研究行业相关提案的同时，在连续三届政协履职过程中，越来越关注身边百姓的事，既抓住党政领导重视的，更要聚焦事关民生的选题。如2012年的“7·21”水灾，我在2013年十二届一次市政协会议上提交了《关于城市建设发展与基础设施要相互匹配的提案》，如完善雨水、污水、地表水、再生水、河道水的综合治理，同时建立可追溯性体系，加大警示、问责制度，杜绝渎职腐败行为。建议政府应完善城市防治水灾相应的法律、法规，明确政府职能部门应尽的责任。此提案提交后直接得到市政府三位副市长的参阅，现如今这些市政基础设施相关建议内容逐步得到有效的落实。在市政协十二届二次会议召开之前，当时有一则《关于蓝领技术人员无人学无人干的问题》的新闻引起大家高度重视，要形成当年工会界的界别团体提案。作为“蓝领”的代表，由我完善了《关于切实加强高技能人才队伍建设的提案》中相关的具体内容，重点添加了“重学历轻技能”“重仕途轻工匠”“重使用轻培养”“重引进轻开发”等关键内容。最终这个《关于切实加强高技能人才队伍建设的提案》被评为市政协该年度的工会界别团体优秀提案。

回顾自己在政协的协商议政经历，我深深地感受到“政协委员”不仅仅是一种荣誉，更多的是责任和坚持不懈的努力，政协委员要始终以“履职建言、为党为民”为宗旨，全面反映社情民意，政协委员的责任和使命体现在我们的呼声中，体现在我们的提案里。15年的政协履职经历，我竭尽所能做好政协委员参政议政的工作，提交了与自己职业相系、传递行业呼声和民意诉求的高质量的提案。我为人生的这一段经历感慨万千，千言万语汇成这几句，正所谓：

政协成立数十秋，
精英荟萃堪一流。
建言献策为民众，
承前启后苦作舟。

作者系北京市政协委员
中国全聚德（集团）股份有限公司总厨师长

王兰　把慈善作为一生的事业

徐　飞

珠宝的美丽只有在聚光灯的照射下，才能更好地呈现出来，慈善的美丽却能照亮整个世界。王兰一直以一颗向善之心，在公益的道路上不停地前行。一位长期跟踪报道王兰的记者，评价她说："她天生是个爱做慈善的人，不是做在面上而是做在心底里，把慈善当成她一生的事业。"

"非典"一线的33天

王兰从中国地质大学毕业后，到中国地质博物馆中国五矿总公司通灵宝石公司工作，1992年"下海"成立了自己的公司——北京大雄珠宝公司，担任董事长兼总经理。然而这并不足以让人们关注她，反而是在"非典"时期，身为企业家的她毅然加入北京佑安医院志愿者的行列，在"非典"一线工作了33天，让人们记住了她，一度称她为"非常义工""无畏战士""英雄王兰"。

"在佑安医院，为了采访王兰最先接触的是她的爱人，王兰总觉得她没什么可报道的，反而一直跟我说她身边有很多值得报道的人物。最后，是她爱人说服她，觉得应该让更多的人知道她的故事，更多的人参与进来。王兰没有任何要包装的东西，见第一面，是时尚的老板样，完全没有表演的成分，当义工时老老实实地干活。由于消毒液的影响，当时她两只眼睛都是通红。"中国黄金报记者部原主任程雪青给我讲述了她第一次采访王兰的情景。

2003年 4 月，"非典"肆虐北京，媒体上关于"非典"定点医院护工告急，出高价也招不到护工的报道引起了王兰的注意，她也随之萌生了去医院做志愿者的想法。王兰挨个向地方"非典"定点医院打电话。4月28日，佑安医院护理部回了电话，让她第二天上班，每天工资50元。王兰说："我不要钱，我去是做义工的。"

4月29日，王兰来到佑安医院，成为北京第一位进入"非典"定点医院的义务志愿者。医院给她打了一针提高免疫作用的针剂，经过简单的培训后便让她正式上岗。王兰的第一项任务，是照料30名来自化工医院一线护士的生活起居。她所负责的5个房间曾是研究艾滋病的专家住过的，离"非典"病房只有几米远。王兰将房间内外连带着把楼道的公共卫生间打扫好。这一天，北京的最高气温达到30℃，王兰穿着厚厚的隔离服，没一会儿就大汗淋漓。当她把垃圾全部运到医院指定的垃圾站时，已经是晚上10点，这位总是散发着法国香水气味的珠宝店老板身上，此时散发着垃圾的腐臭味。

"非典"病房的消毒最危险，厚重的防护服让腿每迈一步都很费力，鼻子和嘴在60层的口罩后使劲喘息，防护眼镜上全是自己呼出的哈气。高浓度药液让屋里充满白色的浓雾，酸气透过口罩钻进王兰的鼻孔。每喷完一间，从外面把门关严后，就听到那门后的咳嗽声……

在即将离开医院的最后三天里，王兰使用100％的过氧乙酸为"非典"患者住过的几个房间进行熏蒸消毒。由于房间酸度超高，最后连厚厚的防护装备也不起作用了，大剂量药物刺激的副作用在她身上很快显现出来。她眼睛视物不清，嗓子因发炎说不出话，那张白净细嫩的脸也由于紫外线灯长时间照射起了大块色斑。

"非典"过后，曾有人不理解王兰的义举，认为她是为了炒作。王兰只是说："有些事是可遇而不可求的，没有人会在面临生命危险时考虑将来有什么回报。我不是什么英雄，我就是一个平常人，我所做的事也是每一个有良知的人都能做到的，这不过是一个企业家对社会应有的责任感。"

不做"守财奴"

在王兰看来，如果把经商也当作一门艺术，其主要构成就应该是善良、公正与诚信。

孙筱艳是西安民生百货公司"大雄"珠宝专柜分店店长，她至今记得那件"新鲜事"：一位南方商人在她柜上买了一枚36分VVS的男式钻戒，时隔半年又上门要求修复。当时，钻戒的钻石已全部脱落，镶口金质也有部分缺失。这是孙筱艳从来没有遇到过的问题，按珠宝行惯例是不能修复的。王兰认真分析后，觉得可能是焊接工艺方面出现了问题，于是立即给远在深圳的生产厂家打电话，要其对这枚戒指认真修复，并镶上一颗相同质量与规格的钻石。这位商人对大雄珠宝的商德赞不绝口，满意而归。

这次修复让王兰赔了5000多元，孙筱艳心疼不已。王兰却舒心地笑了，她说："经商不能光考虑自己赚钱，当客户发自内心地笑在脸上的时候，我们才能笑在心里；客户因为我们的存在而感到幸福，也才是我们的真正幸福。"

王兰还曾引起著名作家蒋子龙先生的关注，他在上海《文汇报》上写过一篇文章，题目就叫《买王兰珠宝》，对她现实中罕见的诚信表示欣赏，夸"王兰珠宝"为真正让人信服的金字招牌。蒋子龙举了一个例子，说他的一位同事为儿子成婚，点名要买北京王兰的珠宝送给儿媳妇。之所以这样，只因为珠宝如人——王兰的珠宝绝对是真的。

王兰创业之初并不顺利，用她的话说，她的创业历程就是一部跌宕起伏、充满传奇色彩的电视剧。她的公司发展到今天，可以说是历尽苦辛、倾注了心血，对于其中的每个转折、每次攀升，她都耳熟能详、如数家珍。但是，她创造财富的目的并不是为了自己享受，更不是去做巴尔扎克笔下葛朗台式的守财奴，而是为了更好地服务社会和人民。

王兰把"用生命温暖生命，用生命照耀生命"当作自己的座右铭。她认为具有帮助他人、帮助社会的能力，是一种幸福；把这种能力付诸实施，是一种美丽。这些年，她的善举依然继续着——她独家赞助西南山区建起爱心小学；她经常为孤残儿童找归宿，经她介绍找到家的孩子已经达数十人；她常年捐巨资支持公益事业、救助弱势群体……经商至今，王兰参与的各种社会捐助多不胜数。2003年，王兰荣获首届全国十大公益之星提名奖和首都"巾帼十杰"称号。"资助一人，不过小善；厚报社会，当为大义。"王兰如此表示。

爱心需要共同参与

王兰是个有心人，别人无意中提及的事情，只要她能伸手就都会放在心上。2004年初，得知西南有些山村教学设施落后，孩子们还在非常简陋破旧的教室上课，她当即决定投资20万元在那里建一所爱心小学，取名为“大雄爱心小学”。2005年5月，这所学校在重庆市黔江区的一个小山村顺利建成，王兰又特地买来电视教学设备、影碟机及很多学生用品赶往祝贺。

在王兰看来，做公益不仅是个人行为，还应更多地影响周围的人。

2013年，是王兰担任北京市政协委员的第一年，她参与调研去少管所考察，“进去的第一感觉，就是自己没魂儿了，是由于父母的失职孩子才到这里”。王兰是性情中人，说到动情处几度湿了眼眶，或许只有至情至真才有如此大爱。少管所的书记当时介绍说，有一个孩子要出狱了，判了15年，减刑5年，服刑期间父母双亡，在这期间家属只来过一次，不知道出狱将怎样面对他的生活、他的人生。

说者无意听者有心，可能别人听过就过去了，王兰把这件事记在心里。过后，王兰对书记说：“我们想看看有没有机会能不能帮助他。”回到家王兰和爱人说起这件事，“我当时和我爱人说，你要是同意就当我们家庭多个孩子。我爱人很喜欢这个小孩，说我们帮帮他吧。”王兰前前后后去看了这个孩子7次，给孩子买吃的、穿的、用的。回归社会后，王兰还帮助他找房子，在中日合资的企业找到了工作。

这个孩子在一封信中写道：距离回归社会6个月时，在少管所领导的帮助下，我很幸运地认识了王兰妈妈，王妈妈给了我无微不至的关怀和爱护，经常教育我如何做人，如何自立，成为顶天立地的男子汉，我已经把她当成了亲人，同时我也发誓要对得起王妈妈，好好努力奋斗，现在我们始终保持联系，每天都要打电话。通过与王兰妈妈的交流，我对社会有了初步的认知。

春节前，王兰又一次来到了少管所向即将出狱的30个孩子了解情况，做了厚厚的一本记录。“我想了解每个孩子的家庭情况，看看哪些孩子需要帮助，尽全力为他们做些什么。”

通过慈善王兰结识了不少热衷公益的朋友，市政协委员、民建中央办公厅副主任李建国就是其中的一位，他的爱心给了所有他能帮助到的孩子。王兰把关注少管所的事情跟李建国提及，李建国说：“你们告诉我少管所有什么困难？我们能帮助你做什么？爱心要的是大家的共同参与。”李建国委员组织企业家为少管所捐了10个图书室、10万元钱。王兰说：“我们还共同为所有孩子买了500把椅子。”

王兰提出的《关于做好未成年刑释人员安置帮教保障工作的提案》也同样是基于她对少管所里孩子们的关注。她建议市政府借鉴上海、江苏等地的做法，将未成年服刑人员的文化和职业技术教育，列入其所在单位（北京市未成年犯管教所）教育规划，并设立未成年服刑人员技术、技能教育专项经费，每年根据实际需要拨付。建设市未成年刑释人员过渡性安置帮扶基地。

她常说，当一个人的存在能够温暖更多的人，或为更多的人带来幸福的时候，这个人才是快乐和幸福的。

王以新　有温度的医者

徐　飞

关注到王以新委员，是因为她高质量、高产量的提案，近年来王以新提出提案近50件，件件关乎社情民意，且每年都有提案获得北京市政协、朝阳区政协优秀提案。在大家眼中，王以新是个实干家。热爱本职，她是百姓的好医生；积极履职，她是政协好委员。

小爱与大爱

想要更深刻地认识王以新，就要了解她的父亲——我国著名的棉花专家（长绒棉创始人）及农业教育家王桂五教授。他早年留学于美国，后来义无反顾回到祖国，献身于棉花科研和高等农业教育事业。为了响应国家号召，1952年王桂五教授随王震将军举家支边到新疆，为新疆八一农学院的筹建和发展，为新疆的农业教育事业和全区棉花生产，做出了重大贡献，并成为我国首批获得国务院特殊津贴的专家学者。父亲对祖国的热爱和为之无私奉献的精神从小就深植于王以新内心，她带着父亲“踏实做人，认真做事，刻苦学习，贡献社会”的做人宗旨，一路不畏艰难地走来，心里的那份根也随之开花结果。行医30余载，王以新——这位美丽的白衣使者，如今已是首都医科大学附属北京安贞医院全科医疗科主任、大屯社区卫生服务中心院长。未来她还要做得更多、走得更远。

王以新选择医学是缘于父母，年少时看到父母劳累成疾，深受病痛之苦，她就给自己选定了人生奋斗的方向——成为一名出色的医生。现在这份孝心已然孕育成大爱，她始终将病人看成是自己的亲人，切实为病人着想。

她和蔼可亲的行医风格，吸引许多患者不远万里，慕名而来。“做医生，医术很重要，医德更重要。给病人治病，每一个细节都得注意，看病的时候多做几个简单的问、触诊，多说几句暖心话，占不了我们医生多少时间，但对于病人而言，往往是不同的。”常常有挂不上号的病人，王以新身边就准备着一打白纸条，为他们加号看病。对工作恪尽职守的她，很多时候都是加班加点，坚持把候诊的病人全部看完。由于病人太多，不愿看病的时候丢下病人去卫生间，王以新养成了看门诊时少喝水甚至不喝水的习惯，即使看完一天门诊之后已口干舌燥，嗓音沙哑。对于急诊患者，王以新一向是随叫随到，有时一晚上连续做三台手术，手术结束时天都亮了……或许这些对于王以新都不算什么，因为有那么多需要她的人，因为这是她热爱的工作。在网络上给王教授留言的患者很多，字里行间都透着对她行医风格的钦佩。

王以新常说：“无恒德者，不可以做医。”她心里装的不仅是身边的患者，也把挚热的双手伸向远方的百姓，给他们送去健康，送去温暖。早在20世纪80年代，王以新就开始参加民革中央、民革市委及统战部组织的多种义诊活动。1987年，她的孩子刚七个月大，她就“狠下心”把孩子交给年事已高的父母，随中央统战部、民革中央到贵州偏远山区医疗支边。活动结束后，王以新一回京就迫不及待地组织人员将自己医院的医疗耗材回收后支援到了贵州山村。她说：“正是那一个月的锻炼，影响了我的一生。那里极端艰苦的条件令我至今难忘，正是这股力量时刻提醒着我，激励着我。我每次给刚进医院的年轻医生上课的时候，首先要求他们要有医德，有德才能行医，有德才能使医疗事业更好地继承和发展下去。”也是从那时起，心系基层，送医下乡就成了王以新多年的习惯。她把每一次义诊、社会医学讲课、捐助、献血等公益活动都当作自己重要的事业去做。真的难以计算王以新的工作有多少，作为一名医务工作者，她的脚步一直没有停歇。

为社区医疗传经送宝

都说社区卫生服务中心门可罗雀，但是走进大屯社区卫生服务中心，让人耳目一新。这里没有高大上的楼房，来看病的患者也没有三甲医院那样的车水马龙，但用络绎不绝来形容还是不为过。

“将优秀人才输送到基层，一方面可以将大医院的诊疗经验等带到社区医院，一方面也给本院的医生提供了锻炼的机会。同时加强社区医生的规范化培训。这种方式效果很好，很多居民都是慕名到大屯社区服务中心来看病，这种方式在北京只有这一家，也是一种创新模式。”王以新说。

大屯社区卫生服务中心是首都医科大学附属北京安贞医院第二门诊部，126名医护人员服务17.2万居民。王以新把妇产科专业与社区全科相结合，带头率领大医院大专家及医学教授下社区、出门诊，为社区百姓开通预约挂号和诊疗绿色通道，实施双向转诊制度。这样的转诊模式使服务中心在基层社区与医院之间起到承上启下的作用，真正将“医联体”做到实处，真正为大屯社区居民的健康提供了便利。为老人免费体检，规范管理属地精神病人，实行医疗组进居民家并签约家庭医生责任制，建立并完善首医大“安贞大屯全科教研室”等，这期间所需的协调及细致的方案，凝聚了多少汗水我们无从得知，但每每看到患者在就医过程中享受到这种便利，王以新和她的伙伴们都会感到无比骄傲，这是一种使命感达成的欣慰与自豪。

王以新说：“我们要当好百姓健康的守门人。”她带我参观了服务中心各个科室。谈到自己多年倾其心血逐步发展起来的基层全科医疗，培训建设出来的医疗团队，喜悦之情溢于言表。但她并不满足于此，下一步她将重点建设全科基地的护理、口腔、康复、中医等方面，继续走在服务于人民的路上。

毋庸置疑，王以新也获得了众多的荣誉：吴英恺院士首届基金会“优秀青年医师”称号、首都医科大学校级优秀教师奖、全国三八红旗手、北京社会科学普及活动优秀专家奖、民革全国优秀女党员、北京市民主党派年度优秀人物、首都医科大学教学成果奖等。面对这些，王以新表现得十分淡然，她说：“居民健康才是我最大的心愿。”

履职为民

王以新的父亲曾是新疆维吾尔自治区政协常委，她对政协有着与生俱来的亲切感，也增强了她履职的使命感。

把一键式呼叫终端（简称“一按灵”）安装到床头，解决独居老人医疗急救的难题；建设“互联网+医疗”方便患者进行移动医疗、远程医疗，节约就医时间、减少就医成本；将居民健康档案纳入医联体，就可以让很大一批“死”档“活”起来……王以新每个提案都广受称赞。

作为北京市政协委员的王以新时刻没有忘记自己肩负着参政议政、建言献策的责任。她充分利用医生接触群众广泛的优势，收集社情民意，以提案的形式反映给党委政府，为党委政府的科学决策起到参谋作用。在政协活动中，她积极参加各种座谈会、调研活动。王以新用她的智慧和努力一点一滴地为我国医疗卫生事业添砖加瓦，也用她深邃的目光审视着我国医疗现状需要改进和完善的地方。王以新委员在2016年的北京市“两会”提出：以“网络+医疗”缓解看病难问题。“医院每天有很多千里迢迢而来的病人，十分辛苦，自己作为医生很是心疼。因此在做了一些调研后，有了想把‘网络+医疗’发展起来的设想。这样能对病人看病难的问题起到缓解作用。”

王以新还借助多方平台表达自己的心声，多次参加北京广播电台《议政论坛》等节目探讨“新医改”“优质护理示范工程，提高护理费用”“新型养老模式”等课题，亦听取了多方的意见和建议。无论是临床工作还是政协提案抑或是参加访谈节目，她都不断地为老百姓寻找更合理更人性化的医疗形式。王以新委员对于实现“十三五”规划谈了自己的期许，她希望在未来5年内能从医疗价格、分级诊疗和患者就医程序等方面和国际接轨，让各级医院做各级医院的事情，大医院做研究和疑难病例，大部分病人和慢性病管理交给社区医疗，让医联体真正地联合起来，让每级医院做好自己的事情。

“一年一度的提案撰写，考察调研、专题议政以及各级各类会议，在给了我压力的同时，也给了我学习提高、尽职履责的机会和动力，感谢政协为我们搭建了这样一个平台。相信对于每一个认真参加履职的政协委员来说，这都是一段难得的成长经历。”

无法想象她体内蕴含多大的能量和才能，身兼数职而尽善尽美。快节奏的生活下却依旧保持一颗赤诚之心，亲人般的笑容，患者体会的是来自医者的温度。

朱兰　施“银针”求医道

郭 隆

诊室里，一个后背异常疼痛的患者在接受针灸治疗，医生右手持针，淡定自若，以一个看起来非常费力的姿势，在患者的腿上、脚上“随意”地针刺、捻针，如此反复。不一会儿，患者脸上的表情轻松了不少，“感觉好多了哎”！

这名医生就是北京市政协委员、北京宣武中医医院针灸科主任医师朱兰。在她的诊室里，患者的病种“千差万别”，面瘫、颈椎病、各种疼痛等，能用针灸治疗多种病，除了扎实的理论基础，更重要的是得益于她长年在一线工作的经历。而身为政协委员，朱兰更是把目光聚焦在社区养老医疗事业的发展上，谋良策、谏诤言。

“如鱼吞钩饵”

1983年，朱兰从北京中医药大学毕业后，来到宣武中医院担任医师。5年中医临床实践让她逐步积累了中医诊病的经验并对针灸学产生了浓厚的兴趣。

通过系统学习，朱兰掌握了好多平时根本无法学到的实用技术，这也让她越发感到针灸的魅力与神奇。“针灸是中医药学的一个分支，学好针灸要以传统的中医理论作为基础。”谈及成为一名出色的针灸科大夫，朱兰认为，打下坚实的中医理论基础和持之以恒的多年临床学习同样重要。“中医诊病讲究理、法、方、药四个步骤，具体到针灸学科演化为理、法、方、穴，所谓穴就是取穴，是根据不同病人所选用的施针的穴位组合。”在朱兰看来，针灸是中医学在具体诊疗手段上的延伸，大夫给病人号脉、看舌相、望闻问切，这跟中医的基础诊断方法是一样的，“看病”的过程需要以中医基本理论作为基础。接下来的“治疗”则需要医生掌握人体的经络分布和穴位的功效，通过对腧穴的刺激使相应经络发生反应，经脉又联系到脏腑，继而发生脏腑变动来医治病痛。

通过多年临床实践和不断请教、学习，朱兰发现针灸能够治疗各种疼痛、妇科病症、神经疾患、皮肤病和多种内科常见病、多发病，且往往有立竿见影的效果。如三叉神经痛，虽可以进行微创手术，但对大部分患者也可以采用针灸进行保守治疗。“有研究表明，针刺后人体会产生名为内啡肽的化学物质，它有较强的镇痛作用。这也恰恰证明了中医诊治是通过调动人体自身机能来疏通经络、祛除病痛的道理。”朱兰解释说。

在朱兰看来，针灸既是技术又是艺术，而在临床上要掌握这种技能性操作方法就需要医生全身心投入，潜心去做。经过多年临床实践，朱兰研究出了自己的一套取穴“方子”和施针手法。“要把穴位看成是一个立体的‘气之汇’的地方，针刺入时一定要‘得气’，这一瞬间的手感古人称之为‘如鱼吞钩饵’，而针对气虚症状的病人就要选用补益的穴位来‘候气’。在手法上指力、腕力、臂力要协调配合，融会贯通。好的方穴加上好的手法，则效果自现。”朱兰一直强调学习针灸要用心用神，医者与患者才能达到最佳状态的沟通。

“组穴”施治

在中医看来，人体是一个有机整体，靠经络疏通，靠气血运行，因此任何疑难杂症都与经络气血息息相关。

在临床医疗和科研工作中，朱兰总是先根据传统中医理论找到引发病状的根本原因，再“组穴配方”加以诊治。

顽固性呃逆，西医称膈肌痉挛，病情严重时病人不停地打嗝以至无法入睡。一次，一名病人在住院期间突发呃逆，打镇静针也只能勉强保证每天两三个小时的睡眠。经诊断，朱兰判断病因为肝气郁结引起胃气上逆，加之惊恐伤肾，肾气不固。“在治疗方法上既要治标也要治本，既要固护肾气，又要疏肝和胃降逆，用针刺的方法会非常有效。”根据病情，朱兰断言针灸治疗一定有效。她在选取了中魁、内关、中脘等常用穴位之外，又在脚趾上取了两个属于胃经上的腧穴。当朱兰用娴熟的手法把针斜刺进去，病人的呃逆瞬间就停止了，神奇的效果令在场的中医科大夫们都深感震惊。“没想到针灸效果这样神奇！真是立竿见影啊！”此后，这位病人又两次来找朱兰进行治疗，从此，打嗝的毛病彻底治愈。

“针灸大夫在临床上一定要用心学、用心琢磨、用心体会。”朱兰说，中医诊病经验十分重要，一方面每个病人的生活习惯、环境都不同，患病的病因、病症亦不同，治疗时所选用的穴位也会有差别；另外要勤于向老前辈和同行们请教，互相交流就是经验的传承。“有多年临床经验的专家分享他治疗便秘的三种配穴，针对肺气闭郁、气虚阴虚等不同症状分别有不同的方子，这是几十年临床经验的积累，非常宝贵，要细心地琢磨体会，加以传承。”朱兰颇有感慨地说。

朱兰将自己多年的临床针灸病例加以总结，发表了数篇学术论文，包括《针灸治疗顽固性呃逆22例临床分析》《针药并用治疗三叉神经痛60例》《针药并用治疗失眠临床观察》等，此外，她还将火针治疗膝关节炎、体针加灸医治痛经、针刺治疗偏头疼的百余个临床案例加以分析，写成报告或论文发表在核心期刊《中国医刊》上。2010年，为进一步加强中医药适宜技术在社区卫生服务中的普及和运用，朱兰的科普著作《疏通经络》出版发行。

中医的显著疗效和适宜技术已走向世界，为世界人民服务。作为北京中医药大学客座副教授，朱兰早在2005年就参加了首批赴阿拉伯联合酋长国“迪拜草药及治疗中心”援外合作医疗工作。由于当地高温炎热和特有的生活方式，糖尿病、关节炎等比较流行，许多病人在止疼药失效后转而投向中医。朱兰一边为病人施针一边告诉他们在平时的生活中要如何保养以便巩固治疗效果，病人们对针灸这种“绿色医疗”很是认可，尽管他们不明白为何中国的植物草药和医用小针就能减轻折磨他们多年的顽疾。

此外，朱兰多次参与民主党派维护妇女儿童权益、改善就业与生存环境、义务医疗服务等活动；多次前往“儿童村”为孩子们义务体检，送温暖；两度随“共铸中国心”团队赴内蒙古、甘南藏区，筛查先心病患儿，为老少边穷地区的孩子们送医送药；也是门头沟、延庆“九三名医工作站”受聘专家之一，多年来的辛勤工作得到了九三学社市委和各级妇联组织的认可，2016年3

月，获得北京市“三八”红旗奖章荣誉称号。

建言“强基层”

随着人口老龄化的推进，失能、半失能老年人的数量持续增长，医疗和护理问题日益突出，养老医疗问题已成为社会、政府、百姓关注的热点问题。

作为市、区两级政协委员，朱兰对养老医疗问题十分关注。她积极参加政协、党派组织的调研活动，深入走访社区卫生服务中心、卫生站和养老机构，广泛了解基层卫生服务的现状、存在问题和百姓对养老、就医的需求。在朱兰看来，把每一点问题、每一条建议写进提案，是她分内的责任与担当。

“老年人患病率高，患病种类多，且多是患病时间长、并发症多、治疗难度高的慢性病，这就对养老服务和医疗护理服务提出了新要求。”朱兰长期关注基层养老医疗问题，通过调研和自己曾经照顾术后老人的亲身经历，她认为，老年人的养老医疗需求大致分为两种情况：对于有自理能力的老年人，他们需要的基本医疗服务更多的是慢性病的管理、生活方式的干预和日常的健康指导；另外一部分则是失智和丧失自理能力的老人，他们需要更为专业的医疗护理与日间照料。“针对慢性病的干预，需要政府加大基层医疗服务的覆盖面，继续增加基础设施投入，继续完善健康管理机制和加快建立急救通道；而对于失能老人，就要立足于其生活必需的基本医疗服务，特别是具有专业技能的康复护理，比如术后病人的翻身、输液等等。”

“做好养老医疗工作，强基层最为关键。”在《关于积极探索医养结合模式，推进养老产业发展的提案》中，朱兰提出，政府要保基本、给政策、建机制，继续推进和完善社区卫生服务功能，为“医养结合”奠定坚实基础。她建议：要真正下大力气加强社区医疗队伍建设，建立长效奖励机制，提高基层社区从业人员待遇；结合社区养老长期康复及照护服务的需求，继续加大对社区卫生服务医疗设备投入，为基层社区医疗康护提供硬件保障；充分发挥社区居家养老网络服务平台的信息管理作用，利用“健康档案”和“家庭医生式”服务团队，为社区老人提供更为优质的医疗服务。

人才是卫生事业发展的战略资源。对此，朱兰建议一方面依托高等、高职院校资源，开展养老护理相关人员的教育、培训及资质认证工作；另一方面对养老护理人员进行继续教育，促进养老从业人员的技能持续提升以及职业资格的标准化认证。鼓励以企业为主体投资建立专业培训机构，整合社会教育与医疗体系资源，助推专业人才培训与成长。

身为中医大夫，朱兰对中医药进入并扎根社区卫生服务工作给予了长期关注。她认为，中医适宜技术为患病人群、亚健康人群提供简捷的治疗和预防手段，由于操作简单、安全，所需的设备、场地的要求容易达到，极适合在社区开展。她在《关于进一步完善和加强中医药在社区卫生服务中的功能和作用的提案》中建议：在内涵建设上下工夫，加强基层医疗机构的中医药特色优势建设，同时进一步重视发挥中医药“传帮带”的传统优势，运用上下结合，高低相伍，学用相融，理技相通的人才培养模式，促使社区卫生服务中医药人才的理论和医技水平有较大幅度较快速度的提升。

金莲淑　律政佳人的赤子情怀

崔　晨

“中国第一考”的司法考试只有10%的通过率，而这仅存的10%中再除以3，才是女律师所占的比例。北京市政协委员金莲淑就是其中的佼佼者，但她的目标远不是做几分之一，而是做第一。经过大胆开拓与不懈努力，她逐步实现了自己的目标，在中韩两国还未建交时，就成为为韩商提供法律服务的第一人，从此开启了涉外法律服务之窗。在事业获得成功后，金莲淑又将工作重心转向维护少数民族权益与促进民族团结事业上，用法律之盾为民族事业保驾护航。

开启涉外法律服务之窗

金莲淑出生在牡丹江畔的一个朝鲜族普通工人家庭。小时候，她心目中的北京是遥不可及的圣地，当她学唱着“我爱北京天安门”时，是怀着那种纯朴的感情向往北京天安门，但她做梦也没有想到能成为一个北京人。在从艺、参军、高考等梦想一一破灭后，金莲淑的志气并没有再而衰、三而竭，而是将激情转为理智、冲动变为沉稳，很坦然地接受现实，重新规划了人生目标，毅然决然地选择了自学成才之路。她刻苦自学日语，在不长的时间里，就能惊人地翻译日文技术资料，为她所在单位的技术改造做出贡献。后来，组织上保送她到哈尔滨师范大学外语系日语专业学习。毕业后，她又开始第二专业的学习，进入黑龙江大学学习法律。求知若渴的金莲淑并没有停止求学的脚步，她又考取了中国人民大学法学院的研究生。

1987年研究生毕业后，金莲淑被分配到北京市委党校工作，教授法学。在教学之余，金莲淑也会做兼职律师，不是为了挣钱，而是可以将实践中的案例带到课堂上。“这时候我已经开始接触韩商了，主要因为我是朝鲜族，精通韩语，可以为一些想要来华投资的韩国企业提供一些法律咨询。”金莲淑所接触的第一个涉外案子，是一家韩国纪念品公司欲和北辰集团合作，但由于两国没有建交，韩商不能来京洽谈，韩商找到北京的一位亲属，请其发邀请来中国，但需证明两人的亲属关系，这就涉及涉外公证，金莲淑的工作就是为其亲属联系公证处并代理完成公证。“所以，我为第一家韩资企业进入中国提供了服务。”金莲淑的自豪之情溢于言表。之后她又全程参与了洛阳一家玻璃厂与一家韩国企业在京设立合资企业，“从开始谈判、签订意向书、起草协议章程，到为韩方办理北京第一个韩国籍居留证等，从头至尾都是我提供的法律服务”。几次工作实践，使金莲淑感受到韩商来华投资的热情，自此，她放弃了留学日本学习商法、为我国商法立法做贡献的想法，决定开拓另一空白领域——做涉外律师，为现代化建设吸引外资提供法律服务。

1990年，金莲淑作为志愿者参加了北京亚运会。在这场体育盛会中，她为韩国记者团提供语言等服务，对于韩国人有了更加直观的了解。她的敬业工作也得到亚运会组委会与韩国记者团的一致好评。

在与韩商及韩国记者的交流中，金莲淑进一步了解到，不少韩资企业很看好中国市场，但由于不了解中国的政策、不懂中国的法律，不敢到中国投资。为了消除这个隔阂，1991年初，在中韩两国还未建交时，金莲淑就自费出访韩国，向韩国社会宣传中国的投资环境，并表明自己要成为韩国来华投资贸易的法律窗口。金莲淑的出现，引起了韩国众多媒体的广泛关注，报纸、杂志、电台、电视台等媒体纷纷采访她。韩国MBC文化电视台本来要同时采访中国驻韩国代表处和金莲淑，但临近采访的前一日中国驻韩国代表处婉言谢绝，他们就抓住金莲淑不放。“当时我很紧张，由于是在韩国议会广场现场直播，我很怕说错话，但是我又不想放弃这难得的宣传中国的机会。”最后，金莲淑凭着一颗赤诚的爱国之心，接受了电视台采访。这个宣传很有力度，在韩国引起了不小反响，而金莲淑却被韩国当局怀疑为中国间谍，经常被跟踪和骚扰。此时，精神高度紧张的金莲淑承受不了那么大的压力，胃病发作而不能进食，甚至后来卧床不起，她以为自己得了多大的病。结果，到医院一检查，医生诊断不过是神经性胃炎，金莲淑也达到了解韩国对华投资热情和向韩国宣传中国投资环境的目的，在韩逗留两个月后回国，“真很神奇，离开韩国时胃还疼痛，但我刚一踏上祖国的国土，胃立即一点儿都不疼了”。

1992年8月24日，中国与韩国正式建立大使级外交关系。11月，北京律师协会与韩国汉城律师协会进行了首次交流，金莲淑做了重要的穿针引线的工作。之后，她连续参加了十一届北京律协与汉城律协的交流活动，汉城律协于1999年特地向她赠予了感谢牌和象征开启汉城和北京律师界交流的幸运钥匙。

中韩两国建交后，韩国资金陆续投往中国，金莲淑的业务越来越繁忙，内容涉及外商投资、国际贸易、知识产权、海商海事、反倾销等诸多领域。为了适应工作需要，1994年，金莲淑作为主要发起人，成立了我国第一家以为中韩贸易往来提供法律服务为主要业务的律师事务所，取名“金平”，是“金天平”之意。“之所以选这个名字，是因为‘平’代表公平正义，‘金’象征最优质服务，而且‘金’又是韩国的大姓，这个字号会使他们感觉亲切；也就是希望能够取得他们的信任。”事情如她所愿，“金平”很容易为韩国客户所接受。金莲淑带领团队为韩国企业来华投资贸易提供优质的法律服务，同时通过诉讼和仲裁为他们挽回了巨额的经济损失。而很多国人当时却不理解金莲淑的做法，说她是替外国人办事、为外国人说话，其实，金莲淑是在以自己的实际行动维护中国法律的尊严。

20多年的律师生涯中，金莲淑一直保持零投诉。她被国务院表彰为“全国民族团结进步模范个人”，还先后获得“全国三八红旗手”“北京市优秀中国特色社会主义事业建设者”“北京市十佳律师”“北京市司法系统人民满意的先进个人”等荣誉称号。

感恩之心反哺民族事业

1991年，金莲淑第一次出访韩国时，韩国媒体十分关注两方面的情况，给她提了两个尖锐的问题：一是“作为女性，在中国是否男女平等”？二是“作为少数民族，在中国是否被歧视”？金莲淑回答得情真意切：“你们不了解中国，中国政府对少数民族很关怀。少数民族在中国不仅没有被歧视，还受到特殊照顾。”她举了儿时的一个例子，朝鲜族爱吃大米，政府每月都会多分配给朝鲜族家庭几张米票的事例予以证明。这些细小的事情让金莲淑感激一辈子。

“我来自少数民族，从小是在党和政府民族政策的关怀下成长起来的。现在我在事业上有所成绩，真的是抱着一种很朴素的感恩之心，想要报效国家、回报社会。”这些话不是空洞的表态，而是金莲淑内心的真实写照，更体现在她的具体行动中。2004年，金平律师事务所成立10周年时，金莲淑以一种特别的方式予以纪念——捐资助学。她在自己的母校人民大学设立了“金平律师助学金”，资助贫困大学生。从2004年开始，每年资助5个孩子，连续帮助3年，第4年则提供实习机会，同时给予实习补助。

除了捐资助学，金莲淑逐渐将心思与精力投向民族团结事业。金平律师事务所在招聘工作人员时，特别重视招收少数民族。如今，所里有5种民族成分，且少数民族员工数量占总员工数的35%之多。她带领所里多民族律师，为维护少数民族权益与促进民族团结事业做了大量工作。

2007年，金莲淑与北京市民族事务委员会取得了联系。当得知市民委在通过北京市民族联谊会为来京的少数民族流动人口提供各种咨询服务，但还没有人负责法律咨询时，金莲淑主动请缨。从此，金莲淑成为北京市少数民族联谊会的理事，无偿为北京市流动少数民族提供法律咨询服务。很多朋友说金莲淑傻，由于民族问题比较敏感，是很多律师避之不及的，但金莲淑却把它作为已任。2011年初，金平律师事务所又与北京市少数民族联谊会联合开通了“北京市民族法律咨询热线”，通过向少数民族群众提供婚姻、继承、劳动、人身伤害、合同等内容的普通民商事案件及刑事案件的义务法律咨询，开展法制宣传，妥善处理涉及少数民族群众的法律问题，推动化解矛盾，促进社会和谐。可以说，小到家庭内部矛盾，大到涉及群体性的事件，金莲淑都寓情于理、于法，尽力化解。

2013年末，一个汉族业主与一个维吾尔族租户发生了矛盾，因为二房东擅自将房屋转租，在合同未到期时，业主卖屋而需要腾房，给这个维吾尔族租户带来影响。因此，维吾尔族青年兄弟到“民族法律热线”咨询。开始两兄弟很激动，金莲淑不仅耐心听取他们的诉说和要求，还向派出所民警了解情况，之后又与业主方联系试图调解，但双方各不相让，而且全部放了“狠话”。在业主发出搬迁通牒期限的前一天，金莲淑再次与业主方联系，但对方不要再听说服，且表示次日就赶走租户并挂断了电话；维吾尔族兄弟则表示，只要来赶他们走就要玩命。面对情绪激动的维吾尔族兄弟，业主方态度非常强硬，这可怎么办？眼看矛盾就要升级，金莲淑万分着急，苦思冥想给业主方发出了一条短信，结果事情一下子解决了。短信的内容很简单："前些天，我旁听了大兴摔婴案的审理，走到这一步，孩子的妈妈和犯罪之人都后悔莫及。我现在想要做的只不过是要化解一个纠纷而避免一场悲剧发生。"这条短信意想不到起到了化干戈为玉帛的作用，业主终于同意让步。金莲淑又做维吾尔族青年的工作，他们也同意腾房。这样，业主、二房东和维吾尔族租户达成和解，避免了极端事件的发生。

三年来，民族法律咨询热线共为藏族、维吾尔族、蒙古族、回族、满族、白族、彝族、朝鲜族等少数民族群众提供免费咨询360多人次，帮助少数民族流动人口维护合法权益。金莲淑及她的团队通过热线咨询和代理案件，不仅为少数民族群众提供法律帮助，还向他们宣传法律知识，而且向纠纷的双方当事人宣传民族政策及民族团结的重要性，使一些矛盾得以解决或缓解。

2014年，金莲淑又为一个涉及藏族群众的案子奔波。其中一犯罪嫌疑人的弟弟突然病故，亲属来电恳求检察院批准他参加葬礼送其弟弟最后一程。得知此情况，金莲淑心急如焚，马上与朝阳区检察院联系取保候审事宜，并附信函，建议、请求检察院从尊重少数民族风俗习惯、体恤犯罪嫌疑人情感、维护民族团结的角度，予以酌情处理。递交材料时已经是周五中午，犯罪嫌疑人能否参加下周一的葬礼，金莲淑心里也很是"没底"。没想到当天下午，朝阳区检察院立即通知特事特办，允许犯罪嫌疑人办理取保候审，回家参加葬礼。事情得以圆满解决，犯罪嫌疑人及其亲属都十分感激。法不容情，情融法外，金莲淑在法与情之间找准了平衡点。

如今，金莲淑又多了一条维护少数民族权益、促进民族团结的途径和渠道。2013年，她成为第十二届北京市政协委员。几年来，她积极撰写提案、参与调研，为少数民族权益鼓与呼。"作为政协委员，我可以脱离个案，从更高层面了解本市少数民族发展状况与遇到的共性问题，并积极研究提出解决问题的对策建议。我会认真履行好委员职责，不辜负党和群众的重托。"金莲淑眼神之中充满了新的憧憬和坚定信心。相信她一定能在"用法律服务人民"的道路上不断取得新成就。

金锡顺　文化社区追梦人

郭　隆

在商言商，对大多数地产商而言，在一个地产项目成功开发并迅速销售后，马上将眼光转入“下一桶金”似乎是顺理成章的事。然而在京城地产界却有这样一位知性典雅的朝鲜族女性，为实现内心对美好生活的憧憬，十余年来一直潜心打造着一个个文化生活的梦想。她就是北京市政协委员、世博伟业投资控股有限公司董事长金锡顺。

书香流溢自社区

出身于书香门第的金锡顺，1992年由一名机关干部“半下海”到经济开发公司做主管会计。此后，出色的工作能力和杰出的敬业精神，让金锡顺先后又在财务总监、集团公司副总裁的职务上锻炼成长，这为她日后创建自己的公司积累了经验。直至2001年，金锡顺真正开始了自己的事业，将打造阅读社区作为她施展才华、实现梦想的空间和舞台。

“我做项目会更在意社区公共空间文化氛围的实现”，从2001年开始，金锡顺就全身心投入到她的第一个主题文化地产项目——“诚品建筑”的开发建设及运营中。她追求完美，注重文化的偏执在这个项目中也得到了淋漓尽致的发挥。

“这与我小时候的成长经历有关”，金锡顺说，她的童年时代生活在一个非常和谐、富有文化气息的居民大院。晚饭后邻居们都会到院子里闲坐，谈天说地；孩子们则扎堆在一起讲故事、猜谜语、朗诵诗歌。这种生活氛围从小就影响着金锡顺，在她的心目中，一个美好和谐、具有文化气息、能有公共空间供人们思想交流的社区，能给孩子成长提供一个潜移默化的正向的影响。“和谐，祥和，阅读，交流”，金锡顺用这样的词汇来描述她心中的文化社区。“社区应该具有如《桃花源记》中所描述的那种祥和的氛围，我梦想着能打造一座阅读建筑，赋予它文化的灵魂和精神的内涵。”金锡顺说。

金锡顺对文化的热爱与依恋，起初最直接地反映到以图书馆形式呈现的诚品建筑销售大厅。坐在这座图书馆氛围的销售大厅内，在书的环绕中，既能感受到书香流溢，又有咖啡飘香。美国乡村民谣在耳边轻轻回荡，不经意间，心灵仿佛与之相通相融，灵魂仿佛得到涤荡与升华。闲暇时光，业主可以在音乐缭绕、咖啡馨香的图书馆里零距离接触梵高，感受米兰·昆德拉的《生命不能承受之轻》，跟随余秋雨漫步文化苦旅。

拥有近百位名家及业主荐书的社区咖啡图书馆投入运营后，最让金锡顺感到欣慰的是能看到许多孩子在母亲的带领下来图书馆看书。“阅读是美好的时光，社区图书馆正是为大家提供一个精神休憩和滋养的地方。”金锡顺说，闲暇之余，业主可以到图书馆来看看新书，见到好朋友在咖啡厅里聊一聊。正如诚品建筑图书馆和咖啡厅中间的玻璃门上有一副对联：推门见咖啡知己，回首望书卷傍身。

在商言商，在利润面前，大部分商人都会很容易做出选择。然而，图书馆的事宜却曾一度让金锡顺举棋不定。“在建设图书馆的问题上，很显然既会减少销售收入，更将开启在运营上长期的公益投入，公司内部分歧很大，我是一意孤行顶着压力坚持下来的。”金锡顺的坦率和真诚，让你似乎仍然可以感受到她当时内心的一种挣扎与激情，“但为实现精神生活的梦想，我们决定作图书馆，哪怕年年贴钱，也要实现‘使每一位居住在诚品建筑中的人，深切感受并喜爱被文学、艺术包围的生活，使阅读成为诚品建筑独特而新鲜的生活风尚’。”交谈中，金锡顺无处不在表达着这一层意思。

“从未如此接近文化”

当今的社会，生活节奏日益加快，快餐文化来势汹汹，有多少人还能在灯下安心地读书，体会书中文化的真味。可是对于真正爱书的金锡顺来说，文化就是她的生活方式。出差时金锡顺总要带上几本书，即使没时间看，也有一种精神期待，“工作之余我享受在床上翻开书的感觉”。

金锡顺的渴望阅读和人文关怀应当是诚品建筑诞生的初衷。她说，流行会变，阅读却是不变的流行；岁月会老，阅读让心灵不老；思想会改，阅读使生命的深度和宽度不改。

为使业主在有限的生命里面读到更多有价值的书，金锡顺亲自向百余位名人致函，邀请他们为诚品建筑社区图书馆推荐好书。现已有王蒙、冯骥才、余秋雨、吴祖强、丁聪、水均益、白岩松等50余位知名人士参与，共推荐各种好书一万余册。金锡顺还启动了“业主荐书”的活动，让每一位业主都有机会把自己读书的心得拿出来分享，不少业主因此成为了朋友。

为了让文化成为社区生活必不可少的一分子，金锡顺还致力于安排一系列的社区文化活动。诚品建筑有两个比较大的文化活动，一个是名家讲堂，另一个是文化沙龙。名家讲堂邀请的是名副其实的名家，王蒙先生来这里讲过“营造我们的精神家园”，苏叔阳先生讲过“在全球文化进程中中国文化的能动性”，余秋雨先生讲过“关于文化、阅读和生活”，舒乙先生讲过“老舍《茶馆》与小说人物”等，可谓是群英荟萃，高朋满座，其中所涉猎范围包括音乐、绘画、构建和谐社会、家庭教育、法制社会建立等。文化沙龙更像一个文化自由论坛，“葡萄酒与弦乐四重奏”“女性主题沙龙”“文化艺术沟通心灵——漫谈中西文化的差异、碰撞、融合”等都曾是沙龙的主题。这里的环境更为自由，发言更为活跃，大家可以畅所欲言，一片欢声笑语。

“如今的社区名家讲坛已经发展为社区文化共建的一个载体”，金锡顺说，业主们自发组织成立了社区文化委员会，对于论坛的主题、内容提前安排，并自发联系主讲人。比如，文化委员会请来了电影《神探亨特张》的编剧和非专业演员的主演，讲电影创作的前后。台湾音乐人给大家讲台湾民间的中国文化传承，退休大使讲欧洲文化，音乐学院院长讲民乐欣赏，业主“讲师”们的专业和精彩程度就连社区外的老院士、老教授都慕名前来旁听。

生活在诚品建筑的每一位业主似乎都在表达着同一个心声，“从没有如此地接近文化”。金锡顺说，我们举办的每一项活动主要是从他们的需求出发，一方面为满足他们专业知识汲取的需求，另一方面大家也可以在活动中充分交流得以实现释放心灵，进一步提升个人的文化素养。

金锡顺反复强调，社区文化氛围的营造需要一个培育的过程，任何半途而废或是违背初衷都是衰减的表现。“克服困难需要执着、坚持，追求梦想，也需要执着，需要顽强。”

阅读空间 精神家园

与大多数地产开发商不同，十几年来，金锡顺只完成了诚品建筑这一个“地产项目“，她把它当作实现自己理想社区、构建公共文化空间的梦想去实现，并不断地加以完善。“我在诚品建筑社区文化方面的投入完全可以用来再开发一个楼盘，正如聪明的开发商不做装修一样。但我认为购房者买房不仅是生活需求，更是一种情感投入。”金锡顺说。

“建筑是一种文化形态，是人们灵魂的栖息之地。文化得以流传，建筑才能永恒。”谈及对建筑的认识，金锡顺道出了她对建筑美学的理解：“一个杯子做得不好可以砸掉，一个建筑完成后便将存在几十年。正如余秋雨老师所言，建筑一旦完成，无形中便对城市里的人们形成一种强制审美观，无论喜欢与否每天都要面对它。所以房地产业应该设置一定的门槛，房地产商应该有一定的思想高度和审美境界。”

作为市政协委员，金锡顺非常关注全民阅读和社区文化建设方面的问题。“阅读对于一个人的心灵成长和精神发育实在太重要了”，她引用全国政协常委、中国教育学会副会长朱永新教授的观点来表达自己对“阅读”的看法：一个人的精神发育史，应该是一个人的阅读史；而一个民族的精神境界，在很大程度上取决于全民族的阅读水平；一个社会到底向上提升还是向下沉沦，就看阅读能植根多深；一个国家谁在读书、读哪些书，就决定了这个国家的未来。“北京市连续开展的全民阅读季活动推动了首都全民阅读的深入，激发了全民读书热情，提高了我国国民阅读率和阅读质量。”金锡顺建议说，下一步市政府应着眼于社区阅读文化的培育建设。她指出：“通常，每一个住宅项目都会配套底商，如今市场上不乏经营阅读空间的专业机构。政府专项资金如能以基金的形式通过参股进行扶持，再辅以政策支持，便会在更多的社区形成阅读空间，进而让更多的居民享受有文化内涵的生活，提升国民素质，最终实现美好生活的梦想。”

在社区文化建设方面，金锡顺强调要为孩子们营造良好的成长环境。通过调研，她注意到在学校放学后的一段时间，孩子们在社区内缺少一个阅读、学习、娱乐的空间。“对孩子的教育责任应延伸到社区，可以通过政府给予相应的政策，引导更多的企业参与社区‘安亲班’的运营。”在妇联界别组的考察、交流活动中，金锡顺欣慰于与海淀区中关村第一小学校长刘畅委员关注到同样的问题，得到了妇联界别组领导的高度重视。

如今，在完成了诚品建筑，实现了“生活的学者，学者的生活”梦想之后，金锡顺又完成了她的第二个充满了艺术使命感的“马奈草地”，实现了“生活的艺术、艺术的生活”的梦想。

也许每个人都在“入世”和“出世”之间徘徊，采访结束时，金锡顺带着几许憧憬：“有一天，当我退休了，不再拼搏，我会用更多时间照顾老公、家人和孩子，把我的家打扫得一尘不染，布置温馨，然后要做的就是静静地读书、读书。”

黄小群　从“艺”到“师”的华丽转身

崔　晨

黄小群是把金丝彩砂不断创新、推向现代艺术轨道的重要人物，她始终坚持将传统民间工艺与现代美学艺术相结合的道路，这一路她走了近40年，这一路也是她从艺人到工艺美术大师的蜕变之路。

破茧成蝶

小学六年级的黄小群就经历了“文革”那场动荡，学业一度中断，16岁时，在毛主席“知识青年到农村去，接受贫下中农再教育”的号召下，来到内蒙古生产建设兵团。在艰苦的环境下，从小喜欢美术的黄小群并没有放弃梦想，田间地头、桌椅板凳、邻居大妈小孩都是她练笔的对象，她还经常给团里出板报、画专栏，展露了美术才能。

1975年，“文革”即将结束，这一年已经荒废的教育体系开始恢复运转。刚开始，大学还不能报考，只能通过推荐，黄小群以优异的表现赢得了宝贵机会。“当时是北京师范学院艺术系的老师来招生，考试的内容是素描肖像，虽然我从来没有接受过正规训练，但最终的结果还不错。”招生老师的一句“画得挺像！”给了黄小群莫大的鼓舞。当时的激动场景，黄小群至今仍记忆犹新。而之后的结果却如反转剧一般上演，黄小群由于父亲曾被打成“走资派”，加上“大地主家庭”的出身，寄出去的档案被学校退还回来。一位兵团干部给她出主意：“北京是政治中心，可能到了呼和浩特这样的地方就不会那么严苛了。”于是，档案又被发往呼和浩特的一所师范学院，但档案再次被退回。再退而求其次，换成包头的一所中专学校，结果是第三次被拒绝。“那会儿太难了”，黄小群深切体验到了政治门槛的力量。

随着知青返乡的风潮，失意的黄小群回到北京。她的一位亲戚当时在“二轻局”工作。“二轻局”是工艺品厂的领导单位，这位亲戚知道黄小群有美术底子，就让她在工艺品厂的工艺门类里先挑一个做着。黄小群选了釉上彩绘，成了该车间的一名学徒工。

工作六年后，那时的社会气候已经根本改观，黄小群又有了进修的想法。经过努力，黄小群以倒数第三名的成绩考入北京的一所艺术院校，兴奋和忐忑让她当晚无法入睡。兴奋的是看到了希望，忐忑的是以当时她的年龄显然是在跟一群孩子竞争，“班中年龄最小的能与我相差十二岁。”这种“身份错位”一度让她无法适应。

从学校毕业后，她再度回到工艺品厂，在设计室从事产品设计工作。厂长赏识，有意提拔她为技术科长，出人意料的是，黄小群非但没有接受，反而干脆下海了。下海，对黄小群来说，不是对金钱的追求，而是对工艺创新的不断追求。

镶金边的事业

下海后，黄小群忙于更多新的尝试，在工艺上选择了金丝彩砂。彩砂工艺是一千多年以前通过佛教传到我国的，该工艺又融合了我国艺术瑰宝景泰蓝的工艺元素，历经明清两个朝代，制作艺人代代口授相传使其技巧得以发展，但后来饱受战乱，工艺几近失传。传统的金丝彩砂，程式化比较突出，几乎不见现代美学元素。黄小群的革新，与她着迷于西方绘画不无关系，她摒弃了大面积使用掐丝技艺的方式，将油画、水彩画、国画等艺术融为一体，采用堆、点、砌多种技艺，形成了自己独特的风格。“金丝彩砂最主要的两道工序就是掐丝和点蓝，创意就在于恰当处理好金丝与色釉的关系。”黄小群娓娓道来，“我曾创作了一幅作品：夕阳西下，一条小船停靠在芦苇边，在这样的场景中，将小船的轮廓用掐丝工艺表现，金丝闪闪亮亮，仿佛落日余晖照在船舷上……”虽然只是用语言勾勒，但画中的美丽意境已浮现在人眼前。黄小群的创意与创新让这千年工艺焕发出新的生机。

对于选材的创新也是黄小群所热衷的。由于免去了景泰蓝的烧制工序，黄小群认为金丝彩砂的材质可以有更多选择，其表现形式也就更为多元。她首先选择了鸵鸟蛋，“鸵鸟蛋壳艺术品是从西方流传过来的，工艺是以雕刻和绘画为主。我当时的想法是把我们中国元素、掐丝技艺运用在鸵鸟蛋壳这个具有天然魅力的载体上，使其手工艺术的价值获得提升”。这一创意获得了联合国教科文组织颁发的“世界杰出手工艺徽章”，在大获成功之后，黄小群一发不可收拾，用此工艺为“香港政府大楼”做壁画；为“抗日战争纪念馆”做英烈碑回廊；为“秦始皇纪念馆”做大幅秦始皇像；为奥运纪念馆做内墙装饰；最近又将此工艺用在天然葫芦上，材料应用的创新拓展了她将传统工艺设计在时尚领域的视野，更拓宽了她的“工艺美术”行进之路。

“在实现梦想的道路上，我原本的初衷并不复杂，只是想从传统中逃脱出来做一些新的尝试，让老气横秋的传统工艺与现代审美结合起来。但越到后来越发现，这种尝试对于一门传统工艺而言的重要性。假如这门工艺还照搬以前，它早晚都会跟现代社会脱节，脱节就要面临被淘汰的危险，即便有政策扶持，那也不可能绽放艺彩，获得生机。”但黄小群也时刻警醒，让自己在创作中保持对传统的延续性，“一旦失去传统这块土壤，把金丝彩砂全盘现代化，将会失去民族文化的根基，艺术也就没有了生存的基石”。

“相较于燕京八绝，金丝彩砂就像是小语种，在北京并没有更多的人认知。”2003年，她的作品获得了全国旅游设计大赛的“金奖”。自此之后，她才进入了作品获奖的黄金期。直到今天，她参加的各种专业大赛，几乎没有空手而归。特别是2006年，她的作品作为全国送选的120件之一，参加联合国教科文组织“世界杰出手工艺徽章”的评比，在各国专家的严苛评判下，共授予中国的12件作品“世界杰出手工艺徽章”，她的作品成为北京唯一的一件入选作品。“这是我曾获得的含金量最高的荣誉。”黄小群激动地说。这些年来，黄小群的作品共获得30多项大奖，为她的事业也镶上了一缕缕金色；2005年她被评为北京工艺美术大师，完成了从“艺”到“师”的华丽转身。

传统文化传播与传承

为了推广自己的作品，黄小群不断参加各种展览会，她的第一笔订单即来源于此。首先发现她作品不同寻常的是北京市政府外办的一个主任，他主动与黄小群联系，希望用这种工艺设计北京的代表性景观，诸如长城、故宫、北海等。黄小群自然明白这个机会对自己的重要性，“也记不清具体出了多少个设计样品，只记得抱了一大摞跑到主任的办公室，在待客用的长沙发上摆了一长溜，主任看了后把觉得不错的设计一一点出来，并当场确定了数量”。

交付完第一笔单子，黄小群差不多有几个月的时间再没露面。对于这些作品，她极度焦虑而不自信。但此时，市外办也在焦急地等待与黄小群联系，他们通过工商局找到了黄小群的手机号码。“你们做的那幅长城的作品啊，市长当作礼品送给来北京访问的美国商业部长了，商业部长特别喜欢，回国后还专门给市长写了一封感谢信。”听到这里，她才长舒了口气。此后，黄小群与市外办开始了长达十几年的合作，她还将作品逐渐从外事礼品扩展到旅游纪念品，在首都机场等对外窗口销售，在对外弘扬中国传统文化方面起到了积极的作用，也为她事业的发展奠定了扎实的经济基础。

对于民族工艺的传承，黄小群认为应该从娃娃抓起。去台湾交流的经历给她深刻启迪，“台湾的传统工艺传承政府非常重视，他们的做法就是垒金字塔的方式，塔基大了就会有坚实的塔尖，对孩子的教育就是在垒‘民族艺术’的塔基”。对此，黄小群开始付诸实践。2013年，她已在北京市第八中学开始了“非遗进校园活动”的尝试。“八中非遗项目进校园活动找到了我，我们一拍即合，在政府的支持下，八中的校园展览顺利举办，就这样，八中的兴趣班在学生们的热情下开课了。”在一学期的实践中，八中教务处的老师总是说，上黄老师的兴趣课，下课铃都失去了作用，学生没有停下来的，还是沉浸在手工制作的乐趣中。“看到孩子们这么喜欢，我感到极大的慰藉！”有了这次尝试黄小群打算在北京市其他中学也开展非遗进校园的公益活动。

倾心巧娘事业

2006年，北京市妇联与科委，为了给城乡妇女提供创业就业途径，联合推出“巧娘工作室”。事业进入黄金期的黄小群也入选其中，截至目前她已先后带动两百多名妇女就业。不仅倾囊相授手艺、技法，灵魂修养的培育、引导是黄小群更为看重的。她经常与“巧娘们”交流谈心，尽其所能帮她们解决实际困难，在她身边的女工，能力提高了、收入提高了、自信提高了，在家庭和社会中的地位提高了，家庭也更加和谐。对待自己企业的员工，黄小群倾注了像对待自己孩子一样的心血。特别是每当有“巧娘”由于结婚、生子等原因不得不放弃工作的时候，让她感到心如刀绞，“妇女们常常是为了家庭而放弃事业，我真的非常为她们惋惜，她们在这条路上走着，前期付出了许多努力而不能看到结果，是她们的悲哀，也是传统艺术的悲哀。随着年龄的增长，这种惋惜更变成心痛，觉得无法承受了”。说到此，黄小群的眼中已泛起了泪花。现在，她更多地把培养精力放在因带孩子无法上班的“妈妈们”身上，希望通过她的努力让这些女性有机会实现自己的创业梦想。

身为北京市巧娘手工艺促进会副会长的黄小群，把这种情感转化到对整个巧娘事业的扶持带动上。2013年成为北京市政协新委员的她辅助妇联界的委员共同提交了《扶持“北京巧娘”可持续发展的提案》，在妇联各届领导的推动下，该提案受到了政府各部门的重视，当年就取得了实效。“市妇联主席第一时间通知我：咱们的提案得到了政府财政的支持，而且是持续性的。”这给履新不久的黄小群极大鼓励，也激发了她继续为“巧娘”这个群体做好工作的热情。她不断思考着，下一个提案应该写些什么。

这么多年来，黄小群几乎没有过休息日，“我总觉得自己该停下来了，却怎么也做不到，就好像骑在马上，马往前走你就得往前行，半路下马是不可能的”。

如今，作为政协委员的黄小群又多了一项让她停不下来的理由——神圣的政协履职使命。

胡雪峰　爱国爱教　遵法学修

郭　隆

在东城区内城的东北角，有一座伫立了三百多年、驰名中外的藏传佛教寺院——雍和宫。沿着宽敞的甬道步入这清净的道场，顿感古刹的庄严与藏传佛教名寺的风范，遂令人心往宁静与参悟。在北京市政协委员、中国佛教协会副会长、北京佛教协会会长、雍和宫住持胡雪峰的带领下，这座昔日的皇家寺院，正不断焕发出新的生机与活力。

“我是蒙古族，自幼受父母熏陶，笃信佛教。”胡雪峰出生于辽宁省阜新蒙古族自治县佛寺乡一个普通人家。1981年，15岁的他到雍和宫出家，取法名罗桑·散布丹。作为雍和宫对外开放后的第一批学僧，胡雪峰一心法门，严修慧学，虔诚礼佛，很快便在同辈学僧中脱颖而出。1983年，第十世班禅大师的经师为其授了沙弥戒。自此，他更加严守戒律，如法修持，在以优异的成绩从中国藏语系高级佛学院毕业后，胡雪峰回到雍和宫继任经师。由于他聪慧睿智、博学多才、精通佛法、德行高深，1994年被选为雍和宫副住持，2010年1月升任住持。1995年，中国藏语系高级佛学院副院长却西活佛为其授了比丘戒。

爱国爱教 礼佛修心

“国家稳定富强了，佛教才能发达。”在胡雪峰看来，作为僧人首先就要爱国爱教。“历史上，雍和宫为维护祖国统一、民族团结做出了巨大贡献，也无可辩驳地证明了西藏是祖国不可分割的一部分；在当代，雍和宫更要正确宣传党的民族宗教政策，成为展示国家民族团结和宗教和睦的一个窗口。”他表示，雍和宫凭借在我国佛教寺庙中的地位，应当担负起维护祖国统一和民族团结，对外宣传党的民族宗教政策的责任与使命。改革开放以来，雍和宫秉持佛教热爱祖国、庄严国土、追求和平的理念，坚持爱国爱教、护国利民，每年接待十余位外国元首、政府首脑和宗教领袖，成为对外宣传党和国家民族宗教政策的重要窗口。“我们始终牢记十世班禅大师提出的四个热爱：热爱社会主义祖国、热爱共产党、热爱中华民族、热爱自己信仰的宗教。”胡雪峰说。

爱国爱教，一定要提高僧众的政治和文化素质。为增强僧众对祖国建设崭新面貌的感性认识，了解改革开放以来的辉煌成果，雍和宫先后组织僧人到韶山、延安参观学习，组织参观西藏建设成就、新中国成立60周年成就展等大型展览。这使僧众们深刻认识到法运常随国运兴，只有自觉维护国家统一、民族团结、社会和谐，佛教才会彰显时代价值。对此，胡雪峰表示：“作为北京市佛教协会会长，我有责任带领整个北京市宗教界人士，发扬爱国爱教的传统，发挥宗教引导人心、营造和谐的正能量，为社会发展做贡献。”

胡雪峰爱国爱教，不仅几十年如一日潜心研修佛学思想，而且十分重视传统文化和现代知识的学习与积累。作为学佛中人，他始终以戒为师严格要求自己，言必提佛法，又能将佛法与社会主义社会和现代观念相融通。他常说：只有将佛法同具体的社会现实和人生现实结合起来，才能为创建和谐社会、净化人心、庄严国土这一目标服务。对于佛教提倡的报四种恩，他是这样理解的：报国土恩，国家稳定，经济腾飞，佛教才能兴盛；报父母恩，父母养育自己不易，知恩要报恩，才能发慈悲心、菩提心；报众生恩，我们吃的粮食，饮用的水都是工人、农民辛勤劳动创造的，你只有做好事，才能福德增长；报师父恩，师父把我们领进佛门，才能学到各种知识和本领。

“作为僧人，要遵循佛法，注重学修，广学多闻才能度化一切众生。”听胡雪峰讲佛家修行，会有净化心灵之感。他说，出家人要身、口、意三业与佛法相应，心观佛、口念佛、身礼佛，“佛家讲智者修心，我们要将烦恼化为菩提，达到人格的完善，心口如一，这样才会使心境平和愉快；只有学会做人，才能达到觉悟；人生在世，生死无常，顽强的精神是战胜一切困难的前提；心平气和，淡泊物欲，才能活得真实自在”。在胡雪峰看来，佛教与世俗的人生是相通的，他举例说，佛家认为化解掉无名火才能吉祥，人在发无名火时心静没有了，和气没有了，功德也没有了。所以不光是僧人，整个社会都需要修行，心静了才能身体健康、心情愉快、家庭和睦、社会和谐。“出家人讲究戒、定、慧，以戒为师，依教奉行，如同我们社会的依法治国，按规章制度办事，以戒而得定，以定而得慧，自然而然静下来、定下来，自然而然去学习，感悟智慧人生。”

如法如仪 风清气正

近年来，雍和宫每年的游客量都在200万人以上。大年初一，雍和宫大街堪比春运最繁忙时候的火车站，七八万信众要在几小时内进寺祈愿。为什么这座佛家寺庙香火越来越旺？胡雪峰说，纯净的道场和神圣的佛法吸引了信众。

“一个寺庙一定要道风纯正，僧人一定要有坚定的信仰。”胡雪峰管理寺院有其独到之处，他认为：作为寺院，只有僧像僧、庙像庙，寺院的香火才能旺盛。在寺院宗教事务的管理中，他在坚持“学院丛林化、丛林学院化、修学一体化、管理科学化”的方针，完全按照藏传佛教仪轨做佛事，建立严格的规章制度，早课、晚课、学习、重大法会都要办得“如法”，保持了高水平的宗教威仪。在道风建设方面，胡雪峰提出的要求为：净化道场，做到“干干净净”；如法如仪，做到“安安静静”；众缘和合，做到“恭恭敬敬”。他对僧人的管理同样贯穿着“和合”思想，他要求僧人们做到“六和敬”，即“身和同住、口和无诤、意和同悦、戒和同修、见和同解、利和同均”。他认为，只有大家团结一心，共同遵守寺院的各项制度，信众才能信服，寺院才能管理好。雍和宫通过敬佛、敬法、敬僧的宗教仪轨，僧众上下相敬、以礼相待。法事活动如法如仪，僧众严守戒律教义，使干净的寺院、安静的道场让人“身入庄严处、心生神圣念”。

“人能弘道、非道弘人。”雍和宫历代住持非常重视僧才的培养，从选好才、立好僧、重修持几个方面严格僧团管理。胡雪峰进一步要求僧众严格依据佛教教规生活，严守戒律、正信正行，经年潜心学修、弘法利生。在法轮殿，游客每天都可以看到僧人念经学习的情景。雍和宫有自己的佛学院，除佛学院教师授课外，还聘请北京大学、中国人民大学等著名高校的专家教授讲课。在管理制度方面，按照《宗教事务条例》规定及《藏传佛教寺庙管理办法》，制定了《雍和宫庙务管理委员会规章制度》，僧众人手一册，确立了按制度办事、用制度管人的现代管理模式。庙管会定期召集僧人大会，及时点评遵守制度、以戒为师、日常行为与礼仪规范等方面的情况，奖优罚劣。经过长期不懈的教化引导，使僧人遵规守戒、信仰坚定，宗教活动规范有序，处处洋溢着庄严吉祥的和谐气息。

作为雍和宫住持，胡雪峰反对将佛教商业化、庸俗化、世俗化。据了解，近年来，雍和宫撤销甬道旁和正门广场处的几十家出租摊位和商亭，去除寺院的商业气息，提倡“顶礼佛法僧三支香为宜”理念。在中国传统佛教中，很多信众往往对某位僧人有很深的敬仰之情，并乐意以金钱的形式供养。部分信众会习惯性地向师父供奉红包，不过，雍和宫僧人的回应方式都是一样的：感谢，但我们个人不接红包，请您放到功德箱里去。另外，雍和宫也为信众开设宗教服务，在专业场所为佛像开光后，很多信众会自然地问多少钱？僧人的回答是：开光是免费的，随缘乐捐就好。

参政议政 无私利众

“政协委员意味着更多的责任和担当。”连续三届担任北京市政协委员，胡雪峰一直把学习好党的方针政策、了解好现阶段社会发展的难点问题作为议政建言的基础。他认为，佛教教义对社会的和谐、人心的净化起到了一定的积极作用。僧人要以佛教的教义观察社会，重在化解众生的烦恼，引导社会和谐。

近年来，胡雪峰从整个北京市佛教事业的发展出发，对历史遗留的佛教寺庙拈花寺的腾退问题进行了深入调研，多次提交提案建议恢复该宗教文化活动场所，满足信教群众的活动需求。拈花寺历史上是什刹海地区著名的佛教寺庙，创建于明万历九年（1581年）。腾退拈花寺对于保护历史遗存、恢复其本有的文物价值具有重要意义，也是落实党和国家宗教政策的重要体现。多年来，政协委员以提案形式呼吁腾退拈花寺，得到了市委、市政府、市政协领导的高度重视。胡雪峰的关于拈花寺腾退问题的提案被列为市政协重点督办提案加以落实。2013年6月27日，在由时任市委常委、统战部部长牛有成等市领导主持召开的北京市落实宗教团体房产政策联席会议第一次会议上，同意了拈花寺腾退补偿方案。同日下午，北京市政协主席吉林就督促落实拈花寺腾退提案召开专题座谈会，希望各方抓紧落实相关工作。在各方的共同努力下，2013年8月27日，北京市佛协将第一笔拈花寺腾退补偿款支付人民大学印刷厂，自此，拈花寺腾退工作正式启动。

"宗教界人士非常感恩市政府、市政协对佛教事业的关心和爱护，市政协吉林主席、赵文芝副主席、李长友副主席等领导对佛教事业的发展特别关心，经常来倾听我们佛教人士的心声。"胡雪峰的感激之情溢于言表，他表示，腾退完成之后，拈花寺将成为研究佛教教义和宣传佛教文化的场所，更好地发挥佛教教化功能。

"政协委员参政议政的范围要广泛，要站在整个社会的发展高度参政议政，多提好的建议。"胡雪峰注意到不文明的进香行为也是加重大气污染的因素之一。他说，佛家也提倡生态文明建设，提倡人们热爱植树、热爱绿化。治理雾霾、人人有责，雍和宫响应北京市清洁空气行动计划的号召，提倡文明进香，礼敬佛法僧以三炷香为宜，自2012年开始为香客免费提供环保香。"我提倡各大寺庙响应政府号召，为治理雾霾、促进生态文明建设做出应有的贡献。"胡雪峰说。

胡雪峰认为，宗教道德对物欲膨胀有遏制作用。在2015年1月召开的北京市政协十二届三次会议上，他以"发挥宗教在北京文化中心建设中的独特作用"为题作了大会发言。他表示，北京作为古都，宗教文物遗存众多、内涵丰富，是展示我国宗教文化的窗口。北京宗教发挥着文化传播、行为规范、道德教化补充、化解社会矛盾等方面的独特作用。其宗教文化内涵中倡导和平向善、中道和谐、济世利人的理念，符合北京文化中心建设的需求；其"追求至善"的宗教道德，"无私利众"的利他精神，对于现代社会一些人的贪念嗔心、物欲膨胀有着一定的遏制作用。

北京市佛教界热爱慈善事业，这也是佛教的优良传统。胡雪峰表示，佛教应该成为"人间佛教"，体现一种大爱精神，关注普通人的衣食住行，为党和政府分忧。政协委员应该有这样的觉悟，为"首善之区"的和谐发展贡献力量。多年来，在老住持和胡雪峰的倡导和带动下，雍和宫积极开展心系社会、关爱众生、扶贫助学、赈灾济困等慈善公益事业，目前已经捐建了辽宁阜新佛寺希望小学、云南勐海希望小学等数所希望小学，为内蒙古、新疆、四川、青海等民族地区多座寺庙提供修缮资金，为汶川、玉树等地灾区捐款捐物，把佛教的慈悲与博爱播撒到了祖国的四面八方。

姜亦珊　“承张兼梅”的京剧人

郭　隆

俊美的眼神闪动着灵秀，不经意间的手势也带出委婉。即使是在咖啡厅里聊天，一谈及京剧，姜亦珊自然流露的微小动作，都是一种美的浓缩和展现。而这背后，是她对国粹艺术一直以来的爱与执着。

提及青年京剧演员姜亦珊，她俊美的扮相和细腻浓郁的张派（张君秋派）唱腔，越发被京津沪的老戏迷们认可与喜爱。作为北京市政协委员和北京市助残爱心大使，她更是为普及京剧艺术、呼吁社会为慈善事业献爱心尽力尽责。

录音带上的小红星

与“梨园行”里的世家子弟们相比，纯粹的“门外汉”从自幼成长的艺术环境熏陶，到真正入行端起京剧这碗饭，都更需要天赋的赐予、艰辛的努力以及机遇的垂青。“我家祖上八代没有搞文艺的，我能走进梨园行真的是非常幸运。”姜亦珊所说的“幸运”首先来自她的母亲。1991年，沈阳艺术学校京剧班招生。讯息传来，酷爱京剧的母亲立刻带着12岁的姜亦珊去考试。凭借清新的气质和自小打下的舞蹈功底，姜亦珊从一千多名考生中脱颖而出，成为最终被录取的五人之一。自此，一个如诗如画、多彩多姿且凝聚着民族文化精神的京剧艺术世界，成为姜亦珊一生用心追求的人生航标。

“老师吊嗓子喊在‘哆’，我能喊在‘咪’，总能翻一个八度。”凭借天赋的嗓音条件和艺术悟性，姜亦珊从第一天张嘴学唱，就没有过荒腔走板、不搭调、不挂味儿，再加上她圆脸庞、大眼睛、高鼻梁的长相，化妆扮相极具古典美女气质。“这孩子是块好材料”，“唱腔扮相都好，祖师爷给饭”。京剧院的老师们也为发现了“苗子”感到欣喜。

天资聪颖还需刻苦用心。揣摩唱腔，姜亦珊孜孜以求，《秦香莲》一段“琵琶词”她不知反复唱了多少遍；练眼神、练手势，她每天都练得浑身酸疼，回家上楼时，由于腿疼得厉害不敢迈步，只好爬着上了自家的五楼。

机遇垂青于有准备的人，在沈阳京剧院学戏期间，姜亦珊被著名京剧表演艺术家、有“小张君秋”之誉的薛亚萍老师表演的《望江亭》深深吸引，那细腻而委婉、俏丽而多情的唱腔如电光石火一般震撼着她的心灵。恰逢此时，“全国京剧张派青年演员选拔赛”在天津举行，只学习过《状元媒》一段唱腔的姜亦珊不想错过机会，便按照比赛规定将自己的演唱录音送交组委会。当身为评委的薛亚萍老师听到姜亦珊的演唱后，马上在那盘录音带上画了个小红星作为标记，她凭借多年对张派唱腔的研习与揣摩，认为这个20出头的“孩子”嗓音条件好，声音有穿透力，且唱出了张派亮丽雅致、清新脱俗的韵味，是新时代的“好苗子”。比赛当天，姜亦珊发挥得十分出色，在强手云集的竞争中蟾宫折桂，荣膺金奖。这为她师承名师、专工张派打下了一个“红底儿”。

响鼓还要重锤敲。2000年9月，痴迷于张派的姜亦珊调入天津京剧院，并如愿拜在著名京剧表演艺术家薛亚萍老师门下，成为张派再传弟子。在《秦香莲》《状元媒》《望江亭》《春秋配》《西厢记》等一系列张派剧目的学习中，姜亦珊都得到其恩师倾囊相授。在顶尖艺术家的精雕细琢下，她在唱腔和表演技巧方面越发到位和自如，好学加上苦练终于使得她的艺术突飞猛进。2001年，姜亦珊在第四届全国青年京剧演员电视大赛中荣获优秀表演奖及观众最喜爱的演员；2004年，她进入第四届全国优秀青年京剧演员研究生班深造；2005年踌躇满志、意气风发的姜亦珊在第五届全国青年京剧演员大赛中技压群芳荣获金奖。

新版“昭君”

一个对京剧艺术有着强烈热忱的人，绝不会停下追求的脚步。

多年的勤奋和钻研，特别是梅葆玖、李维康、沈福存、阎桂祥等诸多京剧名家的传授、点拨，使得姜亦珊领悟到京剧流派的各家之长和技法特色，她逐步懂得：京剧艺术是极具个性化特征的舞台表演艺术，流派即是个性的产物。

2007年，姜亦珊被调进北京京剧院梅兰芳京剧团，在恩师博采众长理念的支持下，又拜梅派大师梅葆玖先生为师，成为梨园行既承张又继梅的京剧演员。

学张派的怎么又改学梅派了？在传统思想意识里，某个京剧演员常被称作是"某派"演员。姜亦珊的"工张兼梅"难免显得有些另类。对此，姜亦珊坚持"转益多师"的观点。"张君秋先生就是梅兰芳的弟子，张派是在梅派唱腔的基础上创立的。两派各有章法，也互有促进。"在姜亦珊看来，张派特色更多地体现在唱腔上，而梅派艺术是集唱腔、身段、眼神等舞台表现之大成，"多掌握一些流派的技法和特色，对于演员的综合素质和舞台表现一定会有帮助"。事实证明，姜亦珊的"工张兼梅"对于她编排第一出属于自己首演的新剧目、塑造第一个属于自己的新人物，起到了画龙点睛的作用。

2008年，内蒙古京剧团牵头创作并排演新编历史京剧《大漠昭君》，这出新戏为博采众长的姜亦珊提供了"自由发挥"的空间，成为她灵活运用各流派特长的"试验田"。

"新编戏既要好看又要好听，张派的唱腔婉转细腻，而王昭君是王妃，人物的形象、气质上可以借鉴梅派《贵妃醉酒》的表现手法，也略有虞姬哀怨的元素得以表现。"在反复揣摩人物的性格、境遇、思想状态的基础上，姜亦珊把张派唱腔和梅派的脚步、身段、眼神等结合起来，在创作中大胆借鉴梅派经典《霸王别姬》《贵妃醉酒》的动作造型和表演程式，集张派、梅派精华于一身，使这个与众不同的新昭君形象血肉丰满起来。在艺术处理上，姜亦珊和著名作曲家朱绍玉老师一起，反复修改，充分调动自己的艺术积累，让戏中的唱腔既华丽，又不失传统的神韵。如何才能体现昭君的大家风范，又保留新编剧的特色呢？为此，姜亦珊特意向戏路宽广的阎桂祥老师求教。在老前辈的启发下，她摸索出一种"京白带韵"的念法，让观众觉得耳目一新。

眼神、动作、韵味……强烈的创作欲望每天都在促使姜亦珊进行新的思考。排练厅没有暖气，需要戴手套穿棉袄进行排练；走在内蒙古的街道上，姜亦珊体验着2000年前王昭君这个人物的境遇和内心："如今我还不能适应内蒙古的生活，想想昭君当年一个人来到内蒙古草原，该有何等的不易啊！"

“昭君”登台，唱腔韵味浓郁，表演美轮美奂，厚重的主题和鲜明的民族特色征服了观众，姜亦珊也因主演该剧荣获2010年上海白玉兰戏剧表演艺术奖主角奖。

“京剧的创新发展需要在摸索中前行。”对于新编历史京剧的“观众缘”，姜亦珊也有自己的看法，她认为，做新戏的目的不是希望它能像《贵妃醉酒》一样传承下去，而是借鉴各种戏曲元素的一种舞台探索。“新剧目在舞台表现力上更为综合，很多年轻人不喜欢看老戏，而像《赤壁》这样舞台景观极具欣赏性的新戏，可以把孩子们吸引进剧场，这对于普及戏曲艺术非常重要。”

“商演没有这种快乐”

老师、戏迷、朋友……姜亦珊觉得，生活在这个世界上，她处处享受着各种“恩赐”：父母的养育、老师的教诲、爱人的关爱、朋友的帮助、大自然的赐予、时代的赋予，必须懂得知足惜福，必须心存感恩。于是她选择以慈善回馈社会，用文艺事业促进社会公益事业的发展，让更多人来关注慈善。

2012年11月初，姜亦珊在长安大戏院举办了慈善京剧演唱会。在那场演唱会上，姜亦珊深感“如果仅仅捐票款，那毕竟不是我的钱，而是观众和爱心人士的钱”。于是她现场拍卖了跟随自己多年的《状元媒》中的宫装戏服，将拍卖所得55000元和票款共计259800元全部捐给了北京市残疾人福利基金会。“梅兰芳、常香玉等艺术前辈都是慈善事业的先行者，既能达到为慈善募捐的效果，同时也宣传了京剧。”在姜亦珊看来，“商演没有这种快乐，我们虽然称不上大富大贵，但也是吃喝不愁，如果能在自己的工作状态中既帮助了别人，又普及了京剧，这样演出会显得更有意义。”

近些年，姜亦珊除了踏实排戏，还以慈心善举温暖着那些急需帮助的人。2012年6月，姜亦珊又“忙里偷闲”，与北京市残疾人福利基金会的工作人员一同看望了济慈之家的孤残盲童。济慈之家一群身患残疾却坚强可爱的孩子，深深打动了这位年轻母亲的心，她以母亲的胸怀拥抱着这些孩子，为他们送去了电子琴、毛绒玩具，为他们带去了欢声笑语。她还兴致勃勃地为孩子们演唱，她的演唱赢得了孩子们的阵阵掌声与喝彩。高兴之余，她鼓励孩子们多多学习国粹艺术，既增加传统文化修养，又丰富业余生活。之后，炎炎夏日里，她坚持参加慈善活动，为残疾人送去了慰问品和京剧工艺脸谱。7月21日，北京特大暴雨致使房山区受灾严重。闻知当地群众物资缺乏，姜亦珊第一时间以个人名义出资捐赠给北京残疾人福利基金会500床棉被。这些厚实的棉被发送到房山区十渡镇残疾人手中。她的爱心之举给残疾人带去了温暖与信心，她用自己的实际行动诠释了一个京剧人的社会责任，诠释了“人间有爱，世间有情”。

台上的姜亦珊用嗓音倾情讴歌着真善美，台下，她经常利用业余时间奔走于各种社会公益活动，将社会的责任、做人的道德、关爱的内涵升华和提炼。也正因为长期热衷慈善事业，她被授予了“北京市残疾人福利基金会助残爱心大使”的称号。

“作为一个社会人，就理应参与公益事业，多奉献自己的力量，这也是京剧艺术200余年所蕴含并传递给人们的审美和价值观。比如《赤桑镇》告诉人们在国家利益面前要不徇私情；《锁麟囊》传递出乐善好施、善得善报的道理。”姜亦珊说，参与慈善是一件很快乐的事，“国家和人民给了当代京剧人这么多荣誉，我们就应该把公益事业当成自己的责任，尽自己的一份力关爱社会、奉献社会”。

安庭　前行　为那一份文化情怀

郭　隆

2012年龙年春晚，杨丽萍团队带来的《雀之恋》成就了舞台上经久不息的“孔雀传说”。

而在幕后，一手操刀将大型舞剧《孔雀》用营销新模式成功推向市场，成就了这部经典剧目和不凡票房的人，正是北京希肯国际文化艺术集团董事长、北京保利剧院管理有限公司营销总监安庭。16年里，他以一份不忘初心的文化情怀，凭借毅力与决心，通过商业桥梁把近百部国内外经典名剧、艺术演出推向市场，让国人共享佳作。作为第十二届北京市政协常委、市政协教文卫体委员会副主任、市工商联副主席，安庭把履职建言视为己任，积极撰写提案，为首都文化事业发展献计出力。

点击“精品”

20世纪80年代末，毕业后的安庭进入北京保利剧院，负责演出方面的工作。几年的忙碌给了安庭不少历练，而1996年冬天的一次车祸让他静下心来反复思考自己的生活。“当时国内的演出市场正快速走向开放，市场需要在产业链的各个环节提供服务。”回忆创业时的想法，安庭说，尽管当时资金、政策等方面的支持远不如今天，但自己有一份对文化事业的情怀，对自我创业的信心，“文化演出无论从内容上还是市场营销方式上都要与国际接轨，我想成为立于涛头的‘弄潮儿’”。

1997年，仅揣着3000元资金的安庭开始创业，在向朋友借的招待所客房里，公司就算开张了。安庭接到的第一笔生意是引进黄梅戏《天仙配》。当时他亲自去安徽合肥联系好剧团，安排好相关演出事宜，但算账后发现，如果启动演出，根本没法挣钱——剧团60人吃饭、住宿、交通的费用，加上道具运输费和付给剧团的演出费，就是很重的负担，同时戏剧团少有赞助商，算来算去都是亏损，最后这个项目胎死腹中。

失败的经历并没有打垮安庭，“要抓住市场需求，瞄准既有艺术水准又获得市场好评的演出项目，在市场营销方面取得突破”。沿着这一思路，安庭“抢”来了与杨丽萍的合作。

2004年，杨丽萍受邀到北京演出《云南映象》，共演了4场，观众反响热烈。安庭直接就去了演出现场，找到负责人洽谈日后合作事宜。当时已经有很多演出公司都在和杨丽萍联系，争着做商演。不过，大多数公司都是通过打电话、发传真的方式在联系她，而安庭不是这样，在得知演出档期之后，他先下手为强，订好剧场，买好机票，直接就去云南找到杨丽萍，说演出的所有准备工作都已做好，合同也在这里，可以马上签约。就这样，他签下了杨丽萍的5场演出。后来同行的朋友调侃，说他动作太快了，他笑言：“当你们都动嘴的时候，我已经动腿了。”

后来杨丽萍的《云南映象》原本计划演5天，每天1场，因为市场反响好，除了第一天因为彩排没有加场之外，余下的4天每天加演1场，共演出9场。票房特别火爆，两天就把加场票卖光了。

“这样的成绩确实是之前没想到的，成功的案例也让我学到了很多。”安庭总结说，希肯的成功，得益于不只走演出经纪的唯一路线，而是投资好的剧目，将剧目出品人和演出经纪人两者结合为一体，这是有别于国内演出经纪公司的经营模式。而这种模式，安庭用市场检验，证明了它的成功。

从杨丽萍的《云南映象》《孔雀》到葛优的《西望长安》；从东方歌舞团的《三宝影视作品交响视听音乐会》到小柯原创音乐剧《凭什么我爱你》……在演出市场摸爬滚打这么多年，安庭认为演出产业的特点在于“精”，只有把演出内容做精了，才能赢得市场。发展的重点应在兼顾产品数量增长的同时关注产品质量的提高，推出真正适应市场不同需求的精品剧目。

创新营销

《云南映象》的合作让杨丽萍对希肯国际演出有限公司的操作能力、宣传能力和市场运行能力都非常认可，日后的合作也就顺理成章了，《云南的响声》便是其中之一。

在《云南的响声》剧本和排练都没开始之前，杨丽萍只是有了一个剧目的大致想法，但她却问安庭能不能先把整个市场做下来。虽然之前做过很多演出，但像这种两手空空，一没剧照二没故事梗概的项目还真没碰到过，但安庭当即就预订了50场。“我在思考文化产品独特的经销之路——特殊的项目能不能用特殊的推广方式呢？有杨丽萍的影响力，有强大的客户群，演出是不是也可以像期货那样，预售票房呢？”于是，一张杨丽萍的生活照，一个名字——《云南映象》姊妹篇，这最单纯的元素构成了它的宣传页。带着这个宣传页，安庭拜访了很多演出客户，1个月下来，首轮巡演50场演出全部售罄。

市场的运作与营销需要有敏锐的眼光和创新的思维，还没开始彩排，《云南的响声》前期的创作、排练、服装、灯光所有的费用已全部到账。这个项目的操作模式被评价为开拓了一种独特创新的营销之路，就像期货一样，以宣传、包装让观众预知，加之杨丽萍自身的影响力和对演出未来的描述，深深吸引了观众。不高的报价和火爆的票房让《云南的响声》第一轮50场演出包出之后，第二轮的30场档期迅速排满，并于第二年3月赴日本演出。

在制定《云南的响声》巡演路线时，安庭并没有按常规出牌。一般演出要打出市场、打出知名度，第一站一定要攻占北京、上海这样的大市场，但他却把北京放在了整个巡演的中间位置——云南首演后一路奔北京，再向南经成都演回云南。一看这张路线图很多人吓了一跳，但安庭认为，这样选择，一是考虑成本，二是考虑宣传。“这样一个100多人的团队，交通成本很高，应该用最近的路途，最简洁的方式来制定路线；另一方面，一地的演出往往会辐射到附近的城市，而在演出到北京之前，一路的宣传就在京城有所耳闻，让观众期待。”最终，这次巡演非常成功，而这条路线也因宣传前置而取得了“艺术与商业的完美结合”。

2014年，在安庭的运作下，希肯与世界最大的票务公司琵雅票务合作，引进国外的票务营销方式和营销渠道，创新互联网票务营销模式，带动国内票务的营销发展和渠道建立。

这些年来，安庭正是将他对文化领域的那份执着，全部注入到他做人、做事之中，从演出公司到艺术品和院线投资，安庭这种多元化、跳跃式的发展，成为许多中小文化企业的效仿对象，为正在发展中的文化市场注入了一针强心剂。面对文化产业的时代强音，安庭说：“文化产业不是一家文化企业就可以做好的事情，大的文化产业要跨领域、跨行业，形成产业链，才能有更大的发展。”

建言“文化事业”

作为北京市政协委员，安庭始终以宽广的视角和深层的分析，紧紧围绕首都改革发展的重点工作积极议政建言。他的《关于将北京市剧场（院）定位为准公益性的文化设施的提案》和《关于打造首都文化名片，促进北京地区旅游演出市场繁荣健康发展的提案》荣获北京市政协2010－2011年度优秀提案。在安庭看来，民族优秀的传统文化中蕴含的精神价值，对于传递社会正能量、促进社会和谐、推动创新创业发展有着强大的、不可低估的作用。

2015年3月，京津冀共同签署了《京津冀演艺领域深化合作协议》。“演出业从未获得过如此之大的机遇，当下正是奋起勃发的好时机。”京津冀演艺合作的大幕开启，让安庭感受到力量，更意识到责任。

“构筑新的、更强大的京津冀文化体，这是京津冀文化协同发展的奠基性工作。”在《关于努力抓住发展战略机遇，推动京津冀文化协同发展的提案》中，安庭详细分析了京津冀三地文脉的特色和产业潜力。他认为，北京拥有六朝都城的宫廷文化、民间的四合院和胡同文化等无一不能成为未来演出市场强有力的内容血液；天津妈祖文化对港澳台同胞的汇集能力不可小视，军旅文化的展示能力、漕运文化的地理特征都将成为京津冀文化协同的共享资源；具备多个历史文化名城的河北，其文化更多地在于民间特色，孟姜女的传说、剪纸泥塑、承德轻音会、河北战鼓擂、梆子曲艺、烧染手工等众多丰富多彩的民间艺术早已形成了多种多样的故事形态，等待着京津冀文化协同去开发。

分析当下文化演艺产业的现状，安庭指出，水平参差不齐、发展不平衡是首要问题。“文化的特性是浸润和溶解，对于京津冀文化协同发展这个系统工程而言，进度的快慢，效率的高低，均需依赖众多领域的共同发展，需要以‘互通互补’为导向。”安庭建议，成立京津冀演出剧院一体化联盟，拉动区域演艺合作交流。打造京津冀文创演出季，为京津冀文化企业设立内容丰富的文化交易平台，促使更多的文化企业在演出季中获得优秀的资源和空间。此外，建立多元化的京津冀文化一体化网络平台，逐步实现京津冀文化产业综合一体化接待能力，如提前联网旅游交通、酒店接待、饮食服务等，使文化满足人们休闲生活的新追求。

通过调研，博物馆、美术馆、科技馆等公共文化服务设施利用率不高、参与度较低的问题也引起了安庭的关注。对此，他在《关于提高我市公共文化服务设施利用率的提案》中提出三点建议：一是将公共文化服务有效纳入公共财政保障。随着群众文化需求的提高，基本公共文化服务的标准和水平也应该随之提高，相应的经费保障也应该进一步加强，建立起持续增长的公共文化服务经费投入机制。二是推进文化管理体制改革，加强整合文化资源力度，实现公共文化服务的集成化供给。三是改革文化投融资管理体制，引导社会力量参与公共文化事业建设。对社会力量兴办的非营利性文化团体和项目，政府应该给予扶持，未来的公共文化服务产品和供给，应该是以政府为主、社会参与、共同管理。

郭丽双的大商之道

徐 飞

她曾拥有铁饭碗，而立之年却毅然选择下海从商，白手起家走上创业女强人的行列；她曾抛下工作，只身往返多次调研，只为一件有价值的政协委员提案，她就是北京市政协委员、东方美亚集团董事长郭丽双。

大商无算

收拾起简陋的行囊上路，哪怕前方山高路远；日记里面，写满辛酸；泪水之中，孕育信念；一步步追寻，你的足迹；一程程实现，我的诺言；选择了你，我从不后悔；爱上了你，我绝不改变……一首《选择你》写出了郭丽双下海经商二十多年的心路历程。《选择你》是郭丽双为电视剧《我的太阳》创作的主题曲，“这部电视剧讲的是我们这个时代非公经济企业家的故事，我们将改革开放的政策比喻成我们这代人的太阳”。

20世纪80年代，郭丽双曾被公派到德国学习，而后又去参加海南开发建设，这段经历让她想更多地体现自己的价值。像很多年轻人一样，郭丽双有着五彩斑斓的创业梦，她毅然辞掉了当时在物资部令人羡慕的铁饭碗。“当时父亲很反对，认为我身在福中不知福。”

“一个不会游泳的人跳到海里，没有泳姿、没有速度，一根草就是救命稻草。”郭丽双用游泳比喻自己经商前十年的创业过程，“作为一个经济体或者私企来说，没有钱就像巧妇难为无米之炊。前十年，就是想着先怎么解决经济问题”。每当想放弃时，她就想起当初辞职时领导嘱咐她的三句话：挺得住、不能走回头路、干出点模样。而多年的创业经历，也让她总结出一个成功商人应有的行事风格，即三事、三情和三度。所谓三事，指的是想事、做事、做成事，三情是感情、激情和热情，三度则是高度、力度、广度。

作为时代的成功人士，商人在积累财富的同时，也必然在积累知识、提升境界、积累人文情怀。经商的后十几年，郭丽双感悟到商德、商智、商理、商道等经商智慧。在她看来，三鹿奶粉、苏丹红事件、金融危机……都是信誉、道德出了问题。

“大商无算”是郭丽双对企业和商会的一个定位。她认为，真正的商人不是靠奸诈和投机，而是靠着德、智、礼、道。她也一直秉承“君子爱财，取之有道，用之有方”作为自己经商的准则。

随着时代的发展，2003年郭丽双将视线投入到影视文化，2012年郭丽双又转型进入科技领域。经过多年努力和艰苦奋斗，如今，郭丽双领导的东方美亚集团，成为集投资、房地产开发、建筑装饰、物业管理、餐饮服务、影视文化于一体的多元化产业公司。过程的艰辛不足为外人道。“做每一件事都像是怀里的孩子，看着他问世、落地。每次项目完成眼泪就一直掉，一种是经历的痛苦，一种是成功的喜悦。成功没有捷径，既然选择了这一行，就一定要热爱他，带着感情去做，用真心服务好所有的人，就一定能做成。”

多年来，郭丽双获得过全国三八红旗手、中国百名杰出女企业家、APEC女性亚太地区“科技创新”奖等多项荣誉。面对荣誉，郭丽双说得最多的就是感谢，“感谢党和国家改革开放政策，让我走上了经商的道路；感谢亲朋好友、员工一路走来没有放弃我；感谢工商联、统战部、妇联、政协，组织让我找到家的感觉；感谢其他企业家激发我的激情”。说到动情处，她流下了感恩的泪水。一个从不愿把痛苦带给别人、总是心怀感恩的人，一个乐于付出、勇于承担的人，或许正是这些内在的优秀品质带领郭丽双在从商的道路上越走越远。

当好“社会人”

新时期的商人自身正经历着从一个纯粹的“经济人”逐渐向有责任感的“社会人”转变的过程。企业和企业家的形象，不仅表现在“经济人”的角色上，更重要的是表现在“社会人”的角色上。企业和企业家，其社会责任的践行程度，始终是社会衡量企业和企业家优劣高低的重要标准。

在发展企业的同时，郭丽双积极投身社会各项公益事业。采访的前一天，郭丽双刚刚从甘肃南梁参加光彩事业相关活动回来。十几年来，郭丽双始终保持对社会公益和慈善事业的爱心和热忱，并积极付诸行动：捐建中国救灾孤儿院及中国救灾福利院、兴建多家东方美亚博爱卫生院、卫生站，捐助500多名大学生、47名孤寡老人，为贫困地区捐助救护车，为贫困地区妇女进行免费两癌筛查……

2008年5月12日，汶川地震的消息是郭丽双从车上广播里听到的，她立即让司机掉转方向成为当天第一个到工商联扶贫办捐款的人，她以个人的名义捐款10万元。“其实慈善工作没有大小，不分等级。当时最让我感动的是，一个乞丐捐出了100块钱。我觉得慈善是能传递的。”

“公益也不仅仅是捐钱，理想和精神的传承更有价值。就是为社会奉献有精神营养的、高品位的文化艺术产品。”郭丽双带领她的团队推出了《一代大商孟洛川》《大商无算》《我的太阳》《商人道德决定中国未来》《女性管理学概论》等影视、话剧、学术著作。“希望我们的作品能影响和感染更多的人。”

郭丽双近几年一直关注、研究北京文化产业的发展，短短几年，已对文化产业理解颇深。“文化产业一直是我钟爱的事业。过去，我们讲‘走出去’，往往是用中国语言讲自己的故事。实际上，对于外国人来说，这是很难理解的，他们难以对中国文化有更深入的了解。用世界的语言讲中国故事，让世界听懂中国故事，这是我们做文化产业的重要定位。”让文化产业更加产业化，用世界语言讲述中国的故事是郭丽双的期待。

当好“代言人”

“政协对委员而言，是非常大的舞台。我希望在这个舞台汇集能量，释放智慧，当好‘代言人’，多说说民营企业、百姓的心声，为北京城市建设发展献计出力。”

郭丽双还记得自己曾作为非公经济调研组长，先后走访60多家企业。“履职过程中，感受到作为委员一定要有奉献精神。在履职过程中要切实提高参政议政水平，善于发现问题、提出问题，并且帮助解决问题。”

在大量走访调研中，郭丽双发现，对非公企业而言，人才流动频繁、人才信息分散、大量非公人才游离于现有公共管理人才体系之外，人才数据标准化程度严重不足。郭丽双说：“非公企业在招揽人才的时候，不得不从大型人才招聘网站，甚至从猎头公司选择人才信息。这些信息游离于公共人事档案管理体系之外，分散在民营或外资控股的招聘网站中，由于缺乏规范的审核管理体系，导致虚假信息泛滥，简历作假情况很多，信息管理极度不规范，也使我们在招聘过程中，需要长时间、花费诸多精力去甄选。”

为此，郭丽双提出建立非公经济人才动态标准数据库，将非公人才基本信息、教育背景、工作经历、雇主评价、社保信息、纳税信息、身份证信息等游离在各个部门的人才相关数据孤岛链接成为一个系统有机整体。“这也就是在事实上建立非公人才的动态电子化档案，在为非公单位、非公人才提供人才招聘与就业指导服务的同时，也可以为国家人才战略实施构建系统规范的人才信息监测平台。”

政协委员里，有这样一群人，他们识民情、接地气，带着群众的呼声和期盼，提意见、讲建议，反复多次、直言不讳。他们不是好好先生，而是“较真”先生。郭丽双就是这样一位“较真”先生。对于提案办复得满不满意，她会说：“我满不满意不重要，重要的是我所提的问题若确实存在，能不能有所推动，逐步解决百姓的难题。我认为我们都有责任推动问题的解决，而不仅仅限于满不满意。”

社区是每个人生活的一个社会单元，郭丽双也同样关注、关心社区环境和生活在这里的人。随着城市化进程的加快和社会管理创新改革的不断深入，社区的重要性越来越凸显，所承载的功能越来越广泛。在郭丽双看来，当前社区的管理，由于理念、政策等方面依然存在一些制约社区发展的深层次问题，影响社区管理的问题仍很突出，优化社区管理模式迫在眉睫。

她认为，政府向社会组织购买服务是智慧化社区服务的一项重要新途径。社区社会组织在社会管理体制改革中有着特殊功能。作为部分社区公共产品的提供者，社区社会组织对社区公共事务较为熟悉，能够更便捷地显示个人偏好等因素，从而提高整个社会公共服务的供给水平。作为政府与民众之间的桥梁，社区社会组织还具有利益表达和意志聚合的功能，可以提高社会整合度，加强全社会的协同合作。因此，“发展社区社会组织购买是社会管理制度改革的必然要求。只有顺应社会发展从社区居民利益出发，根本解决社区居民各方面的需求和问题，才能提升居民满意度，进而构建出一个和谐安宁的社区环境”。

短短的采访，从郭丽双身上，我强烈地体会到了当代中国非公经济企业家所具有的社会责任感和坚忍不拔的精神意志。她把女企业家这一角色呈现得活灵活现、有血有肉。

王蕾　为学生涂亮幸福底色

郭　隆

近代美学家王国维先生在《论教育之宗旨》一文中明确提出："教育之事亦分为三部：智育、德育、美育是也。"当今素质教育的目标，即培养学生德、智、体、美的全面发展。

带领高中生到专业科研院校与专家教授合作做实验，清一色的学生乐团走进国家大剧院进行专场演奏，在全校普及话剧体验等艺术类课程……北京市第一六六中学的艺术教育之花可谓绽放满园、花香四溢，而这"种花""培土"人，就是北京市政协委员、一六六中学校长王蕾。

做了两年的"接力"实验

大凡事业获得成功或有所建树的人，必定有一份坚定的责任感和孜孜以求的事业心。

作为北京市第一六六中学一名普通的生物教师，王蕾在"授业解惑"之外，"很想看看国外学校的教学方式，汲取一些好的经验"。早在1997年暑假，王蕾利用到新加坡的哥哥家探亲的时间，自行考察了近20所中小学的教育教学状况。国外开放性的教学方式使学生们的思维富有探索性并勇于动手实践。自那时起，王蕾便开始思考自己在教育教学方式上的改革与创新。

机会总是垂青于有准备的人。1998年，在"教改"的大背景下，王蕾开始在北京市率先承担美国BSCS高中生物教材首轮试教工作。可刚把教材拿到手，王蕾就有些傻眼了。中国传统的学习方式是明明知道答案是什么，然后去设问，再通过实验验证这个答案；而打开这本国外教材，自始至终没有给出一个“结论性”的答案，从头到尾只介绍一个个不同的实验过程和实验方法。这对老师的教学观和学生的学习观都是相当大的挑战。果然，在起初的授课中，王蕾很不习惯；课上完了，学生觉得什么定义、结论、公式也没得到。

“要引导学生逐渐摆脱对教师的依赖，打开思路，带着自己思考的问题走进实验室。”王蕾边思考，边摸索前行。她带着学生们从课堂实验的延伸入手，引导他们联系生活实践，自己提出问题做实验。

在“探究食品中的营养元素”的实验课上，王蕾引导学生利用科学方法检测食物中的营养成分。菠菜中含有铁元素是为人熟知的，可是学生们的实验结果却是检测不到菠菜中的铁元素。在王蕾的鼓励下，孩子们改变了以往的方法，与他们的老师一起从这个实验入手，做了6种大胆的假设，其中的很多假设是颠覆性的。比如“假设菠菜中不含铁元素”，这显然是常规教学思路中不会假设的内容；再如“假设菠菜中Fe^{3+}的浓度太低”“溶液颜色（绿色）对观察指示剂变色有影响”等。在王蕾的鼓励下，学生的探究热情被调动起来，他们开始大胆地通过科学实验去探索和解决问题。由此，小实验变成了“探究菠菜中铁元素和维生素C的保护和互促”大课题，一个实验打开了一个思维，新的思维又需要大量新的实验一一进行验证。实验一节课做不完，就中午接着做，放学后接着做。寒暑交替间，王蕾和她的学生孙劢、王若雪历时近2年才得以完成课题，尽管摸索的过程充满艰辛，王蕾还是咬牙坚持了下来。此项研究成果也获得了全国青少年科技创新大赛一等奖。当终于看到自己的学生掌握了独立的科研方法，在学习科研中懂得了团队合作的意义时，王蕾无悔于这种坚持。

2000年，王蕾组建了“北京市第一六六中学青少年科技俱乐部”。一个个周末，她带领学生泡在各大学和专业科研院所的实验室里，研究内容远远超出了中学生物课的教学范畴，甚至有一些实验成果经过查新被证实为学术空白。2002年，学生王若雪赴美参加“Intel ISEF”国际青少年科学和工程竞赛。2003年，学生唐鼎皓参加全国青少年科技创新大赛，捧回优秀项目一等奖和“柯达”科学奖。“老师们的言传身教，引领我们走向独立和创造。”“我们的成果无法和科学家们相比，对于我们，重要的是探索的过程。”“有一天我们终于发现，原来挫折更值得回味。”……有了像王蕾一样诸多老师、教授的关爱和指引，科研活动真正触发了学生们内心的感受，他们从中获取的不仅是知识，更有努力、谨慎、合作和坚持不懈。

有人对王蕾提出质疑：“学生把大量的课余时间用于科研，会不会影响高考成绩？”王蕾的回答很简练：“唯高考论是悲哀的，当知识忘却以后留下的是方法、能力，价值观、方法观是一辈子不会忘掉的，所以在中学阶段要让孩子有更多的体验和经历，引导孩子们发现自己的兴趣，学会科学方法和坚持不懈的精神。”

有梦更有爱

“这里我们应该读一会儿（三声）还是读一会儿（四声）？”在北京市第一六六中学“金帆话剧团”的排练厅，全国政协委员、北京人民艺术剧院副院长濮存昕正在和孩子们“咬文嚼字”，一遍一遍诵读冰心的作品《小桔灯》。

2002年，结合语文教学改革的大背景，一六六中学成立了北京市首个初中文学特色班——“初中冰心文学班”，王蕾又在2011年7月起组建起“高中冰心文学实验班”。“一六六中学文学教育有着悠久的历史和传统。从这里走出了家喻户晓的作家冰心，培养了活跃在当今文坛的著名剧作家曹禺的女儿万方。成立高中冰心文学实验班，将为学校的文学教育开启新的内涵，使更多的同学走近文学，尝试创作，帮助他们实现多彩的‘文学梦’。”王蕾说。

“‘冰心班’一方面为热爱文学的孩子们提供了学习空间和创作平台，更重要的是发扬冰心文化与精神。”在王蕾看来，“冰心班”有两个特征性的符号——文学与爱。她解释说：“冰心先生是爱的使者，博爱大爱是她为人、处事和作品创作的基础，所以我们要引导学生们传承冰心这种大爱无疆的精神，用爱心帮助他人，回报社会。”

在大爱精神的指引下，王蕾给学生们安排了一系列的“成长实践课程”。在“‘玉娃娃’幸福成长救助计划”活动中，作为唯一的中学生团队，“冰心班”的师生们一起来到青海玉树地区，与青海玉树贫困地区孤儿和特殊困难的孩子们一起学习、游戏、劳动，通过爱心互动和精神鼓励，帮助他们恢复信心、走出困境。学生代表薛泽宇说，这次活动是学校安排的“课程之一”，也是帮助自己成长的一课。2013年4月，四川雅安发生地震，校学生团委的同学们随即在校园发出倡议：同学们，让我们把祝福雅安的话写下来，传递我们每个人的正力量！第二天，学校门口的大箱子里塞满了同学们发自内心的“祝福卡片”。“同学们做的一点小事，一个小的行动，或许不会对灾区的孩子们有什么实质性的帮助，但我们从中看到了他们的责任感，看到了爱心的传承，看到了爱的流淌”，王蕾说，这就是“冰心班”要培养孩子们的大爱精神。

完善气质 涵养心灵

成立于1991年的一六六中学金帆管乐团4次获得“全国中小学生艺术展演”一等奖，北京市首个中学生金帆话剧团每年都推出大量的原创作品……这里面，无疑体现着一所百年老校始终秉承的本真教育理念。

“艺术素养是一种底色教育”，谈及对学生进行艺术教育的初衷，王蕾说：“艺术素养对一个人的生活品质和外在气质、情商、创造力的开发是非常重要的。让学生学习并参与音乐、话剧、舞蹈等艺术活动，能够使学生感知和理解美，提高审美能力。”

以此为出发点，王蕾在推动学校艺术教育进程上，一手抓普及一手抓提高。在她的组织下，一六六中学先后与北京人民艺术剧院、中央戏剧学院等专业院校合作，组织全校学生走进首都剧场、实验剧场观看话剧，接受艺术熏陶和学习；在每月的“百名专家进校园活动”中，王蕾邀请来北京人民艺术剧院、国家大剧院的专家、演员为学生们带来冰心文学作品赏析，探讨《简·爱》《这里的黎明静悄悄》中的人物性格和表现手法。在这些讲座前，学校每每都会张贴出海报让同学们根据兴趣自愿报名参加，而每一次教室里都坐得满满当当。“五彩缤纷的课程让我的学习变得快乐”，学生们的学习兴趣和热情有了充分的发挥和展示。同时，王蕾还与国家大剧院等多家专业院团建立合作，在学校成立了“国家大剧院歌剧普及教育基地”“北京人民艺术剧院、中央戏剧学院、国家交响乐团艺术教育实践基地”等特色教育基地，为普及型艺术教育的开展奠定了基础。

按照王蕾的计划，一六六中学还会在全校陆续普及话剧、管乐和舞蹈教育，并开设必修和选修课程。“普及艺术教育，并不是说让学生们都能具备专业演员的水准，能演好戏，能吹奏出美妙的音乐，而是帮助他们打开艺术欣赏之门，懂得审美，形成健康向上的精神面貌和生活情趣。同时以美辅德，以美促智，使学生获得全面和谐的发展。”王蕾说。

作为自然科学专业出身的老师，怎么会在学生的艺术教育方面有深刻的感受和探索呢？面对记者的提问，王蕾从容地笑了笑说：“很多科学家的艺术素养都很高，比如袁隆平的小提琴就拉得非常好。科学和艺术是一个人在发展中非常重要的两个方面，只有科学的美，没有艺术的美，是残缺的；反之亦然。当你走入社会的时候，艺术爱好是与你相伴的，它可以帮助你树立人格、品行，可以改善你生活品质，是你身上独一无二的东西，所以我经常鼓励孩子们要刻苦学习、乐于竞争，但不要以牺牲生活情趣为代价。”

“它可以完善你的气质，涵养你的心灵”，说起艺术教育的话题，王蕾有讲不完的体会。她说，她希望她的学生们不仅有优秀的学习成绩，还要有独特的文化特质。“这种特质包含爱的精神、团队意识、科学探索的韧劲以及良好的文学和艺术素养等。”

王迎春　坚守奉献的“看天人”

徐　飞

见到王迎春，给我的印象是时尚、干练、真诚。同事眼中的她是理性的，注重实际、计划性强、爱动脑筋，有目标、有创新意识。朋友眼中的她是感性的，性格爽朗、感情丰富、重视友情、追求自然真实的生活。对此，她笑着说：“人就是感性理性结合的矛盾体。”

北京市政协委员、北京市气象局副局长王迎春从事的科学研究领域是气象学，是一门与“老天”打交道的科学。这门学科与百姓的生活和工作息息相关。市民的出行、健康、穿衣、洗车、居住环境、取暖制冷、旅游度假等都离不开天气预报。与此同时，暴雨、寒潮、暴雪、低温冰冻、高温、雷电、冰雹、大风、大雾、霾、沙尘暴等灾害天气对北京的城市安全运行会产生重要影响。此外，北京的重大活动保障、交通、能源、空气质量、城市规划、减缓热岛、设施农业、重大工程气候可行性论证等也同样离不开气象。可见，气象工作在一个城市中发挥着重要作用。因此，提高预测预报准确率成为了王迎春等气象人永无止境的追求目标。

“决不允许自己当逃兵”

把天气预报报准有很多种手段，王迎春主要是从事精细化天气预报方面的科学技术研究，其中数值天气预报技术是核心基础，将气象观测资料输入到大气物理模型中，通过数学积分运算就能输出格点空间的产品，即温度、湿度、降水、气压、风力、风向等气象要素。“怎样把模型、资料做得更准确，模型怎样更合理地做出预报，预报产品怎样更适合预报员使用，这就是我的工作。”王迎春解释道。

王迎春说起气象对人们生产、生活的影响如数家珍，殊不知想学医的她当初被调剂到气象专业，招生人员询问她意见的时候，她对气象预报专业仅仅停留在“用人观天”阶段。四年三点一线的大学生活，让王迎春在学中逐步认识了每天与各种数据打交道的气象预报工作。

大学毕业的王迎春一开始并没能从事气象研究工作，为了来到北京——这座她向往已久的大城市，她选择了教师职业。两年后，一个机会让她回到了老本行——成为北京市气象局一名普通的科研人员。

刚刚进气象局的时候，数值天气预报开发组有6个人，王迎春在实干中培养出兴趣，再后来就热爱上了城市气象研究。受当时社会下海热、出国热的影响，组里只剩下王迎春一个人。那时女儿还很小，正值1990年北京市举办亚运会，为了提供场馆的数值天气预报，她每天要坚持工作十几个小时。

从坚持到北京当一个气象人，到一个人坚守数值预报开发组，军人家庭长大的王迎春有着军营里那股不服输的劲头，“遇到再大的困难我也不允许自己当逃兵”。

执着追求更高的目标

天气预报是一种预测科学，不可能做到100%准确，预报系统测出来的是客观数据。过去预报员要根据自己的主观经验去订正预报产品，现在数值预报是预报员做天气预报的基础工具。王迎春说：“如果遇到较复杂的天气过程，数值预报报得较准确，预报员实际也应用得很好，就会特别高兴，证明自己研究的成果发挥了作用。”王迎春最大的愿望就是她研究的成果预报员喜欢用。因为预报员喜欢用的一定是有用、有效果的东西。“以前模型简单，气象观测资料稀疏，往往是大网捞鱼，捕捉不到天气系统，导致天气预报准确率不高，现在大气观测布网更加稠密，能够获取大气变化的更多信息，把网织密了大鱼小鱼都逃不走，再加上数值模型更完善，天气预报结果就准确了。”这是让王迎春感到十分欣慰的。

作为气象人，王迎春有着执着的追求。在气象岗位工作了30多年的她，先后建立了北京地区中尺度数值预报业务系统、北京地区空气质量预报系统、北京地区沙尘天气监测及预报系统、突发灾害性强对流天气自动临近预报业务系统、快速资料更新循环的短时天气预报业务系统等。这些系统已经应用于北京市日常的天气预报中，并推广到全国多个省市气象部门的天气业务预报中，发挥了很好的作用。特别是在2008年北京奥运会气象服务及新中国成立60周年大庆气象保障中，主持的多项成果发挥了重要和关键性的作用。雷暴的临近预报是气象研究的一个难题，在退休之前力争把雷暴预警的准确率提高10%，这是王迎春给自己定的一个努力目标。

气象学既是一门应用学科也是一门经验学科，是在应用中不断发展的。在王迎春看来，要在总结前人经验的基础上发展创新。传统气象学里面没有城市气象这一学科。王迎春通过组建中国气象局城市气象研究所，创建了“城市气象”学科，并通过中国气象学会城市气象专业委员，推动和提升了中国城市气象学科发展。王迎春说：“培养人才是我工作中很快乐、幸福感很强的一件事。”看着她培养的学生在全国各地发挥着作用，抑或是每当教师节学生拿着鲜花来看她时，王迎春感到那时自己是最幸福的人。

现在的王迎春已经从研究人员转变成了科技管理者。位置的转变，让她看待问题的站位高了，思考问题也更系统全面了。但这并没改变她深入调查研究的工作作风和严谨处事的风格。她说：“只有这样才能对问题有较深入的了解，知道问题的关键在哪儿，才能真正找到正确解决问题的办法。否则会做出脱离实际的决策。”她注重在工作中不断学习、不断提高。她说人生的境界就是从容过生活，大度看世界。

政协中发挥气象人的作用

王迎春是个凡事都很认真的人，“既然成为政协委员就一定要积极履职，不能徒有虚名”。在担任两届市政协委员的十年里，王迎春参与了许多活动，结交了各行各业的朋友，她说：“自己的视野开阔了许多，城市气象不再是自己认为的窄窄的东西了，而是能与方方面面有机结合的一门交叉学科。”

2008年，是王迎春担任委员的第一年，为实现2008年“平安奥运”的目标，王迎春参加了奥运风险防范评估调研组。她多次到天津等周边城市调研，并进行了大量的资料分析。她执笔撰写的“奥运会空气质量保障风险防范评估报告”把气象和空气质量污染、排放有机结合起来，获得了市委市政府的肯定。

因从事城市气象研究，王迎春更为关注的是北京大城市的防灾减灾问题，近几年的市政协会议上，都会提出相关的建议。由她主笔的《关于进一步加强北京城市综合应急管理体系建设的提案》，获得2011年度专委会优秀提案。在王迎春看来，北京在应对突发事件方面重预案轻预警、重处置轻预防、重应急轻联动的现象还十分凸显。应急综合管理体系的建设不仅仅是设施的建设，只有政府主导、部门联动、社会广泛参与才能最终促成。

另一让王迎春非常关注的问题是低碳、绿色城市的建设，“我们是一个大能耗的国家，怎样降低能耗关系到城市的可持续发展”。作为特大城市首都北京，冬季供热消费的能耗约占全市总能耗的20%，北京地区冬季供暖粗放式的管理方式沿用至今，锅炉自身运行虽有先进的控制系统，但依然没有根据室外气温预测数据和室内实时实测温度数据来调控热负荷，造成不必要的能源浪费。为此，王迎春提出《关于加快推进北京市供热室内温度全程实时监测网建设的提案》，希望用气象人的优势推动节能，现在她把科研也注入到首都供暖节能方面。王迎春说，这是她现在着力做的工作。

“作为科研人员，我也关注首都的科技协同创新问题，这是十八大提到的，想通过具体工作推动这件事情。”她认为，要让企业、大学、科研院所真正形成产学研用一条龙。供热室内温度实时监测这个项目就是清华大学、北京市气象局研究机构、企业及用户单位四家联合来做的。“把科技协同创新做得更好，让科技成果惠及民生，是我关心的。”

作为科协界委员，王迎春关心怎样开展好科普工作，尤其是防灾减灾的科普。2012年北京“7·21”暴雨之所以损失惨重，既有基础设施不到位的原因，也有人们对灾害性天气的认识、重视程度不够的原因。“因此，应注重培养全民理性的危机意识、自救互救技能和心理应对能力。”

怎样随着气候变化让城市更有效减排、垃圾的分类处理到位、提升广大市民环保意识、让城市更加宜居美丽……王迎春说，日常生活和专业领域的问题都值得关注。当了政协委员以后，明显感到社会责任感、忧患意识、使命感都增强了，也更加热爱首都、热爱这里的人们。

江亿　书斋外尽显男儿本色

郭 隆

2003年5月初的一天，北京大学人民医院门口空荡荡的，只有隔离线在风里不时地颤动一下，提示着人们，“非典”带给这所医院惨痛的一切。

在“非典”病人安置病房的走廊上，一个身穿防护服的高大身影在神情专注地忙碌着。他时而用专业工具勘测着楼体结构，时而低下头在小本上写写算算。他就是北京市政协委员、清华大学建筑节能中心主任江亿——一个空调暖通专业毕业，多年致力于建筑节能领域研究的“空调人”。此时，他和他的伙伴们正试图从门诊大楼的建筑结构和空气流通状况中找到“非典”病毒传播的蛛丝马迹。

完成了建筑热环境工程学领域多项核心技术研究，主持完成十余项大型商业建筑空调设计工程，在人民大会堂、毛主席纪念堂等三十几个大型重点建筑空调系统计算机控制工程中任总负责人……翻开江亿的“成绩表”，你会看到这位暖通技术专家的不凡业绩。不过，从硕士到博士再到院士，与空调暖通、建筑节能结缘的40多年里，江亿一直以他的社会责任感，践行着书斋之外的担当，用他的话说叫做——“用我们这行的知识，为社会、为老百姓做点儿事。”

工厂里“深造”

与很多“老三届”相似，小时候的江亿就经历了生活的捶打和意志的磨炼。

江亿从小就有极好的数学头脑，然而刚念到初一，他就遭遇了“文革”，很快又随着“接受贫下中农再教育”的洪流来到内蒙古四子王旗，半农半牧地种了5年地。

“那是一个非理性的时代，但对于人生来说也是一种经历和磨炼。”5年的插队生活，条件之艰苦自不必描述，那种状况现代人可能已经无法想象，但在江亿看来，特殊的时代给了他丰富的社会阅历和实践经验。

1973年底，江亿参加了“文革”中仅有的一次“工农兵高考”，从而进入清华大学建工系暖通专业学习。本以为走进校门可以“对窗苦读圣贤书”了，可就在次年3月，“教改”的政令要求高校要“开门办学”，让学生们到生产一线边劳动边学习。从二七车辆厂、878电子厂，到参加援藏团，江亿的大学生活其实是在工厂里度过的。

“那是一段通过劳动实践进行学习的经历，往往是围绕具体工程任务先干活，积累问题，再拿起书本。”谈及在“工厂大学”的经历，江亿说实践是最好的老师。他举例说，在工厂里要完成一个暖气安装的工程任务，老师交给大家供热量计算公式和暖气管道的排放原理。江亿和同学们一起计算、画图后，就开始动手干起来。下料，套扣，接管，不到一周暖气安好了。打压试水后再测量，结果一些局部的温度变化与原先的计算结果不一致。带着对实际工程操作的认知，江亿返回头去重新测量、计算，他发现一些工程实际操作中影响制热效果的细小因素，在设计之初没有考虑精确。“没有经过动手实践，有些工程问题是很难做到精确的，你亲自动手做了，甚至就会明白最初做设计时，为什么这个地方用这个系数，那个地方用那个系数。”江亿对此深有感慨。

“有过这样的实践后，就很容易对工程难点记忆深刻，更重要的是知道了为什么要学，学了用在哪里。”江亿说这样一个学习过程，从认识论的角度看是有相当大的合理性的。“给现在的学生增加一些工程实践的机会，带着实践中的问题学教材，他们看专业书就会像看小说一样轻松。”江亿说。

“地下”工作者

可能正是由于江亿十几岁就与农民、工人在一起生活、劳动，在清华读空调暖通专业研究生期间，江亿继续着在书斋和实验室外的实践，用他的专业知识帮助老百姓解决了不少经济生活中的“老大难”问题。

30年前，冬季大白菜可是北方老百姓冬季数月几乎唯一的“当家菜”，家家户户都得在秋天储存上几百斤。然而大白菜的保鲜储存却成为政府和老百姓的一块心病。

为避免白菜腐烂变质，当时通行的办法是每隔三天就要把整个垛打开，重新垒一遍，折腾一次十分费力。频繁的“倒垛”现象引起了江亿的注意，为什么倒过的白菜就不容易腐烂？他与北京蔬菜所的专家及在京的一位美国教授合作，找到了储藏温度、湿度等要求的控制参数和白菜腐烂的主要原因——乙烯浓度问题。

找到了原因，弄懂了原理，江亿与研究人员一起设计出了新的储存办法：在地面上挖出一个长40米、宽十几米的大坑，环绕四周砌起墙，在坑底用砖块垫起一排排竹劈，然后将白菜密密麻麻地摞在竹劈上，再将大坑表面封实。这样，人们需要做的只是定期“开窗”通风，将外面零摄氏度左右的空气引入坑内，把白菜释放的乙烯气体吹出去，就可实现白菜的保鲜。到了春节的时候，用这种方法保存的白菜不但没有烂，而且水分充足，老百姓再也不用吃或干瘪或腐烂的白菜叶了。之后，北京市政府投入上千万元在所有的白菜种植基地推广这项技术，“后来连新疆伊犁都按照我们的设计和工艺储存白菜”。江亿的成就感至今仍溢于言表。

20世纪80年代，水果的产地储存是困扰我国苹果种植业和苹果产地经济发展的瓶颈，也一直是国内外科技人员攻关的难题。

1982年起，江亿参加了由山西省农科院主持的国家“六五”攻关重点项目——苹果的产地储存技术研究。这一次，他研究设计的“在窑洞里修通风道”的土办法，使得一年四季苹果储藏的温度都被控制在0到6摄氏度，实现了与现代化储存手段完全相同的储藏保鲜效果。“在窑洞里储存的苹果，到来年五月吃还是脆的。”江亿自豪地说，“农民的劳动果实，存到春节再卖，一斤可以多挣两毛钱呢。”

江亿还是最早研究北京地铁升温问题的人。“地铁1号线里的高温让人们感到特别憋闷，2号线里的潮湿环境使得一些线路受损。”江亿回忆，那时没有课题立项，也没有研究经费，只是说有这么个难题需要解决。于是，他常常带着几个本科生半夜两三点钻到地铁里去测试，后来利用专业技术，实现了对地铁热环境的仿真分析，并给出了系统的降低地铁洞内温度的方法。

地铁里面热了，苹果储存环境不合适了，白菜没法保存了……这些事都是老百姓吃穿住行的琐碎问题，似乎跟学术研究有点距离，但江亿说："进入这行了，就要树立起专业思想和社会责任感，咱能管的事咱就应该张罗张罗。"

追踪"非典"轨迹

2003年春夏之交，肆虐来袭的"非典"疫情在整个北京城弥漫，"非典"病毒让人们难以抑制心中的恐慌。

"'非典'病毒可通过空气传播，当时有几百人都是在同一个区域内感染的，研究医院安置区内的空气流动和病毒浓度，对传染防护工作十分重要。"在"灰色"的岁月，面对着生死考验，江亿这位"搞空调"的院士，毅然地走上了"非典"阻击战的第一线。

在北大人民医院的"非典"病人安置区，江亿注意到一个奇怪的现象，在一条曾经安置过"非典"病人的走廊两边，有两间彼此相对的骨科诊室，一间诊室窗户向西开，办公室里的大夫无一感染，另一间诊室窗户向东，外面是天井，诊室里面的大夫全被感染。为何会有如此之大的差别？江亿详细勘察了门诊楼建筑结构后发现，天井的存在是引发感染的重要因素。它的特殊位置使之成为楼内走廊空气向外流通的出口，而东诊室正是走廊内空气流向天井的必经之路。通过进一步在走廊里做排放特殊气体实验，江亿发现在"非典"病毒肆虐之时，两个诊室里含有"非典"病毒的空气浓度相差10多倍。

为了追求精确的"空气中病毒浓度"和"空气流动状况"数据，江亿和同事们不分昼夜地深入研究，其细致程度甚至达到"唾沫运动的轨迹、多大的唾沫飞多远会落下来，都在考虑之内"。经过周密的计算和对其他一些案例的分析，大家终于得出了"当患者呼出的含有病毒的空气被稀释到原浓度的1/20000时，即达到安全值，而高于1/3000时，则被感染的可能性很大"这一结论，为当时科学防治"非典"提供了很有效的帮助。同时，江亿还与专家们一起研制了既能避免污染还能把病毒杀死的新型空调机，安装在人民医院病房楼里。此项发明后来获得了国家科技发明奖。

“空调到底能不能开？”“它会不会传播病毒啊？”随着盛夏的到来，社会上产生了“空调恐慌”，老百姓大热天的也不敢开空调，怕病毒通过空调系统传播。在人人自危的艰难时刻，江亿召集空调暖通专业的学生们，开通了“非典”期间如何正确使用空调的热线电话，在报纸上公布，并与学生们一起24小时值守解答群众的疑问；他还走进电视台向市民讲解“非典”肆虐之时科学使用空调的注意事项。写字楼、机关等人员密集单位的空调使用安全更为关键，江亿发起组织了北京市空调防“非典”专家小组，到民航大楼、北京人大办公楼等重要建筑，检查空调系统的安全状况。

回忆起那段“灰色”的岁月，江亿说，当时真是感到“这正是对我们这行的挑战”，感觉“有义务给国家尽一份力”，作为建筑空气环境研究人员，“现在社会需要你，你就要站出来把事情做好”。

迟小秋　“秋”韵婉转　国粹“京”艳

刘墨非

来自北京京剧院青年团的市政协委员、著名程派表演艺术家迟小秋曾递交提案：为弘扬民族文化，建议在北京设立“普及京剧日”活动，让更多的市民可以关注京剧，了解这门被称为国粹的艺术。“这个建议能否实现，我不知道，但我希望大家能够多看看京剧，发现京剧的美。”迟小秋说。

最年轻的梅花奖得主

在迟小秋的办公室里，最醒目的莫过于办公桌对面墙上悬挂的她在台北演出《锁麟囊》时的巨幅宣传海报。镜头中的迟小秋水袖轻扬，半掩粉面，眼波流转，顾盼生辉，让人不禁一见倾心。《锁麟囊》是最具代表性的京剧经典剧目之一，从20世纪40年代程砚秋先生创演以来，至今久演不衰。这也是迟小秋的拿手好戏，凭着在这出戏中的出色表现，迟小秋被称为“程派标准传人”，赢得了无数的荣誉和掌声。

迟小秋原名迟淑新，11岁时进入阜新戏校学戏，1981年开始学习程派。1983年，只有18岁的迟小秋拜程派嫡传弟子王吟秋为师。王吟秋先生希望继程砚秋、王吟秋之后，自己这名来自东北的女弟子可以将程派继续发扬光大，因此取“旺三秋”之意，为她取名为“小秋”。这也成为迟小秋努力的最大动力，因为一想起程派的前辈，她就无法停止自己的脚步。而冥冥之中，也许正是这一个“秋”字，才得以让程派艺术的精髓代代相传。

迟小秋回忆说：“当年师父教这出《锁麟囊》的时候，一个字一个动作地教，每句唱、每个手势，手在袖子里怎么使劲才好看，都说得详详细细。”

师父倾囊相授，迟小秋也没有辜负师父的厚望，台上只有短短几分钟的走圆场，她要练习几千遍才过关，半天走下来往往全身被汗水湿透。一遍遍地反复打磨，终于造就了舞台上光彩照人的迟小秋。

1984年，迟小秋随阜新市京剧团来京演出。《锁麟囊》中一段“当日里好风光”，迟小秋唱来寓刚于柔、幽吟委婉、雅丽清新、圆润细腻，更兼体态端庄，表情妩媚，纤指曼妙。精彩的演出彻底倾倒了京城的观众。说起当年的情景，迟小秋至今记忆犹新：“我们是小剧团，没有名角，也许正因如此，我们在北京的那28天演出才会那么成功，可谓轰动一时。”

著名剧作家、《锁麟囊》一剧的创作者翁偶虹先生在观剧后特意为迟小秋题字，称她为“程派标准传人”。这一年，年仅19岁的迟小秋获得了中国戏剧最高奖项——第二届中国戏剧梅花奖，成为最年轻的梅花奖得主。同年，她又被选为中国戏剧家协会最年轻的理事。迟小秋创造的这一纪录至今无人能够打破。

盛名之下，努力不辍

学艺生涯尚属稚嫩之时即获此殊荣，受到众多戏迷推崇，然而盛名之下，迟小秋并未放松自己。多年来她每天坚持练功———无论是在戏曲最受欢迎的20世纪80年代初期，还是后来几年戏曲最没落、最不景气的时候，尽管她身边有很多京剧演员改行唱歌走穴，迟小秋也从来没有动摇过。即便现在已过不惑之年，又承担诸多行政管理事务，迟小秋仍然一有闲暇就请来琴师协助吊嗓。“我好胜、要强的性格一直在激励我不敢荒废每一天。只要不演出，我就天天吊嗓子、练功。”她说。

在《锁麟囊》一戏中，迟小秋的身段和水袖曾让许多戏迷折服。有老戏迷评价说：“看迟小秋演了好多年《锁麟囊》，水袖是越舞越漂亮了，特别是‘三让椅’一段。”“台上一分钟，台下十年功”，殊不知一个水袖是上万次的练习而来的。“水袖柔中有刚，这门程派的功力，练了几千次，也未必有一次好，老师教的时候会把要领告诉你，但真正的揣摩，通过你的时间，你的肢体，千次万次也未必做得好。”提起这些，迟小秋仍然非常谦虚：“从获得梅花奖那天起，我就没有放松过一天，我一直背负着这种压力，因为我深深知道成功没有任何捷径可走。我不敢说自己做得好不好，只能不断进步，不断成熟。”

正是这样的刻苦和谦虚，让迟小秋在表演中文武兼备，也形成了自己的舞台风格。从19岁获得“梅花奖”起，迟小秋多年的舞台生涯中一直受到戏迷的追捧，更收获了数不清的荣誉——文化部文华奖、梅兰芳金奖提名奖第一名、辽宁省“德艺双馨”文艺家、第五届首都“巾帼十杰”……

推广国粹，不遗余力

2005年，迟小秋从沈阳京剧院调入北京京剧院，2007年竞聘成为北京京剧院青年团团长。担任行政管理工作，同时还要兼顾自己的演出，迟小秋常常忙得团团转。这次接受采访，也是在繁忙的演出中特意抽出时间进行的，而就在采访前的一分钟，迟小秋还在安排着团里近期的演出事务。

说起这个团里的年轻演员，迟小秋的话语中透着一丝骄傲与期盼。北京京剧院青年团目前有演员100余人，全部是来自专业院校的年轻人，平均年龄只有26岁。“我们团现在每年的演出都有400多场，最忙的时候可能一天要分出三班演出。”虽然迟小秋本人每年的演出场次多达百场以上，但逢青年团演出，就算没有自己的戏份，迟小秋也会尽量到场，“就为他们年轻人把把场，让他们能安心演出”。

让更多的人可以了解京剧，感受国粹艺术的魅力是迟小秋一直以来的希望。除了培养青年演员，迟小秋也特别看重与戏迷的联络：“因为京剧艺术要想延续它的生命力，专业演员需要成长，观众队伍也需要培养，二者同样重要。”

多年的艺术生涯让迟小秋与程派票友戏迷们结下了不解之缘，她的戏迷专门为她创办了“迟小秋程派艺术网”，每到一地演出，总有“粉丝”前去捧场，还到后台给她送吃送喝。到台湾演出时，更有台湾戏迷场场必到。对于戏迷们的关心和热情，迟小秋也用真诚回报着他们：在台上，兢兢业业唱好戏，对得起观众，鱼水相容。如果有戏迷来信向她索取录音带、CD，她总是认认真真地挑选然后亲自寄出去。收到戏迷来信，她也会尽量回复。看到观众中年轻群体增多，迟小秋更是深感欣慰：京剧艺术是博大精深的国粹，民族文化之宝，能够把大师的艺术传承下来，是我的荣幸。

忠贞不渝的王春娥、柔情贞烈的刘兰芝、人生经历跌宕起伏的薛湘灵……从艺几十载，舞台上的迟小秋塑造了一个又一个经典，而她对京剧的一片热忱之心，也借由戏中人的一颦一笑、一悲一喜、一点一滴氤氲开来，散发出耀目的美丽。

（本文刊载于《北京观察》2010年第3期）

颜丹平　勇攀地质研究高峰

朱生志

在中国地质大学（北京）校园内，有一座逸夫实验楼，楼内走廊环绕，廊道的墙壁上张贴着各种有关地质科研的国内外学术交流成果。六层楼道电梯拐角处，一间不足15平方米的普普通通的办公室里，数个三米多高的文件柜占据半壁江山，摆满各类专业书籍。办公室内，最引人注目的是挂在墙壁上的一幅1：250万的《中华人民共和国地质图》，红黄蓝绿点缀之间，全中国地质情况一目了然。

这间普通而充满浓厚学术氛围的办公室属于颜丹平。作为我国地质构造研究领域的专家、中国地质大学（北京）地球科学与资源学院构造教研室主任、博士生导师、教授，中国地球物理学会大陆专业委员会副主任，国家绕月探测工程科学应用专家委员会专家，颜丹平从1991年中国地质大学（北京）硕士研究生毕业至今，集中精力研究地质构造，在教学育人、科研学术等方面都取得了杰出成绩。

春风化雨育桃李

作为一名从教20余年的高校教师，颜丹平始终奋战在教学第一线，坚持讲授本科生“地球科学概论”“构造地质学”“综合地质学”以及研究生“高级构造地质学”“构造地球化学”等课程，已经累计教过3000多名本科生和研究生。

“如果不从事本专业领域的科学研究，对于个人而言，不仅仅在学术科研方面没有发展的前途，而且也肯定无法将所教授课程的精髓向学生讲通、讲透。因为没有切身体会、相关科研经历，就只能依葫芦画瓢去讲别人的东西，就把握不了重点难点，无法把握地质科技前沿。”多年来，颜丹平在传承前辈经典的同时，坚持及时和准确地将地球科学领域发表的重要论文、即时发生的重大事件渗透进课堂，他的教学内容每年、每课随时更新。

“照教材讲述而没有新内容、新观点、新思想，这是‘念书’不是‘教书’。年年一样的教本，但应是年年不一样的教案。”颜丹平工作耐心细致，严谨治学，不断加强课程建设，着力打造精品课程。他所教授的“地球科学概论”，是学校具有60多年历史的经典课程。

从1999年起，颜丹平与教学成员一起，开发完成《地球科学概论A》和《地球科学概论B》两套多媒体课件，教案采用了全新的思路，文、图、动画和电影短片相结合。经多年实践和不断补充修改，教案得到不断的完善和更新，每年更新率在10%以上。多媒体教案为东华理工大学、成都理工大学等20余所兄弟院校所采用，也成为学校“地球科学概论”国家精品课程建设的重要内容，产生了广泛的社会影响。

地质学是一门理论性和实践性很强的学科，有许多抽象概念与理论，晦涩难懂，对于内容充实而丰富的“地球科学概论”实践教学，野外教学实习是“地球科学概论”及相关课程的重要教学环节。为了使同学们能够理解透彻，颜丹平在讲授过程中善于用自己总结的“形象举例法”，即运用形象比喻或与现实生活中的事例相联系，使学生对基本概念的理解、野外地质现象的观察更加形象化、生活化和具体化。例如，转换断层与走滑断层，颜丹平通过将我国郯庐断裂带与美国西部的圣安德烈斯断裂实例进行对比分析使学生加深理解。再例如，在北京西山实习观察华北平原与太行山间的正断层接触关系时，对山区与平原地貌界线、河流发育特征与露头情况进行观察，并与地震活动性监测等联系，颜丹平组织学生就观察到的现象与对生活的影响进行讨论，学生在热烈的现场讨论中迅速理解，使艰苦的野外实习成为最受同学们欢迎的学习内容。

二十余年默默坚持春风化雨育桃李，颜丹平的辛勤耕耘也收获了认同。从教数十年来，颜丹平先后荣获北京市教育创新标兵、北京市师德标兵、北京市优秀教师、教育部第六届高等学校教学名师等荣誉称号以及北京市级教学名师奖、北京市教育教学成果一等奖、第13届李四光地质教师奖等奖项。

面对如此多的荣誉，颜丹平并未有丝毫自满，而是继续谦卑地坚持在三尺讲台上。“我当老师，教书育人就是我的职责，从来没有想过因此获得什么荣誉。”

“千做万做学做真人，千教万教教人求真”，这是颜丹平最为推崇的一句话。他教过和指导过的本科生、硕士生和博士生共有数千人，他们在各自的岗位上都取得了卓越的成就，有的已步入国外著名学府继续深造，也有的已成为科研机构的研究员、大学教授……

勇攀地质研究高峰

矿产和油气资源是重要的自然资源，是社会生产发展的重要物质基础，与现代社会人们的生产和生活息息相关，而构造基础理论与构造解析研究，能够为矿产资源与油气勘探工作提供理论与实践指导。

近年来，作为中国地质大学（北京）构造解析学方向的学科带头人，颜丹平始终站在学科前沿，为学科建设服务，以研究成果促进教学工作的顺利开展。1985年至2011年间，他积极承担科研项目，先后在北京西山、雪峰山——武陵山构造带、龙门山逆冲构造带、松潘——甘孜造山带、横断山系——青藏高原、南华北盆地、松辽盆地、四川盆地等进行山脉和盆地构造变形、构造年代学、构造地球化学和盆地构造分析等科研工作。其中，2008年作为国家汶川地震专家委员会委员，颜丹平第一时间亲临地震灾区进行调查研究，出色地完成了工作，并在此后每年数次重返灾区对龙门山构造变形进行实地考察。

对于构造地质学研究来说，野外地质调查是关键，颜丹平踏勘了几千处华南和藏东的地质露头，掌握了多种造山带和沉积盆地的发育和演化特征。研究过程中，他始终强调实事求是，重视野外地质调查与地球物理资料的综合分析以及不同资料、不同方法的相互验证。颜丹平经常深情地对学生说：“做学问，要实事求是，敢为人先，不唯书，不唯上，不唯权威。”这是他对学术内涵的深刻领悟和恪守的准则。

“作为大学老师、科学工作者，就应该站在科研前沿，要有国际交流，要有国际视野。”1999年以来，颜丹平与香港大学地球科学系周美夫教授、法国欧洲阿尔卑斯地质研究中心Nick Arndt教授、加拿大Dalhouse大学P.T.

Robinson教授和美国内华达大学拉斯维加斯分校Michael Wells教授等建立了长期的科研合作关系，在这个合作队伍中培养和吸收了一批中青年科学研究骨干，形成了一个以颜丹平为主的国际合作研究团队。

科研之路并不是康庄大道，总有数不清的失败与挫折，但颜丹平却深信一分耕耘，一分收获，坚持默默前行。皇天不负有心人，颜丹平终于在这条满是荆棘的道路上留下了坚实的印记。截至目前，颜丹平已负责完成国家自然科学基金面上项目5项，国家科技发展973课题、863专题和国家重大科技专项子专题各1项，合作项目10余项；作为主要研究成员参加国家自然科学基金重大项目1项、重点项目1项、面上项目2项，部级重点攻关项目1项，国际合作项目4个，油气田勘探开发研究项目多项；已公开发表研究论文、专著和教材共110余篇（本），其中在国际SCI检索杂志发表论文35篇，总SCI引用超过700次；荣获省部级科技成果奖励2项、Elsevier5年内50篇（之一）最高引用论文奖。

这一系列重要科研成果，使颜丹平能够站在学科前沿，对本学科的发展和动态有了较深入的了解，为中国地质大学（北京）构造地质学成为国家重点学科作出了贡献，并成为构造解析学方向的学科带头人。这些成果应用到课堂上，对于引导学生养成科学思维，提高科学研究兴趣起到了重要的作用。

“社会责任感，念兹在兹，无日或忘”

1998年12月，颜丹平加入九三学社，2012年由中国地质大学（北京）校党委推荐为海淀区第九届政协委员，2013年起担任北京市第十二届政协委员。

从一位埋首教学科研的大学老师成长为一名合格的政协委员，颜丹平凭借着强烈的社会责任感，在教师与政协委员之间成功完成角色转换。对此，颜丹平不无谦虚地说：“社会责任感，念兹在兹，无日或忘。我现在一直都是在学习怎样当委员，学习怎样当好委员，学习怎样当好及时准确反映社情民意的好委员。”

北京西山林海苍茫、烟光岚影、四时俱胜，千百年来，不知有多少文人学士为它四时的景色所倾倒，游玩赏乐其间，乐不知返。新中国成立以后，经过几十年的建设，北京西山愈加风光绮丽，美丽动人。身为地质人，颜丹平醉心于西山山水之余，更希望将北京西山建设成为综合性休闲旅游区。“这样既可以成为2000多万北京市民休闲好去处，又可以成为吸引国内外游客的西山公园。”

“北京西山地质、地理、文化、生态资源景点极为丰富，并且大都具有相当高的国际知名度。举世闻名的八达岭长城、三山五园皇家园林文化区、周口店北京人遗址等文化遗迹点缀西山并从北而南串联起来。”颜丹平对于西山的喜爱之情，溢于言表，对于西山的各类地质资源，更是了如指掌，如数家珍。“八达岭花岗岩体、下韦甸古生代地层层序、房山世界地质公园等地质遗迹，已经开发成为国际著名的地质科学考察路线。”

为了2000多万北京市民能够拥有一个休闲好去处，颜丹平从自身从事的构造地质教学和研究领域出发提交了《关于科学规划和统筹协调地质、地理、生态和人文资源，建设北京西山综合休闲旅游区的提案》以及《关于筹建京西国家公园的提案》。为了加深民众对西山地质、地理景观的认识，扩大提案的影响，他还应海淀区政协邀请，专门为海淀区政协常委会作了《北京西山地质成因》的专题报告。经过他的努力，提案交上去后，得到了北京市政协、北京市旅游委、北京市规划委员会、北京市国土资源局的高度重视，《关于科学规划和统筹协调地质、地理、生态和人文资源，建设北京西山综合休闲旅游区的提案》更是被评选为政协北京市委员会2013年度优秀提案。

现代社会，瞬息万变，物欲横流，诱惑与机遇并存。作为一个学习和从事自然科学研究的教师、学者，颜丹平努力践行“学为人师，行为世范”，默默无闻，坚守信念，坚持三尺讲台育桃李，锲而不舍为民鼓与呼。

陈小兵　添砖加瓦　践行委员职责

郭　隆

说话干脆、富有逻辑，给人以亲切感，与陈小兵委员聊天让我感受到一位资深媒体人的学识与修养。听他讲父子两代人的政协情缘，讲自己作为政协委员调研履职的细节与体会，则更能感受到他干事的热情和务实的作风。

"要坚持原创"

翻开陈小兵的简历，一位资深媒体人的成长轨迹可谓水到渠成：1992年毕业于暨南大学新闻系，后在北京日报社任编辑；1998年《北京晨报》正式创刊，陈小兵先后主持过专刊部、采访部、品牌推广部、广告经营部的工作。其间，他曾获第十届全国国际新闻报道好版面一等奖、第十三届北京新闻奖优秀奖。

近年来，由于互联网媒体的急速发展，报纸类传统媒体遇到了人才大量流失、资金严重"失血"，广告经营收入断崖式下滑的窘境。从事新闻事业25年，陈小兵对当下互联网媒体的崛起和传统媒体的创新探索有着深刻的感受。

"微信、微博、自媒体等使大众获取资讯的途径非常广泛，年轻人已将手机作为第一阅读渠道，传统媒体如报纸、广播、电视的阅读量持续下降，广告投放份额大幅缩减，这个是不能回避的客观现实。"那么传统媒体怎样保持自己的生存空间呢？陈小兵认为，必须发挥优势，坚持原创。他分析说："传统媒体的优势在于拥有行业内最专业的编辑记者队伍，虽然有人员流失但基础还在，这支队伍是经过多年锤炼的，新闻策划和采编水平是扎实的，会恪守新闻传播的职业道德和准则，传递给受众的是深刻的、全面的、有思想的报道内容，而不像很多网络媒体那样或推送海量的、碎片化的重复信息，或编辑猎奇信息、乱起标题，甚至还有一些低俗信息令人生厌。”

陈小兵认为，面对新媒体的冲击，传统媒体和传统媒体人还是要坚持理念，坚持出新，坚守新闻本源和职业道德，另外也要求新思变，借鉴新媒体的传播方式和运营模式，通过APP、公众号等信息化手段拓宽传播途径。“正如习总书记所说，传统媒体要在坚守新闻本源的前提下，走融合之路，积极拥抱新媒体途径。”

与政协缘分不浅

“我与北京市政协真是很有缘分，这让我履行委员职责更有动力。”陈小兵自己是北京生北京长的台湾籍人士，他的父亲陈炳基先生作为台盟北京市委负责人，曾是北京市政协第五至八届的常委。从小时候记事起，陈小兵就从父亲口中时常听到关于政协的“大事小情”。“有时候父亲在家里聊天，就会念叨起参加了政协的一次调研活动，准备了一篇专题发言或者正在充实材料写一份提案，所以我从小就对政协不陌生。”陈小兵记得，听父亲说起过当年与几位台籍委员一起连续三届提交提案，建议收回位于前门东大街的台湾会馆的产权，此事最终得到落实。2013年，北京市台联推选陈小兵担任北京市政协委员，这让他备感荣幸。“此时，父亲什么也没有说，只是悄悄把他几十年来提案的目录和材料放到了我卧室的桌子上，厚厚的一大本，捧起来沉甸甸的，我知道他是让我把参政议政的责任担起来。”陈小兵颇有感触地说。

陈小兵在自己的工作中也与政协有过“亲密接触”。在《北京晨报》任职期间，他曾作为报社“两会”报道组组长，带领记者采访过北京市政协全会，亲身体验了政协大会的工作流程、会议的热烈氛围以及委员履职的渠道和方式。“这段经历对我如今作为委员履职有很大帮助，踏进政协的大门就感觉不陌生，能够很快地融入政协工作中。”

陈小兵对保护老北京历史文化街区的调研印象深刻。“用政协的话说，这是一部‘连续剧’，政协委员、党派成员和社区干部自由结合，3到5个人组成一个调研小组，大家通过微信群约好时间，不事先通知相关单位，利用若干个下午走访了东四地区的十几条胡同。”调研中，委员们走进院落，全面记录下私搭乱建、开墙破洞、私开小门脸等破坏历史街区传统风貌的情况；入户与居民座谈聊天，对外来人口的居住情况、从业情况摸底清楚。“这种调研形式非常接地气，没有官方接待，就是仔细观察，听老百姓怎么说，实实在在，获得特别深入扎实的一手资料和信息。”陈小兵表示，政协的这次调研非常有针对性，为后来全市范围强力整治城市环境提供了意见建议，自己也为推动社会治理尽了一份责任。

作为北京市政协文史委的委员，陈小兵也多次参与对老北京文物保护单位的调研。位于朝内南小街十字路口的孚王府曾为胤祥的怡亲王府，被列为全国文物保护单位。在市政协文史委的组织下，陈小兵等委员和社区代表们一同进行了实地走访。大家看到，王府正殿虽然腾出，但偏殿、偏房都被单位和家属占用，交织纵横的电线和破旧不堪的低矮建筑，让王府变成了大杂院，院东路一处居民住家改造而成的临街饭馆还曾经引发火灾。委员们进一步摸清情况，倾听社区代表的意见建议并认真梳理。一周后，属地城管部门对大杂院进行了初步的拆违。“详细的情况我们会通过政协反映给有关部门，为今后的文保工作提供依据。有时候调研不能立刻解决问题，但通过委员长期不懈努力，相信有助于推动最终的解决。”陈小兵说。

“走”出来的提案

“政协委员不能白当，通过调研、提案，关注社会、关注民生，帮助政府部门优化、改进政策，切实推动民生问题的解决。”在陈小兵看来，政协委员就是要“务实”。

2014年，作为北京公共交通价格调整听证会的听证代表之一，陈小兵全程参与了北京公共交通价格调整。在获知自己成为公交票价调整听证会的代表后，他积极展开调研，走访了公交场站、公交集团、发改委等部门，与乘车市民交流，并通过《北京晨报》等媒体开设的反馈渠道，广泛了解到许多市民对本次调价的意见和建议。“我通过晨报广泛了解了市民建议”，听证会上，陈小兵第一个发言，一口气提了九个建议。会后，陈小兵将建议再次梳理，形成了《关于进一步优化公交票价调整的提案》。他建议，要特别优惠中长距离的通勤族；建议对持卡乘坐轨道和地面公交的打折额度合并计算；轨道交通也应优惠儿童、学生及老年群体；实施早高峰前和晚高峰后1小时内票价5折等，这其中的不少建议被政府部门采纳。

翻阅陈小兵五年来的提案不难发现，公交票价、站点设置、换乘接驳……为北京公共交通建设建言献策成了他履职建言的发力点。

1号线、2号线、6号线……近半年，陈小兵没闲着，利用一切时间“走”地铁站口，为他的关于多个地铁站没有下行扶梯的提案，实地了解情况。

只因父母一句“不愿坐地铁”的话引起了陈小兵的关注。陈小兵开始尽可能多地乘地铁出行。1号线、2号线……一条一条地坐，跑了上百个站口，他发现，老线路里几乎都没有下行电梯。

老年人腿脚没有力量，上下台阶受不了；务工人员提着行李下台阶特别费劲儿……半年过去了，陈小兵手里的材料攒了一大摞。他又去翻阅相关的规划，发现北京地铁站的设置有严格的规定，站口达到一定的宽度才能设置扶梯。他又找到相关部门进行核实，得到了肯定的回答。终于，一份翔实的《关于地铁站应设置下行电梯的建议》形成了。陈小兵说，光发现问题不行，委员提案还要找到解决问题的办法。“为此，我利用到香港、日本出差的机会特意考察了当地的地铁设施。发现当地的地铁因地制宜，比较窄的站口就把扶梯和步行台阶都缩窄了，但我们的规划就比较死，这是有待改进的地方。”陈小兵在提案中建议：新建地铁线路和站点在设计时应设计下行电梯，所有具备改造条件的地铁线路和站点，应尽快改装和加装下行电梯。

最近，有人向陈小兵反映6号线二期新开通的站点，公交接驳跟不上。陈小兵随即进行了实地走访，发现6号线二期新开通的6个站有4个都没有公交的接驳站。乘客出了地铁后，要走15到20分钟才能到达公交站。在市政协十二届五次全会上，陈小兵带来的另一个提案就是《关于尽快完善地铁6号线2期站点公交接驳线路的提案》，他建议在今后的地铁站点开通前，提前规划同步开通公交接驳线路。

“我的提案都是从生活中发现的，不讲大道理，只讲事实。我要是不走访这么多的站口、社区，不访问这么多的百姓，调查就没有发言权，提案就不能切合实际。所以说，我的提案都是走出来的。”陈小兵说。

李勇杰　让肢体不再抖动

郭　隆

1998年7月12日，首都医科大学宣武医院，国内第一例微电极立体定向“细胞刀”手术正在进行。

安装头架，脑内准确定位，确定下刀靶点。经过漫长的5个小时，原发性震颤症患者右手的剧烈震颤消失了。他一言不发，翻来覆去端详着自己的手，突然泪如泉涌：“它停下来了，10年了，终于停下来了。”

这是帕金森病在中国第一次完全被征服，创造奇迹的医生名叫李勇杰——北京市政协委员、首都医科大学宣武医院功能神经外科主任。13年前，他把代表着功能脑病治疗尖端技术的“细胞刀”技术引入国内，使帕金森病手术治疗的有效率明显提高，让数千例患者恢复了生活和工作能力。13年来，他带领团队为包括帕金森病、原发性震颤、抽动症、癫痫等功能脑病患者提供了最先进的治疗手段，在功能神经外科领域不断书写着传奇。

攻克帕金森

神经外科被公认为医学界地位最高也是最凶险的领域，采用手术的方法，修正神经系统功能异常的医学分支，被称为功能神经外科学。通常神经外科医生在为病人治疗时，需要在病人复杂的脑组织中进行手术，每个步骤都关乎着患者的生命安全。但就是这样一个风险极高的职业和学科，对李勇杰来说，却有着一种独特的魅力。

1984年，李勇杰以优异的成绩从北京大学医学部毕业，在神经外科方面接受了严格的训练。获得医学博士学位后，他顺理成章地留在医院从事神经外科工作。勤奋严谨加上天资聪慧，让他很快就在岗位上取得了成绩。由于在神经外科学和神经电生理学两个领域的历练，美国排名第一的约翰霍普金斯医学院向李勇杰伸出了橄榄枝，不安分的他带着对神经外科领域更高的追求飞往大洋彼岸。就这样，李勇杰走近了当时国际前沿的微电极导向的立体定向神经外科手术，俗称“细胞刀”技术。当见证了患者的剧烈震颤在短短几秒中消失，目睹了太多从轮椅上重新站起来的帕金森患者时，他被“细胞刀”所深深震撼。

“我感到自己找到了一个前进的方向，找到了一个我愿意研究和实践的事情。”看着一个个从轮椅上站起来的患者，李勇杰的内心开始不平静了。他知道在遥远的祖国，帕金森病发病率已达1‰，那么全国患者的数字至少保持在200万人以上，如此庞大的群体正忍受着病痛的折磨：逐渐丧失工作和生活能力，残疾，瘫痪……而这一先进手术技术在国内还是空白。“如果将这项新技术带回去，一定能造福国人！”由此李勇杰坚信自己理想的种子只有落在祖国的土地上，才能生根发芽，他要在中国建立世界一流的功能神经外科研究与治疗中心。

1998年5月，李勇杰来到宣武医院，随后与美国加州罗马林达大学合作创办了北京功能神经外科研究所，这是中国第一家功能神经外科领域的临床治疗和科研机构。几年下来，手术的成功在预料之中，“细胞刀”疗法风靡全国，他也被冠以“中国‘细胞刀’第一人”的美誉。

李勇杰给自己的定位是“科学家型的医生”：首先是守医生的本分，尽医生的本职，同时在此基础上有所创新。“所谓创新，在医学临床上讲就是怎样提高有效率和降低风险，使诊疗手段在原有基础上更进步、更安全、更有效。其次是提高医生的可操作性和患者的接受程度，比如微创。第三个层面就是让整个团队高效运转，提高医疗服务的整体效率。”李勇杰说。

疼痛终结者

从帕金森病开始，李勇杰和他的团队不断追踪世界领域的最新动态，改良技术，提升治疗水平，拓展治疗领域。

张贵忠是一名帕金森症患者，患病11年，他身上的颤抖现象越来越严重，长期服药，生活不能自理。李勇杰成为张贵忠的痛苦终结者。他为患者进行脑深部电刺激手术，成功植入脑起搏器。张贵忠身上的颤抖消失了，稳稳地走出病房。一家人对李勇杰千恩万谢。

自1999年开展脑深部电刺激（DBS）技术治疗功能性脑病以来，李勇杰所在的研究所已为600余名患者植入1000余个电极，植入量连续6年位居全国第一。2009年起，研究所的帕金森病"脑起搏器"治疗量达到全球第一，成为"脑深部电刺激全球最大治疗中心"。

李勇杰在创造性地把手术的治疗范围拓展到其他运动障碍性疾病之后，又开始了手术治疗癫痫和疼痛的工作，至今已拓展到30多种功能性脑病。北京功能神经外科研究所在他的带领下形成了以疼痛中心、运动障碍中心和癫痫中心为核心，面瘫、面肌痉挛以及精神外科为分支的多层次、全方位的学科构架，成为国内最大的功能性脑病临床、科研和教学基地。这些年来，李勇杰带领他的团队共诊治患者10余万，手术治疗6000余例，患者不仅来自全国30个省、市、自治区和港澳台，还有来自印尼、马来西亚、美国、日本的远道求医者。研究所也被美国帕金森病基金会授予"卓越成就临床中心"，多年来一直是亚洲唯一获此殊荣的临床机构。

但是现在最让他自豪和骄傲的，莫过于业已成型的团队。他告诉年轻大夫们："人家能放心地把脑袋交给你摆弄，是因为你沾了医院的光，是医院的名声给了你信任感和荣誉，否则你到大街上给人家剃头，人家都未必信任你。"多年以来，他和团队努力营造并践行着这样的理念，让患者得到世界水平的医治，得到最人性化的服务和最坚定的心理支持。

建言"强基层"

一方面是患者一号难求，另一方面医生加班加点每天要看100多个病人。近年来，"看病难、看病贵"问题虽有一定程度缓解，但大医院医疗资源紧张与浪费并存、基层医疗机构发展空间有限、无序就医等问题依然没有从根本上得到解决。

作为市政协委员，一线医务工作者，李勇杰一直在思考通过诊疗模式上的创新缓解看病难题，满足百姓"就好医"的需求。"我们最常见到大医院的名牌科室天天爆满，而其他的二类医院、行业医院、社区医院效率并不高。这就需要建立一种合理、高效的诊疗结构和布局，分流患者，提高整体医疗服务的效率。”李勇杰指出，要逐步建立较为完善的分级诊疗制度体系，完善分级诊疗制度，逐步实现绝大部分患者在社区就诊的目标。

李勇杰谈到，工作的重点应该是“强基层”。“要加强基层医疗服务的能力和水平，把常见病、多发病、慢性病留在基层，而把真正的疑、难、重、急病推到区域性的大医院和大学附属医院。整体病人流向的大系统应该是从下至上的，从基层到大医院再回流到基层卫生院的。”他还强调，基层卫生人员需要的是多年的诊疗经验。大学毕业生在社区上岗，其知识储备、临床经验都很不够，只有具备多年一线临床经验的老医生才有对病人的判断能力和诊疗经验，这些经验不是靠背医学书能达到的。“所以说，基层卫生院真正需要的是在大医院有多年从医经验的医生，对常见病和危重疑难病症有诊断能力的四五十岁的老医生，一方面他们有经验和能力，另一方面他们不一定非要在学术科研做出成绩。”

针对当下社区卫生院“小年轻”当家的情况，李勇杰认为，大学生到基层的另一方面问题是薪酬待遇长期偏低，业务学习和发展空间都很有限，基层岗位对其缺少吸引力。他建议要提高基层卫生服务人员的待遇，“医疗服务不应该完全划分到市场经济之外的处理方式，收支两条线的机制在一定程度上会影响人员的积极性和整体的基层医疗效率，要发挥市场经济的调节作用，这只‘无形的手’会有力得多”。

“当前提倡医师在大医院的管理下有序化、有组织地开展多点执业，从某种层面上来讲，可以减少医疗风险，保证患者安全，提高患者的满意度。”在这方面，李勇杰也已经成功地进行了探索。2015年2月，由李勇杰牵头，宣武医院成立了一个新模式“医联体”——西典门诊，侧重治疗各种慢性顽固性疼痛以及帕金森病和癫痫。作为西典门诊的首席专家，李勇杰指出，普通的“医联体”都是由大医院牵头，联合区域内的二级医院和社区医疗机构，将服务模式和医疗、康复、护理等进行有序衔接，而西典门诊则是由社会资本与医院合作建设的，社会资本投资硬件设施，专家队伍以宣武医院功能神经外科为基本框架，旨在借社会资本办医之政策激励，取美欧之成熟技术和服务模式，让中国人不出国门，让外国人无须翻译，享受国际水准的医疗服务。李勇杰表示，该门诊的启用，有望分流部分常见病及轻型患者，如果遇到疑难杂症患者，需要住院手术，在这里就可以直接开住院单，然后转诊到宣武医院，真正实现双向转诊。

张强斌　做有担当的中国人

徐　飞

与张强斌交谈，不难看出他很有主见，不像一个老好人，不是所有人求他的事都能如愿得到帮忙，但只要有益于国家、社会和环境事业的事，他都会尽心尽力地去做。

初为人师

在武汉地质学院学习期间，张强斌很喜欢实验课程，通过实验他有意培养自己分析问题和解决问题的能力。1985年，20岁的张强斌大学毕业后被分配到了武汉科技大学化工系当老师，那时很多学生的年龄都比他大。

20世纪80年代中期，中共中央根据教育体制改革方案，决定从党政机关及高校等单位抽调一部分具备条件的干部组成“中央讲师团”到贫困地区学校支教。张强斌作为第二批讲师团的成员于1987年前往位于鄂西北的贫困山区，在竹山县文峰中学当了一年的英语教师。当时文峰中学的基础设施很差，生活环境很艰苦。教师和学生都住在半山坡上的一幢墙壁开裂的土楼里。学生们的床是用几根没有加工过的竹子搭起来的，没有被褥，简单地铺了个草席就在上面睡觉了。每个周末孩子们都要起早贪黑、翻山越岭走很远的路回家，从家拿了粮食再徒步返回。“学生们学习的热情和求知欲都很强烈。听课的时候，学生们的眼睛都是亮的，迫切地想要知道更多的知识。”他主动联系当时他的工作单位武汉钢铁学院把大学里不太用的物理、化学实验仪器捐给山区的学校。

在帮助落后山区中学教学、传播一些教育理念的同时，他的人生阅历也得到了丰富，并成为他后来通过海外华人社团等各种渠道一直支持内蒙古及贵州等偏远地区小学教育的动力之一。

从20岁开始当老师，他很享受把知识分享给学生的过程。他经常和学生们讨论时下关注的专业话题，看重学生思维能力和解决问题能力的培养。与这些朝气蓬勃的年轻人朝夕相处，张强斌也从他们身上获得了很多灵感和知识。作为教师，张强斌认为与学生之间的关系应该是相互平等、互相尊重的，在学术上有不同的见解双方可以开展争论；他对学生的要求也很严格，小到论文的格式、标点符号，大到人格的培养，都有很高的标准。他对学生强调要想做学问，应该先学会做人。

梦系中华

一年的支教生涯，孩子们对知识的渴求感染了张强斌，回到武汉的他下决心出国深造，学习先进技术和理念。此时，他也成功申请到了日本政府“国费留学生奖学金”，并于1991年1月踏上了东瀛求学之路，成为北见工业大学的一名中国留学生。

一年的时间很快过去了。1992年2月，张强斌顺利地在由日本化学会和日本分析化学会联合主办的学术年会上用日语口头发表了他的研究报告。由此，他在学校里出了名：因为他是这所大学所接受的唯一一个在入学时完全不会日语的海外留学生。从那以后，北见工业大学的老师们开始大胆地接受不会日语的中国留学生。留学期间，张强斌在国外发表了15篇被SCI收录的学术论文，并先后获得了环境化学工程专业硕士学位和物质工学专业博士学位。

张强斌常说：“身处国外，首先觉得自己是个中国人，然后才是张强斌。”他清醒地认识到，在国外每一个人都代表着自己的国家。因此，他不仅每时每刻格外地注意自己的一言一行，还努力有意识地通过自己的言行去影响之后来的许多中国留学生。他先后担任了日本北见市中国学生学者联谊会会长、北见市日中友好学会副会长。在与在日中国留学生及学者交流时，他常常强调说一个群体只有形成了自己的优良传统才有凝聚力，才能与当地的文化和谐相处，这个群体中的每一个人都有义务将这种“优良传统”传承给他们的学弟学妹。这种传承也是在海外的每一个中国人必须承担的“非你莫属”的责任。

虽然身在海外，但张强斌时刻心系中华。他说不管自己走到哪里，自己都是一个中国人，都要为祖国的发展做贡献。1998年国内发生特大洪水灾害，张强斌积极响应中国驻日使领馆的号召，在当地社会组织开展大规模的募捐活动，他至今还珍藏着当时在学校内募捐时师生们的数十页捐款清单。

张强斌是北见工业大学当时唯一一名非日本国籍的终身制教师，许多日本的朋友和同事都希望他能加入日本国籍，拥有日本国籍后将更便于参加国际学术交流活动等，但张强斌总是拒绝申请日本国籍。他认为“地球环境”研究是没有国界的，在日本工作并不仅仅是为日本社会做贡献，也是在为全人类做贡献。但作为中国人，根始终在中国，随着孩子一天天长大，他想让孩子接受更多中国传统文化，这更加坚定了他举家回国的想法。

在国外的公司、国立大学及研究所的工作经验使张强斌具有国际化的开阔视野、开拓创新精神。2004年回国以来，作为中国石油大学（北京）环境科学学科负责人，他考虑问题细致、讲究方式方法的工作作风，在促进该学科发展的同时，也赢得了师生们的赞许，曾多次获得学校优秀教学成果奖、优秀教师等荣誉称号。实验室建设及管理方面，他承担了油气资源与探测国家重点实验室LA-ICPMS分析平台以及油气污染防治北京市重点实验室的建设及其管理工作，表现出了很强的组织和协调能力。

建言北京城市发展

2013年以来，作为北京市政协委员，张强斌十分关注跟自己专业领域相关的城市发展的瓶颈问题，例如交通拥堵、环境污染以及人口问题等。张强斌住在郊区昌平，来市政协机关参加上午9点的调研及会议活动，通常都要6点多就出门。“作为一名大学老师，本职工作的任务本身很重，但一直在尽可能地积极参政议政，并结合自己本身的专业知识认真履职，为北京发展建言献策。”

近年，随着我国城镇化进程加快，城市规模不断扩大。北京市的人口呈现高速增长的趋势，人口总量在快速增长的同时，在各区之间的人口分布也极其不平衡；过分集中的中心城区人口与功能所造成的城市环境恶化、交通拥堵等“大城市病”问题正成为首都可持续发展的瓶颈，亟待破解。张强斌建议通过由近及远、逐步外扩的设施配套策略，加快建设昌平、顺义、通州、大兴、房山等距离中心城较近、地理条件较优越的新城。政府优先为其配置公共基础设施和道路交通设施等，合理布局学校、饭店、购物中心、超市、医院等便民设施，使得新城的生活环境和生活质量甚至超过中心城区，逐步实现科学的人口梯度分布。教育和医疗等资源的均衡配置并不仅仅是建设医院和学校，更重要的是人才的流动和管理的提升。

伴随着经济持续高速发展以及城市人口快速增长，导致区域大气环境质量恶化，特别是大气PM2.5等已严重威胁人们的身体健康。张强斌担任政协委员以来，就积极针对大气污染防控等问题建言献策。他将国外联防联控环境监管模式的“本土化”和我国联防联控个案成功经验的“常态化”相结合，提出了构建京津冀大气污染联防联控的环境监管模式，是解决区域性大气污染，保障区域空气质量稳定达标的根本途径和重要措施。倡议应大力发展公共交通，制定区域机动车污染控制联动方案；京津冀应大力推进区域可持续交通体系建设来提高公共交通出行比例，控制机动车行驶里程以减少排放。

“关于加强综合防控PM2.5的建议”“关于加强控制北京人口规模、疏解中心城区人口与功能的提案”等提案分别获得北京市有关领导的批示和“北京市政协2014年优秀提案”。此外，作为致公党北京市委常委、昌平区主委，昌平区政协副主席、区人大常委会委员，张强斌通过各种途径积极建言献策、参政议政；作为北京市侨联委员，他还特别关注归国留学人员以及退休老归侨、侨眷的工作与生活情况，先后获得“致公党全国优秀党员”“北京市归侨侨眷先进个人”“致公党北京市委优秀干部”等称号。他带领的致公党昌平区支部在2014年先后获得了致公党中央2008–2013年度“致公党参政议政先进集体”、中共北京市委统战部“2013年北京市民主党派基层典型经验”、致公党北京市委“2013年度先进基层支部”等荣誉称号。

作为一名学者和政协委员，张强斌希望能带着责任心和使命感一如既往地在做好本职工作的同时，在参政议政方面做出更大的贡献。

岳鸿声　槌起槌落尽显公民本色

朱生志

“一号拍品起价3万！”拍卖人北京建亚世纪拍卖有限公司董事长岳鸿声话音刚落，一张竞拍牌就被高高举起，随后，10万元、20万元、30万元……“100万第一次，100万第二次，100万第三次，先生，是你的。”随着槌起槌落，一件拍品顺利拍卖成功。

从作为当时三大拍卖公司之首的太平洋拍卖公司发起人到今天担任北京建亚世纪拍卖有限公司董事长，岳鸿声，一个从业20多年的老拍卖人，亲历了现代中国拍卖业的诞生、成长、发展、壮大的全过程。就像看着自己成长中的孩子一样，岳鸿声细细品味着只有关爱中国拍卖业的人才能体验的喜怒哀乐。

初识拍卖

改革开放初期，虽然苏富比、佳士得、菲利浦等国际大牌拍卖行声名日隆，法国红酒拍卖市场、美国旧机动车拍卖市场、荷兰花卉拍卖市场等国际专业拍卖市场发展日臻成熟，但是此时的中国老百姓却并不太了解拍卖到底是怎么回事，岳鸿声也不例外。

因为深受家庭影响，岳鸿声接触文物艺术品领域很早，从小就对古玩收藏感兴趣。20世纪70年代末期，为了贴补家用，岳鸿声开始倒腾字画、外汇，干些“投机倒把”的营生。

“当年因为需要钱贴补家用，我曾拿家里收藏的字画去换外汇券，那时一张字画卖几百元就觉得不少了。”岳鸿声回忆道：“可是不久我发现，那些只被我几百元就卖了的字画拿到境外拍卖市场竟然能卖到几十万元！”这样惊人的差价，促使岳鸿声决心到国外拍卖市场去看看。

1986年，岳鸿声揣着20元人民币和几幅家藏字画，只身前往香港参加苏富比的一场拍卖会。岳鸿声看到自己以几百元卖出的字画，在这里拍出了四五十万元的天价。道听途说带来的震撼，远远不及在拍卖现场的亲身感受来得更加惊心动魄！震惊之余，岳鸿声内心更多的是渴望与追问。“拍卖是最能体现公平交易、挖掘商品潜在价值的一种商品流通方式，这么好的行业，中国内地为什么就不能有呢？”

放眼看世界，人生的第一次拍卖体验使得岳鸿声对于文物、书画艺术品的价值有了全新的认知。“我觉得这是一个提升，首先是对市场的认知，而不是单纯地增加自己的收入，改善自己的生活”。凭着这种急于对中国拍卖业探索的冲动，他把自己随身携带的几幅家藏字画全部换成了有关拍卖、文物、艺术品方面的专业书籍。

千里之行，始于足下。返回北京后，岳鸿声如饥似渴地精心研读相关书籍，开始涉足拍卖领域。从对拍卖行业的粗浅认识到对拍卖领域有了独到见解、全面认识，从仅仅考虑拍品物质价值上升到文化层面的认知，岳鸿声开始奠定拍卖的理论基础。在博览专业领域书籍后，岳鸿声更是知行合一，开始游历各国，考察法国、英国、意大利、西班牙等国成熟的拍卖市场，正式开始对拍卖领域的专业研究。

美国的二手机动车拍卖规模、法国的集约化综合拍卖形式、荷兰的季节性花卉拍卖季、意大利和英国的顶级拍卖藏品、苏富比让人瞠目的艺术品拍卖成交价，都让初次接触拍卖业的岳鸿声充满无限憧憬和创业激情。

从20世纪80年代末参与策划、组织内贸部旗下北京拍卖交易市场在新加坡的首场境外拍卖会，到1993年，作为主要投资人与发起人组建了我国改革开放后的早期知名拍卖企业——中国太平洋国际拍卖有限公司，再到2000年，转让其名下太平洋股权组建现在的——北京建亚世纪拍卖有限公司，20多年的从业经历，岳鸿声有幸成为改革开放后中国拍卖业从初创到崛起的见证人和践行者。

点子与创新

“拍卖是创新行业，没有创新思维干不了拍卖。”这是岳鸿声经常挂在嘴边的一句话。或许，有人认为这是句正确的废话，三百六十行哪行不需要创新呢？当深入了解岳鸿声近乎传奇的拍卖历史时，方能真正品味“拍卖是创新行业，没有创新思维干不了拍卖”所凝聚的智慧，不得不佩服岳鸿声异于常人的职业敏感与创新能力。

当年北京昆玉河游艇开通的消息，岳鸿声是在家里看电视时偶然得到的。消息播出后，他马上给下属打电话，指示他们与游艇主管方联络，准备利用游艇进行拍卖。第二天，岳鸿声来到水道管理局，对方很惊讶：这也能卖吗？岳鸿声不但给了他们肯定的答复，而且立即在每一只游艇上立一块大牌子，然后拍卖游艇冠名权。14只游艇，1600万元，这就是一个创意创造的价值。

1996年，岳鸿声去景德镇看瓷器，偶遇被人们称为“7501瓷”的毛主席专用瓷。出于职业敏感，他立即找资料研究核对，随即决定组织“7501瓷”的香港拍卖会。这次被海外媒体称为“现代官窑”的拍卖是中国当代高端专用瓷器第一次走上国际拍卖市场，不仅引起港澳媒体轰动，也大幅提升了景德镇现代瓷器的国际市场地位。

1997年，香港回归祖国，铁道部开通了北京直达香港红磡的京九列车。岳鸿声又一次敏锐地捕捉住商机，在北京组织了香港回归京港直通车火车票拍卖。岳鸿声从头三趟列车中拿出1997张车票，然后找到南京造币厂，生产与真车票规格相同的一金一银仿真车票。他在北京首都宾馆主持首拍，最高一套拍了8万元。加上其他拍卖点，一共拍了300套左右，平均每套价格4万元。剩下的票，被全国的收藏爱好者托关系、批条子抢购一空，平均售价高达每套3.2万元。

1999年新中国成立50周年大庆后，岳鸿声觉得国庆彩车如果用一次就拆掉的话非常可惜，便给国庆指挥部写信，反复游说有关领导，希望能以拍卖方式挖掘这些彩车的潜在价值。当时有很多人反对拍卖彩车，认为作为政治用品的彩车是不惜代价的，不应该成为商品进入流通环节，但最终他还是说服了有关部门，成功地进行了国庆彩车的拍卖，又一次引起轰动。

2002年，北京建亚世纪拍卖有限公司又以亚洲博鳌论坛官邸别墅拍卖，推出了以拍卖形式运作大宗房地产交易的市场新模式。结果这次策划的专场拍卖会非常成功，一幢领导住过的别墅拍出了1500万元人民币！11栋别墅全部一次成交，总成交额高达4167万元！

诸如此类的创新还有很多很多，从业20多年，岳鸿声就是这样出其不意，点子不断，创新不断。

现在国内民间收藏五花八门、无奇不有。钱币、邮票、粮票、改革开放前的各种票证、各种IC卡、充值卡、文革小报、传单、手抄本等层出不穷，这些新物种为岳鸿声的创新提供了肥沃的现实土壤。“只要加以市场引导和培育，这些都可以成为拍卖业无尽的市场资源，为我们创造无限的商机。”

当谈及创新有何诀窍时，岳鸿声却将关注焦点放在了中国拍卖业的发展之上，“中国拍卖业不应该只把眼睛盯在那些传统产品或政策性指定标的物上，而应放宽眼界更多关注那些有更大增值空间的新物种”。

“周虽旧邦，其命惟新。”对于中国拍卖业的未来，岳鸿声反复强调，“继承和借鉴是应该的，但更重要的是认清国情，创新思维、贴近民生和市场实际才是中国拍卖业的根本出路。”

热衷慈善拍卖的企业公民

了解岳鸿声的亲朋好友都知道，他还有一大“爱好”，就是热心公益。

早在十几年前，岳鸿声就参与发起创建了国内著名的环保组织“自然之友”（创立之初称为“中国文化书院绿色文化分院”），至今仍担任常务理事。

与从事环境保护相比，慈善公益拍卖似乎才是岳鸿声热衷的践行公益方式。利用拍卖这个平台，岳鸿声在属于自己的拍卖世界里，近乎完美地将慈善与拍卖天衣无缝般结合，又大大地玩了一把“创新”。

1993年，岳鸿声直接参加了“中国光彩事业”的发起，并通过拍卖为光彩事业筹集了第一笔资金1600万元。当时，中央电视台同意以18个黄金时间的公益广告时段作为对中国光彩事业的支持，岳鸿声决定把18个时段拍卖掉。

为此，岳鸿声联系了几家报社、杂志社，还联系了北京电视台，约定根据购买者的出资总额给予不同篇幅的专访，并准备好荣誉证书。在全国工商联表彰全国十佳青年企业家大会上，岳鸿声请来名嘴宋世雄主持，自己拿槌，然后挨个请现场领导上台主拍。每拍掉一个标的，宋世雄就从台上走下来，现场采访购买者，各媒体记者全拥上去拍照。现场群情激动，有一位企业家一人就要了6个标的，花了好几百万元。

还有一次，岳鸿声在昆明主持一个救助贫困孩子的拍卖会，在他的努力下，现场所有人都被调动起来，女士们纷纷把首饰摘下来拍卖。最后岳鸿声举起了槌子："没什么可卖的了？这里还有一把槌子！""槌子也可以卖！"于是，那把普通的拍卖槌，竟然卖了600元。

诸如此类的慈善拍卖还有很多很多：

2006年1月，为北京华商会救助北京聋哑学校贫困儿童募捐联谊活动组织捐赠和义拍，拍得善款18万元。

2007年10月，为中华慈善总会、德州华商会"救助贫困失学女童"专题募捐活动组织慈善募捐拍卖，捐助善款30多万元。

2008年5月21日，为首都侨界携手书画家抗震救灾义卖活动组织"抗震救灾，众志成城"专场主题拍卖，拍得善款68万元。

2009年2月，为中国思源发展基金会薪火计划组织专场公益募捐拍卖，募集捐款160多万元。

2010年11月，参与中华慈善总会主办的"中华慈善·重庆之夜"慈善拍卖活动，当场获得捐款1.2亿元、拍卖所得善款1400万元。

……

在岳鸿声看来，慈善公益拍卖活动，不仅为社会各界提供了良好的服务，更为重要的是赢得了很好的社会效益。"我并没有那么伟大，也是普通人。只不过是在平凡的生活与工作当中，做了一些力所能及的事情，只不过始终提醒自己作为企业公民所肩负的社会责任感，为那些需要帮助的人尽己所能。"

王浙滨　奏响心灵的乐章

李大治

与王浙滨老师相识多年，曾经看过她拍的多部电影，也曾与她合作开展调研、撰写提案，给我最深的感触就是她为人的真挚、热诚。在电影娱乐市场化的今天，她用她独特的视角，捕捉生活中最平凡的细节，表现生命中最顽强的挣扎，展示人性中最美丽的画面。离开雷锋的乔安山、背起爸爸上学的少年李勇、被少年犯称为妈妈的法官尚秀云、“生命一分钟、战斗六十秒”的牛玉儒，一个个鲜活的人物，一段段感人的故事，王浙滨用平凡带来震撼，用真诚引起共鸣，用挚爱奏响人们心灵的乐章。

作为电影工作者，她追求心灵的触动

在王浙滨看来，电影创作不仅需要聪慧的智力、百折不挠的毅力，还需要付出全部的真诚。“一部作品的生命力是由创作者心灵世界来完成的。”所以，从事电影工作几十年来，王浙滨在每拍摄一部影片之前，都会问自己，观众看了这部影片究竟会得到什么？会得到人生的感悟？会得到真善美的启迪？会得到艺术的享受？或者会记住影片中的哪个人物，以至于一生都不会忘记？

她把自己笔下的人物看作时代的化身，认为“一个向前发展奋争的民族，需要进步的鼓声，希望的号角，这是时代的主旋律。群众拥戴的时代人物，无不打上时代的印记，我相信，多年之后，人们会从这些影片中认识我们这个时代”。王浙滨正是怀着一颗强烈的责任心，在经历时代变革、感受时代脉搏的过程中创作她影像中的人物。她把自己的感悟和震撼，通过创作带给观众，希望在电影中寻找共鸣。她通过自己创作的鲜活人物和平凡的事件，表现时代的主旋律，弘扬真善美。

正因如此，王浙滨担任编剧或制片人的影片屡获大奖，《飞来的仙鹤》《鸽子迷的奇遇》《孔繁森》《天国逆子》《留村察看》《离开雷锋的日子》《背起爸爸上学》《离别广岛的日子》《共和国之旗》《法官妈妈》《生死牛玉儒》等等，在国际电影节获得多项大奖，在国内获得了中国电影华表奖、金鸡奖、百花奖、“五个一”工程奖、北京市文化艺术大奖等。中法合作拍摄的故事影片《巴尔扎克与中国小裁缝》参加了2002年法国戛纳国际电影节，获得2003年美国金球奖最佳外语片提名；中奥合作的电影《芬妮的微笑》在2002年加拿大蒙特利尔国际电影节参赛，在观众中获得了强烈的反响。1997年，她本人获得了国务院颁发的“突出贡献政府特殊津贴”。与此同时，她的影片也受到了群众的热烈欢迎，《离开雷锋的日子》《法官妈妈》《生死牛玉儒》都取得了令人羡慕的票房纪录，《生死牛玉儒》更是创造了当时国产影片发行的最高纪录。影片总发行人王浙滨也获得了北京市委宣传部颁发的“影片发行优秀奖”。

作为社会工作者，她搭建爱心的桥梁

不仅在专业领域取得了突出的成绩，王浙滨还把拍摄电影中的思考和感动带到生活中，用她的真诚和责任架起了爱心桥梁。2004年“六一”儿童节前夕，王浙滨与季羡林、王蒙等55位著名作家响应中共中央“关于进一步加强和改进未成年人思想道德建设工作”的号召，向全社会发出倡议，为西部贫困地区中小学生筹建“育才图书室”。这份倡议书刚刚发出，国务院总理温家宝就在百忙之中亲笔为这一倡议活动复信。温总理在复信中写道：“大家对贫困地区中小学教育工作的关心，表现出对孩子们深深的爱和对社会的高度责任感，使我深受感动。我想告诉大家的是，党和政府坚定不移地推进在全国基本实现义务教育的规划，并把重点放在西部地区和贫困地区。让我们携起手来，为使贫困地区的孩子们能上学，有书读而共同努力。”中宣部部长刘云山在倡议书上批示：筹建“育才图书室”是急国家之需、青少年所求的功德之举，理应得到支持。由于王浙滨的倡议捐款，延安冯庄乡小学校已经建起了一间“育才图书室”。

此外，她还自己资助甘肃省庆阳地区五个失学儿童读完了小学，资助电影《背起爸爸上学》的原型人物李勇完成了大学学业。

作为致公党党员，她履行神圣的职责

作为一名参政党成员，王浙滨时刻谨记自己肩上的责任，认真履行参政议政职能。2002年，她在拍摄电影《法官妈妈》过程中，对未成年人犯罪的情况有了比较深入的了解，同时也发现我国未成年人犯罪呈现出逐年增多，并向低龄化、团伙化、恶性化发展的趋势。在完成电影拍摄任务后，王浙滨的心情久久不能平静，认为必须呼吁全社会对未成年人犯罪问题加以重视。随后，她做了大量细致的调查研究，前往北京市未成年犯管教所与少年犯谈心，并发放了100份调查问卷。在深入分析和理性思考的基础上，她执笔撰写了调研报告《从家庭、学校、社会，聚焦未成年人犯罪——对100名未成年人犯罪的调查报告》，剖析了未成年人犯罪的深层次原因，提出了有价值的建议，得到了中共北京市委领导的批示。该调研报告在北京市统战系统优秀调研成果评比中获得一等奖。

2004年，她又执笔撰写了《关于在校大学生犯罪的调查报告——对100名在校大学生犯罪案例的剖析》，提出了预防及治理在校大学生犯罪的六点建议，再次得到市主要领导的批示，并再次被评为北京市统战系统优秀调研成果一等奖。根据该报告形成的党派提案《关于加强和改进大学生思想政治教育，预防和减少在校大学生犯罪的建议》引起了北京市领导的高度重视，其中的建议被吸收进《中共北京市委、北京市政府关于进一步加强和改进大学生思想政治教育的实施意见》。

因其在本职工作和民主党派工作中的突出表现，2004年9月，王浙滨被中共北京市委授予“为首都建设做出突出贡献的统一战线先进个人”荣誉称号。2005年12月，她被中国致公党中央授予“致公党参政议政工作先进个人”荣誉称号。

2007年，王浙滨异常忙碌，作为致公党党员，她参加了100名外地来京未成年人犯罪的调查，并作为调研报告的执笔人，完成了党派参政议政的课题；作为电影人，她全力投入拍摄一部新的电影——《一个人的奥林匹克》。说起这部电影，她显得异常激动和兴奋："拍摄奥运先驱刘长春的故事，是我电影生涯中的一次重要机遇。奥运选择北京，世界看好中国。在世界人口五分之一的国家举办奥运会，奥林匹克史册将为此翻开崭新的一页，作为每一个中国人都会感到无比自豪。能否拍出一部展示首都文化创意产业、体现奥林匹克精神的影片？能否拍出一部既有社会效益又有经济效益的中国主流大片？能否不误时机在北京奥运前夕打造北京人文奥运的一张牌？能否通过影片让观众感受到中华民族七十年间，在漫漫奥运道路上不懈努力的足迹和自强不息的精神？对于我，此刻这一串串问号就是一次次挑战。由于影片的规定情境，刘长春1932年一个人漂洋过海参加在美国洛杉矶举行的第十届奥运会，我们摄制组必须前往美国拍摄。而在美国拍摄这样大的群众场面，中国电影还是第一次。我知道，遇到的困难很多，路很艰难，但我和我的团队竭尽全力，不辱使命，决心拍出一部感动中国、感动全球华人的影片，在北京奥运会前夕，与广大观众见面。"

我们期待王浙滨再次为我们奏响心灵的乐章，那将是海内外中华儿女的心声，将尽情展现中华民族的风貌。

（本文刊载于《北京观察》2008年第1期）

我的心永远在一线

田 歌

2015年10月17日，由中国电视艺术家协会主办的第九届全国德艺双馨电视艺术工作者表彰大会在浙江省海宁市举行。我和其他44位电视工作者一起获得了“德艺双馨”奖，这也是我第二次获得这个荣誉。站在领奖台，我最想跟大家分享的一点就是，都说人是特别容易喜新厌旧的动物，但有些我们日复一日重复做的事情——呼吸吃饭，我们却从来不曾厌倦。同样，几十年来我有一句数不清说过多少次的话，就是——“观众朋友大家好，谢谢大家的掌声”，每一次也都是我心底的声音。

“德艺双馨”是最高荣誉

说句心里话，当我知道自己第二次获得这个奖项时，我的内心还有点不好意思。因为还有那么多年轻的同行一直在努力着，还有许多已经干得很好的人在等待着，他们更应该获得这样的肯定。

我觉得“德艺双馨”是一个至高无上的肯定，也是做人和做事业的最高标准，能够得到这样的肯定，很值得高兴，但我此刻更想说的是感谢。领奖前，我曾遇到一位国内权威的评委，他对我说，我对你最感兴趣的是，在我这么多年的评委经历中，经常会看到你的名字，还有你的作品，但你却从来没有找人递过话，也一次没来找过我，这是我对你最刮目相看的地方。听完他的话，我很是感动。多年来，我获得过一些很高荣誉的奖励。可我从来不知道谁是评委，也从没想过要去找谁托谁……我并不是要表扬我自己，而是要实实在在的感谢。多年来，正是诸多的评委们默默无声地用自己的专业态度，给予我们一次又一次的肯定，让我们一步一步地充满自信地走到今天。所以在获奖的这一刻，我要向评委们表达最由衷的感谢！

我的心永远在一线

接下来，我想说说为什么我一直坚守在一线，我认为在一线工作是对实力的考验，是对价值观的挑战。

这么多年来，我总有一个困扰，你是不是有后台，为什么你能干这么长时间，一个栏目干个三五年就到期了，为什么你的栏目一干就是六七年十几年？

我到底有没有后台？我到北京电视台已经工作30多年了，其间领导换了一届又一届。我觉得他们就是我的后台。30多年来有亿万观众看过我的节目，他们也是我的后台。是领导给了我支持，是观众给了我信任，所以我也要谢谢他们。我之所以现在还奋斗在一线，我总是想让年轻的同行们看见仅靠后台是不牢固的，只有依靠实力才能够走得更远……

每当我去各大院校给年轻人讲课时，我总会告诉他们，只要你有实力，你就会有平台，你就会有事业，你就会有前途。

这么多年来，总有人问我，坚持一线值吗？我想用我的工作经历告诉大家，在一线工作不仅很值而且很幸福……

“路”是由“足”和“各”组成的，说明各人有各人的路。圆规，之所以能够画圆，因为它的心不变。我的这颗心，就是坚守一线的心。在一线，我能够面对各种类型的嘉宾，听他们敞开心扉，讲述他们的失意，讲述他们的收获，讲述他们的光荣与梦想，这一切都是我在学校里所学不到的，我的很多人生经验、人生信条都来自于他们。他们的一些故事，影响了我，改变了我，提升了我。

我曾经做过一期节目，名字叫做《空巢老人》，几个亲人不在身边的老人跟我侃侃而谈、声泪俱下。通过这期节目，我明白了，空巢家庭是我们这个时代做儿女的必然会面对的一个社会问题，我无力去改变社会，但我可以让曾独自养育我们姐弟四人的母亲不至于沦为空巢的囚徒。

母亲的晚年生活得到了同事和朋友们的一致肯定和羡慕，有的人甚至会用她的经历去教育子女。每次，当朋友们问起母亲身体好的缘由是什么，我都会很自豪地跟他们讲，因为她一直和我生活在一起。工作之外，无论我去哪里，不管是国内还是国外，我都会和她在一起。现在的母亲依然很年轻。在我们的家庭中，没有小皇帝，家里最尊贵的人就是我的母亲。我要感谢这份工作，让我懂得了如何去尊重父母，如何去善待亲情，如何去珍惜温暖，如何不让空巢的悲剧发生在我的家庭。这份职业让我认识到，不要只有舞台上的光彩，而失去生活中的色泽。难道这不值吗？

奋斗在一线，还让我能够更好地去帮助别人。曾经有个捡垃圾的人，因为上了我的节目，他的故事感动了很多人，被评为北京市杰出外来务工者。一个曾被认为不务正业、热心学习英语的警察，通过我的节目，很多人认可了他的努力，并被评为光荣的奥运火炬手。还曾有过一名下岗工人，他下岗后怨天尤人，我把他和一名奋斗的北漂者一块儿请到了现场，让他了解到一个人应该怎样的努力。两年后，他对我说，自从上了您的节目，我明白了人与人之间，其实只差一步，现在我不再迷茫，不再怨恨，今天的我已经是一个创业中的老板。一个苦恼而迷茫的犯人曾在狱中给我写信，讲述自己对前路的迷惑，我怀揣着安慰与鼓励给他回信，让他不要放弃自己的人生。几年后，他出狱了，并且完成了一部几十万字的小说，他说是我的回信给了他坚强与力量，等等。这么多人的人生命运和自己紧密相关，这难道不幸福吗？2000年的平安夜，我本着善良的初衷，帮助了一位白血病患者。这些年来，每年的平安夜，我都会收到来自远方的祝福。这一切，让我深切体会到什么是送人玫瑰手留余香，什么是感恩，人只有懂得感恩才会幸福。

在一线工作还有一种幸运，就是可以让自己的职业和国家的命运紧密相连。比如说西部大开发，比如说南水北调，比如说迎接奥运，比如说中非部长论坛，比如说汶川大地震，比如说中国与南非建交，再比如说国内导演第一次走出国门执导歌剧，等等，当在国家的诸多重大事件中留有我的工作身影时，我才真的明白，一个人的职业身影与国家的命运紧密结合在一起时，该有多幸运！该有多充实！难道这还不值吗？

我还要感谢这份工作的是，在一线工作我总可以和最有实力、最优秀的业内人士工作在一起，他们的热情感染着我，让我一直保持工作上的敏锐与激情，永不落伍，一直接受工作的挑战，与时俱进。

我虽没有当过老师，但在教师节我却收到了这样的信息："老师节日快乐，您辛苦了。感谢您对我的培养，是您领我走上了这条属于女汉子挚爱的不归路。授之鱼不如授之渔，谢谢美女老师，您辛苦了。曾经年少无知让您费心了，在我的人生道路上能遇到您真好。感激您，衷心感谢！""田导，工作中一次次意识到被您批评的意义，学到的不仅仅是专业，在当时很难觉察，真正在实践中才能领悟到。世界杯那期节目您让我把送给朋友的足球要回啦，虽然足球还一直在办公室，但那件事教会我什么事情不能走后门，不靠攀关系，要踏踏实实把工作做好，把专业做好。这对于刚踏入工作不久的我胜过任何帮助"……多年来和数不清的年轻朋友有过合作，正是在他们的帮助下我才能够一直工作在一线。难道这不幸福吗？

我曾执导过国际电视周的晚会《五彩荧屏连四海》，其中有一个环节是鼓励职业人的专业素养，为此我们把镜头对准了一位战地记者，他坚守一线，直到最后一秒，在最危难的时刻，他没有选择离开，他没有关机，最后他的生命消失了，但他记录的画面却一直在激励着所有媒体人。当我把这位国外同行使用的摄影机请到节目现场时，现场的几百名观众同时起立，掌声雷动……我本来想用这个故事激励所有的从业人员，但到最后，我却发现自己才是最大的受益者，他的精神一直鼓励着我，他是我的偶像，也是我一直奋斗在一线的缘由。在这个光荣的时刻，我也想向这位在天堂的同行敬礼并表示感谢。

各行各业都需要奋战在一线的工作人员，能够工作在一线，我特别自信，特别骄傲，而这种自信与骄傲在我看来弥足珍贵。我要感谢电视，感谢一线。同时我也借此机会，感谢我的团队和领导，因为电视工作从来就不是个人创作，而是一个团队的合作。

最后，我想用纪伯伦的一句话来结束本文："如果有一天，你不再寻找爱情，只是去爱；你不再渴望成功，只是去做；你不再追求成长，只是去修，一切才真正开始！"我想这也就是我今天最真实的内心写照！

作者系北京市政协委员
北京电视台文艺节目中心导演、主持人、制片人
（本文刊载于《北京观察》2015年第11期）

冉丽　传播中国声音　履行委员职责

朱生志

“现在是北京时间7点整，北京人民广播电台，新闻广播，调频100.6兆赫，中波828千赫……”当冉丽委员应要求演示如何主持播音节目时，这段字正腔圆、声情并茂的开场白一下子就抓住了我们的心，仿佛不是置身于播音室，而是正在收音机旁倾耳收听一般。

喜欢收听北京人民广播电台节目的听众朋友们肯定对“冉迪”这个名字十分熟悉。相对于拥有较高知名度的“空中”的“冉迪”，现实中的“冉丽”却显得朴实无华，似乎名不见经传。广大听众朋友们甚至并不知道冉迪就是冉丽的播音名。冉丽，1982年毕业于北京广播学院（现更名为中国传媒大学）新闻系播音专业，先后主持过《北京新闻》《空中百花园》《友好城市之旅》《世界之窗》《环球30分》等知名节目，历任北京人民广播电台播音员、主持人、编辑和外事新闻采访记者，先后担任北京人民广播电台国际部主任、外语台台长、播音主持管理部主任和电台办公室主任。

现实中的冉丽虽不使铅华点缀，但优雅的气质、良好的修养、儒雅的学者风范使人绝对不敢小觑。翻开冉丽的“成绩表”，你更会惊讶于这位播音主持专家的精彩人生：北京市专业技术职称播音系列高级评审委员会委员，中国传媒大学兼职教授，硕士生导师，教育部语言艺术专业委员会副会长，北京书法院院长助理，国家级普通话水平测试员，正高级职称，播音指导，语言及应用语言学博士……

人生改变的起点

“我1978年参加高考，当时就考上了，很幸运没有体验到高考落榜的感觉，最终还算比较幸运吧，考取了北京广播学院新闻系播音专业。”简简单单的幸运二字，就算作她对这段岁月的交代，没有对特殊年代的怨愤，没有对恶劣环境的抱怨，没有对自己历尽艰辛终于梦想成真的丝毫感慨。

其实，实际情况远没有如此的轻描淡写，幸运女神的青睐绝不会无缘无故，背后是不为人知的艰辛付出。

深知机会来之不易，深信没有耕耘就没有收获，深感时间的紧迫，冉丽为此付出了比同辈更多的努力、更多的汗水，三更眠五更起似家常便饭。“高中毕业之后就直接参加工作了。工作后，只能利用业余时间复习，每天早晨4点多钟起床，特别珍惜有机会参加高考了，就想着有机会能够进入大学的校门去读书。”冉丽对知识的渴望，对机会的珍惜仍溢于言表。

据资料显示，1978年高考时，全国610万人报考，共录取40.2万人，录取比例约6.59%，真正的千军万马过独木桥。作为培养新中国广播事业专业技术人才的摇篮与基地，北京广播学院更是受到考生的热烈追捧，竞争激烈程度与现在的公务员招考相比有过之而无不及。

宝剑锋从磨砺出，梅花香自苦寒来。无数次晨起温书，无数回挑灯夜读，换来的是一次改变人生的机会。

向世界介绍真实的中国、真实的北京

良好的沟通互动能力，突出的理解能力，灵活的反应能力，出众的口语表达能力……靠着过硬的专业基本功以及对人民广播事业的热爱，冉丽一步步从播音员到主持人到播音指导，在与广播播音结缘的几十年里，兢兢业业，孜孜不倦，用无线电波向全世界介绍真实的中国、真实的北京。

“我们一定要重视对外交流工作，走出国门去，让世界听见中国的声音，了解真实的中国，了解真实的北京。”这并不是一句大话、空话、套话。或许，只有走出国门的人才能够真正明白这句话沉甸甸的含义，才能够真正体会这发自肺腑的真情实感。

2002年初夏，冉丽以北京电台国际部主任的身份应邀赴澳大利亚墨尔本访问。访问期间，冉丽参加了合作媒体3CW澳大利亚中文广播电台的一档直播节目。谈起这次直播，我们仍能强烈感受到冉丽内心中所受的震动。“做直播的时候就有很多当地的华人不了解中国，不了解北京，一些离开祖国时间比较长的人，也不知道北京现在是什么样子。他们就问北京现在是什么样子，北京是不是都拆没了？北京是不是特别脏？”

深深震撼于这些“不可思议”的问题，身处异国他乡的冉丽没有被这些“不友好”“不客气”“刁难”的问题所困扰，而是心平气和地为这些离开祖国母亲怀抱多年，急于了解祖国的海外游子送上祖国最真实的声音，介绍北京最真实的面貌。

随着交流的深入，“我与听众之间就从刚开始的不熟悉、不了解到像朋友一样。北京和澳大利亚的气候反差很大，他们那里是深秋，北京是初夏，当地华人华侨怕我带的衣服不够，担心我感冒，在热线电话里一再表示要到电台给我送衣服来。我当时真的特别感动。”虽然北京与墨尔本相隔万里，但此时此刻，黑眼睛、黑头发、黄皮肤的龙的传人彼此距离拉近，心灵相通，血脉相连。

冉丽表示，由于多年从事海外媒体合作拓展工作，经常需要到一些国家访问，与联合国电台、BBC英国广播公司、加拿大广播公司、澳大利亚广播公司等多个国家的媒体建立了长期友好合作关系，更是从中亲身感受到外国朋友渴望了解中国、了解北京的迫切心态。这更加坚定了冉丽用无线电波向全世界介绍真实的中国、真实的北京的信念。

践行播音室之外的责任

长期的新闻工作培养了冉丽对客观事物敏锐的洞察力以及对时事政治的敏感性，她一直以强烈的社会责任感，践行着播音室之外的责任，履行着市政协委员的光荣职责。

在冉丽看来，能成为政协北京市第十一、十二届委员会两届委员非常荣幸。“觉得担任政协委员是一件特别荣幸的事。由衷地说，我当政协委员不是为了捞取政治资本，当政协委员确实可以跟大家交流学习，提高自己，确实可以反映人民群众的呼声，确实可以为人民群众办一些实事。”冉丽是这么说的，也是这么做的。虽然工作时间紧张，但是北京市政协的各种考察、会议她都尽力抽出时间参加，并且积极献计献策。针对发现的社会问题，她积极撰写提案，反映问题，提出切实可行的建议。

2008年，作为新任委员，冉丽带着提案《关于对出租车司机进行必要医疗急救知识培训的建议》上会，为北京奥运会的顺利筹办积极建言。为展现北京风采，彰显人性化，“我们觉得出租车司机应该具备必要的医疗急救知识。比如说，有人突然发病，可能第一个想到的就是赶快打车去医院。在打车过程中，出租车司机如果具备必要的医疗急救知识，就会采取一些临时性的急救措施，为抢救病人争取宝贵的时间”。该提案的诞生并非一时心血来潮，而是基于对整个出租车行业现状的深刻了解，植根于在北京人民广播电台交通台的“工作之便”。在该提案的直接推动之下，在北京市交通委员会运输管理局的积极应对之下，对出租汽车驾驶员急救互救知识的培训迅速展开：1900余名“北京的士之星”进行16课时急救互助知识系统培训；直接参加奥运会、残奥会上会运输服务的近6000名驾驶员、提供外围交通保障人员6780人、34000名出租汽车驾驶员，接受一次急救互救普及知识培训。到奥运会前，5万余名驾驶员接受急救互救知识的培训，每一辆出租汽车都成为首都“流动的红十字”。

这份有理有据的提案使得冉丽荣获了当年的市政协优秀提案奖，这也更加激发了她参政议政的积极性。2009年，经过多次实地探访，在咨询专业人员、吸收人民群众意见建议的基础上，冉丽在政协北京市第十一届委员会第二次会议上提交了《关于解决建国门地区通惠河北路由西向东永安里中路前人行道红绿灯、中间隔离带造成车辆拥堵问题的提案》。“交管局特别认真，办理情况特别好，到现场给我们演示应该怎么样解决这些道路的问题，怎么样来疏通，包括如何重新设置红绿灯。从此以后，该路口再不堵车了。”言语之中分明能感受到冉丽那一丝丝为老百姓办实事办好事的兴奋。凭借这份提案，冉丽再一次收获市政协优秀提案奖殊荣。

冉丽不仅仅密切关注首都人民的出行问题，同样对人民群众的食品安全问题、养老问题牵挂于心。2012年，冉丽带着《关于建立食品安全抽测、检测长效机制的建议》《关于加快速度和加大力度建设养老院的建议》两份提案上会。

从医疗救护到城市交通，从食品安全到养老问题……几年来，冉丽每年上会都会带着几份提案，她希望通过这一参政议政、建言献策的畅通渠道，切实履职尽职。

“口述史”两上提案

因为对历史情有独钟，在担任市政协委员后，冉丽就主动报名参加市政协文史和学习委员会。正是这份对历史的喜爱促使冉丽将关注的目光投向了较少人问津的“口述史”收集整理工作。当冉丽谈及口述史收集整理编制提案时，“紧迫”一词多次出现，她语速明显加快，声调不由自主地升高。“我觉得一个国家有历史有文化，才能显出这个国家的厚重！这些历史你不再收集，不再整理，可能就永远丢失了。我有一种紧迫感！我们一些有故事的老人、老艺术家，现在可能已经八九十岁了，如果没有人去帮他们收集这些历史，我们就会把这些丢掉，很宝贵的东西就没有了。”于是，2012年《关于要抓紧进行口述史的收集整理编制工作的建议》提案应运而生。

提案的办理并非一帆风顺，不尽如人意之处在所难免。北京市社科院对《关于要抓紧进行口述史的收集整理编制工作的建议》提案进行了回复。冉丽对此并不十分满意，“主要是不对口，很难产生实效”。

2013年，冉丽再次带着《关于要抓紧进行口述史的收集整理编制工作的建议》上会。“关于口述史的收集编制整理工作的这个提案，我今年又提出来，还是希望能够把它归到更加对口的一个单位，才能务实地去做这项工作。”

对于这项需要静下心来认真梳理历史、回顾历史和展示历史的重要工作，冉丽深情表示：“历史和文化一脉相承，北京的历史要有人整理，可能没有政绩，没有轰轰烈烈，但是意义深远，惠及子孙后代。我愿为在北京留下历史的记忆做些工作，无私奉献。”

虽有提案办理未取得满意效果的一丝遗憾，但令冉丽感到欣慰的是，2013年市政协文史和学习委员会在工作报告中，明确引述贾庆林主席在全国政协文史工作座谈会上有关加强口述史工作的讲话精神，表示将开展北京市口述史收集整理工作。或许，冉丽所期待的口述史的春天即将来临。

刘庆邦　“含心量”成就感人作品

崔　晨

有这么一种说法：“在陕北，提路遥有人管你饭吃；到煤矿，提刘庆邦有人管你酒喝。”由此可知刘庆邦创作的煤炭题材文学作品是多么的深入人心。他四十五年笔耕不辍，用心开垦经营着自己的文学园地；十五载履职建言，依旧是为了坚守神圣的文学家园。

写作改变命运

刘庆邦出生在河南农村，童年时饱尝父亲早逝的痛苦，经历过大饥荒的折磨，只有母亲带着他们兄妹六人生活，日子过得很是艰辛。初中毕业后，刘庆邦在家务农，“那时农村青年没有什么出路，但我很想走出去看看外面的世界”。刘庆邦想去当兵，但由于他的父亲曾在国民党的部队里当过军官，“文革”时被打成历史反革命分子，致使他两次政审都没有通过。刘庆邦心里很是苦闷，甚至绝望。“在那个年代，有这样一顶‘帽子’压在头上，农村孩子不会有前途。我记得很清楚，当时我在公社院子里坐了一宿，泪流满面，那种无助、无望的痛心，让我铭记一生。”

虽然当兵的“门”被关闭了，但另一扇“窗”正向他悄然打开。由于文笔不错，刘庆邦被叫到公社帮忙，为广播站写广播稿。在那里，近水楼台先得月，刘庆邦第一时间得到了新密煤矿要到村里招工的消息，一个生产队只有一个名额。他急忙找到生产队队长表明了自己的意愿。由于平日里的优异表现，队长推荐了他。刘庆邦赢得了难得的走出去的机会。

“以前觉得务农苦，到了矿上才知道矿工的工作更繁重，工作环境更严酷，还要面临随时可能发生的危险。”采煤、掘进、运输……矿上的工作刘庆邦都做过。他总想着不能光会挖煤、做体力劳动，还得学着写点东西。因为没有什么参照，他就开始写自己最熟悉的矿工。一年多后，刘庆邦又是沾了“能写”的光，成了矿厂宣传队的一名宣传员。

矿区生活成为刘庆邦无穷的创作源泉。1972年他的处女作《棉纱白生生》就是一篇以矿工为题材的小说。这篇小说描写了一位善良、勤劳、节俭的开风机姑娘。小说的主人公原型就是他的同事。由于“文革”期间很多刊物停办，没有地方发表，刘庆邦就把小说放了起来。这一放，就是6年。1977年，各地刊物开始兴办。被调到矿务局宣传部做通讯报道的刘庆邦翻看《郑州文艺》时，突然想起自己还写过一篇小说，就把它找了出来，重读后仍然很感动。于是他誊抄了一遍，装进信封，寄送出去。不久就收到了消息，这篇沉睡了6年的压箱之作在1978年《郑州文艺》第二期的头条位置发表了！刘庆邦深受鼓舞，从此以后更加热爱写作。

“我的成功缘于我很早就意识到自己热爱写作，并且从未放弃。”刘庆邦的成长经历和写作是分不开的。1978年，他正式调到中国煤炭报社做专职记者，这一次他可以彻彻底底地和他心爱的文字打交道了。

用心灵写作

记者这个职业，让刘庆邦开阔了眼界，让他能够站在一个较高的角度去回望生活。他报道了无数次的矿难。说起印象最深的经历，要数20多年前的一次。1996年5月21日，平顶山一煤矿发生特大瓦斯爆炸事故，造成84人死亡。矿难发生后的第二天，刘庆邦就随煤炭部部长去了矿区。他跟随做善后工作的人员，不分昼夜地听工亡家属们的哭诉，那些哭诉使他的心始终处在震荡之中，感情不断受到冲击。在那个伤痛之地，刘庆邦咬着牙，对自己说不要哭，可眼泪还是禁不住一次又一次地涌了出来。回到北京后，刘庆邦写下近两万字的纪实文学作品《生命悲悯》，用大量细节深深打动了读者。煤炭部部长看后专门写信给他，感谢他写出这么感人至深的报道，并要求全国煤炭行业管安全的领导都要看看这篇报道。一时间，全国50多家报刊转载，电台广播员都是在哽咽中念着报道。很多矿工看到、听到这篇报道后失声痛哭，也让他们记住了刘庆邦这个名字。直到现在，很多地方新矿工进矿，除了对他们进行安全纪律培训，还要发给他们这篇报道，给他们敲响安全的警钟。“我很感动，这让我明白了只要我写的东西用了心，就会触动矿工的心，引起矿工兄弟的共鸣。”但刘庆邦还是觉得不尽意，因为新闻是客观的报道，不能充分表达情感，由此他进一步萌生了写长篇小说的念头。

从那以后，刘庆邦总是带着新闻的眼与文学的心去采访，因为他认为，采访矿难现场是记者职业的需要，也是作家良知的召唤。2000年春节前，徐州某煤矿发生透水，很多矿工被困井下。那天漫天大雪，刘庆邦去报道矿难，在矿工俱乐部门口，他遇到了一位等待自己父亲的小伙子。小伙子觉得父亲没希望了，刘庆邦劝他别悲观，小伙子摇摇头，突然问了一个问题，叫刘庆邦大吃一惊。小伙子问：“这次如果我爸真的不能出来的话，我能不能顶他参加工作？”这话令刘庆邦心如刀绞，“这孩子要参加工作，必须要以父亲的死亡为代价……这里面有深刻的生命悲哀，但你却无法写进报道”。后来，这个在他心里久久不能释怀的故事，被写成了一万多字的小说《雪花那个飘》。

就这样，刘庆邦的笔一直伸在矿井里，就像矿工手里的煤钻扎在煤层深处。“写作跟打煤井一样，要在一个地方打，打得越深才可以打出煤来，东打一个地方，西打一个地方，那是勘探，那不是采煤。采煤是选准一个地方一直地打，这样才容易打出好的煤来，产量也会高。”刘庆邦总共创作了200多篇煤炭题材的作品，其中最著名的要数中篇小说《神木》。2000年，《神木》刊发在《十月》杂志上，《小说选刊》《小说月报》都转载了这篇小说，在读者中产生了比较强烈的反响。有一位湖北的矿工还给《中华文学选刊》寄去读者来信，用红布写成条幅，上面写着“感谢刘庆邦关注底层的打工者”，要求“选刊”选择这篇小说。《神木》荣获了第二届老舍文学奖，之后改编成电影《盲井》，获得第53届柏林电影艺术节“最佳艺术贡献银熊奖”。

刘庆邦的作品中，一半是煤矿，另一半是乡土。他把深厚的故土情结全都融入到自己的作品中，有很多作品都是以家乡沈丘南部乡镇农民生活为蓝本，采用素描的手法把方言俚语、故事场景运用到小说里，给人营造出一种原汁原味的乡土生活。这些作品都是写身边的人和事，富含浓郁的乡土气息。作品中，游子那种对家乡、对亲人深厚、真挚、朴实的情愫表露无遗。

从1972年开始写作到现在，刘庆邦共创作了《断层》《远方诗意》《平原上的歌谣》《红梅》《遍地月光》等9部长篇小说以及30多部中篇小说与300多篇短篇小说。这一部部、一篇篇，都是在用眼泪和心血刻画矿区与乡土人民的生命姿态与情感。这样的作品自然获奖无数，也为刘庆邦赢得了"短篇小说之王"的美誉。"'短篇王'我当不起，文无第一、武无第二，可以有球王、拳王，但写小说没有王。"刘庆邦谦虚地表示。

肩负文学使命与政治使命

作为北京市作家协会副主席并连续三届担任北京市政协委员，刘庆邦身上始终肩负着文学使命和政治使命。

前不久，刘庆邦参加了中国作家协会第九次全国代表大会。自从1996年当选中国作家协会全委会委员，这是他第五次参加作代会。在开幕式上亲耳聆听了习近平总书记的讲话，刘庆邦深有感触。"这次讲话是继2014年文艺工作座谈会之后习近平总书记对文艺工作发表的又一重要讲话，表明了党中央对文艺工作的高度重视，我们听后深受鼓舞，同时也意识到肩负的责任——要多创作一些好的作品，作家就是要以作品说话，创作是中心任务，作品是立身之本。"

"人民不是抽象的符号，而是一个一个具体的人，有血有肉，有情感，有爱恨，有梦想，也有内心的冲突和挣扎。""生活中不可能只有昂扬没有沉郁、只有幸福没有不幸、只有喜剧没有悲剧。生活和理想之间总是有落差的，现实生活中总是有这样那样不如人意的地方……"这些习近平总书记讲话的内容，刘庆邦觉得很对心思，每每细品起来都能产生共鸣。40多年来，他一直是用作家的同情心与悲悯情怀关注小人物的生活与情感，叙写底层百姓的悲喜人生，展现美好醇厚的人间真情。正如习近平总书记所号召的，"广大文艺工作者要对生活素材进行判断，弘扬正能量，用文艺的力量温暖人、鼓舞人、启迪人，引导人们提升思想认识、文化修养、审美水准、道德水准，激励人们永葆积极向上的乐观心态和进取精神"。

除了关注自身的写作，刘庆邦还关注整个北京的文艺生态。他通过撰写提案提出意见建议，每件都是围绕文艺工作。刘庆邦的提案虽不像他的作品一样高产，但像他的作品一样高质量，以每年一件的频率提出，力求推动一个问题的解决。

2014年，习近平总书记到北京考察工作，进一步明确了首都全国政治中心、文化中心、国际交往中心、科技创新中心的城市定位。刘庆邦认为，北京作为全国文化中心，首先应该是全国文学中心。“文化是个大且宽泛的概念，人类区别于其他动物的活动和成果，都可以用文化来概括。而文学的概念比较集中明确一些，文学的原创性、高端性、深邃性和母体性，决定了文学在整个文化构成中的核心作用。如果北京不是全国文学中心就很难成为全国文化中心。”建设全国文学中心，刘庆邦认为一个很重要的抓手就是成立文学院，“北京聚集了大量作家和未进入体制的自由撰稿人，唯有尽快设立北京文学院，才能从机制和机构上解决团结、培养文学人才的问题，对作家在政治上和创作方向上做到有效的引导，建设一支兼容并包、凝聚力强、一流的文学队伍，更好地发挥北京对全国文学事业的引领示范作用”。对此，他积极撰写提案，呼吁设立北京文学院。市委市政府对刘庆邦的建议高度重视，批复建立北京文学院，并将之命名为老舍文学院。2016年10月，北京出版集团成立了十月文学院，刘庆邦参与了揭牌仪式并发表肺腑感言：“国际社会有瑞典文学院，中国作协有鲁迅文学院，北京也终于有了文学院，这是沈从文以及京味作家老舍都不曾想到的，必将载入北京文学的史册。北京十月文学院的成立是我盼望已久的，是我的一个心愿。不日还将成立老舍文学院，一座城市两个文学院，这是对文学的双倍重视，对于培养人才、凝聚作家、多出文学精品，必将发挥实实在在的作用，值得祝贺和期待！”

王安忆说，“读刘庆邦的文字，能体会到他对文字的珍爱，这是个如农民爱惜粮食般爱惜文字的人，从不挥洒浪费”；林斤澜说，“刘庆邦的小说来自平民，出自平常，贵自平实，是不跟潮流的‘珍稀动物’”；刘庆邦自己说，“小说的本质就是从自己的内心出发，听从内心的召唤，投入自己的感情，直达人性的深处。从这个意义上讲，小说好不好要看小说中包含着作家多少真诚的心灵，也就是‘含心量’”。从农民到矿工，从记者到作家，再到政协委员，处处都体现着刘庆邦的“含心量”，这位“心重”的作家必将带给我们更多震撼心灵的作品。

杜晓　为人民而坚守

张 涛

在我的印象中，政协委员是有一个标准形象的，他应该穿着一尘不染的白色衬衣，系着丝绸的领带，配上一条板正考究的西裤，举手投足之间，从容淡定，恰到好处。然而，杜晓却是个例外。

一件白色的背心，一条黑色的裤衩，配上这一间狭小简陋的办公室，这一切让我怎么也不能把他和北京市政协委员、门头沟区文化馆副馆长的身份联系起来。直到随着采访的深入，我才发觉到看似粗枝大叶的他其实也有认真的一面，他会仔细地聆听我发问，但说到动情处却慷慨激昂，不能自已。使我不禁暗自感叹：理性与激情竟还会有如此巧妙的结合方式。

乡情

说起杜晓，就不能不说他的文艺创作。杜晓是土生土长的门头沟人，从1978年被分在门头沟区文化馆从事文艺创作工作至今。在漫长的从业生涯里，杜晓对家乡生出了一种特别的情感。家乡的每一处山川，每一条河流无不寄托着他的遐思和希望，而这些遐思和希望也就自然而然地流进了他的作品之中。

“让我写其他地方，我一来不了解，二来没有生活，即便写了也不会生动。所以说写别的地方太耽误时间了，我还不如脚踏实地的就地打井，能打多深打多深，就写我们门头沟，向世人展示我们家乡的风采。”杜晓介绍说。

杜晓的这个愿望在他的作品之中有着最具体的展示。在2009年，他独立完成了《永定河组歌》词、曲、朗诵词的创作，并在中山公园音乐堂举办了“碧水·乡情”——大型原创民俗风情声乐作品《永定河组歌》音乐会，由中国电影乐团交响乐团演奏，著名指挥家关序担纲指挥、中国电影乐团合唱团（华风合唱团）演唱。他用这种别样的音乐形式，向世人展示了门头沟的独有魅力。

在2011年他又创作完成了五幕评剧文学剧本《迁居》。剧本以门头沟的经济文化生活发生的巨大变化为背景，通过描写一家人在棚户区改造前后的心态的变化，表现了门头沟人现实生活中拆迁、乔迁过程中的喜怒哀乐，歌颂了人与人之间的真诚与善良。

除此之外，在2012年和2013年，杜晓分别又创作了大型合唱音乐会《家乡的旋律》的十首歌词和舞台剧《家乡巨变》，如此这些，不难看出他对家乡情感之深厚。

杜晓有一个创作计划，这份计划表从此时此刻，一直排到了他退休之后。他说越是感觉要退休就越是感到时不我待，因此退休之前的日子必须比以前更加珍惜才行。他打算再创作一部反映门头沟当代题材的民族歌剧《大爱》，再创作一台舞蹈专场，把门头沟区《太平鼓乐》等11个进入国家级和北京市级非物质文化遗产名录项目以舞蹈的形式展现在舞台上，在退休之前最后一次为这些文化遗产做些贡献。

“那您退休之后打算干吗？”我随口问道。

“退休后我打算再写一部反映门头沟历史的长篇小说，我估计有这部小说我退休以后也就闲不着了。”杜晓如是说。

群众文化也要上档次

“解放战争结束时欢迎解放军进城，老百姓都是欢天喜地地跳秧歌。但是现在六十多年过去了，不能还要求老百姓跳秧歌吧！”说起群众文化的发展，杜晓可谓一肚子感慨。

杜晓认为，群众文化也要上档次。只有老百姓也能看得懂话剧，也能演出自己的故事，群众文化才能达到移风易俗、宣传教育的目的。普及群众文化是必要的，但是在普及的同时，也应该注意品质的提高，满足老百姓日益增长的文化需求。

“我们应该为老百姓追求更高的文化生活创造条件，而不能把群众文化简单定义为让老百姓玩玩而已。应该让老百姓唱自己的歌，唱家乡的歌，抒发自己对家乡的热爱，这样群众文化的水平在潜移默化中就提高了。要是几十年过去了还天天鼓励他们跳秧歌，唱《咱们工人有力量》，那就说明现在的群众文化工作有愚弄百姓之嫌，就是我们这些群众文化工作者的失职。”杜晓很郑重地说。

当然，杜晓也承认现在经济生活的巨大变化为群众文化的发展提供了良好的机会，但他觉得这些机会都被浪费掉了。每当提起加强农村群众文化建设，就是拨钱盖房子，弄灯光，买音响，置办宣传材料。头一年的钱没有花完，第二年又继续拨款。至于那些器材的使用情况则不闻不问。虽然杜晓“材料上的灰尘都可以种庄稼了”的说法不免夸张，但却足以说明一味地加强硬件建设造成了巨大的资源浪费，群众文化并没有真正地被带动起来。

杜晓有一个愿望，他一直希望通过自己的努力使门头沟的群众文化达到移风易俗的目的。他说：“你看我的文艺形式，有组歌，有电影，有舞蹈，有戏曲，抛开这些作品的质量不说，其实我做这么多艺术形式的初衷，是希望能够为门头沟的群众文化发展探索一个新的模式出来。我想要证明，群众文化是可以上档次的。当然，如果我的作品对于门头沟的地方文化再能有一点贡献，对我来说，那就更欣慰了。”杜晓这样说道。

该开口时就开口

我初见杜晓时适逢区文化馆拆迁，他暂时蜗居在一间简陋的办公室里。整间屋子不大，没有什么特别的地方，只是在房间显眼的位置，赫然地挂着一大串“两会”的委员出席证。在匆匆忙忙的搬家过程中，这些出席证依然被他小心地收藏，足见他对政协委员身份的重视。

“我一直是门头沟区政协的委员，2013年开始担任市政协委员，对政协的感情是比较深厚的。对于我这样一个心直口快的人，我觉得政协特别适合我，因此尽管当了市政协委员后，会议调研都增加了不少，但是我印象中除去一次在外地来不及赶回来以外，我还没有缺席过呢。”杜晓有些骄傲地说。

心直口快，无论是在区政协还是市政协，杜晓这个“毛病”一直改不掉，每逢遇到不入理的事，就一定会忍不住说上两句，即使他当时克制住了没有开口，待到事后说起，也只会更加激烈。为此，他也没少被人误解。

“记得我们区有一个人在农村实行股份制很成功，正在大家对她一片赞誉的时候，我却对她经营中的隐患提出了质疑，并建议她进一步建立健全制度规定，以图长远。其实我说的后来大家想想倒是也能理解，但可能我当时说得太激烈，好多人都觉得我是故意唱反调、出风头，其实我是没这个意思的。”杜晓解释说。

误会归误会，性格归性格，不管别人怎么看，凡是杜晓看着有问题的事情，该说话时候他还是一件也没落下。

杜晓刚担任市政协委员不久，又提出了一个“紧急研究北京文化活动中心如何成为全国群众文化的龙头”的意见。在意见中杜晓指出：北京历年群星奖获奖战绩不如人意，尤其质量不如南方的舞蹈《担鲜藕》、小戏《救人》等。真正要做到“十二五”规划中提到的叫得响、传得广、留得住的北京精品，北京文化活动中心应负起应有之责。现在北京各区县文化馆单打独斗，各干各的，缺少北京一盘棋的战略理念。引领全市各区县的独特文化资源拿出精品，理应肩负起全国群众文化的龙头，才是北京文化活动中心的应有之义。

“在区政协那会有人说我话多，但我觉得政协不就是让大家发表意见的地方吗，都不说话当委员还有什么用？”杜晓这样说。

杜晓没有什么兴趣爱好，也没有自己的家庭，可以说除了他的事业和他的创作以外，他什么也没有。在他的眼里，人生本来无须有多么波澜壮阔，独步一时，只需要一个宁静的夜晚，一张平整的书桌，能够让他坐在窗前静静地醉心于自己的创作就足够了。

杜晓认为他很有福气，每当他创作出什么作品，就有机会将它展示在专业的舞台上，跟更多的人分享他的欢乐，因此，即使再忙再累也不觉得辛苦。他回忆说：“记得我的老师生前，一辈子的作品堆在一起比他本人还高，可惜生不逢时，一部作品也没有演出过，下了多少工夫也没人知道，跟他比我幸运得多了。”

当与智者倾谈的时候，你的心灵常常会被思想火花照亮，当与诚者交流的时候，你的内心也会有抑制不住的感动。这就是杜晓带给我最深切的感受。他，无声无息地，让我们看到了一个普通群众文化工作者不一样的风采。

杨立新　扮演真实的自己

张　涛

望着坐在对面的杨立新，真的不敢相信他明年就该退休了。我们是约在亦庄的一个咖啡吧里见面的，不要误以为他是一个很时尚的人，杨立新说，在咖啡吧里见面，主要是因为后面还有两拨找他来谈事情的朋友——他很忙。

演员的职业素质

一说起政协杨立新就先抱歉三分，由于他的工作特殊，所以耽误了不少政协的会议和活动。演员的工作不像机关、厂矿、公司，任何一个职位都可以暂时放下手头的工作，跟领导请个假来参加政协的会议。演员则不然，尤其是在剧目中演主角的演员是不能随时举手说“明天我请假”不来了的。主演一旦请了假，别人也得歇工，排练就得停下来了。因为话剧的排练和演出日程的安排是从演出的日期倒计时排定的。一旦排练开始，后面就一定有一个演出的日子在逼着呢。排练开始了不但没有你请假开会的时间，甚至连周六周日的休息都没有了。演出开始以后，一场一场地连着演下去，更是不能请假的。从没有听说过哪个演出单位今天忽然贴出来个告示说，我们的演员这几天太累了需要调整一下，所以取消今晚的演出，希望大家谅解！

那一年，杨立新的母亲在凌晨去世，当时人艺正在演出《茶馆》，杨立新安排好家里的事情傍晚照样出现在了人艺剧场。因为怕同志们像往常一样和他说笑，他的爱人背着他给后台打了电话。当杨立新走进后台，每一个人都静静地注视着他，他知道这是大家一种特殊的表示，他也只是朝每一个人点点头作为回应。整个演出像平常一样顺利地完成了，走下台来每一个演员都过来跟杨立新拥抱，拍拍肩拍拍背表示安慰，大家心里都有一个共同的声音：戏比天大！谈到这里，杨立新只是轻描淡写地说：没办法，这就是演员这个职业必须具备的“职业素质”，只要是职业演员，每一个人都会这样做的。

认真履行职责

在政协的参政议政方面，杨立新一直勤于思考，并总能够从大局着眼。2008年初的政协全会分组会上，杨立新和民进组的教师们讨论起了“爱国主义教育”的问题，随着讨论的深入杨立新提出一个辩证的想法：爱国主义教育固然需要加强，但这些年爱国主义教育之所以没有达到预期的效果，也与我们单方面强调爱国而缺少公民权利教育有关。

杨立新感慨地说：“有一年新疆礼堂大火，死去了三百多个少年儿童，还有一年衡阳大火，在火灾救援中六十多个武警消防战士，为了抢救人民的生命财产英勇献身在火海之中。我相信新疆的事故责任人肯定受到了党纪国法的制裁，在事故中失去生命的孩子们的家长也一定得到了相应的补偿，尤其是在衡阳大火中英勇献身的武警消防官兵，祖国和人民也一定不会亏待他们。但是，似乎总是缺少一点什么……缺少什么呢？美国‘9·11’一年之后，在惨案的废墟原址有总统亲自出席举行了一个规模很大的纪念活动，以表示不会忘记在惨案中失去生命的人们；法国巴黎的先贤祠至今安放了72位历史上为法国的文化政治科学等进步做出杰出贡献的人。大仲马虽然已经仙逝一百多年了，尽管他生前有过嘱托死后要长眠在他的家乡，但法国政府仍然在21世纪初将他的遗骸迁居进了先贤祠……我们是社会主义制度，我们没有宗教程式化的仪式，但我们同样应该将祖国对每一个公民每一个生灵的尊重和爱护以一种我们特有的方式传达给整个社会。”

在那一年政协会上，杨立新联合其他委员，共同提出了关于《建立死难公民国家举行丧葬仪式》的议案。他提出：死难一定数额的公民，县级政府应在死难地建立纪念牌，并于死难日及死难纪念日县级人民政府应在办公地举行降半旗等纪念仪式……以此类推至市级、省级、国家。

因为这个提案涉及国家行为，提案提交以后杨立新得到的答复是由北京市政协在全国政协会议期间向全国政协转交。当年5月12日发生了惨烈的汶川地震，人民生命财产损失之巨大令全国人民和世界痛心。全中国人民在党和政府的领导下，以最大的力量投入到了抗震救灾之中，并在“5·12”大地震的第七天举行了为期三天的全国哀悼仪式，全中国的各级政府办公地和港澳政府及各驻外使领馆分别举行哀悼仪式或降半旗致哀……了解杨立新这个提案的政协委员们说这是他的提案的作用，但杨立新觉得不管怎样都应该形成制度，让政府和人民自觉地尊重每一个公民的生命安全。

北京的剧场其实不少

很多人都在抱怨北京的剧场太少，演出找不到地方。然而在杨立新看来，北京的剧场数量其实并不比世界各国的主要大城市的剧场数量少，甚至不比美国纽约百老汇、伦敦西区少。之所以人们会感到剧场资源不足，主要原因在于自20世纪50年代以来，一直按照“工人俱乐部”的布局方式，将剧场建在城市的各个角落和文艺院团的附近，按照现在的说法，就像社区配套文化馆、电影院、青少年活动中心一样。

中共十六大的政治报告中明确提出了文化产业化的号召。杨立新认为要实现文化产业化首先就应该在文化演出场所的建设布局上有所规划，要逐渐形成有市场号召力的文化演出场所的演艺聚集区，打出品牌、形成城市亮点、提高文化感召力。逐渐将新建的文化演出场所聚拢，在几十年后形成“秀水市场”“簋街”这样的文化特色区，不再让北京的几十成百的剧场闲置而外地进京的演出单位又没有剧场可用的现象再现……

这几年，杨立新除了在话剧舞台上的演出越来越精到之外，还参与了一些导演的工作。2013年为纪念北京人艺著名剧作家李龙云逝世一周年，他导演了李龙云的代表作品《小井胡同》，2015年他又执导了反映北京历史事件的原创话剧《牌坊》，同是2015年，他和陈佩斯共同主演的话剧《戏台》在北京首演，获得了社会效益、经济效益的双丰收。

明年杨立新就要从人艺退休了，我问他将怎样安排退休后的生活。杨立新笑笑说：目前还没有打算。但他又补充道：我相信观众是需要我的，同时，我也离不开舞台……

（本文刊载于《北京观察》2016年第7期）

孟大鹏　童声　从心底到天边

郭　隆

“让我们荡起双桨，小船儿推开波浪，海面倒映着美丽的白塔，四周环绕着绿树红墙。小船儿轻轻，飘荡在水中，迎面吹来了凉爽的风……”当恬静、纯美的歌声在音乐厅中回旋，孟大鹏轻轻地挥动着手臂，面含笑意地望着他的团员们，与观众们一起陶醉在美妙的童声之中。

提起有着60多年历史的中央少年广播合唱团，早已是闻名全国。该团的常任指挥——北京市政协委员、中国合唱协会副理事长、中国童声合唱委员会主任孟大鹏，已在该团执棒30余年。在他的精心培养与严格训练下，中央少年广播合唱团一直保持着全国一流的合唱水准与声望，不断应邀参加国内各项大型文艺演出、合唱节、艺术节，并多次成功出访日本、意大利、瑞典等国。作为一名出色的合唱指挥家，由孟大鹏指挥首唱、首演的童声合唱《天地之间的歌》《可可西里》《长城放鸽》《让世界充满爱》《同一首歌》，混声合唱《掀起你的盖头来》《美丽的草原我的家》等合唱作品如润物春雨般洒进人们的心田。

淘气的孩子有昵称

“我从小就喜欢唱歌，伴随着成长对音乐的热爱甚至到了崇拜的地步”，孟大鹏能走上音乐之路，兴趣是第一老师。音乐课上老师教个新歌，他最先学会；学校里组建合唱队，他是领唱；中学时代，他便开始尝试着自己作曲。1983年，毕业于首都师范大学音乐系合唱指挥专业的孟大鹏，走进了中央人民广播电台的大门，成为中央少年广播合唱团的专职指挥。

这支创建于1951年的童声合唱团是全国第一个高水平的少年儿童课余表演团体。新中国成立初期，刘炽、乔羽等词曲作家经常为该团创作歌曲；著名指挥家赖广益、吴灵芬等先后担任过该团的特邀指挥；《让我们荡起双桨》《快乐的节日》《听妈妈讲那过去的事情》等影响了几代人的优秀作品，都出自这支优秀的童声合唱团。

抬起指挥的双臂，孟大鹏颇感压力。面对六七十个活泼、好动的孩子，让他们精神专注、规规矩矩地坚持训练、唱好合唱可不是一件容易的事。

合唱团中不少七八岁刚上小学的孩子，爱动、淘气是他们的天性。坐得久了，弯弯腰、挠挠头是难免的；歌唱累了，就喜欢偷偷跟旁边的小伙伴说说话。对此，孟老师不是板着脸批评，而是来个“冷幽默”：“坐姿不端正、随便说话的同学肯定不能唱好歌，也影响集体，所以咱们大家就给他起个昵称，起个日本小姑娘的名字吧”，孟大鹏笑容可掬，“现在我们就有两个小帅哥要改名字了啊，一个叫‘大肉虫子’，另一个叫‘山里猴子’”，“哈哈哈……”在孩子们童真的笑声中，那两个小伙伴顽皮地吐了下舌头，立马挺直腰，坐端正，像个小大人儿似的好好听课了。

“嘀嗒嘀嗒是秒针的声音，当当当是敲钟的响声，哪个要轻声唱，哪个应该发音重一些，大家要动脑子想想喔。”在孩子们面前，孟大鹏从不把自己当做一个“发号施令的人”。他愿意跟孩子们交朋友，一起聊音乐，一起唱歌。“我一直觉得我们之间是一种互相的给予，我可能给了他们学问、知识和技巧，而孩子们带给我的是他们的纯净、真诚和率直，这一切对我的人生，对我的工作、生活都会产生不断的影响和矫正。”孟大鹏说。

让快乐战胜乏味

不断重复的日常训练很容易让孩子们感到枯燥无味，如何使它变得有趣呢？

“哆来咪，哆来咪发，哆来咪发索……”每次都多唱一个音，并且先正序唱，再倒序唱，然后再隔着音符唱……孩子们在整个练习中必须精神保持高度集中，既要用心把当前的音符发准，还要时刻动脑子想着下一个音符是什么，稍一走神就会唱错，在集体里发出一个不和谐的声音。“这种方法就是为了让孩子们精力集中，口脑并用”，孟大鹏的训练设计最大程度上调动了孩子们的主观能动性，哪个孩子唱错一个音都会感到不好意思，相反，都唱准、唱对的孩子自己就会感到很骄傲。

打好拍子只是对一名合唱指挥最浅显的要求，真正的考验是对不同音乐作品的准确理解。训练中，孟大鹏特别要求自己通过肢体和语言把自己对作品意境、内涵的理解，传递给合唱团员。他注重根据歌曲的思想感情、音乐风格、语言、速度和力度变化以及对伴奏的要求等不同情况准确地表现出来，使团员们能清楚地理解指挥的意图，以动人的旋律与和声，把作品的内容和思想情感准确表达到位。

北京育英学校六年级的李晨，正好有六年的“团龄”，被问及参加合唱团的收获，她歪着头笑眯眯地说：“我识谱更快了，还当上了校合唱队的领唱。”

在孟大鹏看来，音乐教育的方法就是要让人感到愉快，所以学习歌曲的过程要轻松一些。“氛围要轻松，心情要放松，这才能释放出音乐艺术本身的魅力！”1996年，孟大鹏著作的《童声合唱训练》一书，被高等院校教育出版社作为全国音乐教师的教材出版，至今已多次再版。

偷偷跑来唱合唱

少年广播合唱团是由来自不同学校的同学组成的课余团体，没有办法硬性控制孩子们的出勤。很多上了初中、高中的孩子由于功课紧张，家长不许孩子来团训练，怕影响学习。而且，这是一个永远年轻的团，孩子年龄大了就要离开，六七岁的孩子补充进来，孟大鹏又得从最基本的唱歌、识谱教起。

可是，每到周六晚上，孩子们顾不上吃饭就来到中央人民广播电台的排练厅，有的升学年级的团员甚至瞒着家长来排练。几十年来，团员换了一茬又一茬，中央少年广播合唱团却始终保持着国内的顶尖水平。

谈及其中的原因，孟大鹏说，40周年团庆的时候，有一位国内知名的音乐家对他说，少年广播合唱团好像有一个魂似的。孟大鹏理解他所说的其实就是一种凝聚力，这种凝聚力一方面来自于音乐艺术本身的魅力，来自于合唱团的团风和传统，另一方面则是合唱这种音乐形式对人的素质的培养。“表现儿童童年生活的音乐作品满足了孩子们在艺术上的需要和追求，更重要的是，通过童声合唱这种集体活动，能培养孩子们共同相处、互相合作、同担责任的意识和能力，并给孩子们的行为举止、日常习惯方面带来一些好的影响。”

“合唱能提高人的素质”，孟大鹏对合唱艺术的理解颇为独特。他解释说，合唱队的训练是周期性的、长时间的。这样的训练和熏陶会对人们产生潜移默化的影响。具体来说，孩子们很自然地学会了安静，因为只有一个安静的环境才能使音乐有生存的空间；学会了倾听，因为只有静下来才能听到别人怎么唱；学会了与他人合作，学会了服从团队与指挥，学会了与他人分享，学会了尊重作品、作者和大家的劳动……“一句话，孩子们通过合唱训练，会全面地提高作为一个社会人的素质，会很自然地去追求真善美。”

“发音太准了，真没想到中国的孩子们能够用原文演唱保加利亚的民族歌曲。”今年8月，孟大鹏率团赴保加利亚回访演出，一首用保加利亚语合唱的《美丽的大森林》使众多当地观众感动落泪。“北京来的孩子们守纪律有礼貌，台上台下都最让我们放心”，在新加坡举办的国际青少年合唱节上，孩子们在各方面所展现的综合素质，让东道主竖起了大拇指。“我希望我的孩子们不仅要展现出中国在文化方面的开放与包容，更要向世界证明，中国的年轻一代有着良好的素养和高尚的品格。”孟大鹏说。

自1993年起，孟大鹏作为中国指挥家的代表，多次率团成功地出访亚洲、欧洲，并多次作为中国合唱指挥家的代表应邀出席国际合唱会议，担任国际合唱比赛评委并利用各种机会向各国代表介绍中国的合唱音乐、合唱事业的发展状况及他在合唱训练方面的经验。由他参与策划组织的1998年第一届中国国际童声合唱节，2000年第二届中国国际童声合唱节和第三、四、五届中国童声合唱节的成功举办，促进了童声合唱的中外交流和我国童声合唱水平的提高。

童声不仅仅属于童年

《我们的田野》《每当我走过老师窗前》《春天在哪里》……童声合唱留给人们的印象大多是歌唱少年儿童的童年生活和对未来美好的憧憬。

而在孟大鹏看来，童声合唱是更能够直达人类心灵深处的一种艺术，常以它独特的、透明简洁的方式拨动人们最深沉的情感之弦。因为孟大鹏经常带着他的孩子们完成这些“非少儿”的工作，他觉得特别自豪。

电影《周恩来》的结尾处，周总理与世长辞，邓颖超大姐在总理的额头深情一吻，此时背景音乐响起空灵的童声合唱；影片《大决战》中，宏大的战争场面与天籁般的童声合唱相配，造成强烈的声画对位，给观众极大的艺术震撼；当中央少年广播合唱团录制的《我和你》伴随着李宁手中的圣火回响在2008年北京奥运会的开幕式上，全世界都在为和平而祈福……

“到了诠释生命主题，表达人性心灵中最深刻那部分的时候，作曲家往往会不约而同地采用童声合唱这种形式，这源于童声的纯净能带给我们心灵深处的呼唤。”孟大鹏说，童声合唱在音乐的表现形式上是很独特的，童声的那种纯净与人的心灵深处的那种感情很容易达成一致，它能够把心灵最深处的真善美表现出来。“用孩子们的声音，表现出或大爱、或凄婉、或深远、或包容，最能引起大家的共鸣。”

通过为电影、电视剧录制背景音乐，孟大鹏注重发挥童声与人类情感通融的艺术感染力，打破童声合唱只为少年儿童服务的局限，率领少年广播合唱团录制了《周恩来》《孔繁森》《年轮》《云水谣》等诸多影视作品的主题歌和插曲，拓宽了童声合唱的应用领域，提高了童声合唱在音乐表演领域的作用和地位。

“现在的作品远离了孩子们的生活，缺乏真情实感和童真童趣，且过于追求技术难度。”谈及当下的好儿歌少了，孩子们缺少好歌唱的问题，孟大鹏说，写给孩子们的声乐作品一定要有很成熟的写作技术技巧，作品不要在歌唱技术上挑战学生们的生理极限，应该着力追求音乐本身的美与内涵。“希望永远有纯真的歌声陪伴孩子们的童年生活，也希望孩子们的歌声带给我们这些成年人更多心灵的感动。”

赵永庄　缔造神话的人

张　涛

我们见过无数的神话，如巴菲特和他的金融帝国、迈克尔·乔丹和他的篮球王朝，他们耀眼的光芒使人很难把目光从他们的身上移开，每个人莫不仰视着他们取得的成就，渴望从他们的奋斗经历中汲取营养，而今天我想说的神话属于赵永庄，一个真正缔造了神话的人。

在赵永庄的职场经历中，先后担任过北京赛特大厦、保利大厦、上海证券大厦、中商大厦等企业的总经理，并被评选为全国十大女企业家。2000年，赵永庄还被美国资产管理协会授予“国际注册资产管理师”（CPM）称号，她也是该协会自1933年成立以来中国首位CPM获得者，被喻为“国际大管家”。然而当所有人都已经习惯了她这个“国际大管家”身份的时候，却发现她忽然变成了一个“木偶城堡主”。这样一个华丽的转身，让许多熟悉她的人多少还有些回不过神来。

打造木偶城堡

在许多年前的一个冬天，北京电视台播出了这样一条新闻：元旦佳节，孩子们却在外面上课，家长们也感到很无奈，冬天室外太冷不能玩，暖和的室内又没有孩子们玩的地方，还不如去学校补课，所以孩子们就只得被安排去学英语、学美术、学跳舞了。在大多数人眼里，看到这则新闻后，感慨大多化成了孩子们压力太大、负担太重的一声叹息，而在赵永庄眼里却看到了商机。

“看完这则新闻，我立刻就产生了一个想法，为什么不在北京给孩子们建一个适合他们全天候活动的室内娱乐中心呢？这也是一个产业方向呀！于是我就在北京到处找项目，包括科技馆、动物园、图书馆、活动中心等等地方。最后才在北三环看到了一个黑乎乎的地方，便是木偶剧院了。”赵永庄介绍说。

赵永庄到木偶剧院看了演出，觉得戏演得不错，但是却很少有人看，整场观众加在一起都不足20人。赵永庄好奇地问工作人员：“为什么人这么少啊？”那位工作人员一脸迷惑，答道：“一直就是这么多啊，600人的剧场从来没超过100人过。”赵永庄接着问：“看的人这么少，那你们吃什么啊？”“有国家呢，要你操这个心。”那位工作人员这样答道。一段简短的对话，使赵永庄深刻地认识到，吃喝无忧的计划体制，不仅毁掉了孩子的梦想，也使得木偶剧院失去了发展的动力。于是，她决定收购木偶剧院，自己来做。

2006年9月15日，赵永庄出资3000万和其他几个股东一起取得木偶剧院51%的股份，成立中国木偶艺术剧院有限责任公司，由她本人出任董事长，就这样，中国第一个民营资本控股的改制院团就在木偶剧院诞生了。

揭牌仪式上，赵永庄请了许多名角来捧场，仪式办得盛大而隆重，然而揭牌仪式刚过，就有朋友对赵永庄说：“永庄啊，你这回算是掉坑里了，你知道吗，他们都在骂你。”“为什么啊？”赵永庄问。“你把人家饭碗砸了，人家能不骂你吗？”朋友答道。

赵永庄也许真的掉坑里了。第二天赵永庄来上班，却发现偌大一个木偶剧院空空荡荡，根本没人来，直到走到大堂，才看见一个人在那里东张西望。赵永庄主动迎上去说：“您好，这里是木偶剧院。”那人看了她一眼，答道：“我知道，我就是木偶剧院的老演员。”“噢，那太好了，我叫赵永庄。”还没等她说完，那人便不耐烦地说：“你我还不知道，你不就是砸我们饭碗的人吗？”赵永庄连忙赔笑道：“别这么说，我们要打造金饭碗。”“哼，金饭碗，你有那个金刚钻吗？”那人有些不屑地说完，便转身离开了，只将赵永庄一个人晒在那里，当时那种滋味，只有赵永庄一个人能体会得到。

这件事之后，赵永庄深知木偶剧院广大员工内心对于改制是抵触的，要想真正振兴木偶剧院就得得到他们的支持才行。于是，赵永庄展开了广泛的调查研究，找员工谈心，征求他们的意见建议，解决他们提出的困难，力求做到不让员工在改制的过程中吃亏。在这个过程中，赵永庄在公司里启动了多方面的改革，小到办公楼的消防配套系统，大到木偶剧院的市场化经营方案、人事薪酬体制改革等，工作艰巨而庞杂。木偶剧院原有的116名员工，改制后企业全部接收，给予他们工作上的保障，他们也经过考核后全部上岗工作。改革前后，没有出现一例员工上访。在改革的头三个月，赵永庄还要求公司自上而下全体学习《公司法》《合同法》《组织法》等法令法规，加快员工由事业人向企业人的转变。

当时木偶剧院由于年久失修，2006年时设施设备已经非常陈旧了。毫不夸张地讲，夏天剧院外边下大雨里面就能下小雨，甚至由于环境比较脏差，还有孩子在看戏的时候被蚊虫叮得满身是包。在改造过程中，赵永庄专门邀请了清华工艺美院的专家进行设计，除了对建筑内的每根柱、桩、梁进行加固外，还把原来的3个剧场分别改建成了花果山主题剧场、经典小铃铛剧场和双语酷宝宝剧场。废弃的空调机房也被改造成了儿童游乐场“木偶新天地”。现在，这个宛若童话世界的木偶城堡不仅让孩子们喜爱，也成了安贞桥附近的亮丽一景。

如今的木偶剧院自不必说了，改制后的木偶剧院平均每年演出2000余场，观众达到上百万人次，净资产是改制初期的2.2倍，还成为了全国首个国有股连续五年实现分红的企业，上税突破了1000万元。而这一切，在改制之初，无论如何是不能想象的。

“初期很难，但后来效益好了，优势显现出来后，大家发现收入比以前还多了，就也都理解我了，到现在，虽然小的怨言可能还免不了，但是对于改制后的剧院，大家心理上已经接受了。”赵永庄这样告诉我。

身体力行推进惠民卡

2013年6月，赵永庄联合19位委员向北京市政协提出了举办“文化惠民消费季”的提案，提案得到了文化界人士的广泛响应。9月初，首届北京惠民文化消费季正式启动，市民可持免费申领的“文惠卡”到签约商户进行文化消费。在首批签约的加盟商户中，木偶剧院就榜上有名。

赵永庄认为这张卡相当于北京市政府送给老百姓的一张文化消费大单。所谓“一卡在手，打折优惠，千家畅游”。市民持此卡到签约商户进行文化消费，可以享受到惠民折扣、积分奖励等多项优惠，不限时间，不限场次，并且还能实时获得文化市场的新鲜资讯和优惠信息，对于企业而言，益处更多，以木偶剧院为例，在加盟了“文惠卡”之后，三个月内的宣传费用下降了60%，同时又增加了20%的票房，使企业真正得到了实惠。

据业内人士分析，北京全年文化产业增长迅速，然而这样的增速远不能满足首都人民群众对文化消费的需求，而“文惠卡”的出现却起到了四两拨千斤的作用。以首批发放的100万张“文惠卡”为例，这批卡背后不是100万人持卡消费，而是100万个家庭、数百万消费者，随着“文惠卡”发放力度的增强，所涉及的消费者也将像滚雪球一样越滚越大。

这次“文惠卡”的顺利推行，不仅老百姓拍手叫好，也令赵永庄自己感触颇深。她认为，首先，党和政府对文化越来越重视。尤其是党的十七届六中全会，提出的“文化大发展大繁荣”确实得到了真切的体现，这次“文惠卡”的推行就是明证。其次，文化产业评价标准也越来越科学，如今要求每场都要演100场以上，有票房指标，也有口碑评价，这样对于文化产业的去伪存精也大有好处。另外，文化工作者的创作热情和工作激情也被充分地调动起来。

“拿木偶剧院来说，73个演员，每年要演2000多场戏，这样大的工作强度却没有怨言，一方面体现了文化工作者的敬业精神，另一方面也体现出了文化工作政策见到了实效。”赵永庄举例说。

有句俗语说：“枪打出头鸟”，也有句俗语说“出头的椽子先烂”。自古以来，进取、创新，从来就不是一件能够喝得满堂彩的事，这需要承受很多我们想象不到的压力，而赵永庄全然不顾这些，她用企业家的开拓精神，排除万难，披荆斩棘，将一个破旧、落后、毫无生气的老式戏院打造成了孩子们眼中的梦幻城堡，谱写出了一段属于她自己的神话。

在采访接近尾声的时候，赵永庄为我描述了她的宏伟蓝图，此时，明媚的阳光正好透过窗户直射在她的脸上，她的气色看起来很好。很显然，在我还在对她上一段故事赞叹不已的时候，她已经在为下一段神话撰写剧本了。的确，对于欣赏故事的人来说，故事是有结尾的，但对于身在故事中的人来说，她的故事将永远没有终点。

郝金明　多彩人生　大道至简

朱生志

“万事从一起，万物静中得”，这是郝金明鞭策自己的一句名言。郝金明就是在平静之中，从无到有步入辉煌的。作为一位典型的成功人士，郝金明涉足的领域可谓五花八门：他是北京市政协委员、大前门（北京）文化艺术有限公司董事长，不仅如此，他还涉足房地产开发、餐饮、对外贸易、收藏等领域，更是一位有着专业表演才能的非专业演员。

曾经的农民与工人

郝金明的经历可谓坎坷，如今成功的背后是不为人知的艰辛。在10岁的时候，郝金明的父亲因病去世，生活的重担就全部压在母亲肩上，家庭环境非常艰苦。刚刚踏足社会的郝金明才17岁，对特殊时代的风云变幻懵懵懂懂。为了响应毛主席号召，郝金明来到北京市通县（今通州区）永乐店插队，当知青，做农民。经过两年零八个月的锻炼，枯燥、繁重的农活并没有压垮这个涉世未深的少年，反而造就了郝金明遇事冷静、吃苦耐劳的品格。郝金明说：“从今天来看，那个时期是磨炼我意志的时候。我感觉到这一课上的终生难忘。如果没有那个阶段，我想，今天的情况就有可能是另外一种情况。”

1975年，随着知青返城政策的落实，郝金明返城当了一名供电局维修工人。此时的状况与农村相比并没有根本的改善。据他回忆，风餐露宿就是家常便饭，数九寒天也得穿上大衣坐上大卡车到荒郊野地维修出现故障的线路。

“这两个阶段，对我个人的成长是非常重要的，凡是在我的前进过程当中对我有帮助的我不会忘记，对我有推动的我不会忘记，对我有教育的我不会忘记。”时至今日，重感情的郝金明仍然经常到曾经插队的村庄走一走，看一看，感受村庄的变化，追忆曾经的青春。

搞收藏，传承文化

收藏是郝金明的一大爱好。在街边跟一件木雕作品的偶遇，开启了郝金明的收藏之路。1987年的一天，他在街上看到有人蹬着三轮车，车上有一件木雕作品。郝金明立刻被精美的雕工吸引，于是花了300元买下了那个木雕。经过仔细研究后，他发现，这件作品蕴含着深刻的哲理：中有龙凤，上边是佛，下面是鬼神，构成了天地人三界的古老宇宙主题。自此郝金明对收藏的热爱，对中国传统文化的尊崇一发而不可收。

然而，收藏界鱼龙混杂、真伪难辨，仅凭一腔热情远远不够，更重要的是需要一双好眼力。20世纪90年代初，为了练就火眼金睛，刚刚入门的郝金明利用身处北京城的优势，多看、多问、多学，积极结交收藏界行家里手。正是被郝金明对收藏孜孜不倦的追求所打动，他们多次给郝金明开小灶、上小课。就这样，功夫不负有心人，郝金明练就了好眼力，为他今后的收藏生涯打下了坚实的基础。

经过20多年的辛苦收集，郝金明终于建立起属于自己的私人博物馆——尚韵轩。从门口70厘米长的“狗头金”到门柱上康熙真迹长联“春露秋霜当思德业由先泽，云蒸霞蔚留得诗书启后人”，坐落于北京龙潭湖畔的尚韵轩处处彰显着与众不同。5500平方米的3层尚韵轩，分中国古典家具、玉器珍玩、明清瓷器、字画精品、木雕饰物及民间传统工艺品等区域。

收集藏品与出售藏品似乎是一对不可调和的矛盾。然而在郝金明看来，二者是对立统一的。郝金明认为，收藏的目的就在于将祖宗的文化收集、研究、保护、传承，出售藏品实际上就是一种传承。“藏品价格卖得高，说明下一个人对它的认识更高，保护责任心更重。我们不过就是个过路客、暂停者。这一切都是社会的，我们不过就是一个暂时保管几十年的人。”拥有独特的视角、豁达的心胸的郝金明行事也总是出人意料。有时候，郝金明随手就将价值不菲的藏品送人。至于原因，郝金明则回答道，“因为他比我更喜欢，比我会更好地保护它，更好地去传承它。只有在这种心态下，我们老祖宗的文化才能一代一代传承下去，看到了比你更爱的人，你也应该舍得给他。”

非专业演员的专业表演

如果郝金明站在你的面前，你绝对想不到这位成功的商人还是一位地地道道的非专业演员，更不会把他与曾在北京卫视热播的电视剧《漕运码头》中的原通州知州韩克镛联系起来，更不会想到这位非专业演员却有着出色的专业表演。

几年前，应著名表演艺术家李光复老师的邀请，郝金明参加电视剧《天下第一楼》的拍摄。没有系统学过表演的郝金明通过恶补表演知识，狂背台词，开拍后，与男主角巍子演对手戏时，大量台词一气呵成，居然不曾NG。近年来，郝金明参演了《天下第一楼》《老魏的X计划》《向阳照相馆》《都市第五季》《枪炮侯》《漕运码头》《十三格格》《新十三格格》《正阳门下》等多部影视剧、舞台剧。

因为热爱文艺，热爱表演，郝金明不满足于表演，而是毅然投身文化产业，着手组建起了大前门（北京）文化艺术有限公司。说起成立这家公司的初衷，郝金明坦言：“就是想通过商业运作和市场化推广手段，让不管是国内还是国外更多的人能了解喜爱北京的以及中国的传统文化。”

在这种理念指导之下，由北青传媒股份有限公司、北京电视台、大前门（北京）文化艺术有限公司联合投资，大前门（北京）文化艺术有限公司承制的大型电视连续剧《正阳门下》应运而生。

《正阳门下》以改革开放前后30年为时代背景，讲述北京普通百姓在波澜壮阔的时代背景下面对社会变迁而艰苦创业的故事。作为改革开放大潮中的弄潮儿，郝金明说，“可以说我的成长、成熟，都是在这30年里完成的。”基于对那段生活深刻的记忆和感悟，郝金明情不自禁地拿起了笔把成长中的点点滴滴都记录在了《正阳门下》的剧本里，也因此他成了这部戏的编剧之一。对于此次创作的感受，郝金明说：“一边写我也一边在反思着之前的过往，就像是给自己经历过的那段时间做了个总结。我们是在写我们这一代人的一种立志发愤精神，这种精神应该写出来，特别是让后代看到。”

做公益，大道至简

了解郝金明的亲友都知道，他还有一大“爱好”，就是热心公益。前不久他就因为资助治愈了两名先天性心脏病患儿，被“屈正爱心基金会”授予了爱心人士的奖项。据悉，在十余年间他还不断救助白血病儿童。他甚至把尚韵轩博物馆所有的每张20元的门票款，也全部当成了善款直接捐给了红十字会用于白血病儿童的治疗。

谈及做公益的出发点时，郝金明表示，“做公益，大道至简，越大的道理越简单，就是完成爹妈做好人、做好事的嘱托。在我们有能力，是一个正常人的时候，我们应该这么做”。

先天性心脏病患儿紫色的嘴唇深深触动了郝金明：“我一看到那些孩子的状态，我的心真的受不了。”这导致郝金明改变最初资助一名先天性心脏病患儿的想法，“我就救两个，我们做这点事，其实不算太难，而这孩子一生就改变了，长大了，也许就会是国家的栋梁，我觉得这个事情我们应该做。”

郝金明不仅仅局限于捐款做公益，更希望通过自己带动更多的人从事公益。据郝金明透露，受“屈正爱心基金会”启发，他准备与首都儿科研究所联合成立一个由儿研所牵头、他出资的专门攻克儿童疑难杂症的基金会。这个想法得到首都儿研所的积极响应，可谓一拍即合。周围的朋友在郝金明的影响下，也纷纷慷慨解囊，热心公益。郝金明表示：“正能量能让大家的心都美好起来，去帮助这些孩子是我们的一份责任、一份良知，如果大家都有这种责任感，社会就会更加美好。”

正如郝金明参加屈正爱心基金颁奖晚会时的发言一样，在这寒气依旧的日子里，让我感受到了这种大爱传递的感动与激情，如果我们能伸出双手去救助那些患儿，多为社会做贡献，生命将会与众不同。

程茂全（淳一）的翰墨人生

张 涛

我与他的第一次相见纯粹是不期而遇，当时的我似乎有些走神，没有伸手，没有递名片，甚至连“久仰”都忘了说一句，倒是他首先递上一张名片，绅士地说道：“你好，程茂全，以后多多联系。”

程茂全，也称淳一先生，北京市政协委员，中国书法家协会会员，北京市书法家协会理事，中国楹联学会理事，原宣武区文联副主席，北京联合大学管理学院客座教授，北京琉璃厂宏宝堂画店总经理，北京宏宝堂文化有限公司董事长，北京港澳台侨海外联谊会理事。

自我拯救

程茂全1957年出生于北京，受父兄的影响，自幼酷爱书画艺术，他先是师承章草名家郑诵先老先生学习书法，后又得到启功、肖劳等老艺术家的诸多教益。1988年程茂全到首都师范大学专攻书法，师从博士生导师欧阳中石先生，借深造之机，又从启功、刘炳森、沈鹏等当代著名书法家那里广吸学养。从五岁开始习字至今，程茂全笔耕不辍已数十载。写字，就如同一个遗传密码，根植在他生命里。

程茂全的书法，肆意洒脱，意象开阔，端庄严谨却不失灵动飘逸，令人爱不释手，得到众多书法爱好者和专家的推崇，成为许多收藏家竞相追逐的珍品。1984年程茂全的书法作品在中日友好书法展中荣获一等奖，其作品多次参加国内外重要展览、比赛，并多次获奖，他的《苏东坡词》还被人民大会堂所收藏，至于被其他国内外艺术馆、博物馆收藏的作品就更多了。

或许人们不会想到，程茂全虽出身书香门第、书画世家，但他却从无优越感，也未曾享受过衣食无忧的生活。相反，“文革”动乱，家道中落，在那个唯成分论的年代里，尝尽了人情冷暖。面对残酷的现实，程茂全除了顽强拼搏，自我拯救，别无他途。

“当时人的观念和现在不一样，当时都认为书法绘画那是‘地富反坏右’的孩子才干的事情，学这个的人处处都受人排挤，我记得刚上小学的时候，少先队改红小兵，全班所有人都改成红小兵，只有我不但改不了，本来戴着的红领巾也不让戴了。一次全班所有人都在操场排着队准备出去游行，只有我一个人眼巴巴地在屋里看着，那个压力，真是让人死的心都有。你看要不我这满脸写的都是沧桑呢。”程茂全打趣说道。

背负着沉重的家庭包袱，程茂全一路行来，历尽坎坷。小学五年级，学校休课，转而学工、学农、学军。初中下乡务农，“三夏”割麦子，秋收割豆子。“文革”结束，返城求职，到京剧院画布景、到工厂车间开冲床、到酒楼饭庄当装卸工。几番波折，几番奋斗，程茂全终于迎来命运的转机。

程茂全在“致美楼”饭庄当服务员期间，曾经为饭庄抄写菜单。程茂全抄写的菜单与一般的菜单不同，一张简单的菜单，他总是别出心裁，分别用篆书、隶书、行书多种笔体写成，制作十分精美。这样的菜单一经发出就受到了客人的追捧，尤其一些来自日本、东南亚、韩国等地的客人，更是出2元的高价来购买菜单，有时候竟至菜单脱销。

“今天看2块钱似乎不多，但我当时一个月的工钱才只有18块，2块对我着实是一笔不菲的收入了。”程茂全解释说。

有一次，书法家黄胄先生来饭庄吃饭，刚一落座就被桌子上的菜单吸引住了，他向饭庄经理询问这张菜单出自何人之手。经理回答说：“这是我们单位的一个小孩写的。”黄胄先生听罢，甚是惊讶，非要见见这位少年英才不可。于是就是这一面，发掘出一位书法天才。而黄胄先生的赏识，也使得程茂全崭露头角，更加受到人们的关注。

作书先做人

“我认为他将来绝对是书法界的大家，我不是单指他的书法造诣，他的为人处事、人品修为均是我所叹服的，他这个人特别淳朴，是那种真心对别人好，真的能到哪儿都为大家祈福的人，用我们同行的话讲两个字——仗义。”我采访期间，适逢一位书法家来访，当得知我的来意之后，忍不住感叹说。

程茂全能得到朋友如此评价，与他的家庭熏陶分不开。小时候，父亲除了教他写字之外，更是担负起了他人生导师的重任。父亲从不教孩子们如何追名逐利，而是将立身、立人，做一个有担当、负责任的人当作孩子成长的必修课。父亲如此正直不阿的教导，为他的成长打下了良好的基础。及至今日，父亲当年的教导，他还牢记于心。

“我的父亲大概是刚刚改革开放时去世的，他为人有准则，也比较清高，可以说，他的言行一直影响着我的成长。他教过我做人第一要‘滴水之恩，当涌泉相报’；第二要记住朋友对你好的事情，忘记朋友对你不好的事情。其实这些为人之道在他教我写字时也有体现，比如说，‘心不正则笔不正’，‘作好画必先做好人’等等。”程茂全如是说。

有人说，不熟悉程茂全的人总觉得他不好接近，而熟悉他的人则认为程茂全心直口快有什么说什么，是一个对朋友心地非常善良、乐于助人，对事业执着的人。对此，程茂全说：“朋友们对我厚爱有加，所以我也真心地对待朋友。我一直认为，一个人自己说自己好，那不算真好，必须要为社会、为国家做出点贡献才算是有价值，但我自忖能力有限，难以做到那种高度，仅能以微薄之力为身边的朋友做一些事，也算是无愧于心了。”

程茂全不光能够善待朋友，他的尊师重道更是为人所敬。对先师郑诵先，程茂全尊之若父，为其理发、搓澡、洗衣服、采买、做饭、换煤气。曾经多少次，他小小年纪骑自行车换液化气罐，摔倒在大街上……

1976年，唐山大地震，程茂全从梦中醒来第一件事便是爬起来直奔郑老家，发现老人坐在鱼缸前一筹莫展，鱼缸里的水洒得满地都是，他赶紧收拾一番，陪老人度过最紧张的时刻。等他赶回自己家中，发现房墙震塌了，家人正在焦急地寻找他……

也就在这样的时刻，佐证一个人的品性、风格，一事当前心系他人。也正是凭着此种品性，茂全赢得诸多先生的抬爱和关照。结识国内外众多朋友，在相互帮衬中获得种种人生机遇，成就了他的事业。

身体力行，建言文化发展

自从担任北京市政协委员以后，程茂全一直积极参加政协组织的活动，主动收集社情民意，撰写政协提案。他撰写的提案既包括《建议进一步鼓励个人资金建设民间美术馆》这样的文化发展问题，也包括《切实解决北京市养老与助残问题》这样的民生问题，可以说，这每一件提案都是他积极建言履职的见证。

“时下北京市正在推动北京文化大发展大繁荣，对于我来说，能够坚持宏宝堂的经营思想和经营理念就是对文化大发展大繁荣做的具体的贡献。换句话说，确保展出的书画家作品都是有个性、有内涵的精品，确保人们能够通过琉璃厂了解中国书画的发展轨迹，了解那些不为人知的优秀书画作品就是我为琉璃厂这条古老文化街做的具体的贡献。”程茂全略显严肃地说。

程茂全今年已经五十有余了，岁月的无情已经让他的脸上满是皱纹，他说他做不了太多的事，只能本着自己的能力做到力所能及和问心无愧而已。然而他的话却与我的感觉相去甚远，诚然，他没有那么完美，但他却像一株沙漠中的胡杨，纵使完全干枯，也能够屹立不倒，让人感觉到生命的张力。他没有显示出许多饱经世事的人那样暮气沉沉，也没有像许多功成名就的人那样炫耀他曾经拥有的苦涩回忆。他只是一如既往孜孜不倦地固守在自己的精神领地上，将他所能领略的美丽与智慧无私地、毫无遮挡地呈现在所有人的眼前。

程茂全是一个不太追求世俗的人，他对有些事情近乎木讷，但对艺术却有着超乎寻常的敏感。或许这就是他的宿命吧，他命中注定只能是那个早春绽放的第一朵迎春花，不在意自己是否错过了更美丽的风景，只是为了将一个美丽和善良的真相带给人间。

一个人对另一个人的认同，似乎无须太多的理由。尽管我与程茂全的相识也只是短暂，但我想，他感动我的理由已经太多了。当程茂全正对他苦苦追寻的哲学费神凝思的时候，或许他不知道他本身就是一部让人费神凝思的哲学。

于立荣　沉醉事业心存慧

徐　飞

于立荣，北京市政协委员、北京凌盛集团董事长，十余年的创业经历，造就了她的熠熠光环。热爱生活的品质，持之以恒的精神，共同成长的理念，让她从一个成功迈向另一个成功。

上高中的时候，于立荣最喜欢体育，是校体育队队长、长跑运动员，当时她的梦想就是成为一名体育老师。那个时候学校还没有建塑胶跑道，简陋的操场到处露着石子、扬着沙土。每年运动会之前，要由学生自己去修理操场，于立荣在卡车上往下卸沙土的时候，不小心摔了下来，摔成了严重的腰间盘突出，当体育老师的梦想破灭了。但是，于立荣喜欢体育，就算是当体育老师的梦想“打折”了，她决定还是要选择一个和体育、健康、教育有关系的职业。

文化是企业“魂”

人的一生就是一个经营自己的过程，于立荣很幸运选择了她喜欢做的事情，并且做得有滋有味、有模有样。

2001年，二十几岁的于立荣满怀激情带着创造财富的梦想，开始创建凌盛体育工程公司，承建各种学校的体育馆、跑道、操场。于立荣说：“做这个行业首先是基于自己对体育事业的热爱，与健康有关、学生素质有关的产业应该是有市场的。其次，当时做这个行业的人少并且水平、文化、修养、管理参差不齐。”到现在，北京凌盛集团已成为一家多元化、多方位发展的公司。

企业家往往是一群现实的理想主义者，他们做事情是有原则的，他们不会为了利润去牺牲这些原则。于立荣刚开始做企业定位就很好，她有选择地去做，选择自己擅长的去做，选择好的合作伙伴去做。于立荣说："很多人说搞工程就是刷墙，但我们是刷文化的墙，刷皇家的墙。刷文化的墙，无论做企业还是做人一定得有文化，企业的文化不是挣点儿钱就算了，得有品牌。刷皇家的墙是说我们的客户是有选择的，我们的客户都是高标准、严要求，我们就要做绿色、节能、环保的工程。"

于立荣认为一个成功的企业就应该是"国际标准"+"魂"。任何一个行业都有它的国际标准和各种各样的规则，大家都在遵守，那怎么才能突出你的特色，那就是——"魂"，就是企业文化。标准是有条条框框的，而文化是无形的，是软实力，慢慢渗入顾客的心中，让行业认可。"因为我们的确在行业内做得最好，我们在装修行业里是让甲方最省心的。"

于立荣认为公司的核心文化就是一切以客户为核心，为客户解决问题。"有一次在车上，一个员工接客户的电话可能有一个小要求，员工说要请示我，挂完电话，我就问他：'是谁在给你发工资？'员工说：'当然是您啊！'我说不是，是客户在给你发工资，所以一定要为客户服务好。"

做远望楼宾馆游泳池工程时，马上要交工了，但游泳池水温不达标，经过测试发现是其他承包单位的工程出了问题，导致给水不热，于立荣知道后马上召开经理会议，吩咐几个经理去帮助兄弟单位尽快解决问题。两天以后，当几位经理解决完问题、胡子拉碴出现在于立荣面前时，她为自己员工的精神感动。"我们做了工程，就要让甲方满意，不管是谁的问题，导致甲方不能按期使用，那之前的工作都是白做。我的员工不会去推卸责任，都是一切以客户为中心。服务就是一种文化，尤其在施工企业里边，父母给我身体，客户给我饭碗，所以我一定要服务好我的客户。"

好的定位，让凌盛集团"建设装饰行业内最专业、最省心的企业""施工企业服务第一"等称号纷至沓来，也让于立荣一步步迈上更高的台阶。

让运动成为生活方式

创业之初，于立荣特别有冲劲，为了找客户她跑遍了北京所有的宾馆、酒店、度假村、大学，为了工程保质保量她亲自去每一个施工现场、到建材市场一家家摸材料，凡事都亲力亲为。"当时一年车跑了15万公里，开出租的师傅都不一定有我跑得多。”于立荣调侃地说。由于拼命工作、忙于应酬，长期下来于立荣身体开始出现不适，每天早上起床，对于她都是一个艰难、疼痛挣扎的过程。

完成了早期的积累，于立荣意识到健康生活方式的重要性，不光是自己这样做，还要影响更多人也这样做，她希望为国人的健康服务。

2008年，于立荣组织了“凌盛公益健康行”活动，让公益健康讲座走向各个不同的社会领域。从中央党校省部长班的“健康养生”到贫困边远山区小学校的“儿童心理素质教育”，至今已经讲了100多场，帮助3万多人提高了健康意识。例如，请积水潭医院院长田伟讲骨的健康，中国中医科学院西苑医院院长唐旭东讲中医养生，北京同仁医院副院长王宁利讲中老年常见眼病的预防等，从而让大家懂得，健康应从每一个细节做起。每次听完讲座，大家纷纷有意识地去做健康体检，有的及时发现并且及早地对病情进行了控制和治疗，健康讲座的推广使大部分人获益良多。“我们的目标就是影响帮助一亿中国人，誓将健康公益进行到底！”于立荣豪迈地说。一件事情能持续5年不容易，以至于后来有些人搞不清于立荣到底是做什么的，在公共场合她一直宣传注重健康，大家都称她健康大使。

送人玫瑰手有余香，天天听健康讲座，于立荣也行动起来，每天从单位跑步回家。“刚开始跑步是很枯燥的，我就让司机把车先开走，身上又没钱，秘书陪我在马路上走，大冬天8公里走回家。” 21天形成一个习惯，于立荣坚持了下来，“浑身的器官都不疼了，慢慢地享受这个过程，现在不让我运动我都难受”。

你相信一个企业的老总两年没发过脾气没大声喊过？于立荣就是这样一位。在去印度旅游的过程中，于立荣一下子迷上了瑜伽，就请了几位印度的瑜伽老师回国。她说：“瑜伽是一门哲学，是把人的注意力集中起来加以引导、运用和实施结合交融。真意即是从痛苦和悲伤中解脱。”于立荣每天早上5点起床跑7公里，然后练两到三个小时的瑜伽。“运动是维护生命尊严，保证生活品质的一种生活方式。”

公益书法培训、声乐培训，只要是对身体健康、生活心态有帮助的事情她都愿意去做，多去影响帮助别人。

用爱心回报社会

“由于从小吃过很多苦，我非常想成为一个能创造财富的人，成为一个有爱心的人，成为一个能回报社会的人。”

“新的升降桌椅不会再让我们变成驼背，这多亏凌盛集团的于阿姨。”这是平谷区洙水小学五年级的学生在《我的新课桌》中写的一段话。于立荣的公司注册在平谷，她惊叹北京还有这样的地方，操场和自己小时候的一样尽是沙子石头，孩子们玩的布包露着棉花。“要在自己能吃上饭的时候，看看还有没有需要我帮助，还有没有人吃不上饭。”随后，北京凌盛集团启动了“凌盛·雨滴捐资助学爱心行动”，帮助北京一些贫困学校改造操场、教学楼及捐赠电脑等。为此，她还担任了北京市平谷区金海湖第一小学的名誉校长。

每个人都有实现梦想的权利，只不过他们的圆梦之路比起普通人显得更坎坷。商桑，北京联合大学特殊教育学院2011级针推班的学生，从小就患有眼疾，世界在她的眼中是模糊不清的，她的梦想是成为一名医生，用双手为人们解除病痛、带来健康，把自己所学的医学知识教给那些由于家庭困难而无法接受教育的盲人。北京凌盛集团为了帮助残障大学生更好地完成学业、实现梦想，在北京联合大学设立了“凌盛奖学金”，商桑就是凌盛奖学金的代言人。商桑说：“正是于阿姨这样的社会各界爱心人士的关心、支持、帮助，带给我黑暗世界的指明灯，带给我生活和坚持下来的勇气和希望。”

“我们出资300万元建立十年奖学金战略，不仅想在物质上支持这些学生，而且也想在精神上给他们更多关爱和激励，让他们成为对社会有用的人，成为对家庭、对父母、对老师、对学校、对社会有回报的人。”于立荣说。

凌盛爱心公益基金会，从助残、助教、养老出发，让大家有质量、有品质地生活。在于立荣的带领下凌盛集团从没停止公益的脚步，还在继续前行。她一直坚信：唯有爱心铸造的事业才能永恒，取之社会、回报社会、创造机会、共同成长是企业的社会责任和使命。

马扬　寻求科技与经济的结合

《北京观察》报道组

“北京提出打造具有全球影响力的科技创新中心，实际上是明确了科技要与经济对接的发展方向，也给北京市和中科院的合作提出了更高要求。”作为中国科学院北京分院党组常务副书记、副院长，北京市政协委员马扬推动并参与了多项院市合作项目，他在科研成果与北京经济社会发展的技术需求中，寻找着首都通往科技创新中心的路径。

院市合作

在全部由中科院系统委员参加的“发挥首都科技资源优势，加快首都科技创新中心建设”座谈会上，马扬表示，中科院与北京市的科技合作在学科领域、合作潜力等方面都有很大空间和舞台，特别是在京津冀协同发展的大背景下，发挥科学院的人才、资源优势，对接北京市科技创新需求，从而推动北京科技创新中心建设是大有可为的。

实际上，早在2006年，北京市人民政府和中国科学院就签署了全面科技合作协议。2010年，院市双方成立了由中科院北京分院、北京市科委组成的“院市科技合作工作小组”，进一步推进院市合作。近年来，院市双方共同推动中关村国家自主创新示范区建设：中科院微电子所、微生物所等5家单位与市政府共建中关村科学城；联合对中科院近50家研究所深入调研，挖掘、筛选了纳米材料绿色打印制版、龙芯CPU芯片等一批重大科技成果分阶段推动。

这其中，中科院北京分院与科委共建“首都科技条件平台中国科学院研发实验服务基地”，让北京市的不少科技型企业尝到了优质服务甜头。“企业可以利用科学院的科研仪器设备，进行如物质成分检测、新材料新产品测试等研发试验，为企业节省了成本。”马扬说，科研院所的人才、设备等优势资源，与企业研发环节相对接，才能让各种创新要素发挥作用，在科技与经济之间找到结合点。

截至2013年底，该基地共促进中科院81个重点实验室，价值27亿元的1462台（套）的设备向社会开放，每年为2000多家企业提供服务。

评价政策需调整

打造科技创新中心，最根本的依靠是人才。

当下，对于科技人员的业绩评价，往往是以发表论文的优劣作为标准，并没有注重对科研成果的实用性、技术成果转化情况进行考量。这就造成科技研发与企业需求对接困难。

“现行的科研人员评价标准有欠科学，造成了科技与经济的脱节。”马扬说，在现行政策导向下，不少科研人员急功近利发表论文，随着科技工作在经济社会发展中的作用越来越重要，不能总以发表论文的多少和影响力作为科研成果的评价标准。对于科研人员科技成果的评价要及时进行调整，按照社会发展的需要进行补充和完善。

为推动科技成果在京转化，2011年，中关村管委会和中科院北京分院联合制定了《关于推动中国科学院科技成果在京转化的奖励办法（试行）》及实施细则，奖励在京推动科技成果转化卓有成效的科研团队和技术转移工作团队。截至目前，累计有28支科研团队和77支技术转移团队获得奖励，有效地调动了科研人员和技术转移管理人员的工作积极性，营造了良好的成果转化氛围。

促成科技成果转化，一要有人才，二要有资金。

为解决资金难题，中科院北京分院、中关村管委会、中关村发展集团和新沃资本控股有限公司共同投资设立了中科院首支科技成果转化基金——中科院科技成果转化投资基金，基金首期融资5050万元，成立了中科新沃投资管理有限公司负责基金的运营及管理。先后遴选出20多个拟投项目，其中水性聚氨酯、油气水分离等项目已完成立项报告，准备进入投资程序。

技术与需求对接

“北京市聚集有200多位两院院士，有尖端的科研仪器和设备，但这种优势并没有太多的转化和运用到技术创新和产业发展中去。”在马扬看来，导致科技创新成果转化不足的症结，是科研的优势与经济社会发展特别是企业的技术需求缺乏有效对接，科研工作与经济需求产生了脱节。

他分析说，现在不少研究人员不知道企业生产的实际情况，科研成果的应用产业化非常困难。“打造科技创新中心绝不是科研人员自己关在房间里闷头搞研究，他创新的技术一定要与企业实际需求结合起来，以能够实现转移转化作为目标和方向。只有把企业在发展中的技术需求与科研院所的科研优势进行对接，才能让各种创新要素协同发挥作用，在科技与经济之间找到结合点。”

经验表明，华为的成功也得益于优势资源的对接与结合。

在企业科技研发过程中，华为集团非常注重与科研院所、大学间寻求合作。华为有相当多的技术是与科研院所合作开发的，如中科院的微电子所、声学所等都有技术合作项目。同时，企业很多员工，包括研发等部门的主管，也由来自大学、科研院所的老师、科研人员担任。“这是由企业自发形成的合作，是一种与科研资源寻求合作的事例。假如北京在这方面多一些奖励制度和激励政策，来吸引这些知名企业到北京寻找科技优势资源或来建企业的研发机构，各方优势资源才能在市场上活跃起来，发挥出最大效益。”马扬表示。

马扬进一步建议说，首都科技创新中心的建设要发挥好首都的天然优势，政策导向上要把各种科技创新要素完备起来，其中不仅要有科技资源要素，还一定要有企业需求要素。要靠激励制度、政策和良好的创新创业环境吸引全国乃至全球的优秀企业的研发机构、研发部门来北京共同建设创新中心，来与北京的科技资源相结合，寻求对接合作。“不是企业整体搬进来，而是关键技术的研发点、创新点，与北京的科技资源要素结合、对接起来。这样，发挥各方资源的优势，整个北京的科技创新中心建设就有了目标，也一定能实现。”

朱良　心怀履职　腹有“良”策

徐　飞

说起北京市政协委员朱良，无论是市政协的工作人员还是各位委员都不会感到陌生。会场上、调研活动中，报端或是电视镜头前总是能看到他履职的身影。

身为化工行业的一名高级工程师、科学技术界的一位政协委员，朱良一直关注如何运用科技手段推进交通管理、加强环境保护，从而使北京的“大城市病”得到治理。他的履职活动也多围绕交通和环保建“良”言、献“良”策。

“作为一名政协委员，有责任也有义务把各界的声音通过我的思考转化成提案和信息，提交给党政部门。希望政府能够在决策中做参考，也希望能够推动一些社会难点问题的解决。”朱良说。

善用党派平台

朱良认为，作为九三学社成员，在党派履职既是在政协履职的基础也是在政协履职的重要环节。上报信息是各民主党派参政议政的一种方式。2015年，九三学社北京市委举办了信息培训班并开展信息大赛。一位在机场检疫检验部门工作的社员提出国家对于进口电子烟没有相关检验标准的问题，引起了大家的关注。朱良与几位社员详细讨论分析了这个议题。

当时正值北京市开始实施被称为“史上最严控烟令”的控烟条例开始实施。控烟利好举措的出台，让监管空白的电子烟销量攀升。世界范围内已有多个国家对电子烟进行管制，有的禁止销售，有的全面禁止广告、促销和赞助，有的禁止在封闭的公共场所使用，还有的要求前置审查、销售许可等。然而，我国作为电子烟的生产、消费大国，其监管尚属空白，国内电子烟生产基本属于“三无”状态：无产品标准、无质量监管、无安全评价。进口电子烟厂家在宣传上强调“正规手续报关进口”，实际上海关只管纳税问题。对进口、出口转内销的电子烟质量和安全性，目前并无明确法规检验检疫。朱良指导参加培训班的3名九三学社社员撰写信息并上报九三学社北京市委，建议政府全面监管电子烟。

《南方都市报》的记者获知该信息后，在该报网站发稿对电子烟问题进行了报道。记者把党派的关注点转化到了社会媒体上，引起了更广泛的关注。朱良认为电子烟更大的威胁是对青少年造成的危害。为此，他特地向北京市第一六六中学校长王蕾委员询问，得知目前教育部门对学校禁烟的规定中，未对电子烟作出特别说明。一些无烟学校和禁烟企业出于管理考虑，已把电子烟与卷烟等同看待。国家卫计委在回复相关询问时认为，应当禁止在公共场所使用电子烟，全面禁止电子烟广告、促销和赞助活动，特别是禁止向未成年人销售电子烟。同时建议加强对电子烟的质量监管。

今年，朱良将这篇党派信息进一步完善，在北京市政协会上提交了《关于加强电子烟监管的提案》。他提出，教育行政管理部门应在中小学生禁烟教育中增加针对电子烟的宣传教育，让青少年从小不仅远离传统烟草制品，还要远离电子烟这种新型烟草替代物，工商行政管理部门将电子烟广告宣传纳入烟草广告管理等建议。北京市卫计委答复：“将加强对电子烟等新生事物的调研和探索，关注国内外电子烟技术和政策的发展，适时向立法部门建议，不断完善和推进首都控烟工作。”

“这篇提案作为委员履职成果依托了党派的平台与资源，充分发挥了媒体的影响。”朱良认为一个人的能力与精力是有限的，要充分利用党派履职环节中得到的素材，并将之转化到政协履职的活动中。

五年连提电子车牌

履职要发扬锲而不舍精神，攻坚克难，努力促进实际问题的解决。这在朱良身上得到了淋漓尽致的体现。今年已经是朱良为电子车牌鼓与呼第五个年头，他希望改变摇号限购、尾号限行、重污染天单双号这“硬三刀”，实现城市精细化管理，让更多人通过科学技术革命享受到人性化的出行便利。“虽然话题提了五年，但是每年的侧重点都不一样，年年细化、层层深入。从新的角度发现问题、阐释问题，提出解决的意见建议。”

在朱良看来，实行电子车牌的直接效果是可以用精细化的限行管理措施取代现行粗放的限号、摇号措施。实行电子车牌后，停车管理、公车管理、高速公路收费、防止超速、防范盗抢车辆等难题都可以迎刃而解。

“我是从2012年开始关注电子车牌的，当时为了缓解交通拥堵，北京市政府采取了大量措施，但交通现状还未达到让社会各界满意的程度。为保障交通运行，需要不断采取新的措施、合理调整旧的措施。当初社会上对于电子车牌的认识并不多，许多人都觉得是天方夜谭。我写提案的侧重点是介绍电子车牌的好处，把电子车牌往社会上推荐一下。”2013年朱良又提出《关于推行机动车电子车牌的提案》，更多强调电子车牌的可行性。“提案提出后，引起了不少人关注，针对听到的反映，我有针对性地再去解释、澄清、细化。”

朱良并没有把提出提案当做一项任务来完成，而是自己切实关心，时时追踪、年年推进。深入企业调研、委员间的提案交流、相关部门的答复和咨询、提案办理过程中遇到的问题都是朱良寻找新提案的落脚点、提出新问题的重要渠道。本市两会期间的政务咨询为委员们提供了与各委办局领导直接交流的机会，朱良自然不会放过。在2014年的政务咨询会上，朱良向市公安局的相关负责人询问北京推广电子车牌的意向，得到的答复是“北京纳入了试点范围，您的期待将在不久的将来变成现实”。从“要启动研究相关课题”变成“是必然趋势”，回复意见明确，这其中包含了朱良委员三年的心血，令他备受鼓舞。

既然将来电子车牌会实行，朱良便把关注点转向了如何更好地利用电子车牌实行精细化限行。在2014年北京APEC会议期间，实行机动车单双号限行，减少机动车出行总量，对缓解交通拥堵和减少大气污染起到相当大的作用，但也不可避免地给市民的生活带来了不便。于是，他在2015年提出了《关于利用电子车牌改进交通限行方式的提案》。他举例说，从缓解拥堵角度出发，可每月给每辆车一定的拥堵状况行驶里程额度，只要“添堵”就扣额度。对于超出“添堵”额度的应当额外付费，用经济手段调节需求，既公平又有效。“现在的摇号限购、尾号限行、重污染天单双号这‘硬三刀’措施都是某种配给方式，只不过是低效率的粗放式配给制，如果能够用每月行驶里程、重污染天行驶里程、拥堵状况行驶里程‘三额度’代替‘硬三刀’，能够更好地配置道路这一稀缺资源。”朱良表示，电子车牌的问题他还会一如既往地关注下去。

愿与媒体打交道

人民群众的利益和愿望是政协工作的出发点和立足点。政协的工作也需要让人民群众了解，并且接受群众的监督。新闻媒体可以说是政协和人民群众之间互相沟通与联系的桥梁和纽带之一，可以让民众更好地了解到人民政协作为协商民主重要渠道的作用。在朱良看来，政协委员要尽量积极主动地与媒体打交道，这是委员履职的特殊形式。“委员如果仅仅与政府打交道，很多提案办理效果、委员履职成果不能让社会广泛知晓。”在朱良看来，与媒体打交道，一方面是“汇报”，政协委员作为各界人士的代表是如何履职的，履职的效果如何，需要通过媒体广泛报道让社会知晓，同时也接受社会监督。另一方面，通过媒体报道使政协委员的建议在社会上求得更大共识、获得更广泛的支持，这也是委员履职的一个环节。

他从自己的经历出发，笑着说：“与媒体打交道首先要有承受力。刚开始跟媒体打交道时，我发现由于表达与理解的偏差，自己的观点见诸报端的时候与自己要表达的本意并不相符。后来才逐渐适应了媒体报道规律。”

现在朱良不仅是各报纸的读者，还是媒体的“采访对象”和“爆料人”。在与媒体渐渐熟悉的过程中，朱良总结出了自己的套路。他认为一是要事前跟记者积极沟通，每年上会前朱良都把要提出的提案传给一些记者。“让记者更便于准备，提前做好栏目策划。”二是在表达时剪裁好适合媒体报道的语言、句子。“由于媒体报道篇幅有限，一般只报道最重要的点。这与我们从事科研工作不一样，做科研的人往往容易从头到尾整个过程娓娓道来。”

“作为采访对象，我结识了许多记者朋友，增加了我的信息源，记者们的新闻线索可能会成为我的调研线索。同时，我的提案也可能成为记者们关注的新闻点。大家都有一个共同的目的，就是通过提案和新闻报道，不断促进社会的进步和民生问题的改善，一起为首都发展出一把力。”

刘志明　跨越磁悬浮之梦

郭　隆

2011年2月28日，从地铁苹果园站到门头沟石门营站，全长10.2公里的北京中低速磁悬浮S1线启动建设。

为了这一天，为了实现自主知识产权磁浮交通民族产业发展的梦想，刘志明和他的团队努力了12年。

自1999年主持北京控股磁浮技术有限公司工作以来，刘志明就跟磁浮交通这个新事物紧密地联系在一起，他带领北控磁浮公司作为投资和组织主体，与国防科技大学合作，联合国内相关研究、设计、生产、建设单位，启动中低速磁浮交通技术工程化研发，掌握了中低速磁浮交通核心技术和系统集成，组建了完整而专业化的工程化体系，建立了知识产权保护体系和产业化运作模式，使我国磁浮交通技术工程化能力达到世界先进水平。

眼光独具——“这是件很有意义的事”

谈及最初接触到磁浮交通的情景，刘志明认为是赶上了机遇。1999年初，根据规划，八达岭景区外移，新停车场建在距长城2.6公里以外的高速公路出口处，需要解决从新停车场到长城游览的游客运送问题。

时为北京控股总裁助理，兼任八达岭旅游股份公司副董事长的刘志明，注意到当时国内包括国防科大、西南交大等单位已进行中低速磁浮技术研究，并取得了一定成果。

中低速磁浮交通靠电磁力将列车悬浮，具有运行平稳舒适、低噪声、转弯爬坡能力强、建设成本低等特点，适用于城市内、近距离城市间和旅游景区的交通连接，具有广阔的产业化发展前景。“把现代高科技与古老文明结合起来，是件很有意义的事”，在刘志明看来，通过建设八达岭旅游连接线，解决游客运送问题，提升八达岭景区的旅游内涵，并以此推动技术进步和磁浮交通产业发展，是一件极具意义的事。

经过多方调研和准备，北京控股董事会决定启动八达岭磁浮旅游示范线项目，并推进技术工程化研发。成立北京控股磁悬浮技术发展有限公司，注册资金1亿元，刘志明成了这个公司的当家人，他以后的命运和努力紧紧的与磁悬浮连在了一起。

毕业于北京大学经济系的刘志明，说自己不懂技术和工程，并没想到磁浮技术工程化研发如此艰难，周期如此漫长，但市场的机遇和对民族产业发展的渴望点燃了他的希望。他笑称，当年做这件事，可能有点“无知无畏”。直到很多年以后，很多人仍劝他放弃，言外之意，以北控磁浮公司这样一个没有工程化背景、缺乏资金的企业来完成磁浮技术工程化研发，只是个梦想。

技术攻关——“就是要用中国轧制的轨排”

北控磁浮进行的是技术工程化研发，需要让技术走出试验室。刘志明首先要做的，就是要打造研发的平台和载体，简言之四个字——建线造车。

而对于一个被质疑没有审批、没有任何轨道交通建设背景的企业，建线造车谈何容易。12年来，北控磁浮公司和国防科技大学与国内相关单位合作，投资和组织建设了两条线，研制了四代车。2001年建成了长沙204米试验线；2008年建成了唐山1.547公里工程化试验线；2001年研制了试验车；2005年研制了工程化车；2009年研制了实用型磁浮列车；作为S1线车辆定型的基础，第四代磁浮车也于2011年6月研制完成。

说起来简单，做起来却非常不易。刘志明颇有感慨：“每一项平台和载体的建设，需要信心和决心，需要协调，需要资金，需要漫长的周期，每前进一步都很艰难，都要付出艰辛的努力。”

长沙试验线轨排生产采用的是焊接加工的老技术，成本高、效率低，根本满足不了产业化要求。“建设唐山试验示范线必须创新技术，进行轨排整体轧制。”由于磁浮列车采用的是不对称的F型轨排，钢材整体轧制非常困难，唐山线建成了，车运来了，轨排轧不出来，磁浮交通研发一度面临巨大困难。

有人劝刘志明，还是找国外的钢铁公司合作。他毅然表示回绝，“找外国企业，唐山线可能建起来，但我们自己的工程化研发体系却还是做不成，北控磁浮就是要搞纯粹的国产化、具有自主知识产权的磁浮系统”。两年多轨排轧制失败的挫折并没有让刘志明停下脚步，在难受与焦急中，他十余次跑莱钢，与技术专家一起研讨技术方案，找钢厂领导协调研制生产安排。北控磁浮、国防科大与莱钢集团密切合作，付出了艰苦的努力和巨大的经济代价，在完成多次实验室模拟试验的基础上，先后进行了十余次轨排轧制试验，最终攻克了技术难题，满足工程化和产业化发展需要的高精度轨排于2009年研制成功。

在长沙和唐山两条试验线上，几代磁浮车辆已经试验运行6万公里。这标志着我国已经掌握了磁浮交通系统技术，达到世界先进水平。

刘志明说，“现代高端技术的特点是系统性强、分工细、与信息化技术高度融合，在我国基础加工业不断发展的条件下，发展我国自主知识产权系统技术的本质是解决设计的权利和能力问题”。建线造车的过程是研究、设计的过程，完成后的试验是验证和改进设计，技术进一步发展的过程。

寻求合作——“大不了，从头再来”

“掌握技术意味着我们会做了，但会做与可以大批量、高效率、低成本的实施是两回事”，刘志明解释说，磁浮进行的是技术工程化研发，需要形成技术工程化实施能力，要实现这个目标，除了掌握技术以外，还要打造技术工程化研究、设计、生产、建设体系。

在外界对中低速磁浮技术、特点和产业化前景缺乏理解，对北控磁浮的能力和实力心存疑虑的条件下，刘志明和他的团队开始了在全国各地的奔跑，他们与国内相关企业进行广泛的接触，说服其参与研发合作。磁浮交通要求列车轻量化、实现全铝结构，为了寻找车体制造和总装合作单位，刘志明开始了全国各地由南到北的“游说”之旅。刘志明说，他们不知道跑了多少飞机、铁路车辆、汽车制造厂，与多家企业进行过深度洽谈，失败过很多次，有的单位甚至合作了很长时间以后退出。“很无奈，你不知道有没有下一家，下一家又是谁。”面对接连的挫折和打击，刘志明选择屡败屡战。“碰钉子是常有的事，一切不过是从头再来。”

功夫不负苦心人，今天，北控磁浮与我国航空、铁路、汽车等领域的10多家优势企业建立了工程化体系，每个子系统的研发和制造都有国内响当当的企业参与合作。悬浮控制和技术集成——国防科技大学；工程设计——铁道第三勘察设计院；工程施工——中铁六局；转向架制造——上海飞机制造厂；车体制造和总装——唐山客车厂；运行控制——北京全路通通号设计院；轨道轧制及加工——莱芜钢铁集团；道岔制造——宝鸡桥梁厂……

一个以企业为主体，产学研结合、高水平、完整的磁浮交通技术工程化研究、设计、生产、建设体系已经形成，并经过了多年合作磨合。十多年了，谁也没有挣到钱，有些单位还投入巨大，但合作得愉快而和谐。做到这一点，合作单位需要具有远期发展目标和对发展民族产业的渴望，北控磁浮与合作体系单位公司建立了共同投入、知识产权共有、长期合作、产业化收益共享的合作原则也发挥了重要作用。在刘志明看来，这是一种生产关系。

产业远景——“中国要发展属于自己的技术”

创新是一个国家和民族发展的灵魂，而创新之路必然布满荆棘。

刘志明在《中低速磁浮交通技术工程化研发报告》中这样描述他和北控磁浮奋斗的历程：耗时5年，投入上千万元的八达岭旅游示范线理想和建设准备工作不果；艰苦推进两年的昆明世博园试验示范线项目黯然收场；6年多落实车体制造和车辆总装单位过程中艰苦漫长的谈判和屡败屡战；历时两年多的轨排轧制试验多次失败；被怀疑属于没有政府支持、没有市场、没有资金、没有专业化背景的企业，没有能力和实力组织工程化研发的无语和无奈……

十余年来，面对种种困难、失败和挫折，早就有人劝刘志明彻底放弃，而他选择了坚持，选择了长期的、艰苦的付出和脚踏实地的努力。

“技术发展的本质是拥有技术设计的权利和能力，中国要发展自己的技术，自己的民族产业，要通过建设研发平台开始，掌握完整的、高附加值的产业链，实现从中国制造到中国创造。”在报告里，刘志明写下这样一段话：一个国家特别是一个大国，经济发展的本质和目标不是一个简单的提高国民生产总值的过程，而是一个获得并不断发展技术能力的过程，而属于自己的技术能力，只能依靠本国的企业作为载体进行长期艰苦的自主研发和创新。

实施产业化，必然离不开政府的支持。2008年，中低速磁浮交通技术工程化研发被列入国家“十一五”科技支撑计划重点项目，且北控磁浮公司及合作体系作为项目唯一承担单位，2009年，国家建设部将中低速磁浮交通行业标准的编制工作交由北控磁浮承担。北京市科委多年来给予项目资金支持达4000万元。为保护工程化研发体系和自主知识产权，北控公司已申请70项专利技术。

如今，在转变经济发展方式、调整产业结构的大背景下，我国的第一条中低磁浮轨道S1线已经启动建设，刘志明心中早已勾勒的那幅远景，越发清晰。下一步，北控要打造完整的磁浮交通产业链：从研发、技术、施工，到核心装备制造，到技术服务、运营服务，产能保证，降低成本，列车的轻量化等，打造整体的产业链体系。同时，推动筹建“北京中低速磁浮交通核心装备制造基地”建设，实现磁浮控制器和转向架的产业化。

在采访结束的时候，刘志明向记者强调，磁浮研发取得今天的成果，是国防科大和工程化合作体系合作单位共同努力的结果，自己不懂技术和工程，只是有幸碰到了机遇，并被专家、技术人员、产业工人的付出所感召，而“坚持了一把”。

（本文刊载于《北京观察》2011年第6期）

刘迎建　民族软件业的骄傲

薄　茹

不用辨认手机键盘微小的拼音，不用背诵电脑键盘字母的位置，在屏幕上写入熟悉的汉字，就能直接实现汉字输入……当人们享用现代科技带来的便利的同时，却很少关注与这一技术发生联系的名字——刘迎建和“汉王”。

刘迎建，1985年主持研制了国内第一台“联机手写识别在线装置”。他创立的汉王科技股份有限公司是国内最先研究手写识别技术的机构之一，整体技术水平在国内乃至世界都居领先地位。刘迎建曾说：“我们在IT界的角色就是做核心技术，就是搞创新，就是要做别人没有做出的东西，我们决不轻易走别人的路。”十几年来，刘迎建带领“汉王”，以振兴民族软件业为己任，攻克技术难关、推动技术进步，走出了一条民族软件业生存、发展、壮大的成功之路。

专注成就精彩人生

在“汉王”科技的官方网站上，有这样一句话：专注成就精彩，创新引领未来。这是对“汉王”集团董事长刘迎建精彩人生的最好诠释。从成功研发手写汉字识别技术，到带领“汉王”闯荡商海，刘迎建的人生经历跌宕起伏，充满传奇色彩。

他出生于革命家庭，15岁参军。在部队里，不管训练任务多么繁重，他始终没有放弃读书的习惯。为此，被扣上了“不务正业”“有野心”“又白又专”的帽子。高考制度恢复后，爱读书的刘迎建终于迎来了机会。1978年，他以优异的成绩考取了南京通信工程学院计算机系。

大学里，他如鱼得水，在补充知识的同时，开始实践一些设想。大三暑假，他把自己关在教室里，用了一个月的时间，设计出一套计算机汉字编码输入方案。没过多久，他发现了其中的不足：任何一套方案，总有15%的规则需要死记硬背。能不能有一种汉字输入方式只要会写字就能使用呢？带着这个问题，刘迎建大学毕业后回到了部队。

他被分配到总参通讯部担任助理工程师。由于没有安排具体的工作，他以编外人员的身份参加其他通讯部队创新小组的工作。通过刻苦钻研，他在两年内研制出七个项目，立了一个二等功、一个三等功。这奠定了他在部队“技术大拿”的地位。

1984年，有位战友抱怨：“五笔字型的字根太难背，敲打电脑键盘也别扭。”这让有心的刘迎建重拾大学时的志向。“我给总参通讯部科技处打报告，希望进行‘联机手写汉字识别装置’研究。按照中国人的习惯，将键盘变成可以在上面写字的写字板”，刘迎建回忆说。本来这事根本轮不到当时只是助理工程师的他来做，但那时他的技术创新在部队已小有名气，上级认为这个课题他能做出来，最后批准了，给了他两万元的研发经费，并借给他两台计算机。

为寻找轨迹输入的手写板，刘迎建绞尽脑汁。他跑遍北京后，又专门请假到南方。最后，在深圳一家校办工厂里，他终于找到了想要的东西——一个“苹果”的游戏设备，在黑色的板子上可以拿坐标画图。回北京后，刘迎建一鼓作气，解决了软件、硬件问题。在整个调试阶段，部队甚至抽调了一个排的战士，帮他进行汉字写法收集、汉字写法分类和识别率测试工作。

1985年，刘迎建成功地研发出“联机手写汉字识别在线装置”，并于次年申请了专利。在北京地区信息展览会上，他的这项发明获得了软件设计一等奖，引起了不小的轰动。

展会上的成功给刘迎建带来了一个新机遇——他被中科院自动化所免试破格招收为博士研究生，研究方向依然是汉字识别。不久，他被任命为“863汉字识别项目”的负责人之一。

1991年，刘迎建随中科院参加在香港举办的软件展览，他的手写输入技术吸引了一位年轻人。下午3点，这位年轻人走到展台前对他说：“5点，我在大门口等你，记好了，车是劳斯莱斯。”

5点整，刘迎建看到了那辆劳斯莱斯，也由此结识了名人公司的老板——佘德发。与名人公司合作，让他获得了第一桶金，同时也明白了技术和产品走出实验室的价值。

1993年，在中科院“把科研成果转化为产品”的号召下，刘迎建组建了北京中自汉王科技公司。“汉字识别这条路特别苦。首先是技术上有难度。大家都想用，但当年技术上并不能满足用户的需求。”刘迎建回想起创业的艰辛，仍十分感慨。“我们当初接了一家台湾公司15万美元的大单，要求在短时间内开发一套手写识别系统。没想到，不久我爱人徐冬青就怀孕了。当时数据都是她做，没有人能代替。为了赶时间，徐冬青挺个大肚子和我一起搞开发。为了防止电脑辐射，我找了一个垫火锅的铜盘，扣在她肚子上。因此孩子的小名就叫‘铜铜’。”项目完成后，孩子早产。对儿子，刘迎建总怀有一份愧疚。

凭着雄厚的技术研发实力，汉王的产品化工作硕果累累：汉王手写笔、汉王听写、汉王读写听、汉王OCR录入工厂、汉王触摸屏，几乎涉及了非键盘汉字输入的所有领域，甚至还开发出了日、韩文手写识别产品。智能手机的兴起给手写识别和光学识别OCR等技术带来了巨大的空间。目前，市场上75%以上智能手机中嵌入的是“汉王”的手写识别技术，诺基亚、三星、索爱、多普达、NEC、飞利浦以及国内的联想、TCL等厂商，都是“汉王”汉字手写输入技术的授权客户。

创新引领产业未来

刘迎建一直将“汉王”定位为IT领域的“笔墨纸砚”公司。当“笔”的业务已经遥遥领先之际，“纸”的业务却受原材料限制一直表现平平。每个重大国际电子产品展会，刘迎建都不错过，他期望找到一种理想的“纸”。

2005年，美国CES（消费电子展）展会。刘迎建发现了美国E-ink公司的新技术——电子墨水屏，这种电子屏幕几乎跟纸张的显示效果一样，无辐射、无闪烁、不伤眼。刘迎建顿觉眼前一亮——这正是他20年来一直寻找的目标，用它来做手写识别或笔迹记录，不就跟写在纸张上一样吗?

“我跟E-ink的副总裁聊了一下午。他们当时也很苦闷，这么多年一直亏损，找不到知音，我们两个难兄难弟正好对上了。”刘迎建回忆说。

作为公司创始人，刘迎建对创新的强烈渴望深深地影响着“汉王”的经营风格和理念。这种创新的精神不仅体现在技术上，也体现在公司的管理，市场的开拓、服务、营销等许多方面。回国后，公司迅速成立电子本事业部，由一位创新能力很强的研发人员担任总经理。

2008年，国际金融危机全球蔓延，对IT产业领域造成了极大的影响，许多国际知名的企业出现了利润严重下降情况，纷纷破产或以裁员应对。在严峻的大环境下，刘迎建的企业也受到了负面影响，遭遇到一些困难。为了应对危机，刘迎建迎难而上，把“电纸书”列为“一号工程”，整合企业优势资源强力推向市场，一举跨越IT产品市场低迷的态势，取得了巨大的成功。

就在很多人对“电纸书”铺天盖地的宣传产生质疑的时候，2009年，“汉王”作为中国的科技企业赶赴美国CES参展。CES对电子书作为少数逆势上扬的新兴产业给予了特别的重视，主办方特意辟出ebook&digital展区板块。在“汉王”展区陈放着涵盖WiFi、手写等多种功能、有着完善产品系列的电子书。面对国外电子阅读器巨头亚马逊Kindle、索尼Reader，“汉王”自豪地向世界宣布了自己的存在——坐拥中国本土电子阅读市场95%的市场份额。当年9月，“汉王电纸书”销量超过索尼的电子阅读器，成为排在亚马逊Kindle之后的全球第二大电子阅读器品牌。

“通过建立分公司，构建起针对海外市场的成熟运营体系，同时在当地寻找代理商，走国际化产业联盟的道路，是汉王科技的下一个目标。”这正是刘迎建的梦想，他要将“汉王电纸书”打造为世界的“汉王”，将手写识别这伴随了他半生的技术不仅满足于中国老百姓，更要应用在汉王电子产品上，推广到国际消费者中间。

刘迎建身上有一种永不言败的精神。他探索着、实践着，带领着“汉王科技”不断进取、不断创新。

（本文刊载于《北京观察》2010年第11期）

现代鲁班孙志强

崔 晨

荣誉，是他拼搏奋斗的结晶，是他锐意创新的见证，更是对未来的殷切期望。让我们透过荣誉，一起探寻北京市政协委员、北京金恒通达投资集团有限公司董事长孙志强在平凡岗位上创造的不平凡业绩。

艰苦创业，质量兴业

1979年，为了改变贫困的家境，不满20岁的孙志强来到房山区琉璃河建筑队，从壮工、瓦工、施工员、技术员干起。经过5年的潜心钻研、苦练过硬本领，孙志强当上了施工队队长，可以独立承建建筑工程。按照建筑业的要求，他带领自己的队伍加盟了房山区建筑企业集团总公司，并担任直属处处长、经理等职务，开始了漫长的创业之路。此时，改革开放的春风吹遍中华大地，各地乡镇建筑队伍开始蓬勃发展，孙志强深刻思考着如何使自己的队伍在强手如林的北京建筑市场中立于不败之地。他及时为自己“充电”，脱产到北京建筑工程学院系统地学习建筑知识，建工学院赋予的知识底蕴奠定了他日后的辉煌。

20世纪90年代后期，重庆綦江彩虹桥跨塌事件给蓬勃发展的农村建筑队伍抹上了一层阴影，首都建筑界为激励京城建筑大军，推出了强有力的举措：评选北京建筑结构最高奖——结构长城杯。此时，孙志强的公司承建了北京报觉寺小区25号商住楼，这支名不见经传的建筑公司能否拿下“长城杯”？在京郊建筑行业创名牌？孙志强决心用埋头苦干的精神和技术攻关，带领企业闯出一条新路，实现心中多年的梦想。

180多个日日夜夜，他几乎没有离开过工地。为保证工程质量与顺利完工，他白天上下楼几十次，夜晚挑灯研究图纸。在众人眼中他是视企业为家的拼命三郎，高血压犯了，坚持在工地输液；脚磨出血泡了，挑破了裹上纱布继续攀爬。酷热的夏天，汗水模糊了双眼，浸透了衣衫，每天的工作服都布满汗碱。有志者事竟成，通过他和全体职工的共同努力，该项工程内坚外美的结构质量最终被评为“北京市结构长城杯”第一名，随后，又获得了国家建筑最高奖——鲁班奖。首都各大媒体相继进行了报道，先后有来自全国1500多家企业、6万多人前来参观，英国结构专家参观后也称赞地说：“你们的工程质量世界一流。”该项工程实现了北京市18个区县鲁班奖零的突破，同时，该工程还有一项创举，在全国范围内推出了用户使用说明书和质量保修卡，为百姓住房装修、使用、维修解决了后顾之忧。

随着企业知名度的提高，孙志强又先后承接了万科星园小区、金融街金龙公寓等多项工程。一流的品质加一流的服务使他相继创出了“国家优质工程银质奖”“全国用户满意工程”“北京市文明安全工地样板”等多项优质工程。孙志强时刻不忘工程质量是百年大计、人命关天的大事，质量第一的社会责任感和服务意识已化为他的坚定信念，渗透在实实在在的行动中。

锐意创新，注重环保

在首都建筑业，孙志强是众所周知的能人，在他的带领下，公司取得的科技创新成果解决了建筑领域的大量通病。

1999年的一天，孙志强从建筑工地回到公司基地时惊奇地发现，基地的院落已堆满了从建筑工地拉回来的废旧木材。这些废旧材料如何处理，万一着火怎么办？他不禁从心里打了一个寒颤。由此联想到全国建筑行业每年要浪费多少宝贵的木材，他更是心生余悸。为了解决这个全国性的难题，孙志强经历了漫长而痛苦的思考，从此开始了持之以恒的创新之路。三年的刻苦研究，经过无数次失败、努力，“楼顶板模板支撑节点”技术成果终于研制成功，并荣获国家发明专利。这个创新项目最大的特点是所有楼板支撑不用任何木材，结构设计合理，强度、刚度、稳定性好，拆装方便，周转次数多，解决了建筑工地大量消耗木材的问题，顶板模板采用专用防火模板，不怕潮湿，可任意切割锯刨，可循环使用。该专利经过一年的应用，为公司节约木材7万多立方米，节约人工、运输等各项费用170多万元。

此后，孙志强又萌发了一个大胆的创新理念：建一处属于自己的研发基地，开发建设一个集产、学、研于一体的现代化工业科技项目，发展循环经济。转变经营模式，完成从传统的建筑业向新型建材业的转型。为此，他成立了北京恒通创新木塑科技发展有限公司，并与北京化工大学合作，投入了2亿元资金建立“赛木科技”研发生产基地。赛木科技产品的主要原料是各种废旧塑料、废木料及农作物秸秆等。该产品的研制和广泛应用，减少了塑料废弃物和农业废弃物焚烧对环境产生的污染，产品本身还可全部回收，多次重复利用，是节能、节水、降耗的现代化新型工艺，是全新的绿色环保产品，蕴含着巨大的经济效益和环保效益。目前，公司已研制出替代木材的“赛木”牌轻型整体房屋结构体系、墙板、模板、型材、屋面瓦，各种内外墙装饰板等100多项系列产品，荣获50多项国家专利，并通过了国际上的“三标一体认证”。该企业被北京市科委认定为北京市“高新技术企业”，成为我国第一个木塑新产品及应用的研究基地，首都重点领域循环经济的试点基地，国家发展改革委重点支持的环保项目。

思路决定出路，眼光有多远，发展之路就有多宽。“赛木”产品已经成为孙志强企业的主导产业和主要利润来源。2009年，“赛木”产品大范围应用：房山区10多万平方米的回迁安置房完全采用“赛木”复合材料，从设计、生产、施工到室外绿化仅用时3个月，解决了13个村因拆迁急需住房的问题，由此而诞生的“赛木小镇”开创了“赛木”复合材料在全国村镇住宅中的首例应用；随后，又仅用6天时间就建成了房山区“甲流”防控门诊，创造了“房山速度”；区内使用“赛木”复合材料建成的体育公园、汽车站、村委会用房、卫生院等也既稳固又美观。“赛木”复合材料的成功研发掀起了建筑建材领域的一场革命。

“赛木”事业已经成为孙志强生命的一部分，他把自己多年的积累，全部投入到了购置设备、扩建厂房、技术研发以及人才的培养、工人的劳保和福利上。几年来，除了正月初一，他几乎没有休息过一天，无冬历夏、夜以继日地奔波在车间、实验室和施工现场。为了实现这个目标，大江南北每一处与“赛木”有关的地方，都留下了孙志强疲惫而坚毅的足迹，为了开阔视野，他远赴日本了解相关信息；为了使产品的各项性能达到国家标准，他亲自到天津国家防火检测院对产品的防火性能进行极限试验，到国家建筑科研院做墙体的拉伸极限以及荷载极限试验。孙志强的成功验证了天道一定酬勤！

20多年来，孙志强的企业依靠科技自主创新不断超越自我，创造辉煌，发明了“楼顶板模板支撑节点”“木塑复合材料”“建筑用现浇顶板中央拆模调节托盘”“建筑用木塑方管插接头”“清水混凝土自密实拌合物”等，荣获国家专利16项，形成了强大的企业核心竞争力。

社会职责，勇于担当

孙志强经常说，靠党和政府的好政策，靠社会各界的支持，才有今天的辉煌。民营企业家应该竭尽全力地支持社会公益事业，回报社会。在企业有了一定的经济积累以后，孙志强带领他的团队开展了一次又一次的反哺社会之举。

1998年至今，孙志强为西部贫困家庭修建“母亲水窖”工程、北京市光彩促进会、房山区教委、云居寺、十渡镇、佛子庄乡政府、刺猬河滨河公园、琉璃河周庄小学、良乡苏庄大街改造等单位与项目累计捐款捐物1200多万元；在支援首都抗击“非典”，援助汶川大地震、玉树大地震的活动中他也率先慷慨解囊。

孙志强认为民营企业家还应尽心竭力促进地方经济社会发展，提高农民素质。他积极参与新农村建设，与区内长阳镇马场村结成帮扶对子，投入资金、设备、技术等，并负责产品的回收与销售，增加了村集体的收入，提高了村民的生活水平。“赛木”科技的建成还吸纳了5000余名农村剩余劳动力就业，使许多农民不仅拥有了月工资达四五千元的稳定工作，还掌握了高新技术，提升了综合素质。造就了一代新型农民，有力推动了房山区的城市化进程和新农村建设。

作为第十届、第十一届、第十二届北京市政协委员，孙志强十分重视与珍惜人民赋予他的使命与责任，积极参政议政，在百忙之中抽出时间参加各种视察、调研；认真撰写提案，每年都会提交三四份提案，涉及道路改造、节能环保、新农村建设、民营企业发展、劳动力就业等方方面面的内容。

孙志强曾荣获“全国五一劳动奖状”“全国优秀项目经理”“全国建设系统先进个人”“全国QC大赛一等奖”“北京市劳动模范”“北京市精神文明建设者”“为首都做出突出贡献的统一战线先进个人”等荣誉。近三年来，孙志强又获得了2008年度首都统战系统参与奥运服务先进个人、2008年度首都精神文明建设奖章、2010年全国劳动模范等共计30多项国家级和市级荣誉称号。

（本文刊载于《北京观察》2010年第10期）

劳庆芳　参政路上　砥砺前行

郭　隆

市政协全会上，来自大兴区亦庄的市政协委员劳庆芳格外忙碌，除了要在讨论中发表自己的意见建议外，她还兼职当起了“拍客”，抓拍组内委员们建言履职的精彩画面。

“我觉得委员们真是说得太好了，发言有分析、有见解，真是精彩。”采访中，劳庆芳一直强调她对老委员们火样的参政热情和精彩发言的钦佩之情，而她自己作为开发区第一位政协委员，始终把参与政协调研、提交提案，围绕首都发展重点问题建言献策作为履行委员职责的使命和担当。科技创新中心建设、缓解交通拥堵、改善养老医疗服务……多年来，劳庆芳把对首都科学发展的思考与诤言，写进每一篇提案、每一句建言中。

管好老百姓的钱

保障生活水平，实现社会公平是社会保险的意义所在。

1997年，全国的社保工作刚刚起步，社保业务信息化管理亟待建立。正值此时，劳庆芳来到亦庄经济开发区，成为人社局社保中心的普通一员。“当时，开发区社保信息化还是一片空白，社保中心无论从人员还是资金方面，开展工作难免有些吃力。”面对全新的业务，劳庆芳和同事们一起埋头苦干，建立信息系统，手工录入数据，钻研养老、失业和大病医疗统筹保险政策法规和业务知识，为社保信息工作开荒铺路。

几年后，社保险种在原先“三险”基础上增加了工伤险和生育险。伴随着保险理赔、纠纷的增多，对于保险档案的梳理越发重要。走上社保中心主任岗位的劳庆芳根据工作需求，决定对开发区前10年的社保档案进行梳理、归档。这一任务可以说是“任重道远”，工作量大，还要细心查找漏洞。大家白天处理业务，晚上坚持加班清理档案，一连数月连续加班吃住在单位。“这是社保工作的需要，一定要为今后的信息化发展打下基础。”劳庆芳说。如今，中心管理的社保基金资金规模已达70亿元。

2006年，对于我国2万亿元的社保基金来说，是一个非同寻常、意义深远的年份。这一年里，上海、北京的“社保案”接连曝光，社保基金的安全问题引起了广泛关注。

“社保经办机构管理着大量重要信息和巨额基金，监督的缺失造成了巨大的风险。”“社保案”让劳庆芳对社保基金的风险管理有了更深入的认识。经过深入学习与思考，她提出：社保经办机构不同程度存在着管理风险、操作风险和财务风险，要提高社保经办机构的执行力必须对风险实施全面的有效管理，构建全面风险管理体系。她在《构建全面风险管理体系提高社会保险经办执行能力》一文中指出：社保经办机构的全面风险管理就是指从所有社会保险经办业务活动出发，积极、超前和系统地理解、管理及交流风险，从社保经办机构的目标出发制定风险管理策略。“社保经办工作是一个庞大、繁杂的系统，要构建好其风险管理体系，需要建立适合风险管理的组织架构，实施整合性的风险管理战略，建立动态风险监察反馈机制，更需要注重内部信息和风险管理系统的建设等。”劳庆芳谈到，“具体步骤来说，首先是将所有层面的风险进行评估，然后集合所有这些层面上的结构以优化风险管理措施，并确定这些措施的优先次序。”

根据这一思路，劳庆芳带领社保中心的同事们一起参加社保基金管理模式培训学习，在中心逐步建立起社保经办全面风险管理体系：制定了《风险管理规范》《风险评估规范》，建立了详细的业务环节流程，将风险等级分为1至5级，就每一环节逐一进行风险评估，并对每一等级建立风险防控措施和处理要求。

“基金管理的完全系统化和规范化还需要做很多工作。”劳庆芳强调说，信息系统并不能百分之百规避风险，如伪造假账户冒领退休金、补交多年欠保以获得赔偿等，所以管理人员的严格审查十分重要。

建言科技创新

“作为第一位来自开发区的市政协委员，我希望通过提案、建言为开发区的发展助力。”劳庆芳很看重政协委员这一身份，她说，开发区有自身多年的发展优势，但在产业疏解、结构调整的阶段，要通过创新来寻找未来发展的突破点和增长点。

与市政协科技委员会一同走访、调研中关村十六园、科技型企业、产业联盟和科研院所，使劳庆芳对创新发展、科技创新中心建设等课题有了更深入的思考。她认为，一方面，北京的创新人才呈现高端化、集聚化趋势，且研发投入强。另一方面，这些资源的空间聚集尚不能形成有效集聚。“比如，企业的研发中心无论是数量规模和研发能力与‘硅谷’这样的国际科技创新中心还存在着较大差距。再有，北京的顶尖科技人才一般集中于国家科研院所、部委所属大学之中，虽然地处北京，但就某些服务国家的项目，无有效的机制将这些资源和北京科技创新中心的创建发展结合起来，对央属单位人才资源开发利用不足，央地人才无法实现一体化发展。”在《关于激发活力、创新引领，建设国际一流科技创新中心的提案》中，劳庆芳指出，看似人才云集的北京，要想建设科技创新中心，还需形成创新要素资源的有效集聚，才能发挥出创新优势。

“创新中心的建设，应该首先要融入到国家创新体系建设的大局，融入到京津冀一体化发展的大局和北京未来发展的大局中来。”劳庆芳建议，要努力打造国家科技创新平台，让集聚在北京的国家、部委的高校科研院所的科研成果和人才走出来，真正成为北京科技创新中心的生力军。借助北京高校和科研院所的优势，从全球范围吸引和汇聚高端创新人才。围绕国家和首都重大战略需求，以承担国家级的重大项目为引领，集中力量突破一批关键核心技术，产生一批具有全球影响力的科技成果。

京津冀协同发展，科技是支撑、是引擎

三地科技领域的协同发展是政协委员们十分关注的话题。

“在科技领域，京津冀三地资源比较优势存在差异，构成了明显的互补

关系。”在《关于推进京津冀协同发展应发挥首都科技的引擎作用的提案》中，劳庆芳分析说，北京科技资源丰富，但是发展空间不足，科技创新成果需要突破狭小的空间障碍向外辐射；天津现代制造业发达，但科技创新能力不足，需要借助北京的科技创新成果提升产业竞争力；河北土地资源丰富，发展空间广阔，面临产业结构调整升级。“以科技为纽带建立协同发展关系，可以迅速实现区域三方的优势互补关系。”

劳庆芳指出，建立区域协同发展关系要让市场发挥决定性作用。她建议，建立区域协同发展关系，不仅要依托于市场机制的决定性作用发挥，还需要政府自身的管理体制创新，以及在创新基础上把三地同质量竞争关系转化为协同发展的产业链构架。

心系养老医疗

中国已快速步入老龄化社会，人口老龄化挑战更加严峻，其中养老医疗问题最为突出。

如何让老年人拥有一个安逸的晚年？居家养老难题如何破解？医养结合模式怎样推广？这些重点、难点问题都是政协委员们议政建言的发力点。

“加速老龄化让很大一部分老人在不同程度上陷入了医疗困境，老龄群体对健康监护、医疗保健、健康评估、健康资讯以及看病吃药等提出了特殊需求，这也对医疗养老服务提出了迫切需求。”从事社保工作的劳庆芳，对养老医疗问题感触颇深。在她看来，我国人口老龄化速度快，但养老医疗保障体系建设滞后。“一般来说，人口老龄化是一个渐进过程。人口年龄结构从成年型进入老年型，法国、美国、英国分别用了115年、66年、45年，而我国仅用了18年。这说明发达国家在长时期分阶段出现的养老问题，在我国却在短期内集中爆发。尽管我国养老保障体系已初步建立，但制度的完善、待遇的提高不可能一蹴而就，从而与快速增长的养老需求形成反差。”劳庆芳分析说。

在市政协十二届三次会议上，劳庆芳提交了《关于建设智慧养老医疗平台的提案》，建议一方面政府加大投入，在社会资本进入养老医疗领域方面多给予一些政策上的扶持，如在土地、税收以及人才支持等其他政策的准入方面都应该给予特殊优惠，使我国的养老医疗机构能够迅速地建立和发展起来。

“另一方面，随着大规模数据存储和处理技术的发展，集成和联合多家医疗机构、将医疗信息数据进行融合，从而形成覆盖较广面积的医疗信息数据中心已经成为可能，所以可尽快建立规模化的智慧养老医疗体系。”

相比老年人，残障者的生存质量更为人关注。将科技成果应用于康复辅助器具研发生产，既推动科技创新又能为残障人士谋求福祉。

对此，劳庆芳提出“发展康复辅具产业科技”。她指出，国际上，信息、网络、微电子、生物材料、精密加工等各类先进技术和创新成果与康复辅具领域的渗透和融合日益加快，康复辅具研究所涉及的康复机理、可装戴技术、脑肌接口、环境控制、虚拟现实等关键技术也已经成为世界科研的前沿与热点研究领域。“我国康复辅具的研究起步晚、底子薄，特别在智能康复辅具产品研发方面，多为对发达国家的跟踪模仿，缺乏具有我国自主知识产权和核心竞争力的创新技术。”

她在《关于着力构建大健康，持续加强养老助疾康复辅具建设的提案》中指出：作为世界上辅具需求最大增长最快的国家，我国仅为老年人、残疾人、伤病者提供基本型辅具，总生产规模就需要6亿件，产值在1万亿元左右。她建议，加强养老助残康复辅具的研究，进行专业学科建设，开展康复辅具专业人才培养。

李雪红 “苹果妈妈”到“企业媒人”

郭 隆

农民们喜笑颜开：近3000万公斤的富士苹果还没等下树，就在短短两周时间内被抢购一空，果农们赚得盆满钵满。

民营企业满心欢喜：合同签了，科技示范基地的60万斤鲜天麻我们全包了。

高新技术企业传来喜讯：通过技术交流和自主创新，三家单位获得了市科委关于促进首都生物医药企业跨越式发展政策的资金支持。

不管是农民种苹果还是高新技术企业研发新产品，取得成功所依靠的都是科技创新与市场对接。种出好的苹果需要有人“指点迷津”；高新技术企业间寻求共赢要靠“媒人”牵线搭桥。在昌平区，就有这样一位为农民寻市场、为企业牵红线的科技服务者，她就是北京市政协委员、昌平区科技委员会主任李雪红。

对待苹果树像对待孩子

提起昌平的苹果，不但美味而且营养。明代《群芳谱》有云：“苹果，出北地，燕赵者尤佳。”绵延百里的“山前暖带”，加之温榆河的润泽，为苹果生长提供了一片舒适优越的“风水宝地”。

1989年，李雪红从北京林学院园艺系果树专业毕业，来到昌平区林业局工作。正当她欲施展专业所长有所作为的时候，昌平的红富士苹果却面临着被市场淘汰的窘境：果农种果只求数量不求质量——反正富士苹果名气大，卖3.5元一斤仍有人排着大队上地头来。而当山东、陕西等地产的富士苹果大量涌入北京，昌平苹果不好卖了，有时一元钱一筐都没人买。“当时只重视产量、提高单产，粗放地生产出来的苹果个头不大，味道平平。”果树专业毕业的李雪红意识到，要振兴苹果产业，还得在果品质量上下工夫。

1994年，李雪红有了取“真经”的机会。作为专业技术人员，她被派到日本学习富士苹果栽培技术。青森县是日本最著名的苹果主产区，又红又大的工藤富士将方圆百里的区域装点得诗情画意。在那里，李雪红住进日本果农石泽重信家中，每天在果园里与农民们一起施肥、修剪枝叶、套袋、摘叶、铺反光膜、去土壤脂，通过实际操作每一道工序，来了解苹果的新技术、新品种及新的栽培方式。“学习到科学的培育方法和精细化管理手段是我最大的收获”，带着科学的技术回国后，李雪红开始在昌平观光果园一步步实施“提质增效”的技术改造。

“日本的土壤、气候与国内不一样，二次引进需要消化吸收后再创新。”李雪红从土壤施肥、修剪枝叶开始给昌平果园的红富士做“手术”。由于日本的砧木是圆叶海棠，适合酸性土壤，而中国的八棱海棠适于碱性土壤，直接移栽行不通。李雪红把日本苹果修剪技术二次创新，把树型由原来的“基部三主枝疏散分层型”改成“高干开心型”，同时，采用中国传统的树体控制、控冠、环剥技术，控制果树枝杆的生长，把营养物质留住，用于苹果的发育。

“对待果树要精心，要像对待自己的孩子一样”，每天除了吃饭睡觉，李雪红几乎都在果园里忙碌，剪剪这，修修那，随时在本子上记录下不同季节的修剪次数、施肥量、铺膜面积等每一个处理细节。经过与科技工作者一起对比、试验，李雪红带领技术团队探索出一整套苹果高产、优质、高效综合栽培管理技术，特别是在苹果“矮化栽培”领域取得重大突破，培育出适宜北京地区的矮化中间砧苹果，并创造性地开发了“矮化密植富士苹果细纺锤形修剪技术”。根据昌平果园的土壤、水质、温湿度等自然条件，李雪红还从日本成功引进了桑沙等新品种。

田间地头“把脉问诊”

引进好的红富士品种和种植技术，目的在于提高苹果的质量，最终让果农受益。要让科学的种子播撒到每一片果园里、每一株果树上，李雪红和林业局的专家们一起走进了田间地头。

1999年冬天，正当桃林村果农兰小华眼瞅着一筐筐鸡蛋大小、半红不青的苹果烂在家里焦急的时候，李雪红找上了门。

“这果园枝桠巴叉着，不透光又不透风，哪能结出好苹果？这大枝子、大杈子都得锯掉！”李雪红看了兰小华的果园说。

村里的“老把式”嗤之以鼻：没枝子，咋结果子？好好的枝条锯了，少长多少苹果？

兰小华抱着试试看的态度，开始尝试前所未闻的“苹果标准化栽培管理”。“每个苹果从开花到采摘，要经过疏花、疏果、套袋、摘袋、转果、摘叶等近12道工序”，李雪红一一讲解示范：疏花、疏果，是给苹果做“计划生育”，这样留下来的苹果才能又大又有营养；套袋，是给苹果“美容”，防止果面被烈日灼伤，产生各种色斑；摘叶、转果、铺反光膜，是为了让苹果全方位接受光照，浑身上下都能变红……在李雪红的指导下，兰小华拿出了绣花的细致劲儿来伺候苹果。

一年后，兰小华的果园树型整齐，长出的苹果由过去的平均100克到现在的300克，由过去的半青半红变成果面全红，咬上一口又脆又甜。兰小华乐得合不拢嘴：15亩富士苹果，亩产量虽然从原来的4000公斤降到3000公斤，可优质果率占到了七成，平均每斤卖出了5元的好价钱，当年获纯利6万多元。

有了事实说话，“老把式”们坐不住了，纷纷上门求教。李雪红趁热打铁，带领科技人员走进田间地头，把标准化技术一项一项带到全区，传授给果农，落实到果园。她每年对果农培训30余次，详细讲解苹果标准化管理在一年四季的相应流程，还特别把她的日本老师盐崎雄之辅请来昌平指导栽培，面授机宜。矮化是苹果种植的发展方向，李雪红专门把日本青森县矮化苹果协会理事成田東敏邀请来昌平，为兴寿、崔村、南邵等10个镇的农业站技术人员及果农450人，进行了为期10天的果树优质高效栽培技术培训。一个生产季下来，果农们学会和掌握了苹果培育的12道工序，苹果多大、多红、多甜，完全都在掌控中。

“是科技催红了苹果，严格管理保证了质量”，如今，昌平6000多名果农对传授他们技艺的科技工作者有着说不完的感激，大伙亲切地称呼李雪红为

“苹果妈妈”。

企业与市场间的“媒人”

2005年10月，昌平区科技交流与合作促进中心成立，作为部门负责人，李雪红又担起了服务科技型中小企业的职责。

对于科技研发企业而言，如何与市场接轨、扩大研发成果的知晓率，使研发成果高效地向市场转化，一直是他们的“短板”，而销售企业和用户也同样需要前端的科研成果来提高产品的科技含量。双方需要一座桥，让彼此互相知晓、互相了解，开展合作。

李雪红的工作便由此展开。为了更好地了解企业需求，使科委的工作更有针对性和时效性，她牵头本部门走访了150余家企业，通过实地考察和了解，一方面宣传有关政府对企业的支持政策，与他们沟通信息；另一方面了解企业在发展中遇到的实际困难，倾听企业的诉求，真心实意为它们牵线搭桥。

作为一家研发生物医药诊断试剂的新技术公司，中生北控公司多年来开发了针对冠心病、高血脂症等疾病检测的90多个品种的试剂盒。“公司一直想与昌平区的医院、卫生部门开展合作，进行新产品的研发试验和先期应用，但始终找不到门路”，该公司负责人的介绍让李雪红感到了走访企业调研带来的收获。于是，她在昌平区科委定期召开的企业推介会上，向昌平区医院、妇幼保健院着重介绍了中生北控公司的试剂研发项目和寻求合作伙伴的需求，区医院对该项目的创新性和市场前景非常认同。最终，区科委搭桥，双方开始了双赢合作。

面对新的经济发展形势，如何转变经济发展方式，实现农民增收致富？李雪红始终紧盯市场，为农民找出路。在她的推动下，昌平区提出建设天麻、大闸蟹、香椿及温泉采摘四大特色科技示范基地。

“要以示范基地建设为突破口，把科技创新工作应用到农业中去。”李雪红跑村下镇，学校、企业、科研单位，各方力量在她的协调下被调动起来：温室大棚建起来了，农学院药用植物研究所多位专家亲临指导，育种试验顺利进行。2011年10月，天麻种苗基地的菌种培育取得成功，并实现了规模化生产。与此同时，李雪红通过走访了解到北京知蜂堂产品有限公司面临产品转型和扩大市场，需要鲜天麻作为新保健品的原材料。于是，在她的撮合下，一份《天麻产业发展战略合作框架协议》签订，知蜂堂公司确保从昌平农民手中收购鲜天麻60万斤。“下一步我们要成立中国天麻联盟，建立网上销售平台，形成天麻种植、鲜天麻产品及相关保健品研发、市场销售等一条龙产业链。”李雪红说。

（本文刊载于《北京观察》2012年第1期）

邱志明　潜心科研　建功海防

崔晨

在政协组织中，军队委员的身份略显特殊。他们分散在不同界别，无论是在本职工作还是在政协的参政议政中，都发挥着重要的作用。在第十一届北京市政协委员中，共有15位来自军队的委员，其中一位来自海军，他就是海军某研究所所长——邱志明。

初见邱志明，身穿07制式海军全白制服的他显得格外精神，透着沉着而刚毅的军人气质，从他笔挺的军装、挺直的腰杆可以看出他是个长期过惯严格军队生活的人，而他平易近人的笑容又让人在无形中打消了距离感。谈到为何成为海军，邱志明说，是老父亲语重心长的话语影响了自己的一生："中国那么大、海岸线那么长，海军是未来中国国防的建设重点，你到海军去吧。"1978年，邱志明考入海军工程大学，从此，他一颗红心融入蓝色的大海，扎根海军、建设海军的炽热的心，始终伴随着海军建设的节奏有力地跳动，至今他已在部队服役30多年。

改革开放之初，国家的经济实力和科技水平与当时国际发展的水平都存在巨大的差距——1979年，他第一次上舰实习，看到我国的舰炮武器还比较落后，许多操作都要靠舰员手动完成，这对他产生了很大的震动，一种加快提高我国舰炮武器系统科技水平的强烈欲望油然而生，也正是看到这种落后的现状，更加激励他刻苦努力，如饥似渴地获取现代高科技知识。通过不断学习，他先后取得硕士、博士学位；2001年又作为军事留学生，到俄罗斯库兹涅佐夫海军学院军事指挥专业进行系统深造。

学以致用，邱志明在科研实践中紧密结合我国海军武器装备建设实际，瞄准学科发展前沿，组织开展重大课题攻关，解决关键性技术难题。某型武器设计定型和生产定型时，遗留了输弹装置断裂的“老大难”问题，武器失去连射能力，战斗力受到很大制约。为了改进装备，提高战斗力，邱志明选择攻克这个难题。当时有人劝他，这个项目难度大、有风险，短期内难出成果。可是他认为，在科研实践中惧怕失败就不会成功。于是，他一头扎进课题，进行大量的计算和实验数据分析，连续奋战了10个月，提出了改进装置的思路和初步技术方案；然后，他又将思路和方案应用到改进装备的实践中，亲自到工厂指导进行实际改装，经过大量实际射弹试验的考核，证明他设计改进的装置是成功的。这一新型武器加速机装置解决了某型武器长期遗留的装置断裂问题，有效地提高了某型武器连续射击能力，如今，他设计的这一装置已投入生产并装备部队，这项成果也和邱志明的名字一起写进了《当代中国》丛书海军卷。

多年的科技探索与实践使邱志明取得了显著成绩，先后由他主持和承担完成的近百项科研课题中，有五项成果达到和接近国际先进水平，有十余项属国内领先水平，对舰载武器系统的发展和研制具有重大意义，具有重要的军事应用价值。因此，邱志明先后获国家科技进步二等奖3项，三等奖1项；军队科技进步一等奖5项，二等奖14项；国防专利15项；出版著作7部，发表论文100余篇。

邱志明不仅善于技术研发，他对国防建设发展还有自己深刻的思考。学习中共十七大报告，他体会最深的是“统筹经济建设与国防建设的关系，在全面建设小康社会进程中实现富国与强兵的统一”这句话。他说：“国家经济发展与海军事业的发展是紧密相连的。有位首长曾说过：‘十五’‘十一五’期间，国家对海军建设的投入比新中国成立几十年对海军建设投入的总和还要多。国家经济平稳快速发展，对军队建设的投入自然就多，经费优势转化成技术优势，技术优势转化成装备优势，装备优势最终转化为作战能力的优势，形成良性互动。国富才能兵强，兵强才能安全，安全才能发展。”

邱志明最看重的是能把科研成果转化为部队装备，转化为军队战斗力，转化为国家安全保障和国防实力。今年4月23日，通过电视新闻观看人民海军成立60周年海上阅兵活动的邱志明尤为激动。“受阅舰艇上的很多武器装备都是我们提出设想、设计论证、改造制造出来的，还有一些是我们亲手创新研制出来的。”回想起我国既有过郑和下西洋的海上阶段性强盛时期，也有过鸦片战争以后帝国主义列强从海上入侵的屈辱时期，邱志明无限感慨。伴随着中华人民共和国成立的人民海军，经历了60年的风雨兼程、60年的扬帆奋进，由小到大、由弱变强，逐步发展成为拥有水面舰艇部队、潜艇部队、航空兵部队、岸防部队和海军陆战部队五大兵种，具备现代化海上综合作战能力，成为保卫祖国领海主权、维护海洋权益的重要力量。邱志明说，“人民海军成立60周年是一座里程碑，凝聚了几代人的心血。从装备建设的发展来看，过去我们是买苏联的，到后来能够仿制，再到如今自己研制，走过了艰辛的发展之路，目前我们自己研制的一些装备已经达到了世界先进水平。”在看到成绩的同时，邱志明也保持着军人的冷静，他把这一切都看作新的起点。以史为鉴，邱志明明白：祖国的屈辱，始自于海洋；国家的振兴，也需要依靠海洋。他说：“我们的海军还很年轻，面对国家的海洋权益、国家利益的拓展，我们任重而道远。”

30年岁月荏苒，邱志明从一个普通的青年成长为一名研究员、博士生导师、技术少将、研究所所长、海军舰艇作战系统论证科研的领军人物。2008年，邱志明又成为北京市政协委员。对于政协而言，邱志明自称是一名“新兵”。“我之前做过全国青联委员和全国科协代表，这些和政协委员的职责还不尽相同，对于参政议政我还有很多要学习的地方。”邱志明十分关注复员、退伍、转业军人的安置问题，“复员、退伍、转业军人把人生最好的青春年华献给了部队，虽然军营是个大学校，但是，军营毕竟自成体系，相对封闭，军营的历练只是经历而不是职业经验的积累，所以有些军人复员、退伍、转业后很难自谋出路，适应社会，有的因此产生负面情绪或导致心理问题。”他呼吁全社会更加关注复员、退伍、转业军人，建议在军营中增设职业技能培训，在社会上出台对复员、退伍、转业军人的培训帮扶政策，或设立专属于他们的节日，让他们带着自信、自豪，积极地融入社会，开始新的工作与生活。他认为，安置好复员、退伍、转业军人，才能使现役军人更安心，使部队增强战斗力。

2009年，能够作为来自人民海军的政协委员，见证人民海军建军60周年、人民政协成立60周年和新中国成立60周年三个纪念日的人并不多，邱志明无疑是幸运的一个。他始终怀着一颗感恩的心，在他看来，是我们国家科技兴国的时代造就了他，是人民海军现代化建设的要求造就了他，是海军装备科学发展的事业造就了他。他要克尽所能，奉献自己的聪明才智，回馈祖国、回报社会。

（本文刊载于《北京观察》2009年第12期）

林菁　用科技实现梦想

郭　隆

“神七”飞天、“嫦娥”发射、“神九”载人交会对接；国庆60周年阅兵、北京奥运安保、上海世博会安保；青藏铁路、大秦铁路、沪宁高铁项目建设……为这些航天工程、建设工程和重大活动提供通信保障的产品都来自于一家民营企业——国内领先的智慧指挥调度服务提供商——北京佳讯飞鸿电气有限责任公司。

谈及成功的原因，北京市政协委员、佳讯飞鸿董事长林菁直言：“创新让企业持续了生命力。”这家起步于北京交通大学一间20多平方米教研室的公司，已从创业之初的5个人发展到今日的近千名员工，注册资本由50万元到2.87亿元，总资产达到23.26亿元。

一路创新

作为北京航空航天大学自动控制专业的高才生，林菁在大学期间就被中关村强烈的科研色彩和创新氛围所感染，经过几年的实干积累，1995年初，林菁和他的伙伴们创立了“北京佳讯飞鸿电气有限责任公司”。

“当时，计算机技术虽然在社会应用层面取得了突飞猛进的进步，但在计算机技术与其他行业的结合上，还有非常大的成长空间。”在林菁看来，用新的信息技术改进通信产业有广阔的市场需求。抓住市场，时不我待，林菁把创业的目光投向了通信产业——在指挥调度信息化领域实现创新。由此，他提出了“以专为本”战略指导思想，一方面专注于通信信息技术领域的技术创新和应用创新，推动科研成果的高效转化和产业化。另一方面专注于为大企业客户提供专业服务，比如铁道、国防、石油、电力等行业，尤其在国内铁路、国防及城市轨道交通市场上，保持行业领先。

20多年的深耕细作，如今，佳讯飞鸿从最初的语音调度到多媒体调度，从有线到宽带无线，从工业4.0时代的智慧指挥调度到大数据辅助决策，公司目前已经成为中国最大的铁路领域调度数字化服务提供商、全球首列4G通信重载铁路解决方案提供商、首家国防领域数字智能话务台列装设备提供商、中国最大的能源领域应急通信网络提供商。

林菁常说，见识比知识更重要，对创新尤其如此。“当今世界技术更新换代极快，跟得上就发展，反之就消亡。从这些年的发展来看，我们能成为在国内指挥调度领域中的领军企业，并且成功在深交所上市，主要来源于一点就是‘创新’。”在他的倡导下，公司每年都把销售收入的10%投入研发。除了在技术上专注于通信和计算机相结合，专注研发指挥调度领域的技术创新和应用创新外，还融合智能传感、信息采集、无人系统、数据服务方面的新技术应用，成为有集成创新特点的指挥调度领域领军企业。发展至今，佳讯飞鸿已累计获得专利260项，其中发明专利占80%以上，软件著作权40余项，先后承接了国家“863”课题、国家火炬计划、国家发改委下一代互联网专项、国家地方联合工程实验室等多个重大科研项目，获得了计算机信息系统集成一级资质，更获得殊荣无数。

林菁说，创业实际上就是一个不断发现问题、不断用创新的手段去解决问题的进程。“多年的创业过程中，公司整个领导层有两点一直没变：坚持在专网领域深耕、坚持对创新的投入力度不减。”

坚持梦想

谈及儿时的梦想，林菁娓娓道来：“我是60年代后期长大的人，当时发生了‘珍宝岛事件’。我去沈阳军区拜访了英雄司令孙玉国，那时就立志要当兵，保家卫国，后来阴错阳差没有这个机会。”

然而机会偏爱于有准备的人，在创新创业路上追求不凡的林菁，找到了实现梦想的另一种方式。2010年，一套由公司自主研发的边防监控报警系统，获得了军用许可，在祖国东北边陲的熊瞎子岛上得以应用。“看到我们项目的应用场所，听着军区司令的讲话，我忽然感到热血沸腾。今天站在边陲，我忽然发现我儿时的梦想实现了，我可以同样用产业报国，用科技创新来保家卫国。”林菁的话里带着十足的自豪感与成就感。

“军品更多要求可靠性和安全性，所以更要沉下心来，在增量市场技术方面执着打拼。”追求品质和一贯的执着，使企业在林菁的带领下建树颇丰：近年来，佳讯飞鸿的产品应用于中国人民抗日战争暨世界反法西斯胜利70周年阅兵、国庆60周年阅兵、北京奥运安保、上海世博会安保、神舟系列及嫦娥系列通信保障等国家重大事项及科研工程，还为青藏铁路、大秦铁路、沪宁高铁等多个国家重点铁路建设项目提供了重要通信保障。目前，公司为俄罗斯、乌兹别克斯坦、越南、埃及等全球20多个国家和地区的客户提供创新技术与解决方案，并助力中国高铁技术和高端装备产业走向世界。

作为北京市政协委员，林菁的视野经常从公司扩展到行业、社会层面。

近年来，北京市轨道交通建设突飞猛进，在轨道交通产业链的设计咨询、建设施工、研发制造、运营维护等上、中、下游关键环节都聚集着一批行业领军企业。但各企业之间缺乏积极联动，各方资源缺乏有效整合，板块化概念不强，整体竞争力尚未凸显。

“北京市轨道交通产业体量极大，但缺少政府主导的产业化运营。民企在运营维护等技术创新方面具有优势，而新的技术、产品，需要国家提供风险性采购的机会，让民企的创新技术获得示范应用的平台。”在《关于以混合所有制模式推进首都轨道交通产业板块化发展的提案》中，林菁建议，在北京市轨道交通领域率先开展混合所有制运营试点，让企业成为真正的市场主体，搭建集设计咨询、建设施工、研发制造、运营维护等全产业链服务于一体的混合所有制公司，推进首都轨道交通产业板块化发展，促进轨道交通产业升级。

取经硅谷

近年来，林菁多次到美国硅谷参观学习。在走访了特斯拉、谷歌、IBM等公司，看到了创新改变人类的力量和前景，并与顶尖科技人员和企业家畅谈中美科技创新和产业比较后，林菁对以斯坦福为中心的创新文化氛围和完整的产业链体会颇深。他认为，硅谷之所以能成为全球科技创新中心，引领全球科技创新潮流，在于形成了完整的创新创业的生态链。“这包括顶尖的学术、技术人才，原创技术，资金投入，对未来市场的判断，市场化运营的成功，在创新创业的规律下，每一环链条都扣得很紧。”谈及中关村与硅谷的差距，林菁结合自己20多年的奋斗经历，进行了深层次分析。

“首先是文化，一种创新的文化氛围。”林菁谈到，在斯坦福，科技创新的最终目的是要通过科技的应用，推动社会进步，改变人类的工作和生活方式。也就是说，科技创新是以成功的应用、成功的商业化为导向的。“在市场环境下，斯坦福的理念就是培养有用的创新者和企业家。在它的文化中，最牛的教授不是搞纯理论研究的，而是引领研发尖端的科技，创立商业公司，推动创新成果的应用和社会进步。”他建议，在推动建立创新生态圈的过程中，核心要素要有创新的文化，大学教育中的创新文化要融入企业家的精神。

其次是秩序。林菁表示，在硅谷既有亢奋的创业者，还有潜心研究的科学家、理想主义的企业家和做好服务的投资人，在创新的环节中，每个人都有自己的轨道，每个人的轨道都会按照自己不同的节奏运行，他们之间又相互的影响和促进。不同目标的人神奇地结合在一起，成就了今天神奇的硅谷。“很多时候，不成熟的观点和成果需要大家交流之后完善思路，而在国内我们要防止被抄袭，所以秩序是非常重要的一点。”

林菁最后强调的是坚持。他谈到，科技创新有自身的规律，要踏踏实实沉下心来，而不是走捷径着急出成果。他举例说，在硅谷的实验室里，柔性电子、深度算法这些前端科研都是走了很多弯路，甚至坚持了几十年才走到今天。“对比国内，我们的学术体制和科研体制都要求很快出成果，唯快不破，缺乏长时间的坚持，然而再聪明也不可能一夜之间把人家十多年做出来的东西做出来，所以在科研上要鼓励和培养坚持的精神。”

林菁建议，北京在建设全国科技创新中心的过程中，要转变现有的科研导向，把市场的成功作为科研的目标，打破条块分割的科研体制，以商业成功为导向引领科技创新。同时，要遵循创新规律和产业规律，转变“快出成果”的观念，营造好创新创业的市场环境，引导市场要素聚集，让“小苗”在“风雨”中自然生长。

钟连盛　为景泰蓝艺术奉献一切

朱生志

一件景泰蓝作品要经过制胎、掐丝、点蓝、烧蓝、磨光、镀金等主要工艺制作完成。虽然仅仅需要几个步骤就能描述完成，但其制作工艺的繁复远远不止于此。只有经过近十次高温烧制，景泰蓝才能浴火重生，才能将古朴典雅、精美华贵呈现给世人。

在景泰蓝华丽璀璨的背后，饱含的是传统工艺制造者对艺术的热爱，以及对工艺传承的坚守。从15岁进厂做学徒到被文化部评定为国家级非物质文化遗产项目代表性传承人，从北京市工艺美术大师到中国工艺美术大师，钟连盛从事景泰蓝技艺的传承、创新和设计至今已经有近四十个春秋，始终默默坚持为景泰蓝艺术奉献一切。

坚持自己选择的道路

1978年，钟连盛初中毕业，年仅15岁的他面临着一次重要的人生抉择。从小喜欢美术，酷爱绘画，在少年宫“深造”过的钟连盛并没有选择升入重点高中，而是希望能考上一所美术院校。当时正值高考刚恢复不久，“招收美术专业的学校很少，我上学的时候，文化课成绩虽然也很好，但就是喜爱绘画，之后学校的老师也很为我惋惜。”钟连盛回忆道。

就在这时，北京市珐琅厂为适应时代发展开办了技校，开始招收学生，且有美术加试考试。因为喜欢绘画，钟连盛义无反顾地参加了考试。“老实说，家里人没有搞珐琅的，自己也搞不清景泰蓝的奥妙所在，只是听说在技校里能学画画，便毅然投身报考。”

进入北京市珐琅厂技校，钟连盛如饥似渴地汲取着绘画知识，认真刻苦学画。为了形象把握花鸟神态，钟连盛抓住每一点空闲，外出写生。花开季节，在北京的各大公园都能见到他的身影。在十三陵，他不顾危险，趴在高高的树杈上揣摩、研究花和叶子的形态、脉络；在门头沟斋堂，他起早摸黑，等待并画下旭日东升的瞬间之美。一分耕耘一分收获，三年的技校生涯让他的画技有了质的飞跃，全面学习了中外绘画基础、中国历代传统纹样，积累了丰厚的传统文化素养。“过去学习景泰蓝的工艺技法，都是采取师傅带徒弟，口传心授的模式，实际经验丰富，但理论知识缺乏。”钟连盛说，“我们作为景泰蓝设计制作的新型后备人才，在理论知识方面有了深厚的积淀。”之后他又考入北京工业大学艺术设计学院学习三年，更加深入、系统地学习了设计理论和设计基础，而且接触到了当时较为先进的设计理念，为以后的创新发展打下了坚实的基础。

若干年后，一起学习的31个技校同学，后来大多选择了离开，只有钟连盛和少数几个同学坚持了下来，一直跟随钱美华先生等大师学习。“其实，那时候外面也是有很多诱惑的。”钟连盛坦言，“还是靠坚持，我进厂早，喜欢这个行业，与企业、领导和师傅们建立了非常深厚的感情。”

艺术高于生活，又不能脱离生活、脱离实践。三年理论知识学习并不能保证就能独当一面，钟连盛选择回到了工厂。一头扎进车间，他从最脏最累的手工环节干起。有人为“高才生”感到惋惜，钟连盛却“丝毫没有大材小用的失落，相反觉得实践是自己急需补上的一课”。

景泰蓝是一种纯手工制作的工艺品，工序繁复至极。从设计造型、纹样、色彩，到制胎、掐丝、点蓝，再到烧制、磨光、镀金，需要100多个工序。其中，掐丝是整个景泰蓝工艺中最繁复的一道。因为一般人很难想象这么复杂多变的图案，是用专用的镊子将铜丝掰出花样，再一点点粘上去的。

刚开始，钟连盛没少受“掐丝”的苦。因为有的花瓣最前方是略微嵌进去的，或是凸出的，弧度非常小，且或左或右的生动形态非常微妙，小到只能用指甲尖使劲顶进去。为了学会这招，钟连盛常一手拿镊子，一手用指甲反复练，最后，大拇指都被挤出血了。“那时我特别渴望得到把钢镊子，我们实习生用的铁镊子易变形。直到我做出的图案让掐丝师傅很满意，师傅才奖励了我一把钢镊子，这让我高兴得如同中了大奖。”谈起钢镊子，钟连盛依然兴奋不已。

如今，昔日同窗有的已经是美术学院的系主任、教授，有的则成了职业画家。在自己选择的道路上，钟连盛踏踏实实坚持下来，发挥在工艺美术创作和设计方面的天分，终于取得了为世人所瞩目的成就。

创新中绽放出更加绚丽的色彩

1956年成立的北京市珐琅厂一直从事景泰蓝产品的外贸包销、出口业务，以帮助国家创取外汇，为国家经济建设做贡献。但是，在20世纪90年代初期，随着国家由计划经济转向社会主义市场经济，北京市珐琅厂进入了发展低谷期。“当时国外市场处于饱和状态，而国内市场对工艺品需求量低。景泰蓝从出口商品变为国内市场上销售的工艺品进行销售，需要不断地去适应市场。”钟连盛回忆说，“应该说，当时是景泰蓝发展的一个困难时期”。

在景泰蓝发展的低谷时期，北京市珐琅厂的领导和大师们并没有因此而放弃，他们将自己全部的精力用在作品的创新上，将当代新的设计理念与传统工艺和市场所需相结合，潜心钻研，依靠紧跟时代、贴近生活的创新产品带领企业逐渐走出低谷，用创新将景泰蓝技艺传承发展至今。

对此，钟连盛深有感触，“景泰蓝艺术的创新发展是几代京珐人包括大师、技师以及管理者们不断地、共同地不懈努力、积极探索、无私奉献的结果”。

在创新的道路上，钟连盛不落窠臼，将中国文化、传统技艺、现代气息完美结合，推动景泰蓝继续向前发展。《荷梦》系列，就是钟连盛多个获奖作品中最突出的代表。

“2000年创作的《荷梦》系列，是自己最满意的作品，对它十分珍惜，看上去就好像从梦中醒来，拨开水纹，和看到的景色一样。”创作灵感总是如电光火石般刹那，当钟连盛徜徉于北京龙潭湖公园时，灵感瞬间迸发。“周末带着孩子在龙潭湖游玩，下午五六点钟的时候，夕阳西下，荷塘被金黄色的夕阳笼罩着，几只野鸭子从湖面游过，感觉特别温馨浪漫。”

为了表达好这一强烈的感受，他一改传统景泰蓝几十年开光的单一形式，大胆处理灵动的水波纹。为了蓝面不崩蓝，他同掐丝、点蓝和烧焊技师们共同研讨，“打胎、接缝、使用焊药等方面都控制得更精细一些，点蓝的工艺也要细，打磨的时候要更轻柔。这种大段的留白，没有掐丝纹饰的干扰，可以更好地突出作品的主题。”钟连盛说道。经过反复试验，作品终于获得了成功，使得工艺与主题紧密相连，将一个普通的传统题材赋予了崭新的时代气息，增强了作品的艺术感染力，从而提高了作品的艺术品位，《荷梦》系列作品也由此荣获第二届西博会金奖等多项大奖。此后，他又接连设计创作了富于传统题材历史新意的《四季平安年年有余》和《连年有余》系列，主题性作品《鼎盛中华宝鼎》《华夏盛世尊》《华韵四季尊》等；深入挖掘北京四合院文化的《北京风情系列》，以及具有陈设、装饰和实用功能的《花语》《溢香》喷水池和小聚宝盆系列等，均荣获了国家和市级金奖，成为了不可多得的景泰蓝艺术精品。

如今，在京珐人的共同努力下，这一炉火纯青的景泰蓝技艺已非历史所能及，工艺更加精湛，艺术效果更加丰富，代表了当今景泰蓝艺术的最高水平。同时，京珐人推动景泰蓝应用领域不断创新、拓宽。在中南海会议厅、机场专机楼、高档会所、别墅、百姓家居等地方的装潢装饰中随处可见景泰蓝的影子，景泰蓝工艺展示出惊人的潜质，在灯光的映衬下，显得华贵优雅。很多人惊叹：景泰蓝还可以用在这里！古老的传统技艺又完成了一次华丽转身。景泰蓝技艺在创新发展中绽放出更加绚丽的艺术光彩和独特的艺术魅力。

对于景泰蓝技艺的传承与创新，钟连盛说，“二者并不矛盾，从历史上来说，各时期的工艺也是在发展和变化的，每一件作品不仅融入了技艺的创新与发展，也融入了创作者对艺术的解读和对生活的理解。继承传统和发展创新是融为一体的，我们常讲艺术当随时代，创新是市场消费的必然需求，也是事物发展的客观规律和动力”。

带徒传艺弘扬优秀技艺

20世纪80年代，北京市珐琅厂有职工近2000人，而现在在职的职工只有近300人。国家级景泰蓝大师在全国只有6人，而其中4位就在北京市珐琅厂工作，厂内的北京市级景泰蓝大师有十来位。虽然这里藏龙卧虎，但其中的一部分人已经退休。技艺传承人才的断档是景泰蓝等传统技艺在发展道路上无法回避的问题。因此，近几年珐琅厂陆续招收了几十名技艺及设计传承艺徒，加大人才培养力度。

作为传承人，钟连盛不辱使命，努力弘扬景泰蓝优秀传统技艺。在努力培养生产技艺艺徒的同时，钟连盛还带有四名设计艺徒，他们均是学习工艺美术设计的大学生。钟连盛对他们进行有计划和有针对性的培养，带领艺徒深入领悟中华民族优秀传统文化，深入挖掘景泰蓝传统技艺，做到对传统技艺原汁原味的保护继承。同时，钟连盛还不断融入当代新的设计理念进行创新发展，带领艺徒追寻新的境界，并结合自己的艺术创作、工艺实践的经验言传身教，耐心指导。通过几年来的传艺，他们已能进行正常创作，四位艺徒的作品还分别荣获了西博会银奖、优秀奖，全国金凤凰创新产品设计大赛银奖、铜奖及北京工美展金、铜奖，北京市旅游商品设计大赛等奖项，成为新一代京珐传人。使他们爱岗敬业，尽快成才，使景泰蓝技艺后继有人，薪火永传，是钟连盛最大的心愿。

长路漫漫，钟连盛深信，“把自己热爱的工作作为一种事业去奋斗，作为一种信仰去追求，即使面对低谷和困难，也要勇往直前，不断探索与钻研，用心去努力，最终一定会有所收获”。随着社会发展和人们生活水平的不断提高，景泰蓝的应用领域不断扩大，喜爱、拥有、收藏景泰蓝作品的人越来越多。相信，随着国家文化大发展大繁荣带来更多政策的鼓励和支持，有钟连盛这些工美大师的不懈努力，景泰蓝这一中华民族优秀独特的传统技艺一定会绽放得更加灿烂多姿。

秦升益　点“砂”成金

郭　隆

沙漠中的风积沙制成的硅砂滤水砖，铺进了水立方；“透油不透水”的孚盛砂为石油公司至少增油15%；能“呼吸”的生态保水产品，为沙漠变粮田提供了系统解决方案……

开发300多项原创性科研成果，获得多项国家发明奖、中国专利金奖和省部级科技进步一等奖；

身为全国政协委员、北京市政协委员和北京市工商联副主席，为推进科技创新建言献策；

所有的成绩与荣誉皆因“沙”而起。从安徽大别山区走出来的秦升益，30年来只做一件事——点沙成金。他将沙漠里的廉价风积沙，变成了一款款高科技产品；他以“砂”治沙，让沙漠变成绿洲，开创出了一个战略性新兴产业。

痴情“砂产业”

提起沙子，人们通常想到的是沙尘暴；说到沙漠，人们往往感受到的是荒凉。但是，在秦升益的眼中，沙子就是宝贝，沙漠就是金矿。

提起与沙子结缘，秦升益说：“那是35年前的事”。1981年，秦升益中专毕业便被分配到了济南铸造锻压研究所，在琢磨专业的过程中，他发现沙子是一个奇妙的世界。在铸造业中，很多精密仪器的制造，需要用沙子做的模具来完成，比如说汽车的发动机。但30年前，我国铸造业并不发达，不仅精密仪器的技术、设备需要进口，就连做模具用的沙子都要从澳大利亚进口。这让秦升益暗自发誓一定要改变我国铸造业的窘状。

经过四年的钻研，1985年，秦升益大胆地提出用我国内蒙古沙漠上的风积沙取代从澳大利亚进口的锆英砂做精密铸造材料。他算了一笔经济账，当时进口的锆英砂大约每吨7000元，而内蒙古荒漠上的石英砂只要10元一吨。“一旦研究成功，可为国家节约大量资金。”

不过，用廉价、储量丰富的天然沙代替昂贵的锆英砂的设想，一经提出便立刻被外界浇了一头冷水。理由是“石英砂膨胀率是锆英砂的3倍，加热后容易变形”。几乎所有人都认为秦升益是在做梦，连美国那样发达的国家都要从澳大利亚进口锆英砂，何况中国呢？

然而秦升益却有着一股不认输的韧劲儿。从不可能的地方看到可能，是他工作中的一种思维习惯。他买来《化工大字典》当枕头，需要什么就查什么。有时看到的词条连名字都叫不上来，但一看性能正是所需要的，他就把名字抄下来，骑着自行车买回来做实验。他的左臂有一个伤疤，那就是做实验留下的印记——烧得通红的炉门弹出碰在他的左胳膊上，顿时血肉模糊。为不影响实验数据的准确性，他迅速抓起一把稻草灰撒到烧伤处，咬紧牙关继续实验——跑医务室的半个小时时间都不肯浪费。

就是凭着这股狠劲，他历经3年试验，耗费了9000多公斤沙子，失败了6000多次后，终于让成功惠顾了。他为自己的发明起了个好听的名字——“耐高温覆膜砂”。1988年春天，他背着自己炒制的50公斤覆膜砂到石家庄水泵厂进行测试。结果十几个铸造件试验全部成功，而且比“洋砂”还要理想。1990年，29岁的秦升益荣获原机电部科技进步一等奖，1991年凭借“壳型铸造用耐高温覆膜砂”技术获国家发明奖。时至今日，国产化汽车发动机关键铸件90%以上是用覆膜砂技术制造而成，每年需求规模达到几十亿元。

面对鲜花和掌声，秦升益没有停下脚步。1997年，秦升益创建了北京仁创科技集团。到2008年，覆膜砂累计销售100万吨左右，累计销售额约100亿元。此后，秦升益创造性提出“多相选择性渗透原理”，并发明“反应性覆膜技术”，将风积沙加工成具有优异透油阻水功能的新一代孚盛砂Ⅲ型。这一原创性发明，成功地解决了当时美国、俄罗斯久未攻克的“透油与阻水”技术难题，平均提高石油产量15%以上，降低含水率5%。

“我的第一学历是中专，之后又陆续进修了山东大学的哲学专业，清华大学的法律专业，北京大学光华管理学院的工商管理专业。”如今，秦升益是硅砂资源利用国家重点实验室的带头人，在他的带领下，仁创集团不断加大研发力度，累计发明300多项拥有自主知识产权的科研成果，并且实现自主产业化，形成铸造领域用“覆膜砂”、石油开采领域用“孚盛砂”和生态建筑领域用“生泰砂”等一系列核心技术砂产品，系统集成“以砂治水、以砂增油、以砂治沙、以砂精铸、以砂建房、以砂兴农、以砂兴艺”七大研发方案，广泛应用于精密铸造、石油开采、生态建筑、水利建设、防沙治沙等七大领域。

“您的需要，我的创造”

“作为民营高科技企业，我们有责任有志于解决社会难题。”谈到多年的创新实践，秦升益说，社会需要和民生难题就是仁创的研发目标和努力方向。他把这一企业精神总结为“您的需要，我的创造”。“作为创新主体，企业只有承担起社会责任才能与社会发展形成良性互动，在创造经济效益的同时很好地体现了企业自身的价值。”秦升益说。

回首仁创集团的发展历程，秦升益和他的研发团队始终围绕社会需要而努力前行。发明覆膜砂，为的是打破国外的技术垄断，填补技术空白；研发孚盛砂，是着眼于社会发展和能源危机，努力提高石油开发使用效率；生泰砂系列产品的诞生，则是立足于节水节能的环保理念，为建设美丽中国添砖加瓦……

事实上，秦升益的每一项研发成果都与社会发展中的重大难题紧密相连。如“生泰砂基透水砖”在经受了“7·21”北京特大暴雨的考验后，名声大噪。

那天午后，北京大雨如注，到晚上8点左右，城区路面已经出现大面积积水，立交桥下更是蓄水成湖。这么大的暴雨，市政工程铺设的透水砖怎么样，能撑得住吗？当晚，秦升益直奔海淀展览馆。倾盆大雨冲刷着建筑表面，流向展览馆前面的广场。“让我欣慰的是，铺设透水砖的广场没有积水，干干的。”秦升益回忆说。第二天一早，其他铺了透水砖的企业反馈回了好消息——这些地方均无积水洪涝。

浩瀚沙海中，绿油油的稻苗迎风起舞。这片位于内蒙古通辽市奈曼旗的沙漠水稻种植示范田，是秦升益2014年最得意的创新之作。经过近10年艰苦攻关，仁创集团成功研发出“会呼吸”的透气防渗砂，利用它在沙漠种水稻，能够确保成活且节水节肥。

传统的沙漠种植水稻方法是在沙底铺一层塑料膜，容易发生漏水，导致水稻发育不良。“我们的施工方法是：就地取材，把当地沙子加工成透气防渗砂，透气不透水，这样沙漠就变成水稻田了。”秦升益表示，沙漠种水稻已经实践了两年多，2015年种了1000亩，亩产超过千斤。

“每利用一吨沙子，就能减少一吨沙尘暴的沙源，变废为宝。”秦升益心目中的“创新”就是打破常规，重新组合，以获最优效果。在他看来，创新并不遥远，就在日常工作、生活的方方面面。创新也并不深奥，行动就是实践。“我体会创新还有很重要的一点，首先你要明确创新的目的是什么？作为企业家，你的创新、你的产品、你的服务就要立足于解决社会难题，满足民生需求。这就是最好的履行社会责任的方式。”

建言自主创新

身为全国政协委员，秦升益注重通过政协这个大平台为科技创新建言献策。他的提案聚焦在新能源开发与利用、推进环保产业发展等方面，此外，他还在广泛调研的基础上，就科技体制改革、推动企业自主创新等方面提出建议。

沙漠化问题一直都是人类社会发展进程中亟待解决的难题。2014年全国两会，秦升益提交了《关于将“砂产业”列入国家战略性新兴产业的提案》，对砂产业的经济效益、市场前景和战略定位进行了全面分析，他认为，这一新兴产业市场前景巨大，且中国占领了砂产业自主创新高地，拥有核心技术优势，需要政府帮扶来完成“科研优势——产品优势——市场优势”之间的转化。对此，他建议将砂产业列入国家战略性新兴产业发展规划，成立由国家主导的砂产业基金，加强砂产品知识产权保护，培养砂产业专业人才。

每年雨季，我国南方地区饱受水灾之苦。寻找破局良方，让城市成为自由呼吸的绿色“海绵”，实现雨水的存储、缓释与回收利用成了首善之选。

“海绵城市是一个大系统，应一体化规划、投资、建设和运营。”在全国两会上，秦升益谈到，海绵城市系统解决内涝、水污染、雨水利用的各种问题，涉及多个部门，目前还没有建立各部门协同工作机制。海绵城市在设计、施工、运营、维护、管理各环节，均缺乏相关的人才队伍和技术人员，没有同步建立监测评估体系和专门队伍也成为当前的难点。他建议，创立建设海绵城市相关标准体系。通过体制机制创新，创新商业模式，吸引社会资本参与项目建设运营。

“创新的各个环节真正是有内在关系和内在逻辑规律的。”多年的创新创业经历，让秦升益对聚集创新资源、进一步激发企业创新活力有颇多体会感慨，他说，创新可分为三个环节：实验室研究、中间试验和产业化，三个环节对应不同的成果，实验室为样品，中间试验是产品，经产业化过后才能变为商品。

秦升益表示，创新三个环节的资金投入比例一般为1:10:100。“我国的科技成果转化率在10%左右，低于发达国家40%的水平，许多重大专项投入了大量研发资金，但结果是研发和产业化脱节，浪费了国有资产。”对此，秦升益分析说，创新过程中的各个环节对资金的需求是远远不同的，大多数企业有自身研发能力，更主要的是在产业化阶段资金需求量大，“所以希望政府对创新的资金支持方面不仅关注实验室阶段，还要有意识地向中、后端倾斜，即在中试、产业化阶段通过各种手段给予支持。即由前期投入变为研发后扶持，把有效的经费用在刀刃上，既避免少部分企业打着创新的幌子搞乱市场，又可以保证在自主创新的成果出来后，有利于形成产业化，从而提高创新资金的效率”。

耿晓冬　百姓身边的政协委员

徐　飞

耿晓冬是个很平实的人，相较于那些“多血质”的创业者，他似乎难有戏剧性的表达。大叔气质配上乐呵呵的表情，显得平易近人。

不安分的创业人

如今，“大众创业、万众创新”已上升为国家战略、成为两大经济增长引擎之一。“我不是在创业，就是在辞职创业的路上”，有人如此戏说当下创业成风的大环境。但这股思潮并不是今日才有，早在20世纪八九十年代，就有一批先锋走在了创业的大道上，北京市政协委员、北京桓丰苑投资管理有限公司董事长耿晓冬就是其中之一。

1989年，耿晓冬辞去中国五矿陕西进出口公司的“铁饭碗”，担任新加坡利德石油公司北京代表处首席代表。“当时年轻气盛，想人生应该多些经历，趁年轻多出来闯荡闯荡。”1990年，他主导成功引进了进口原油来料加工项目，开中国石化企业进口来料加工先河，后被中国石化总公司总结为“镇海经验”。

走进朝内75号院，对面是中国海洋石油总公司，这两个建筑都与耿晓冬有着很深的渊源，它们是耿晓冬创业历程的见证者。“不安分”的耿晓冬在1996年创办了北京桓丰苑投资管理有限公司，从事房地产投资及开发。当时第一个投资的项目便是朝内75号院住宅楼开发。这20多年来他一直坚持在这里办公。“我把这个小区看作我的一个作品，总是尽可能地多投入资金和人力，小区内的花草树木也得到精心养护，努力把这里打造成干净、美丽的宜居小区，希望给社区里的居民带来舒适居住体验。”

为积极响应北京市倡导绿色奥运的号召，耿晓冬的公司竭力筹集资金负责朝内75号院热力改造工程，将原来高污染的燃煤锅炉改造为环保的供热系统，不仅为市民供暖提供了便利，也为北京绿色奥运建设做出了贡献。“为北京经济社会发展做出贡献，不是一句口号，而是应该落实到我们力所能及的每一件小事儿上。”

从他的办公室向外望去，便是中国海洋石油总公司。2002年，耿晓冬成功引进外资，与美国KPF公司联合成立了北京桓筑国际建筑设计咨询有限公司，从事建筑设计咨询工作，积极参与中国海洋石油总公司综合办公楼设计的竞标活动，并以绝对的技术优势一举中标。综合办公大楼也成为北京市的地标性建筑。

从能源、房地产、建筑设计、咨询再到金融二级市场，耿晓冬在每个领域都做得如鱼得水。“正心诚信，与时俱进”是耿晓冬从商的基本原则，更是做人的原则。“人是要顺应潮流的，人生的关键往往只有几步，走对了，就离成功不远了。”在耿晓冬看来，现在的社会环境变了，辞职创业是一件很骄傲、令人羡慕的事情。他也想对有意创业的年轻人说：“创业是一门功夫、一门学问，不是光有热情就可以，还需要经验的累积，更需要知识和理论的装备。”

公益之心不息

他是一名企业家，他用自己的爱心为残障儿童遮风挡雨，他的资助让小朋友们在健康的环境中欢笑、学习。

用鲜艳的画笔描绘多彩的世界，用动听的歌声表达自己的心中所想，然而他们的一举一动需要比常人多付出千百倍的努力，需要更多的爱和关注，需要有更多的人同他们一起对抗命运的残酷——他们就是晨光儿童脑瘫康复中心的孩子们。

多年来，耿晓冬在繁忙的工作之余，抽出时间，不遗余力，坚持不懈，把爱心一点一滴倾注到儿童脑瘫康复帮扶工作中去。他是孩子们心中尊敬、喜爱的“耿大大”。

小儿脑瘫是临床上常见的疑难病症之一，从脑瘫儿童来到人间那一刻起，他的家人就会因突如其来的变故而受到巨大的打击，在心理和经济上陷入困境，往往会形成“一人瘫、全家难”的困境。耿晓冬说：“我们的社会应该帮助这样的家庭，使孩子们尽早康复，给他们带来生活的快乐。作为一个企业家，在力所能及的情况下，理应帮助这些家庭撑起本属于他们的幸福，并用我们的实际行动，感染和号召更多人投入到这项公益事业中来。”

2009年8月，当耿晓冬得知北京晨光儿童脑瘫康复中心由于康复训练场地拆迁，40多个孩子的生活、康复训练无法继续时，毫不犹豫地伸出了援助之手，腾出朝阳区楼梓庄31号院1000多平方米房屋用于训练。从此，耿晓冬便和脑瘫儿童的康复事业结下了不解之缘。

为了提升脑瘫儿童的康复治疗水平，他借助与美国布什基金会的联系，邀请美国纽约儿童医院脑瘫方面的医疗专家，专程到康复中心为脑瘫儿童诊疗，并把晨光康复中心确定为他们的定点技术支援基地。

由于晨光康复中心是一所民间机构，受制于不能公募、不能跨区免税等现实问题，在发展上面临很多困难。为了解决长期资金缺乏的问题，耿晓冬积极协调中国社会福利基金会，决定成立由北京晨光脑瘫儿童康复中心发起，以救助脑瘫儿童为宗旨的专项基金——“中国社会福利基金会晨光联合劝募基金”，简称“晨光基金”。他的善举也影响着身边的朋友，各界名人纷纷为“晨光基金”贡献自己的力量。至今，晨光基金已经服务脑瘫儿童400余名，为这些特殊的家庭重新点燃了希望！

中国慈善业已进入“快车道”。改革开放以来，特别是近20年来，社会捐赠额从2006年的不足100亿元发展到目前的1000亿元左右。企业家、名人做公益事业往往会遭到一些质疑。耿晓冬对此很淡然，公益之心不息，从容面对。“起初做这件事没想那么多，就是想帮助这些孩子解决一些实际问题。把自己的事情做好，带动周围朋友积极参与到公益事业中来，这是我想做，也是我能够做的。至于别人怎么想，我左右不了。也不能因为别人的质疑，就停止做能切身帮助孩子们的事儿。我喜欢他们天真无邪的笑脸，看到他们在大家的关爱下成长起来，令我很欣慰、很满足。”虽然“晨光基金”占用了耿晓冬很多时间，但他并不在意：“不仅精神愉快，对人性也思考了很多，反过来又成为对我人生的一种很好历练。”

在耿晓冬看来，公益慈善事业也是一门科学，要尽快培养更多的专业人才，以便在慈善事业的操作、组织和管理上更高效，减少浪费。

社区里的政协委员

供热计量收费改革，采暖费暗补变明补，困难群体采暖保障措施……这些2015年的供暖采暖新举措，离不开耿晓冬委员的提案。一提到政协委员，大家的第一反应就是专家、精英，离普通百姓有点远。耿晓冬不仅把自己的办公地点安置在社区，更是把自己的办公室安排在了居民楼里。他是社区里的政协委员、居民身边的政协委员。

在朝阳门社区办公20多年，耿晓冬对社区的一草一木、一砖一瓦都了然于心，和社区的居民们都很有感情。每年全市两会前来找耿晓冬的大多是社区居民，他们最常说的就是："您经常到我们社区，了解我们民生的问题。社区的一些事情，想跟您这儿反映反映。"

2008年，耿晓冬开始牵挂社区里低收入群体的采暖问题，公司所在小区的居民供暖费用拖欠较为严重，造成部分居民家里不够暖和。小区有13000多平方米，住户约220户，"小区居民很多都是危困下岗职工，他们理应得到社会帮助"。耿晓冬建议对确实有困难的居民予以补贴，对老旧小区收费的补贴由暗补变明补，推进供热计量收费改革。"之前居民需要拿缴费发票到单位报销供暖费，或是单位直接把钱给供热企业。变成明补后，供暖费就会直接打到工资收入中。这样居民多用热多交钱，少用热少交钱，也无须拿着供热发票去报销。"

为了推动这项改革，耿晓冬进社区、访企业，搞调研、开座谈，去市城市管理委员会、发改委、财政局等多个委办局商讨。"到市城市管理委员会是提出加强老旧小区的投入与改造，在发改委主要是探讨新老小区采暖的立项和财政支付问题，去财政局则是了解老旧小区退休职工的取暖经费如何支付、拨放和解决的问题。"现场调查、会上建议，在耿晓冬的持续努力下，他撰写的《关于解决社区供暖收费问题共建和谐社会、构建和谐社区的建议》被评为北京市政协2008年度优秀提案，该提案也被列为重点督办提案。

除了供暖问题，居民的精神健康、家政服务人员的培训等也都是耿晓冬提案中最常触及的内容。与居民相关的社情民意也都被耿晓冬记在心间，转变社区服务体制、老旧住宅小区公用设施维修、社区医院廉价药调药难、老旧小区安装充电桩……几年坚持下来，耿晓冬委员已经成为了社区里的熟人。社区居委会书记说："耿委员平时在上下班途中，发现一些问题，就到社区跟我们沟通，关于社区环境、志愿者工作、民生的问题，他都想了解。"居民握着耿晓冬的手说："您来了，我们特别高兴，我们希望有人关注我们、多了解我们的实际困难，为我们解决点问题。"

耿晓冬说："政协委员不仅是荣誉，更是一种责任，我们应该有其身有其影，为百姓切切实实解决困难，让百姓感受到我们就在他们身边。"

赖平安　挑战禽流感

郭　隆

近些年，每当禽流感病毒对食品安全特别是禽肉类食品造成严重威胁时，如何既精准又快速地对禽肉制品进行检测，就成为保证百姓放心食用和禽肉产品顺利出口的关键。市政协委员、北京出入境检验检疫局赖平安研究员，多年来奋战在检验检疫第一线，以认真严谨的科研态度，扎实工作，连续攻关，成功建立了高致病性禽流感病毒快速检测技术，为我国禽肉出口插上了技术保障的翅膀。

21天到4小时

日历翻回至2001年6月，封杀针对我国禽肉出口。

6月4日，韩国农林部以从国内某公司出口到韩国的鸭肉中检测出H5N1型禽流感病毒为由，全面禁止进口中国产家禽肉及其制品。偏偏祸不单行。6月8日，日本因担心该年5月中国香港、澳门地区发生的高致病性禽流感波及中国内地，宣布停止进口中国鸡肉和鸭肉。当时，我国禽肉每年出口40多万吨，创汇逾10亿美元。这一连串的“雷”让禽肉出口陷入封关痛楚。

“如果更大批量的冰鲜禽肉被检测出感染病毒，禽肉出口受阻会更加严重。问题的关键在于掌握高致病性禽流感的快速诊断技术，如果有了快速、准确的检测技术，将为疫情的迅速扑灭起到积极作用。”北京出入境检验检疫局技术中心研究员赖平安的一番话，为棘手的任务指明了方向。他分析指出：

“我们目前使用的鸡胚病毒分离方法周期太长，需要21天左右，无法适应我国进出口活禽及产品的快速检验、快速通关放行以及国内消费者对禽肉安全性的需求，所以必须以最快的速度解决快速检测技术。”

紧要关头，北京出入境检验检疫局与深圳匹基生物工程有限公司合作，建立了“禽流感病毒H5亚型荧光RT-PCR快速检测方法”课题组。自此，作为课题牵头人和业内专家，赖平安开始率领十几个人的核心研发团队与时间赛跑，齐心协力投入这场攻坚战。荧光RT-PCR技术具有高灵敏度和高特异性的优点，已成功用于人传染性乙肝病毒、衣原体等的检测，但把荧光RT-PCR快速检测技术应用到禽肉产品中禽流感的检测上以往没有先例，有很多未知的难点需要攻克。

反复取样检测禽类的唾液、粪便、内脏、禽肉，再进行分析对比。面对大量的实验样本，赖平安说：“有时候恨不能生出四只手、两个脑袋来。”半年间，休息日早已在他的日历中被删除，吃住在实验室也几成工作常态。为了尽早研究出快速、灵敏的禽流感病毒H5亚型荧光RT-PCR检测方法，他无暇顾及自己的生活规律，患上了急性阑尾炎。

“我觉得有一股无形的力量在支撑着自己这样做。”当初步的检测方法建立后，国内不同区域分离出来的病毒要用该方法进行鉴定，将鉴定结果与精标准进行全面比对，以判断该方法的准确性。一次，从外地送来的一株被认为是禽流感的病毒，用新的方法始终也检测不出来。面对难题，赖平安明白，检测技术的研发过程中是不能存有“特例”的，尽管其他送检病毒检测结果均与精标准一致，但如果该株“病毒”确实为禽流感而新方法检测不到，那么之前的科研只能宣告失败。强烈的使命感和一贯严谨的科研态度让赖平安反复验证着每一个技术环节和实验数据。最后，该株“病毒”被送到国内最权威的中国疾控中心流感病毒研究所进行鉴定，结果证明其不是流感病毒，赖平安一直悬着的心才慢慢放下来。

终于，在历时6个月刻苦攻关后，禽流感病毒H5亚型荧光RT-PCR快速检测技术终于成功建立。高致病性禽流感检测时间由最短需要21天变为4个小时。该项研究成果不仅在国内属于首例，在国际上也属于先进水平。

“快”与“准”

“作为科研人员，我的职责就是力求让检疫方法快速、准确、可靠。”谈到新技术的研发，赖平安有感而发。“禽流感病毒常常发生变异，所以检测技术也需要不断跟进，不断优化试剂。以荧光RT-PCR方法为基础平台，还陆续开展了动物疫病如结核病、狂犬病、鱼类病和宠物的人畜共患病的快速检测。”

新技术建立后，赖平安又紧张地投入到下一个“紧迫”任务中——对全国质检系统技术人员进行培训。实验室的设备如何操作，参数怎样调试，怎样判定结果，赖平安通过对技术研发过程的讲解和实验操作，把新的检测方法还向大型禽肉公司和农业部门的技术人员进行应用推广。不久，该成果逐步在全国多个检验检疫直属局、大型出口养禽企业、省级动检站得到了广泛应用。

目前，我国畜禽产品疫病检测存在的主要问题是生产企业、基层兽医部门与上层畜禽产品疫病检测、监测权威部门所采用的方法不一致，一般来说基层兽医部门使用的检测方法简单，检测的准确性、敏感性相对较差，而权威检测部门设备先进，检测方法敏感性更高、准确性更好。客观上造成有时基层检测结果合格的畜禽产品，而在权威部门抽检不合格。

为了解决这一矛盾，对养殖、屠宰、加工等环节更好地进行现场监管、为各级执法部门建立统一标准方法提供良好的技术保障，赖平安和科研技术人员将科研重心偏向了推进动物疫病现场快速检测关键技术的发展。2013年，他的《基于生物敏感膜的便携式传感器关键技术及应用》荣获国家技术发明二等奖。

“这项技术是利用生物传感器检测生物活性物质，达到快速检测活菌的目的。”赖平安举例说，国家对熟食类制品的加工生产线卫生要求非常严格，要求达到洁净的卫生环境，如国家标准中对每平方厘米细菌总数设有上限值。在日常生产中，目测看上去生产线很干净，但真实情况怎么样？用上生物传感技术，现场取样，检测活菌数量，就会大大提高现场执法的客观和公平。“再比如展会等大型活动需要给志愿者提供快餐、盒饭，常规方法检测出数据需要一个晚上，也就是检测结果要一天后才能出来，这显然达不到检验的要求，而应用生物传感技术则可实时得到检测结果。”赖平安始终强调，食品检测技术就是要快速和准确两者都要做到。

履职建言

对养殖源头的蔬菜种子、禽肉的安全性要加强监管；加强部门联动，共同推动安全投入品在农业生产中的推广应用；强化科技支撑，提高食品质量安全检测效率……作为市政协委员，赖平安对保障食品安全、防范人畜共患病等问题尤为关注，通过提案、建言积极履行委员职责。

在他看来，当前整个北京市食品安全质量与发达国家相比还有一定的差距，虽然已制定了一系列的法律法规，但部分生产、经营者诚信较差，管理部门在食品安全具体实施过程中监管难度大，监测、抽检比例相对较低。在详细分析了北京市农产品生产基础、产品品质及市场供需特点之后，赖平安提交了《以科技投入为先导，整合各方力量打造北京市高品质农产品平台的建议》。他认为，农产品生产源头控制、生产过程中监管体系、农产品质量安全认证及评估体系、检测标准体系还存在一定差距，制约了北京市高品质农产品的发展。

“发展高品质农产品是对北京都市型现代农业的有益补充。”赖平安认为，科技资源丰富、政策支持强劲使北京市发展高品质农产品已有良好的基础。他建议选择北京市优势农产品，如猪肉、禽肉、蔬菜、水果等，在具有良好管理规范和诚信度高的大型出口企业进行试点。建议通过科技项目立项形式，给予科研经费扶持，打造高品质农产品生产平台。

“在欧美和日本等发达国家，农产品是以高度的标准化为基础生产的。农产品在产前、产中、产后、收获、加工整理、包装上市，运输、管理等方面都有一套严格的标准，以确保农产品的质量和安全。它要求农业生产遵从统一的生产环境标准、统一的生产技术规范、统一的产品质量标准，并通过统一的手段实施监测。”据此，赖平安提出要加强国际合作，消化吸收引进国外先进技术和管理经验，探索北京市高品质农产品生产监管体系、产品追溯体系、安全质量认证体系及评估体系、检测技术及标准体系。

北京奥运会前，赖平安以他专业的视角提出了一个易被忽视的问题——防止外来有害生物入侵。他指出：在奥运会期间，将有大量人员、参赛马、伴侣动物、花卉及动物性产品等在短时间内涌入北京，而常规的隔离、检疫、监管程序难以全面实施，很难做到有效防控，故应对外来有害生物侵入早做防备。在《北京奥运会应防止外来有害生物侵入》的建议中，赖平安提出，相关检验检疫部门应制定出针对奥运会这一特殊时期防止有害生物入侵的可操作性措施，并按照国际惯例做好相应的检验、监管工作，同时加强科技攻关和技术储备。他的这篇建议作为新华社内参上报，得到领导批示。

犬吠伤人、扰民的现象既增加了传播人畜共患病的危险，也影响了社会和谐。关注到这一问题，赖平安提交了《加强住宅小区养犬管理，构建和谐社会环境》提案，指出北京市几年前养犬数量已达60万条，近年养犬数量逐年增多，但因监管工作未到位、工作难度大，非法养犬日益增加。公安、城管部门编制极其有限，靠目前的力量无法达到有效管理，因养犬而引发的社会问题还会不断加剧。

为此，他建议充分协调、有效发挥公安、城管、工商、畜牧兽医、卫生行政管理、街道办事处、居民委员会和其他基层组织的作用，共同做好养犬管理工作。形成居民互相监督，居民委员会监督提醒，公安、城管执法相结合的管理模式。

廖理纯　在心灵荒漠中植绿

朱生志

“鸿雁天空上，对对排成行；江水长，秋草黄，草原上琴声忧伤……”这首具有蒙古长调风格的《鸿雁》每周五下午2点会在一辆写着“浑善达克绿化志愿者”字样的蓝色大巴上响起。这项绿化工作的倡导者，就是北京市第十一、十二届政协委员，北京市第十二届人大代表，第八、九、十届全国青联委员廖理纯。

廖理纯首先是个“小有成就”的商人。他出生在一个知识分子家庭，母亲清华大学毕业，父亲是广西人，华南工学院毕业之后从事航天工作。廖理纯从北京航空航天大学毕业后，进入联想集团，24岁就成为联想集团广州分公司总经理，传说是柳传志最得意的三位弟子之一。少年得志的他27岁便创业成立北京晨拓集团，从分销商做起，后开发晨拓医疗管理系统、指纹鉴别系统、文字识别系统、晨拓扫描笔、车载电源、即时翻译笔、无线翻页器等自有品牌计算机外围软硬件产品，年销售额近3亿元，分公司遍布国内十几个城市，并在美国洛杉矶成立海外分公司。

从2000年开始，虽正当盛年，廖理纯却从公司管理中脱身，把经营交给“德才兼备之人”，全力投入到公益中。他从扶贫助学做起，2005年后转向植树治沙志愿活动，2011年建立浑善达克绿化志愿者基地。

日本人刺激了我

2005年，在同朋友聊天中，廖理纯第一次得知有很多国内外的志愿者在内蒙古沙漠地区开展绿化工作。对此，他并不以为然，“干旱的沙漠地方难道可以种出树来吗？能够生长树木的环境如何会是沙漠？”出于好奇，廖理纯第一次来到位于内蒙古鄂尔多斯市库布其沙漠腹地的恩格贝。

见到沙漠，廖理纯震惊了，“风吹草低见牛羊”已是过往的想象，现实情境却如志愿者看到沙地后所做的诗作般苍凉：芨芨从生尘沙扬，百年枯榆诉沧桑。塘浅难留鸿雁影，水不涵木成荒凉。

茫茫大漠，落日余晖，廖理纯更震惊于那如死一般荒漠中一抹绿色生机，而这却是一位日本人创造的奇迹。

远山正瑛，一个不能被中国人遗忘的名字，第一位来中国治理沙漠的日本专家。从1980年开始，远山正瑛号召近万名日本志愿者到中国植树，坚持20多年，让荒漠化的恩格贝重披绿装，并发展为国际志愿者沙漠绿化基地。2004年远山正瑛因病逝世，按其遗愿骨灰安葬于恩格贝。

面对日本人远山正瑛参与创造的恩格贝奇迹，廖理纯发现昔日没有人烟的地方现在已经有了更多的风景，无数的游人往来，饭馆也随之增多，仅仅几年时间，这片荒寂的沙漠又重新喧闹起来，而这一切无不是出自志愿者的双手。

出于对远山正瑛的敬佩与感谢，廖理纯每次到恩格贝时都要到由原中共中央政治局常委宋平亲笔题写馆名的“远山正瑛纪念馆”去走一走、看一看，“没有这位治沙先驱的努力，恩格贝就不会有今天的繁华”。

在自己的土地上，原本应该中国人自己去认真做的事，竟然让日本志愿者抢了风头，廖理纯心情格外复杂，“感觉脸被日本人重重扇了一巴掌”。现实却无比残酷，远山正瑛在中国治沙时就曾说过，“中国的沙漠治理专著不少，但实干的人不多”。

“日本人刺激了我，在中国土地上日本志愿者用20多年时间，在库布其沙漠中植出恩格贝这个绿洲，我作为中国人，有点受不了。”不仅如此，与日本人在恩格贝一起植树时，廖理纯忍受着更大的刺激。“当我卖力植树时，竟然发现追不上日本70多岁的志愿者，他们干活极其利索，体力充沛，让我自惭形秽。而且日本志愿者工作极其标准化，每个树坑一个规格，现场不留一丝垃圾。”相比之下，同行的中国志愿者所挖的树坑大小不一，垃圾随手扔，边干活边聊天。

生理上火辣辣的痛感转瞬即逝，痛得多了、久了，也就麻木了，唯有内心深处的痛感、耻感总是在不断发作着、刺激着，久久挥之不去。在参与日本人的绿化活动六年，也和日本人较劲六年之后，廖理纯终于也走上了公益绿化之路，梦想着增添一个属于国人的志愿绿化基地。

梦系浑善达克

从北京到恩格贝，路途遥远，开车过去至少花费9个多小时。出于时间资金成本考虑，廖理纯与队友们花费两三年时间，终于找到一处能够施展治沙抱负的舞台——浑善达克沙地。

浑善达克沙地，位于内蒙古中部锡林郭勒草原南端，距北京直线距离180公里，是中国十大沙漠之一，也是离北京最近的沙源。

将志愿者基地选在浑善达克沙地，一来此处沙地有宝贵的地下水，对于提高树苗成活率至关重要；二来距离北京最近，从北京到志愿者基地，走高速公路大约需要5小时车程，周末时间便可充分利用起来。

从2011年5月21日第一批志愿者开始，每个4月下旬至11月中旬的周五下午2点，廖理纯都会亲自带队，和志愿者一起，坐大巴准时从昌平地铁线生命科学园站出发前往浑善达克。“关舱门，起飞”，廖理纯更愿意将大巴比喻为飞机。廖理纯的得力助手耿涛自称服务人员，总是高亢亮嗓，说着让人回味的开场白，“从现在开始，到明日下午返程，我们将在一起度过55个小时，请记住身边的每位战友，下面请理纯教授为大家介绍活动情况”。

几年来，已经有上千名志愿者来到了浑善达克沙地进行义务植树，他们自己动手，修水塘，架围栏，拉风电，建蒙古包，育苗，植树。

在志愿队里，廖理纯被称为“锹王”，耿涛被称为“坑主”（苗池被称为坑）。干起活来，廖理纯生龙活虎，比小伙子还有劲头。当年轻志愿者不知道怎么使用铁锹时，廖理纯会为他们做标准示范。经过多年锻炼，廖理纯俨然半个林业专家。如何在植树中运用科学、系统的方法种植树苗，如何保障树苗的有效成活率，如何在植树固沙绿化的同时改善当地水土环境，廖理纯了如指掌几年的时间，廖理纯与志愿者们共种植了50多万株如赤峰杨、新疆杨、樟子松、文冠果等各类树苗。再过十年，这些小树长高，将会为两万亩沙地披上绿装。

廖理纯不仅仅满足于此，更有着一番雄心壮志：2018年，植树300万棵；2028年，植树1000万棵；2050年，完成浑善达克沙地的绿化。

任何一个公益项目，仅有激情和想法并不够，需要的更多的是真金白银的投入。为了打造浑善达克绿化基地，廖理纯自掏腰包1000万元，计划在三年时间内完成这个庞大工程。只要愿意去绿化基地植树，廖理纯就会承担志愿者去浑善达克的所有费用。廖理纯曾经算过一笔账，每一位志愿者去一次要花费大约450元，而如果用这笔钱雇用当地牧民来植树，效率就要高很多。廖理纯曾做过比较，39个志愿者一天半工作的量，三个牧民三天就可以完成。即便如此他还是坚持用这种高成本模式来治沙。

与商人追求利润效益不同，廖理纯完全是从另一个角度考虑。正因为当年与日本志愿者的共同劳动，让他看到中日两国之间的差距，而这个差距或许就是整个民族的危机。

廖理纯看到、想到了危机所在——环境的荒漠化和心灵的荒漠化。他曾感慨，“流沙的危害是可以被制止的，树在恩格贝是可以被种活的，之所以之前变为荒漠不是因为没有水，而是没有人来做，是人们荒废了自己的两只手。土地的荒漠化可怕，但更加可怕的是人的心灵的荒漠化，这种心灵的荒漠化带来人们精神的残疾，使人不仅失去生存的意义还要祸及子孙”。最可怕的是二者联系在一起，而他最想做的就是带动人们对心灵荒漠化的认识，甚至不计成本。

但廖理纯过度承担志愿活动费用的做法，多少有些让人担忧。当廖理纯自掏腰包的1000万元在三年内花完后，后续资金何来？环境的荒漠化治理是百年大计，需要可持续发展下去，就不得不考虑成本和效率，而不是仅凭一己之力。心灵的荒漠化治理更是让人迷茫，不知那道曙光将会何时出现在哪里。廖理纯并不是没有想过这些，“也有一些企业来谈合作，愿意出资出力，但目前来看如果我还能撑住，就由自己先做吧”。

一切良苦用心似乎有效果，周末55个小时的志愿活动让每个人发生了“化学反应”，有的参与者开始反思人生，开始思索如何更好地改变自己。而这，正是廖理纯梦寐以求的结果。在植树过程中，当廖理纯问志愿者有何梦想时，志愿者如是表述：不再吃地沟油，能看到风吹草低见牛羊。

“这也是我的梦想，这些原本是我们基本的需求，现在却成了梦想。所以，志愿者们所做的一切，无非就是想让自己的子孙后代在鸟语花香中幸福地生活。”

刘凝　政协委员应该为弱势群体鼓与呼

高 森　颜添增

2009年10月至11月，北京市政协社会和法制委员会“犯罪嫌疑人、刑事案件被告人辩护权利保障情况”调研组分别赴市公、检、法、司等有关单位调研。作为调研的副组长和执笔人，刘凝委员自始至终参加了调研的全过程。如何保障社会弱势群体的利益，让每个公民都能享受到法治的阳光和充分的权利保障是他不断思索和不懈追求的。

刘凝委员，1986年毕业于北京大学法律系，是十一届市政协委员、社法委委员，市“五五”法制宣传教育领导小组专家顾问，市人民检察院特约监督员，市法学会公益法研究会会长，市律师协会法律援助与公益法律事务专业委员会主任，市易行律师事务所主任。

他进入公众的视野并为大家所知悉一方面是他作为特邀嘉宾每天都出现在北京电视台《法治进行时》《现场说法》等栏目，为观众解释节目中的法律问题，同时对栏目所设免费法律咨询热线中的热点问题进行通报和解答，而另一方面他更多的是作为一名普法志愿者、作为一名关注社会弱势群体的律师，参与众多的社会公益活动。

作为政协委员，刘凝在自己新的角色岗位上，继续关注弱势群体问题。关于“犯罪嫌疑人、刑事案件被告人辩护权利保障情况”的调研课题，正是在他和社法委法律工作小组的负责人共同努力下确定并开展的。

关注弱势群体

关注民生，保障社会弱势群体的权利，推进法治进程、推动和谐社会建设是党和政府工作的一大着力点。社法委法律工作小组就保障犯罪嫌疑人、刑事案件被告人辩护权利保障情况进行调研，无疑对落实和保障人权、推进法治国家建设具有重要意义。

那么，当初设定这个调研课题的背景是什么呢？目的何在？刘凝委员是这样说的："市政协社法委一直关注弱势群体的权利保护问题，曾经就低收入群体、下岗工人、国企离退休人员、残疾人、未成年人保护的相关问题进行过多次调研。我们法律工作小组的这次调研活动也是基于这种考虑。北京市每年都有两万多名犯罪嫌疑人被采取强制措施，其中绝大部分被提起刑事诉讼，但是在诉讼过程中能够得到法律帮助的不足三成。这次调研重点关注的是犯罪嫌疑人、刑事案件被告人中由于经济原因请不起律师的那部分人，因为这部分人又是犯罪嫌疑人刑事案件被告人中的最弱势群体。面对强大的国家机器，我希望他们不会由于经济原因而不能得到法律帮助。长期以来，外地户籍犯罪嫌疑人、刑事案件被告人占全部犯罪嫌疑人、刑事案件被告人的三分之二以上，他们大多经济困难、文化程度低、法律意识薄弱，更需要得到法律的帮助，但他们却往往由于经济原因请不起律师。"

一如既往地关注那些需要帮助的人是刘凝委员在政协工作的一大特点，也许在政协这个大舞台上，他能做的更多些。"我一直关注社会弱势群体的权利保障问题。法律领域值得关注的问题很多，但犯罪嫌疑人、刑事案件被告人面对国家机器就是弱势群体了。对于那些可以请得起律师的人、大案要案的犯罪嫌疑人，以及律师在执业过程中权利保障的问题，并不是我关注的重点。因为他们本身很难说属于弱势群体，特别是律师背后还有司法局、律师协会等单位为他们撑腰。我尤其关注的是仅仅由于经济原因请不起律师的犯罪嫌疑人、刑事案件被告人的辩护权保障情况，这也是发起这次调研的初衷。"

为了此次调研能够顺利进行，刘凝委员做了大量的前期工作。如果不是对这个领域有所理解，如果不是对调研的问题有着清晰的把握，调研是无法有效地开展的。为此，刘凝委员对调研方案进行了精心的筹划，为做好调研前期的准备工作，在调研启动之前就设计并向公检法司及律协等单位和部门发出了有针对性的调研问卷为调研的开展打下了良好基础。

在调研过程中刘凝委员一直强调，犯罪嫌疑人、刑事案件被告人的辩护权利是法律规定赋予的，是落实保障人权的重要内容。如何使法定的辩护权利在具体的司法实践中得以实现，就需要有一套完整通畅的保障程序。

刘凝委员指出，调研组希望让每个犯罪嫌疑人，尤其是那些经济困难无法聘请律师的犯罪嫌疑人，不管他的罪行是什么，当他提出聘请律师的请求时公安机关、检察机关能够将这种请求传递出来，法律援助中心以及承担法律援助义务的律师能够获悉这种请求并能够提供专业的法律服务。调研组还希望每个进入审判阶段的被告人，尤其是那些经济困难的被告人，在强大的国家机器面前，能够最终通过法律援助的手段获得辩护。从某种意义上说，这其实就是最大程度地实现《宪法》规定的刑事案件被告人的辩护权利。对于现实中存在的种种信息传递不畅的情况，调研组也希望在调研报告中提出一些解决方案。

当被问及作为律师在我国人权保障事业中应当起着什么作用的问题时，刘凝委员说道："人权保障并不是一个虚幻的概念，它是通过一个一个具体权利的实现来体现的。律师作为法律工作者应当着力推进每一个法律规定的权利切实得以实现。呼吁改进立法是一个方面，但是根据律师职业群体的要求在现有法律框架内实现每一个具体权利更能推进人权保障事业。"

热心普法公益活动

我们采访刘凝委员时，也为他过去为普法公益工作所做的种种努力表示钦佩。刘凝委员从事律师工作20余年，在工作中深深体会到普法工作对于全民法律素质的提高有着至关重要的作用，为此他积极投入这项事业。为了充分体现律师普法的专业性，建立普法长效机制，刘凝委员专门注册了一个普法品牌——法易行，目的就是通过律师参与普法，使艰深的法律在老百姓手中变得容易起来，使复杂的社会矛盾变得简单起来，切实解决老百姓身边的问题，贴近百姓、贴近生活，为老百姓排忧解难。为了方便老百姓理解，他组织人员编写了一套《法易行公民普法系列丛书》，精心设计了丰富的案例，图文并茂，以老百姓看得懂的话阐述了生活背后的法律关系。

《法治进行时》是北京市最有影响力的法制类节目，有广泛的观众收视群。为进一步推动普法工作，更好地向观众宣传法律知识，2006年刘凝委员和《法治进行时》栏目合作推出免费法律咨询热线和徐滔法律服务网。免费法律咨询热线自开通以来每年接听群众法律咨询电话20多万人次，上门免费咨询法律问题的群众已超过8万人次，已成为北京市乃至全国最大的免费法律咨询热线。

大量群众通过《法制进行时》免费法律咨询热线和徐滔法律服务网、法易行普法网等有针对性的普法形式，了解了法律知识，增强了法律意识，缓解和化解了部分社会矛盾。与此同时，通过《法制进行时》免费法律咨询热线和徐滔法律服务网、法易行普法网，部分群众理解了政府的决定和法院的判决，息诉服判，另一部分确有冤屈的群众也知道了正确的维权途径，从而为社会稳定做出了一定的贡献。

刘凝委员不惜牺牲自己做业务的时间，参与了大量的社会普法工作：在北京电视台，每天的《现场说法》节目都有刘凝委员的法律解说，每周的《法治进行时》都有刘凝委员的时事热评；《物权法》颁布后作为北京市“五五”普法讲师团成员，刘凝律师几乎每周都在北京市各区县和委办局巡回讲解；为推动新农村建设，在北京市司法局的统一安排下，刘凝委员编写的《农民法律知识读本》和《农村常用法律知识100问》已经在全市发放。

为参与普法工作，刘凝委员投入了大量精力和财力，不仅牺牲了做业务的时间参与普法工作，而且投入了大量资金用于普法工作。对于这些投入的精力和财力，刘凝委员觉得非常值得，因为它们已经转化为实实在在的普法成果。

为表彰刘凝委员在法律宣传和法律服务方面的贡献，他先后被中宣部、司法部评为“全国法制宣传教育先进个人”；荣获北京市政法委系统第二届优秀人才奖；被北京市法制宣传教育领导小组办公室评为优秀法制宣传志愿者个人；被北京市司法局授予“北京市法律服务先进个人”荣誉称号；被北京奥运会培训工作协调小组评为北京奥运培训工作先进个人，并荣立北京市司法行政系统奥运贡献二等功。所有的荣誉都是对刘凝委员多年来情系普法事业热心公益活动所给予的肯定。

为弱势群体鼓与呼

当我们问及作为北京市政协委员，应该如何体现自己的价值时，刘凝委员给我们这样的答复：“作为北京市政协委员就不能仅从自己的职业角度思考问题，而是应当真正关心社会问题，特别是关心社会弱势群体，为他们代言、为他们鼓与呼，使他们能够得到更多的社会关注，今后我也仍将按照这个思路继续努力工作。”

（本文刊载于《北京观察》2010年第1期）

李献云　健康心理的守卫者

朱生志

“①心情差的时候，我可以打电话安排时间和朋友一起聊天、吃饭或打球。②如果我自杀了，我的亲人会很伤心，这不是我想要的结果。③自杀的想法只是暂时的，一段时间后我就不那么想死，或根本不想死了。”这是一名已康复的重型抑郁障碍患者治疗随身卡上的三句话。语言平实而积极，却有着起死回生的魔力，其中蕴含着深刻的心理危机干预知识。这份杰作正是出自北京市政协委员，北京回龙观医院北京心理危机研究与干预中心副主任、主任医师李献云之手。

采访时，李献云正做着诊疗准备工作，不大的办公室里文件柜占据半壁江山，放满各类专业书籍，办公桌上厚厚的资料书上密密麻麻地记录着看书的心得、体会。语速缓慢、态度温和，条分缕析的言语中透露出一种严谨和干练，这就是李献云展现给人的第一印象。

两次偶然成就毕生事业

李献云从事精神卫生事业完全是两次偶然的结果。“其实我对学医不感兴趣。高考填报志愿时，对气象对地质很感兴趣。我觉得如果能够搞清楚变幻莫测的气象，一定很了不起。对于地质也一样，年轻时，就想走遍名山大川，发现一些宝藏之类的。当时我也就填报了这类志愿。”如此简单的想法在父母兄长看来完全是不可理喻：一个弱不经风的女孩子跑到边远山区研究气象地质怎么能够受得了？

“幼稚”的专业选择最终还是被“封建包办”所打败。“我哥哥和爸爸妈妈不同意，觉得哪有女孩子学气象学地质的。所以爸爸妈妈就指挥我哥把我志愿全改了。那时的孩子不像现在的孩子那么叛逆，我对哥哥改志愿也没有想法，既然全家人都不同意，那就改吧，顺从他们。”就是这样一个简单得不能再简单的理由，为李献云划定了从医的方向。

1986年8月，李献云“如愿以偿”收到来自河南医科大学儿科系的录取通知书，开始了历时五年的学医之路。回忆起当年的大学时光，李献云现在仍津津乐道，言语中透露出丝丝的骄傲与自豪。“印象最深的一次是考病理生理基础知识。学校突然得到泄题的消息，临时决定在黑板上出题，满分100分。”得益于扎实的基本功，这次考试李献云考了98分。

大学毕业后，如果不出意外，李献云将是一名儿科医生。以后若与心理疾病治疗有什么关系，也仅仅因为父亲是一名精神科护士。或许是命运的精心安排，或许又是一次偶然，李献云没有成为一名儿科医生而是来到了回龙观医院精神科。“我并不是爱这个才选择做精神科医生，有个特殊的原因，当时家迁到了北京，我要来北京，这就是个最简单的原因。当时恰好回龙观医院在全国各地招人，很多大学生不愿意选择精神科。”又是这样一个简单得不能再简单的理由，使得李献云从此与心理疾病治疗结下了不解之缘。

垃圾处理器vs垃圾桶

心理医生每天必须面对形形色色的患者、深浅不一的痛苦遭遇和各种各样的负面情绪，整天被负能量所环绕，工作的复杂程度和所需要的心理承受能力可想而知。面对患者的痛苦遭遇和负面情绪，作为一个拥有七情六欲的普通人，最好的心理医生也难免会受影响，引起情绪的些许波动。“其实，多数情况下，一个人的承受能力远远比我们自己想象的要强大得多。”李献云认为，作为心理医生，所掌握的精神心理专业知识和技能可以让自己拥有相对强大的耐受挫折能力。李献云就拥有这样一颗强大的内心，在当好引导员引领患者清理心理“垃圾”的同时，也懂得用自己的知识和技能及时地给自己清理垃圾，让自己保持健康的心态和情绪，同时也可以避免负性情绪的相互传染。

“一般人认为心理医生就是一个垃圾桶，用来倾听各种各样的心理垃圾。”李献云坦言，其实把心理医生比喻成垃圾桶并不恰当，心理医生在心理疾病治疗过程中不只是充当倾听者的角色，更多的应该是充当处理器或转化器的角色，引导患者把负面情绪转化成有用的东西。在临床治疗过程中，李献云总是善于从病人的只言片语、言谈举止之中挖掘出患者的核心负面思维，一步步如牵扶蹒跚学步的婴儿般，帮助病人处理好负面思维和情绪，使其转化为能够有效支持后期治疗的精神动力。

那么，作为心理医生，除了采用专业方法调节自己的情绪外，李献云又是怎么调节自己的呢？“一句话，规律的生活作息对我来说非常重要。”李献云说，每天按时出门步行上下班，定时定点作息，科学合理地安排自己的生活，每天的生活工作看起来就是那么简单而平淡。宠辱不惊，看庭前花开花落；去留无意，望天空云卷云舒。正是这份简单与平淡，李献云学会了多角度看待问题，领悟和接纳生活中的得与失，认可自己的优势，接纳自己的不足，保持积极乐观的生活态度，压力大时学会放松，学会自我调节。

认知行为治疗的魅力

作为北京心理危机研究与干预中心副主任，李献云充分认识到在心理干预中认知行为治疗的无穷魅力，不忘处处“推销”认知行为治疗方法。

“现在心理治疗应用比较广泛，社会上很多人知道弗洛伊德、精神分析、催眠治疗以及潜意识、前意识、意识等术语，尽管精神分析治疗已有一百多年的发展历史，但到目前为止依然没有足够的循证依据来证实它有效。当然我们也不能因为没有研究证明它有效，就认为它是无效的。而认知行为治疗作为一种心理治疗方法，与精神分析治疗不同，它是一种通过研究证明其有效的治疗方法。”李献云说。

为了彻底掌握这种行之有效的心理治疗方法，李献云不断地努力学习和探索，终于通过接受美国贝克研究所的培训和案例督导成为了一名合格的认知行为治疗师，并拿到了美国认知行为治疗研究院认证的认知行为（CBT）治疗师资格证书。同时，鉴于问题解决治疗也是有循证依据、疗效很好的心理治疗方法，为了更好地开展心理危机干预工作，培训更多人掌握有效的心理危机干预技术，她又接受了美国旧金山加州大学的培训和案例督导，获得了他们颁发的问题解决（PST）治疗师资格证书。

“认知行为治疗是一种非常好的治疗方法，通过改变既有的不良认知行为模式，可以让有错误认知模式的人摆脱多年思维模式的束缚，变得开心一些。这也是认知行为治疗的魅力所在，发现自己的思维惯性是如何把自己的生活变得痛苦不堪或者让自己饱受折磨的，学会改变自己的认知模式，从而发现不一样的自己，尝试不一样的人生。”李献云解释道。

医者仁心。李献云迅速将掌握的先进的认知行为治疗方法投入到临床治疗中，以有效治疗抑郁障碍、焦虑障碍患者，缓解他们的精神痛苦。“抑郁和焦虑障碍患者通过接受认知行为治疗，或者适当合并药物治疗，学会改变自己惯有的、不良的认知模式，就可以从疾病中恢复得非常好，他们就可以摆脱痛苦，工作生活都和其他人一样，甚至可以达到或超过病前水平。”谈到这里，李献云声调陡然升高，言谈间难以抑制住对治疗结果的兴奋，让人深深感受到她对患者发自内心的真诚祝福。

“我今天把我的经历总结出来，是希望能以我的经历帮助更多的人，我经历过那种生活，知道那种无法用语言描述的地狱般的痛苦，如果我们周围有亲人或者朋友不小心遇到了心理疾病，大家能伸出一把手，再有正确的方法，我们一定能挽救身边面临心灵痛苦的人。同时即使我们心理健康，但有时候消极的思维方式也会影响我们的生活质量，所以我认为认知行为疗法不只适用于那些有心理疾病的人，也适合那些想提高生命质量的人。”这是李献云曾经治疗过的患者治愈后写下的真情实感，只有亲身经历过这种地狱般心灵折磨的人才会有如此痛彻的领悟。李献云用自己所掌握的专业知识赋予患者第二次生命，让生命之光再次温暖那些彷徨、低落、无助的心灵。

回顾多年的从医经历，李献云深情总结道：“精神卫生是一个非常有发展前景、非常好的职业，跟我原来的认识不一样。心理健康其实和我们每个人都密切相关，原来我们在临床工作中只关注极端人群，只关注非常少的一部分人，即那些重性精神疾病患者。但现在随着药物治疗、心理治疗等医学手段技术的不断发展，让我们有能力去发现、关注和帮助那些表面看似正常、实则生活在心理的亚健康状态、亚临床状态的个体或者属于轻型精神障碍范畴的患者，帮助他们走出痛苦的内心陷阱。而这部分人在人群中占据相当高的比例，他们也是最需要关注和帮助的。”

宋大川　将保护地下文物进行到底

崔 晨

作为历史文化名城，北京是个文化遗产极为丰富的城市。几千年的文化积淀，使得这座城市几乎成了文物蕴藏地。长期从事历史、文物研究的北京市政协委员、市文物研究所所长宋大川形象地把城市的历史比作人的记忆。他要竭尽全力保护文化遗产，将北京城的记忆留下。近年来，他主持完成了南水北调考古工程、奥运场馆考古工程、清代园寝制度研究、清代园寝图志研究、金代皇陵研究等重要科研项目。对于不可再生、不可复制又极易被忽视的地下文物，宋委员更加重视对其的保护。随着城市的开发建设，林立的工地对长眠于地下千百年的文物而言，是一场空前的挑战。见此，他先后提出《房地产商开发工程应做好地下文物保护工作》《奥运场馆建设应做好地下文物保护工作》《地下文物保护应列为建设项目审批前置条件》等提案，执着地呼吁全社会要高度重视对地下文物的保护。

在近几年多条轨道交通和新机场航站楼的建设当中，宋大川委员又发现了新的紧迫问题。今年，他提出了《交通建设工程应做好地下文物保护》的提案。提案一经提出，即被广泛关注，并被列为2008年市政协检查督办重点提案，受到市政协领导的高度重视。10月中旬，宋委员同市政协的领导、委员一起来到北京市规划委员会，与市规委、市建委、市文物局等相关委办局的同志就提案的办理情况进行座谈。当谈到北京交通建设过程中对地下文物保护的成果时，可以看到宋委员自然流露出的欣慰的笑容，但他也历数大多数大型交通工程建设未进行地下文物的保护工作，有的单位甚至拒绝地下文物保护的事例。“首都机场三号航站楼是世界上最大的单体航站楼，在建设过程中发现了文物，但没有进行保护。当时，顺义区文物部门的执法人员会同公安干警赶到现场，居然被建设方的工人打了出来。如果在开工之前就进行地下文物的勘探，可能会是另外一种情况。”……回忆起地下文物惨遭破坏的情形，温文尔雅的宋委员显露出少有的愤怒，但更多的还是痛惜。

“北京市对地上文物的保护比较重视，无论是政府还是市民，都有这份责任心。北京对地上文物的保护在全国是做得最好的，与欧美发达国家相比也毫不逊色。但是对地下文物的保护确实差得很远，有所忽视。”谈到地下文物保护存在的问题，宋委员无奈地摇了摇头。接着，他提出了存在的第二个问题：政府重视程度不够——目前还没有专门保护地下文物的法律法规。他建议要向洛阳、成都、焦作等地学习，设立保护地下文物的专项法律法规，真正做到有法可依、有法必依。问题之三是：群众举报多于主动报批；郊区报批项目多于城区。“近三年，每年约有九千多项建设项目，经过考古发掘的有239项，其中只有60项在勘探前征求过文物部门的意见，其他一百多项是群众举报的。大量破坏地下文物的情况主要出现在城区。近三年来，二环路以里经过报批正式发掘的只有12项。”大量国有土地划拨或乡镇土地租赁时未进行地下文物保护，也是现存的问题之一。

虽然阻碍重重，但是宋大川委员从没有想过放弃。支撑他执着地进行地下文物保护工作的是他对地下文物的责任心与爱心。“我觉得是一种责任，看着这些地下文物一天天地消亡，一个一个工程把它们破坏，心里面非常难过、非常难受，真的很动感情。”一声长叹之后，宋委员沉默片刻，然后重新振作起来，认真、严肃、郑重地提出了交通建设工程应做好地下文物保护的建议：

——市政交通工程在选址和建设过程中，应有效落实《文物保护法》关于基本建设工程需要进行考古调查勘探和发掘的有关规定。

——市政交通工程在施工前，应报请文物行政部门组织从事考古发掘工作的单位在工程范围内有可能埋藏文物的地方进行考古调查勘探，防止地下文物流失与破坏。

——将地下文物保护列入北京市交通整体建设规划中，根据文物法，将地下文物保护经费列入工程预算中。

“建设是发展，保护同样是发展！”多年来，宋大川委员始终秉承这一理念，不断发现问题，提出解决办法。

宋委员不是孤独的，有许许多多的人同宋委员一起，将保护地下文物进行到底。

（本文刊载于《北京观察》2008年第11期）

陈姝萍　缉枪治爆　巾帼不让须眉

崔　晨

走进位于天安门广场东侧的公安部办公楼，望着门头正中用整块石材雕刻的警徽，庄严肃穆之感油然而生。在楼前迎接我的是一位英姿飒爽又不失端庄典雅的女警官，她就是我的采访对象——北京市政协委员、公安部治安管理局副巡视员陈姝萍。在陈姝萍的带领下，我来到她井然有序的办公室——右侧靠墙的书柜里整齐地码放着各种书籍，书柜对面是洁净的茶几和沙发，转角式的电脑桌与办公桌面向明亮的落地窗，桌上堆放着一些文件和一本《使命与责任——政协委员风采录》，还有一盆素雅娟丽的水仙暗暗吐着芬芳。

很难想象面前这样一位如水仙花一样质朴文静的女性从事的工作竟是国家枪支弹药、爆炸物品、剧毒物品、放射性物品的安全管理。学习化工专业的陈姝萍，毕业后被分配到公安部消防局，后调到治安管理局工作。1979年从警至今，她在这个人们印象中男人领地的职场，一干就是30多年，并做出了不凡的业绩。

起草枪法的“女枪王”

“枪弹无小事”，枪支犯罪一直是个世界性的问题，也是各国警察部门治安管理的重点。1992年2月，陈姝萍接管枪支弹药管理工作不到一个月，便遇到了北京西直门枪战等三起大案，使她面临严峻的挑战。考虑到几起案件都涉及仿真枪，即钢珠枪的生产、销售问题，她决定从源头查起。陈姝萍和同志们来到钢珠枪主要产地，江苏省靖江等6市进行明察暗访，经过10余天危险而艰苦的工作，陈姝萍等查清了9万支钢珠枪的流向，堵住生产源头，控制销售渠道，消除了这一危害社会治安的隐患。

当时，国内枪支管理立法滞后，枪支管理制度松懈，非法生产、销售钢珠枪的问题刚刚解决，其他枪支的问题又随之而来。这种头痛医头、脚痛医脚的治理只能是按下葫芦起了瓢。勤于思考的陈姝萍深刻总结、反思着我国枪支管理工作的疏漏。她吸取美国枪支泛滥、个人配枪普遍成风、涉枪案件频发的经验教训，敏锐地意识到必须从立法保障入手，从严管理枪支，从重惩处涉枪违法犯罪分子，这样才能解决屡打不止、案件攀升的问题。这个想法提出后，立即得到了上级领导的首肯，并指定她作为《枪支管理法》起草小组的负责人。从此，陈姝萍与起草小组的同志一起，翻阅大量国内外枪支管理资料，几十次深入基层调查研究，反复推敲修改，度过了数不清的不眠之夜，大家齐心协力做了大量艰苦细致的工作。最终，《枪支管理法（草案）》在全国人大常委会审议时，受到委员们的一致赞同，全票审议通过。这部法律终于在短短的两年半时间里顺利出台，为公安机关治理枪患、整顿枪管秩序、打击涉枪犯罪提供了有力的法律武器。

有了枪法，并不等于自然消除枪患。陈姝萍深感贯彻枪法，较之起草枪法更为重要，任务更为艰巨。她又马不停蹄地主持起草了一系列单项法规和规范性文件，以适应依法从严管制枪支的需要。她还亲自参与了《枪支管理法》的宣传普及工作和枪支收缴工作，特别是到爱枪如命的少数民族地区开展收缴枪支工作，更是考验了陈姝萍的工作能力。

1996年《枪支管理法》生效仅3个月，公安机关就收缴各类非法枪支120余万支、子弹9万余发，取缔了制贩枪支窝点800余个，依法惩处涉枪犯罪分子6000余名。1996年全年杀人、抢劫、强奸三类案件中的持枪案件比1995年下降了6.8%，1997年比1996年下降了39.1%。陈姝萍作为该法起草小组负责人，功不可没，荣立个人二等功。

卓著的工作成绩使陈姝萍作为公安部派出的国家顾问，出席了1996年在维也纳召开的第四届国际枪支管理研讨会，“国家顾问”这神圣而特殊的称谓之外，陈姝萍又获得一个新头衔——“女枪王”。她作为出席大会的唯一女性上台发言，出席会议的各国顾问纷纷投来敬佩的目光，“没想到中国管枪的居然是一位这么温柔的女性！”陈姝萍还被联合国预防犯罪及刑事司法委员会聘任为中国枪支管理专家，她以实际行动在国际舞台上为中国女性、为中国赢得了荣誉。

临危不惧，除患安民

警察是与危险挂钩的职业，从事爆炸物品安全管理工作的警察更是高危人群，在全国公安机关中分管这项工作的女警官寥寥无几。做好这项工作不仅要有不畏艰险、不怕吃苦的精神，还要有过硬的专业知识。学习化工专业的陈姝萍毕业后在公安部消防局从事了5年的技术管理工作，熟悉了解了各种相关化学品的性质，为日后的工作奠定了坚实的基础。

1993年，深圳发生“8·5”特大爆炸事故，陈姝萍在爆炸发生的当夜即随公安部工作组飞抵深圳，目睹了爆炸现场的大火并参与了灭火决策，随后参与爆炸事故责任调查。她是调查组中的唯一女性。当时的现场弥漫着多种化学物质混合燃烧的气味，令人作呕。有的专家一到现场就虚脱了，有的专家去过一次就难以再去第二次。可陈姝萍却三入现场，每次都要绕着直径分别为25米和36米的两个深坑转上一个小时。强烈的化学气味熏得她头晕恶心，腿软心跳，然而，这些中毒症状并未阻止她的调查取证工作，最终为这场爆炸事故责任的认定提供了大量翔实、充分的证据。

陈姝萍参与侦破的多为性质恶劣、情况复杂的大案要案。2009年，她作为小组牵头人参加了中央电视台新址文化中心“2·9”火灾事故国务院调查组的工作。历时4个月，调查组对烟花燃放地北京、生产地湖南、存放地河北的22个涉案单位进行细致摸排，召开专题会议40余次，经过艰苦缜密的调查取证，查清事故原因，并提出了相关事故预防的建议，圆满地完成了任务。

在2009年新中国成立60周年这个特殊的日子里，陈姝萍还为祖国母亲60华诞送上了最绚丽的生日贺礼。央视新址火灾事故调查结束后，陈姝萍转战到首都国庆安保领导小组焰火安全监督组，组织成员单位和专家对燃放阵地、焰火品种、燃放数量反复进行了研究论证和安全评估。先后10次对12个阵地进行踏勘，3次组织专家评审，提出安全监督意见和改进措施，并被北京市燃放指挥部采纳。由于她在长期工作中养成了周密研究部署、认真监督指导、注重细节、狠抓落实的工作作风，安监小组工作严谨扎实，为国庆焰火燃放安全做出了贡献。

不辱使命，永葆荣誉

母亲与陈姝萍一家共同生活，在紧张工作的同时，陈姝萍还要照顾好母亲。依据母亲的饮食习惯，陈姝萍每天早晨都早早起床为母亲做好早饭再去上班，每天晚饭后再为母亲精心准备第二天中午的饭菜。帮忙照顾母亲，陈姝萍还有丈夫和女儿两个好帮手。提到丈夫，陈姝萍更多的是感谢，感谢多年来丈夫对她的理解、支持与帮助；对于女儿，陈姝萍的自豪之情溢于言表，由于从小对她疏于呵护，懂事的女儿锻炼了强于同龄人的自理能力，并且学习成绩优异，还帮助母亲承担起照顾姥姥的工作。

家人是陈姝萍最坚强的后盾，有了如此和谐的家庭，陈姝萍才能全身心地投入到工作中，在充满危险与牺牲的岗位上多次立功受奖。1992年陈姝萍被中央国家机关授予“巾帼建功”标兵，1993年被公安部授予全国优秀人民警察，1994年被中央国家机关授予“十大杰出妇女”，2001年被全国妇联授予全国“三八”红旗手……在陈姝萍的血管里流淌着崇尚荣誉的血液，在她的心田里深埋着珍视荣誉的种子。她说，她要一如既往地维护社会和谐与稳定，不辱使命、永葆荣誉。

（本文刊载于《北京观察》2010年第3期）

图书在版编目（C I P）数据

委员风采 / 北京市政协宣传中心编. -- 北京 : 中国文史出版社， 2017.10

ISBN 978-7-5034-9706-3

Ⅰ. ①委… Ⅱ. ①北… Ⅲ. ①政协委员－生平事迹－北京 Ⅳ. ①K820.81

中国版本图书馆CIP数据核字(2017)第264096号

责任编辑：卜伟欣

出版发行：中国文史出版社
网 址：www.chinawenshi.net
社 址：北京市西城区太平桥大街23号 邮编：100811
电 话：010-66173572 66168268 66192736（发行部）
传 真：010-66192703
印 装：北京地大彩印有限公司
经 销：全国新华书店
开 本：710×1010 1/16
印 张：47
字 数：580千字
版 次：2018年4月北京第1版
印 次：2018年4月第1次印刷
定 价：108.00元（上下册）